사상사를 어떻게 쓸 것인가

지은이

거자오광葛兆光

원적原籍은 복건福建이며, 1950년 상해上海에서 출생했다. 1984년 북경대학 중문과 연구생 과정(고전문헌학)을 마쳤으며, 1984년 10월부터 1992년 3월까지 강소성 양주揚洲 사범학원 역사학과 부교수, 1992년부터 2006년까지 청화대학 인문학원의 교수를 역임했다. 현재는 상해 복단대학 문사연구원 원장이자 박사과정 지도교수로서, 고대 중국의 종교사와 사상사 및 역사학 · 역사문헌학 방면의 연구에 치중하고 있다. 중국사회과학원연구생원中國社會科學院研究生院 · 북경대학 · 사천대학 · 중국인민대학의 겸직교수, 일본 쿄오토대학 · 벨기에 루뱅대학 · 홍콩 침회浸會대학 등의 객좌교수다. 『선종과 중국문화禪宗與中國文化』 · 『도교와 중국문화道教與中國文化』 · 『중국 경전 십종中國經典十種』 등의 저서가 이미 한국어로 번역되었으며, 그밖에 두 권의 『중국사상사』(復旦大學出版社, 1998, 2000)를 비롯하여 『중국 선 사상사中國禪思想史』(北京大學出版社, 1995) · 『고대 중국 사회와 문화 십강古代中國社會與文化十講』(清華大學出版社, 2001) · 『굴복사 및 기타屈服史及其他』(三聯書店, 2003) · 『고대 중국의 역사 · 사상과 종교古代中國的歷史, 思想與宗教』(北京師範大學出版社, 2006) · 『서양의 조류, 동양(=일본)의 바람西潮又東風』(上海古籍出版社, 2006) 등 많은 저서가 있다.

옮긴이

이연승

서울대학교 종교학과에서 학부 및 석사과정을 마치고, 국립 타이완대학 철학연구소에서 동중서의 춘추학에 대한 연구로 박사학위를 받았다. 주요 논문으로는 「동중서 연구사의 검토와 새로운 방향 모색」, 「중국사상사 연구방법에 대한 소고」 등이 있으며, 저서로는 『양웅 : 어느 한대 지식인의 고민』(태학사, 2007), 『제국의 건설자 : 이사』(물레, 2008), 『웃음의 정치가 : 동방삭』(물레, 2008) 등이 있다.

사상사를 어떻게 쓸 것인가

거자오광葛兆光 지음 — 이연승 옮김

영남대학교출판부

내용제요

이 책은 본래 『중국사상사』의 도론導論으로, 그 내용은 사상사 연구의 관점과 자료의 취사 선택 문제, 그리고 사상사 서술에서의 사고 과정思路 등에 대하여 저자의 견해를 제시하고 설명하기 위한 것이다. 이제 다시 저자의 보충과 수정을 거쳐 「사상사 연구에서의 더하기와 빼기」「무엇이 사상사의 자료가 될 수 있는가」「사상사 연구의 시야에서 보는 도상圖像」이라는 세 장이 증보되어 단행본으로 세상에 나왔고 『사상사를 어떻게 쓸 것인가』라는 제목을 붙였다.

'어떻게 쓸 것인가' 라는 제목을 썼다고 해서 이 책에서 다루는 내용이 단지 쓰기의 책략이라는 의미는 아니다. 왜냐하면 사상사의 상이한 쓰기 방식 배후에는 사상사에 대한 서로 다른 관념과 사고 과정 및 사고의 방법 등이 있으므로, 쓰기 방법이 변화한다는 것은 사상사 연구 자체에 대한 관념과 사고 과정, 그리고 사고의 방법이 변화한다는 뜻이기 때문이다. 이 책에서 다루는 것은 바로 중국사상사 혹은 중국철학사 연구 중의 중대한 이론과 방법의 문제에 관한 것이다. 예를 들면 사상사는 '천재적인 사상가들 및 경전經典적인 사상 세계'와 '일반적인 지식·사상과 신앙 세계'를 어떻게 생각해야 할 것인가? 지식사와 사상사의 사이에는 어떠한 설명이 있어야 할 것인가? 고대 중국사상의 궁극적 의거 혹은 기본적 전제는 무엇인가? 또 사상사는 과거의 전통적인 쓰기 방법이나 훈도訓導의 성격으로 충만한 교과서식 장절章節의 구조를 어떻게 바꾸어 사상사의 진정한 컨텍스트와 정신을 추구할 것인가? 사상사는 소위 '무사상無思想'의 시대를 어떻게 묘사할 것인가? 그림 없는 곳에서 어떻게 그림을 그려낼 것인가? 역사적 기억을 이루는 전통적 지식과 사상사는 어떻게 새로운 해석 과정 안에서 새로운 사상의 자원이 되며, 또 이로 인하여 사상사의 연속성을 가지게 되는가? 사상사 연구를 하면서 어떻게 고고考古 발견과 문물 자료를 대하고 사용할 것인가? 등의 문제들을 다루고 있다. 끝으로 이 책은 포스트모더니즘 역사학 이론이 점차 중국으로 진입해오는 상황에서 어떻게 이러한 이론적 자원의 의의와 경계선을 이해하고 제한해야 할 것인가 하는 문제를 다루고 있다.

한국어판 서문

20세기의 90년대에 중국 학술계에는 새로운 변화가 나타났다. 이 새로운 변화들은 어떻게 하여 생겨나게 된 것인가? 아마도 다음의 네 가지 요소에 주의를 해야 할 것이다. 첫째, 새로운 배경의 영향이다. 1989년의 중국사변과 구소련 및 동유럽의 거대한 변화 이후, 정치와 사회의 대격변은 중국 개방개혁 10년 이래의 문화사조에 대하여 검토하고, 아울러 새로이 사상적 자원을 찾아 현대 중국의 사상과 사회의 상황을 해석하게 하였다. 둘째, 새로운 이론에 대한 반성이다. 개혁개방 이래 대량으로 유입된 서구의 이론과 방법은 이 시기에 점차 중국 학술계 안에서 일종의 침전 작용을 거치며 세심하게 음미되었다. 다시 말하면, 학자들은 이러한 새로운 서양의 이론들을 차분히 다시금 인식하게 되었으며, 더 이상 다급히 수용할 필요가 없게 된 것이다. 세 번째는 새로운 입장의 뚜렷한 출현이다. 백년 이래 시종일관 서양이나 일본을 뒤쫓기만 했던 중국 학술계는 점차 중국의 학술적 입장과 문제의식의 방향성을 확립하게 되었다. 그리하여 "학술로 하여금 중국어로 말하도록" 시도하였고, 아울러 이러한 입장에서 각종 도전에 응하고 각종 문제에 답하며, 무엇보다도 국제 중국학계의 새로운 방법·새로운 사고 방식 및 새로운 성과에 대응하게 되었다. 네 번째는 새로운 자료의 사극이다. 20세기의 70년대 이후, 고고학적인 새로운 발견들은 점차 많아지고, 남아 전해지는 문헌들을 보다 편리하게 얻을 수 있게 됨으로써, 과거의 낡은 사상사 혹은 철학사의 컨텍스트는 질의를 받게 된 것이다.

이리하여 중국 대륙의 20세기 90년대에 사상사는 의외로 중국 역사와 현실을 새로이 인식하는 중요한 영역이 되었다. 서양의 학술계에서 '사상사'가 점차 무관심 속으로 떨어지게 될 때 중국 학술계에서는 '사상사'가 오히려 핫 이슈가 되었다. 그러나 문제는 과거 사상사의 습관적인 저술 방식으로서, 이는 기본적으로 세 가지의 전통이 쌓여온 것이다. 하나는 전통적인 유가의 '도통道統'이고, 둘째는 서양철학의 분석 방식이며 셋째는 20세기의 30년대 이래 형성된 마르크스 역사 유물주의 학설이다. 그러나 이러한 낡은 저술 방식은 더 이상 20세기의 90년대에 생긴 새로운 배경·새로운 이론·새로운 문제와 새로운 자료 등에 응할 수가 없었다. 따라서 내가 중국사상사를 새로이 쓰고자 시도했을 때 나는 사상사의 새로운 사고 방식과 새로운 저술 방식을 처음부터 다시 탐색하지 않을 수 없었다.

이것이 바로 내가 오로지 방법론이라는 각도에서 이렇게도 긴 「도론導論」을 쓰게 된 원인이다. 이 「도론」은 본래 8장으로 이루어져 『중국사상사』 두 권의 앞에 나뉘어 실려 있었다. 1998년부터 이 「도론」은 중국에서 상당한 논쟁을 불러 일으켰는데, 열렬한 칭찬을 받기도 했고 격렬한 비평을 받기도 했다. 「도론」은 심지어 두 권의 『중국사상사』 자체가 일으킨 논쟁보다 훨씬 더 커다란 논쟁을 불러 일으켰으며, 수많은 중국학자들의 『중국사상사』에 대한 평가는 대부분 이 「도론」을 둘러싸고 이루어졌다. 따라서 나는 2001년 이 두 권의 『중국사상사』를 완성한 후, 오히려 사상사 연구의 방법에 대하여 더 깊고 풍부한 토론을 하게 되었다. 그리하여 이 「도론」을 대폭 수정하고 증보하여 2004년에 『사상사를 어떻게 쓸 것인가』라는 단행본을 출간하게 되었다.

이제 이 책이 이연승 선생에 의하여 번역되어 한국의 영남대학교 출판부에서 출간을 앞두고 있다. 한국어판의 출간에 앞서 특별히 이 서문을 쓴 데에는 두 가지 목적이 있다. 첫째는 사상사 방법론에 대한 나의 생각이 1990년대 중국을 배경으로 하고 있으며 또 중국의 입장에 서서 중국의 문제를 염두에 두고 진행되었던 것임을 설명하고자 한 것이다. 이는 아마도 한국 학술계가 당면한 배경 · 입장 및 문제와는 같지 않을 수도 있겠지만, 이 역서를 통해서 바로 그러한 차이로 인하여 상호 이해할 수 있으리라 생각한다. 둘째는 역자 이연승 선생에게 감사를 표하고 싶어서였다. 번역하는 과정에서 그녀는 이메일을 통해 여러 차례 원서 중의 문제들에 대하여 퇴고하였다. 그녀의 이러한 진지한 태도는 나를 깊이 감동하게 하였다. 그녀의 노력의 결과가 양국 학술계를 소통시키는 교량이 되기를 희망한다.

2008년 1월 21일

저자 서문*

2000년 가을, 나는 유럽의 작은 도시에서 『중국사상사』 제2권** 을 모두 완성하고는 긴 숨을 내쉬며 무거운 짐을 벗은 듯한 느낌이 들었다. 그러나 마치 습관처럼, 숨을 채 내쉬기도 전에 반추할 기회가 있었다. 나는 곧바로 여러 가지 생각으로 빠져 들어갔고 생각은 주마등처럼 머릿속에서 계속 미친 듯 날뛰었다. 그리하여 사상사 이론과 방법의 영역 안에서 나는 이와 관련이 있는 연구 논문을 조금씩 연이어 쓰게 되었고 중국 · 타이완 · 홍콩 · 일본 · 싱가폴에서 몇 차례 이와 관련된 강연을 하게 되었다. 이로 인하

---

* 본서에는 「저자 서문」이 없고, 이 글은 「후기」로서 「부록」의 뒤에 놓여 있었다. 그러나 여기에는 증정본(增訂本)인 본서의 집필 배경과 동기, 그리고 새로 첨가된 본문 중의 제 절과 「부록」에 대한 간략한 설명이 포함되어 있으므로 서문의 성격에 알맞다고 판단하여 저자의 동의 하에 이와 같이 바꾸었다.

** 『7세기 전 중국의 지식 · 사상과 신앙세계(七世紀前中國的知識 · 思想與信仰世界)』와 『7세기에서 19세기에 이르는 중국의 지식 · 사상과 신앙세계(七世紀至十九世紀中國的知識 · 思想與信仰世界)』라는 부제를 가진 『중국사상사』(1, 2권)를 말한다. 上海, 復旦大學出版社, 1998(1권) · 2000(2권). 이 책에서 말하는 모든 『중국사상사』는 바로 이 책을 가리킨다.

여 나는 『중국사상사』의 「도론導論」부분인 「사상사를 어떻게 쓸 것인가」에 대하여 또다시 조금씩 보충과 수정을 하게 되었다. 나는 버릇이 하나 있는데 그건 바로 강의의 자료나 강연의 초고 옆에 여러 색깔의 펜으로 끊임없이 새로운 생각과 새로운 예를 보충하는 것이다. 따라서 계속되는 강의와 강연 과정에서 원고는 화려한 색깔을 띠며 빽빽하게 메워지게 된다. 그리하여 막 출판된 「도론」을 또 증정增訂할 필요가 생기게 되었다. 마침 이 때 복단대학 출판사에서 『중국사상사』 2권의 정장본을 3권의 평장본으로 바꾸어 출간했는데, 원래 두 권의 앞에 실었던 「도론」 부분이 새로운 한 권으로 모이게 되었다. 이로 인하여 나는 다시금 「도론」을 검토하게 되었고 이에 상응하는 수정과 첨삭을 하였다. 지금 단행본으로 출간된 이 '증정본增訂本' 은 바로 이런 상황에서 만들어진 것이다.

이 「도론」*에 대하여 나는 독자 여러분께 몇 가지 소감을 말씀드리고자 한다. 첫째, 무엇보다 나 자신이 이 부분을 매우 중시한다는 것이다. 그러나 철학사와 사상사의 분야에 관한 부분 이외에는 중국학계의 외부에서는 별로 특별히 중시하는 사람이 없는 것 같다. 지난 두 해 동안 미국의 『당대 중국사상Contemporary Chinese

* 여기에서 말하는 「도론」은 바로 『사상사를 어떻게 쓸 것인가』를 가리키는 것으로, 본래 『중국사상사』 두 책의 「도론」이었기 때문에 이렇게 표현하고 있다. 아래에 나오는 「도론」도 모두 같다.

Thought』이라는 잡지에서 나의 『중국사상사』를 두 번에 걸쳐 번역, 연재하였는데, 그 일을 맡았던 벨기에의 캐린Carine Defroot 교수는 「도론」 가운데 철학사와 사상사에 관한 미리말 부분과 선신先秦시대를 다룬 제 7장 부분만을 골랐을 뿐, 나 자신 가장 중요하다고 생각하는 「도론」의 본문은 선택하지 않았다. 나는 처음에는 그들의 생각을 잘 알 수가 없었으나 나중에 비로소 이해할 수 있게 되었다. 왜냐하면 나의 「도론」은 기본적으로 중국의 문제의식이고 주로 중국 학술계를 겨냥한 것이며 본문에 비하여 말하자면, 지나치게 고원한 이상적인 구상이며 이러한 문제의식이 없거나 이런 문제가 별로 중요하지 않은 국외의 학술계에 있어서는 과녁 없이 활을 쏜 것이나 마찬가지였을 것이다. 둘째, 중국의 독자 역시 이 부분을 매우 중시한다는 것이다. 솔직히 말하자면 나의 이 「도론」 부분에 대하여 다양한 비판과 칭찬이 있었다. 나의 『중국사상사』에 대한 비판이든 칭찬이든 대체로 모두 이 「도론」을 둘러싸고 일어났던 것이며, 요사이 몇 해 동안 나는 많은 편지를 받았는데 독자들이 편지에서 논의하고 있는 것 역시 「도론」에 있는 몇 가지 주제였다. 어떤 친구가 나에게 농담 삼아 "아마 소수의 사람들만 본문 전체를 볼 것이고 대부분의 사람들은 너의 「도론」만을 볼 것"이라고 말하였다. 어쩌면 이 말이 맞을지도 모르겠다. 좀 서글프긴 하지만 그래도 약간의 기쁨을 느끼는 이유는 이러한 사고 방식과 쓰기 방법이 주목을 받는 것이 본래 나의 중국사상사에 대한 구체적인 서술이 주목을 받는 것보다 더 중요하기 때문이다.

이 증정본 안에서 나는 본래 제2권의 「도론」 앞에 있던 머리말을 삭제했는데 그 이유는 제1권의 시작하는 말과 약간 중복되는 면이 있기 때문이고, 그 안에 있었던 내용의 일부를 제1권 부문으로 옮겨서 지금의 서문으로 합하였다. 원래 두 권에서 8절로 이루어졌던 「도론」을 지금은 약간 수정, 보충하였고 대개는 예전에 썼던 문장에서 문구의 윤색이나 새로운 자료의 첨가일 뿐이니 기본적으로 구조를 바꾸거나 완전히 새로워진 것은 아니라고 해야 할 것이다. 이 새로운 증정본 안에서 「사상사 연구 중의 더하기와 빼기」 라는 절을 더했는데, 이는 북경 향산香山에서의 1차 학술회에서 발표한 것이고, 「무엇이 사상사의 자료가 될 수 있는가」라는 절은 싱가폴 국립대학의 1차 소형 회의에서 발표했던 것이며, 「사상사 연구의 시야에서 보는 도상圖像」은 일본 동경 고전학 재구축 회의에서 발표했던 것이다. 모두 후에 점차 정리하고 문장으로 다듬어 각각 『독서』·『개방시대』·『중국사회과학』이라는 저널에 실었다가, 지금 이 책에 다시 실을 때 조금 더 수정과 첨삭을 가한 것이다. 따라서 그 안에 있는 내용은 『중국사상사』 두 권을 완성한 이후의 새로운 생각을 표현하고 있는 것이라고 할 수 있다. 「부록」은 몇 해 전 내가 썼던 논문인데, 그 안에서 '철학'과 '종교'라는 두 개념을 사용하여 중국사상과 중국의 유가를 묘사하고 정의할 수 있겠는가 하는 문제와 유교가 종교인가 아닌가 하는 논쟁이 과연 의미가 있는지 여부에 대하여 논의했다. 나는 근본적으로 이 논쟁은 단지 하나의 거짓된 문제일 뿐이라고 생각한다. 왜냐하면 그것은 영원히 명확한 결론이 날 수 없기 때문이다. 다만 거짓된 문제일지라도 배후에는 '참된 역사' 를 감추고 있으니 그것은 바로 중국과 서구의 지식과 사상 사이의 상호 충돌, 융합과 수용의 역사다. 또한 '참된 심정' 을 포함하고 있는 문제이기도 한데 그 이유는 이러한 엇갈린 견해의 배후에는 중국 근대 이래의 수많은 중국학자들이 세계에 섞여 들어가려는 의지와 본래의 자리를 지키고자 하는 복잡한 심정이 포함되어 있기 때문이다. 이 글을 「부록」으로 한 이유는 이 논쟁이 내가 「도론」을 증정增訂할 때에도 여전히 계속되고 있었으며, 더구나 소위 상당히 열렬한 논쟁거리였기 때문이다. 많은 사람들이 중국철학의 합법성 위기를 이야기하고 많은 사람들이 유가인가 아니면 유교인가를 토론하는데, 이는 나로 하여금 '거짓된 문제' 의 배후에 확실히 '참된 역사' 가 존재하고 있음을 느끼게 해주었다. 다만 어떤 이들은 '참된 역사' 를 무시하고 '참된 심정' 도 무시할 뿐이다. 물론 어떤 사람들은 '거짓된 문제' 에만 관심을 갖기도 하고 심지어 '거짓된 문제' 가 무엇인지 조차도 제대로 이해하지 못한다.

일반적으로는 새로 출판된 저작이든 옛 저작의 증정본이든 할 것 없이 예의상 감사의 말이 있어야 할 것이다. 그러나 최근 몇 해 사이 감사를 표해야만 할 분들이 너무나 많고, 해야 할 감사의 말이 너무나 많아서 이 모두를 그저 마음에 간지하는 편이 더 나을 것 같다.

2004년 4월 3일

옮긴이 서문

중국 사상사 연구의 현대적 의의

이 번역서의 앞에 중국의 전통 사상 혹은 전통 사상사 연구가 가지는 현대적 의의에 대한 글을 쓰라는 요구를 받고 매우 당황스러웠다. 이런 제목의 글은 대체로 현대적으로도 의의가 크다거나 현대인들에게 교훈적이라는 식의 결론을 가지고 독자들의 동정을 구하는 식이 되거나 그 현대적 의의를 다 함께 외치자는 식의 프로파간다가 되기 십상이며, 무엇보다도 그런 거대한 주제는 연구가 쌓이고 무르익어 결실이 절로 맺어질 만한 소위 대가들이 쓰기에 알맞다고 생각하기 때문이다. 의의니 가치니 하는 것 자체가 지극히 주관적인 영역에 속하는 것인데다가 학문적 연구의 가치 또한 세태에 극히 민감하게 좌우되고 특히 최근에는 경제적 가치 창출의 여부에 따라 대학의 학과 존폐가 결정되는 것이 현실이다. 결국 비인기 인문학과가 생존할 길은 오로지 우리도 돈을 벌어들일 수 있다고 외치며 그 가능성을 보여주는 수밖에 없으니 학과끼리의 통폐합에다가 개명까지 과감하게 단행하는 이 마당에 어떻게 감히 역자가 중국사상사 연구의 현대적 의의를 논할 수가 있을까 싶다. 죽는 날까지 이런 제목의 글을 쓰리라고는 생각도 하지 못했지만 주어진 요구를 마음대로 바꾸지도 못할 처지므로 역자는 주어진 이 난해한 과제를 직접 다루기보다는 시각을 조금 바꾸어서, 중국사상사의 저술 방법에 대한 책의 번역서 앞에 왜 그 현대적 의의를 논하는 글을 요구받는가를 실마리로 삼아 이야기를 풀어나가기로 한다.

첫째, 만약 이 책이 한국사상사를 쓰는 방법에 대한 책이라면 이미 그 현대적 의의나 가치를 새삼 논해야 할 필요성을 느끼진 못할 것이다. 이는 우리 것과 우리 것이 아닌 것이라는 구분에 의거한 민족이나 사상 · 문화의 단위라는 문제로 소급되며, 그 차이점이나 근접성에 근거를 둔 논의로 연결된다. 그리하여 우리 민족 문화의 독자성이나 중국보다 더 오랜 기원 등을 들어 차이점을 내세우거나, 혹은 서구의 충격 앞에 어쩔 수 없이 문호를 개방해야 했던 공동의 운명을 지닌 동아시아 한자 문화권의 동지로서 공통점을 내세우거나 하여 중국을 잘 알아야 한다는 주장이나 호소로 귀결되곤 한다. 중국 문화의 중요한 영역의 하나인 사상의 전통을 이해하고 그것과 한국사상사의 상호 영향 및 공통점과 차이점 등의 관계를 논하는 데에 유익한 시각과 도구를 갖출 수 있다는 것이다. 분명 중국은 우리나라와 오랫동안 상호 교류해온 역사가 있고 공유하는 부분이 많기 때문에 오세아니아나 아프리카 대륙의 어떤 나라보다는 많은 관심이 생기고 친숙한 느낌이 들며, 또한 사상사의 영역에서도 따져봐야 할 영향 관계가 복잡하게 얽혀 있는 것은 사실이다. 비유컨대 같은 산맥에 속하는 이웃하는 산들이라 해도 제각기 모습이 다르고 바위와 물과 나무와 풀들 역시 각각의 산에 따라 독특한 양상이 있듯이 같은 한자 문화권이라고 해도 하늘이 다르고 땅이 다르며 사람이 달랐으니 마땅히 중국과 한국의 사상은 나름의 특성들이 있을 수밖에 없다. 이를 정확히 이해하기 위해서라면 중국사상사에 대한 이해는 가히 필수적이라고 할 만 하다. "하나만 아는 자는 아무 것도 모른다"는 막스 뮐러의 격언은 특히 최근 동아시아 삼국의 동이점을 그 주자학의 전개 양상에서, 또 근대화 과정에서 나타나는 사상의 추이 과정에서 찾고자 하는 철학 · 역사학계의 관심과 노력에서 볼 때도 분명히 재고할 가치가 있다. 이런 의미에서 볼 때 한국사상사에 대하여 보다 정확하게 이해하고 발언하기 위한 비교의 대상으로 중국사상사는 상당히 유용한 영역임에 틀림없다. 그러나 다른 측면에서 생각해 보면, 이미 21세기 한국의 현대인들에게 지역적 · 인종적 · 문화적 근접성 때문에 중국의 전통적 사상 세계에 더 관심을 가질 필요성은 오히려 점차 희박해져가는 것 같다. 왜냐하면 실제로 이민이나 여행을 통하여, 그리고 경제적 유통 구조나 인터넷을 통해서 지구촌이라는 말을 현실화해나가고 있는 이때에 동질감과 이질감 혹은 익숙함과 낯섦은 물리적인 조건에 의해서만 결정되지는 않기 때문이다. 또, 이미 청년층은 물론 많은 중년층에게도 한자는 생경하기 그지없고 한문은 영어보다도 더 낯선 외국어일 것이다. 이것이 계속될 추세라고 단정할 수는 없지만 아마도 빠른 시일 내에 쉽게 방향이 바뀔 것 같진 않다. 중국은 우리에게 지리적으로는 여전히 가깝지만 문화적으로는 점차 거리감이 생기는 낯선 이웃이 되어가고 있는 것이다. 따라서 오로지 '중국' 혹은 '중국사상'에 관한 것이라는 한 가지 이유로 더 의미가 있고 가치가 있다는 말은 설득력을 점차 잃어가게 되리라 생각한다. 이런 상황에서 여전히 의미 있고 가치 있는 중국사상사 연구는 어떤 문제의식이나 방향성을 가져야 할 것인가?

그런 의미에서 보자면, 이 책은 중국을 적용 대상으로 하고 있긴 하지만 중국에만 해당되는 것이 아니라 사상사 일반의 문제를 폭넓게 다루고 있다. 즉 이 책의 내용은 사상사 연구를 어떻게 기술할 것인가 라는 문제에 대한 고민의 결과물로서, 지역성을 뛰어넘는 보편적인 주제를 다루고 있으므로, 이 책의 제목이 '사상사를 어떻게 쓸 것인가' 이고 부제가 '중국사상사 도론導論' 이라고 되어 있는 것은 적절하다. 다음과 같은 문제를 생각해보자. 우리는 간혹 중국사상사의 연구 방법론을 논하는 글들을 대하게 되는데, 과연 중국사상사의 연구 방법 · 저술 방법은 다른 지역이나 문화권의 사상사 연구 및 서술 방법과 다른 것일까? 역자의 생각으로는 결코 그렇지 않고, 본서의 제목과 부제로 판단할 때 저자 역시 '중국' 이라는 영역 자체가 독특한 연구 방법이나 서술 방법을 설정한다고 여기시는 않는다고 본다. 다만 중국의 역사적 · 문화적인 특수성에 의하여 당연히 자료의 선별이나 연구의 주제들은 달라질 수밖에 없다. 그러나 사상사 연구의 영역이나 자료의 범위, 관심의 초점 변화 등은 어떤 문화권이나 어떤 나라의 사상사 연구에도 적용되는 일반적인general 문제들이다. 이 책은 바로 그런 일반적인 문제들을 하나하나 제기하면서 중국사상사라는 특수한special 영역에 비추어가며 설명한다. 물론 중국사상사 뿐 아니라 문학사 · 종교사 등에 두루 박학한 저자의 말을 모두 완전히 이해하기는 만만치 않다. 하지만 적어도 이 책에서 중국학 전반에 걸친 내용들은 사상사를 어떻게 쓸 것인가 하는 문제에 대한 저자의 사고를 풀어나가는 데 있어서 자료로서 혹은 사례로서 등장할 뿐이다. 따라서 구체적인 사례들을 모두 알 수 없다 해도 각 장의 주제와 그 주제를 풀어나가는 틀을 이해하는 것으로도 풍부한 수확이 된다. 이를 통하여 하나의 보편적인 현상을 감지하게 되는데, 그것은 바로 한 영역에 대한 진정한 전문가specialist야말로 거대 이론가generalist로서 가치 있는 발언을 할 수 있으며 그 역도 성립한다는 사실이다. 벤저민 슈월츠Benjamin Schwartz가 말했듯이 "사상사의 중심적 과제는 바로 인간이 스스로 처한 환경situation에 대한 의식적인 반응conscious responses"이라고 한다면, 사상사 연구는 그것이 중국사상사 연구든 한국사상사 연구든 서구사상사 연구든, 결국 인간과 인간 의식의 작용이라는 보편적인 과제에 대한 이해를 돕는 작업이다. 요컨대 이 책에서 제기된 많은 질문과 논점은 비단 중국학이라는 영역에 갇혀있지 않으며 20세기까지 인문학 전반에서 이루어진 수많은 연구 성과를 섭렵한 결과 제기할 수 있었던 것이라는 점에서 현대적 의의를 갖는다. 또한 모든 학문적 연구가 현대적 의의를 취득하는 유일한 방법은 그 때까지 제기되어왔던 문제의식과 축적된 연구 성과를 성실히 반영하는 것이라고 역자는 생각한다.

둘째로, 만약 이 책이 현대의 문화와 사상에 대한 연구라면 역시 그 현대적 의미를 굳이 논할 필요를 느끼지 못할 것이다. 이는 전통의 가치를 논하는 문제로 소급되며, 현대 한국 사회에서 가치라는 범주는 유용성과 직결되기 때문에, 전통 사상사 연구의 현대적 의의라는 문제는 결국 민족의 자존감이나 그와 관련된 경제적 가치 창출에 대한 은밀한 기대와 연결될지도 모르겠다. 이에 대해서는, 과거 내지 전통이라는 것이 어떻게 변화해왔으며 변화하고 있는가 하는 판단과 그것이 지금 여기의 현상들과 어떻게 연결되어 있는가 하는 관점에 의거한 논의들이 전개된다. 전통의 가치를 적극 인정하는 쪽에서는 어느 정도 당위성을 바탕에 깔고 전통적 사상 세계와 현재와의 연계성을 강조하게 되고, 현대 사회의 변화가 보여주는 예측 불허와 그 속도감에 숨가빠하며 그것을 따라잡기에 급급한 쪽에서는 전통 사상에 대한 연구란 마땅히 상아탑 속의 일이며 아무리 그 가치가 크다 한들 피부로 느낄 수 없는 가치라 느낄 것이다. 그러나 가만 생각해보면 우리 모두에게 다소간 존재하는 과거나 전통에 대한 관심이 단지 경제적 가치 때문만은 결고 아니다. 사람들은 누구나 얼마간은 과거를 알고자 하며 동경한다. 내 부모, 조부모와 선조들에 대해 관심을 가지게 되며, 나아가 언제부터인지 모르는 민족 공동체 의식을 가지고 때로 일체감을 확인하며 뿌리를 더듬어 올라가고자 열망하게 된다. 단순한 사실에 대한 의문으로부터 조금은 체계적인 지식에 대한 추구까지 과거와 전통에 대한 관심은 인간에게는 기본적인 뿌리찾기의 본능에서 비롯된 지적 호기심이라 할 수 있다. 이 땅의 조상들은 무슨 생각을 하면서 어떻게 살았는지, 또 어떤 일을 겪으면서 어떻게 대응해왔는지에 대한 추구는 곧 왜 그랬을까 라는 의문을 품게 만든다. 이에 따라 원경과 근경을 상상하게 되고 나아가 내부적인 이유와 외부적인 이유 등을 추리하게 된다. 그런 과정에서 기후나 풍토 등의 자연환경과 그에 적응하여 의식주를 해결했던 양상, 그 과정에서 이룩했던 물질문명이나 정신문명의 자취들이 밀접하게 상호 연관되어 있음이 드러나게 된다. 따라서 경제적 가치 창출을 목표로 한 탐색이든, 단순한 지적 호기심에서 비롯된 의문이든 과거와 전통에 대한 추구는 남겨진 물질적 자취에 대한 기술만으로 일관될 수는 없는 일이다. 굳이 "사상사만이 유일한 역사"라는 콜링우드의 말을 빌리지 않더라도, 그러한 물질적 자취를 남긴 것도 인간이고 그것을 해석하며 기록해왔던 것도 인간이며 지금 다시 그것을 찾고 이해하고자 하는 것도 인간이므로, 결국은 인간의 정신활동과 그 부산물들을 고려하지 않을 수 없다. 이를 추구해가는 과정에서 대면하게 되는 가장 근본적인 것 중의 하나가 전통적인 사고 방식, 고유의 지식 세계 그리고 종교적 신앙이 아닐까?

이 책의 저자가 독자들로 하여금 사상사를 보는 시각을 일신하게 해주는 가장 중요한 점은 바로 '일반적인 사상 · 지식과 신앙의 역사'라는 개념을 제시했다는 것이다. 과거의 사상사는 지속적으로 주로 공자 · 맹자 · 동중서 · 주희 · 왕양명 · 왕부지 · 강유위 등과 같은 식으로 사상적 천재들을 나열하였으며, 또 『논어』『맹자』『노자』『주역』 등의 경전적 저작을 중심으로 연구하고 서술해왔는데, 저자는 과연 그것이 충분히 타당성을 가지고 있는가 라는 근본적인 의문을 제기하고 있다. 사상적 천재들은 한 시대에서 보면 지극히 특수한 인물들이고, 한 시대를 반영한다기보다는 그 시대를 뛰어넘는 인물들이다. 나아가 사상사의 연속적인 흐름이라는 면에서 볼 때 그 흐름을 이어간다기보다는 그 흐름을 돌파하는 의미를 지니는 것이 아닌가 하는 지적이다. 따라서 지금까지의 사상사 저술은 매 시대를 살던 대다수의 보통 사람들이 가지고 살아가던 생각과 지식과 믿음을 제대로 보여주지 못했다는 것이며, 저자는 이에 대한 다양한 해결 방법을 모색하고 있다. 그러나 그보다 더 중요한 것은 왜 이 같은 서술이 별다른 변화 없이 지속되어 왔으며 또 이런 식으로 사상사의 흐름을 기술하게 된 배후에는 어떤 관념이 자리잡고 있었는지를 되돌아보아야 한다는 지적이다. 예를 들어 송대에는 요·순·문·무·주공·공자·맹자 등의 도통이 부각될 수밖에 없는 시대적 배경이 있었고 그리하여 도통론에 입각하여 사상사의 흐름을 파악했다. 또 서구의 학문이 홍수처럼 밀려들어왔을 때는 서구의 '철학' 이라는 개념에 의하여 중국의 전통을 재단하려 하면서 중국철학사·중국사상사를 저술하기도 했다. 그리하여 반드시 그럴 이유가 있는 것도 아닌데 꼭 왕조별로 시대를 구분하여 어떤 시대는 마치 사상이나 철학이라고 할 만한 것이 전혀 없는 것처럼 공백으로 남기도 한다. 그러나 저자는 묻는다. 그 시대는 정말 사상도 지식도 신앙도 없었던 것인가? 지금 우리가 중국사상사를 이해하고 새로이 저술하려 한다면 똑같은 방식으로 반복할 이유가 없다. 오히려 과거의 사상가나 사상사 저자들의 '일반적인 사상 · 지식 · 신앙'을 지금의 시점에서 밝혀주고 자리매김을 해줄 수 있어야 할 것이다. 이런 관점에서 두 번째 문제를 생각해보면, 백 년 전 · 천 년 전의 과거에 대한 연구든, 아니 그보다 더 시원始原의 자리로 거슬러 올라가는 연구든 모두 현대를 살고 있는 우리가 한다는 점에서 현대의 지평과 한계를 안고 있고 따라서 현대적 의미를 가지지 않을 수 없다. 이 점을 깊이 인식하면서 사상사를 연구하고 저술할 때, 우리는 지금 우리가 발 딛고 서 있는 현재라는 시점조차 타자화할 수 있는 안목을 습득하게 될 것이다.

저자는 이 책이 "단지 사상사 중의 몇 문제에 대한 나의 몇 가지 견해에 지나지 않으며, 사상사 저술 방법에 대한 전면적인 논술은 아니"라고 말한다. 역자도 이 말에 십분 동의한다. 그러나 저자의 견해가 던져주는 의문들과 통찰력은 흥미롭고도 의미심장하다. 예를 들어 일반적으로 역사는 이어져 내려오는 것이므로 사상사의 연속성 또한 의심의 여지가 없으리라고 생각하면서도 '왜' '어떻게' '어디에서' 그것을 발견할 것인가? 그것을 어떻게 표현해낼 것인가? 하는 문제에 대해서는 별로 생각하지 않았다. 그러나 저자는 사상사의 연속성과 그것을 사상사 저술에서 어떻게 드러낼 수 있을까를 숙고하고 있다. 기존의 사상사나 철학사는 일반적으로 일류 · 이류 · 삼류 등으로 비중에 따라 장절을 배당하는 틀 속에서 서술되어 왔다. 그러나 저자는 그러한 장절의 틀 자체가 오히려 사상사의 연속성을 더 이상 사고하지 못하게 하고 독자들로 하여금 보지 못하게 하는 주된 원인이 아닐까 하는 의문을 던진다. 또 왜 그동안 우리는 소설이나 희곡 대본·아이들의 학습 교본이나 교과서 등은 사상사의 중요한 자료라고 여기지 못했을까? 왜 주로 문자로 이루어진 사료만을 취급하려 하고 지도地圖·도상圖像이나 건축물 등은 중요한 사료로 취급하지 못했을까? 이러한 저자의 물음은 우리가 오랫동안 사상사와 사상사 연구라고 믿어왔던 연구가 가진 허점을 직시하게 하며, 그 틀에서 오래도록 벗어나지 못했던 연구자들의 게으름과 타성을 반성하게 한다. 물론 이 모든 물음과 지적이 저자만의 독창적인 사고의 산물은 아니다. 이 책을 번역하면서 저자의 독서가 얼마나 폭넓은 영역에 두루 걸쳐 있는가 하는 것과 중국에서 외국의 명저와 연구서들이 얼마나 광범위하고도 빠르게 번역되고 있는가 하는 것에 여러 차례 놀라웠고 무척 부러웠다. 이 책과 더불어 가능하다면 저자의 『중국사상사』(저자로부터 이미 한국어 번역본이 나오기로 계약이 되었다는 말을 들었다)를 읽으면 더없이 좋을 것이다. 그리고 저자는 사상사 저술 방법에 대한 오랜 숙고를 통하여 얻은 통찰력을 중국사상사의 다양한 영역, 예를 들면 선종·도교·만청晩淸의 서구와 중국사상의 관계에 대한 연구 업적을 지속적으로 출간하고 있다. 따라서 그의 저술 방법에 대한 논의와 그의 연구 성과를 섭렵함으로써 사상사 연구의 이론과 실제를 계속적으로 배우며 자신의 연구에 응용할 수 있으리라 생각한다.

본래 강의 원고였던 것을 다듬어서 출간한 것이었는지는 정확히 알 수 없지만 이 책은 논문투의 문장이 아니라 수업 시간에 학생들에게 강의하는 식의 문장이어서, 때론 몇 줄이 지나도 마침표가 보이지 않았고 마침표를 찾을 때까지 열 개가 넘는 쉼표를 만나곤 했다. 정확하게 의미를 파악할 수 없는 곳은 모두 저자에게 문의하여 친절한 답변을 받았지만, 역자가 임의대로 이해하고 질문조차 하지 않은 부분도 있으리라 생각한다. 그밖에도 너무 긴 문장을 여기저기에서 나누고, 진행되는 주제 토론의 상황을 상상하면서 전달을 돕고자 덧붙인 부분도 더러 있는데, 그 과정에서 오해를 일으키는 부분이 있을까 우려된다. 1999년 저자의 『중국사상사』 제1권을 처음 접하면서 놀라움을 금치 못했다. 그 이전에 읽었던 저서와는 참 다르다는 느낌이었다. 2001년 제2권을 발견하자마자 이어서 읽었으며, 2002년에는 두 권의 『중국사상사』 앞에 있는 도론導論, 즉 이 책의 내용을 임부연 선생과 함께 번역하면서 다시 읽었다. 임부연 선생과의 즐겁고 유익한 토론이 이 번역서의 여기저기에 반영되어 있을 것이다. 당시 두 권의 『중국사상사』를 모두 번역하면 어떨까 하는 생각도 있었지만 너무나 방대한 작업이 될 것 같아서 망설이던 차에 다행스럽게도 2004년 도론 부분만 수정, 증보되어 단행본으로 출간되었다는 사실을 알게 되었다. 그 사이에 거의 전적으로 저자의 견해를 수용하고 정리하는 입장에서 중국사상사 연구 방법에 대한 소논문을 쓰기도 하였다. 이 증정본을 읽고 다시 번역을 하면서 이번에는 반드시 번역본을 출판하고 싶은 생각이 들었다. 중국의 '철학'과 '사상' 및 유교의 정의 문제에 대한 내용은 역자 역시 늘 문제로 삼고 있던 부분이었으며, 그밖에도 폭넓은 독서가 소화되어 있는 그의 패기 넘치는 문제제기들이 한국에 소개되기를 바라는 마음이 간절했다. 저자의 강의를 들으며 직접 배운 적은 없지만, 그의 저서들을 읽으면서 정말 많은 것을 배웠으며 많이 공감하였다. 아무리 사전이나 공구서를 뒤지고 중국 인터넷을 돌아다녀도 해결되지 않는 부분에 대하여 여러 차례에 걸쳐 수십 가지의 질문을 했는데, 그에 대하여 일일이 답변해주시고 격려해주신 저자 거자오광葛兆光 선생님께 다시 한 번 감사를 표하고 싶다. 또한 이 책의 출판을 도와주신 영남대학 중국연구센터, 그리고 책이 잘 만들어질 수 있도록 애써주신 영남대 출판부의 이종백 선생님과 국제기획이 권순호 사장님께 감사의 말씀을 올린다.

2008년 10월 3일

역자 이 연 승

목차

번역범례

1. 본서는 『思想史的寫法-中國思想史導論』(上海, 復旦大學出版社, 2004년 7월 제1판)를 번역한 것이다. 본래는 저자 거자오광葛兆光 교수의 『中國思想史』의 제1권과 제2권에 해당되는 『七世紀前中國的知識·思想與信仰世界』와 『七世紀至十九世紀中國的知識·思想與信仰』의 「도론導論」으로 실렸던 내용이지만 후에 수정, 증보를 거쳐 새로운 단행본으로 출간된 것이다. 「저자 서문」에 실려 있듯이 제6장 「사상사 연구에서의 더하기와 빼기」 제8장 「무엇이 사상사의 자료가 될 수 있는가」 제10장 「사상사 연구의 시야에서 보는 도상圖像」이 새로 쓰인 장이며, 「부록 : 중국철학과 유교 정의의 논쟁에 대하여」 역시 새로 첨가된 부분이다. 본서를 번역한 후에 두 권의 『中國思想史』 앞에 있는 문장들과 대조해 보았는데, 본래 있었던 내용에도 조금씩 수정이 가해져 일부 대목은 보태어지거나 빠지기도 하였다. 문구상에도 다소 차이가 나는 곳이 있었으며, 저자주에도 역시 차이가 있는 곳이 꽤 있었다.

2. 저자는 기존의 사상사 저술에서 사용되는 장章과 절節로 나누어 저술하는 방식의 문제점을 지적하고 있다. 그리하여 본서의 구성은 11개의 장으로 나뉘어 있으나 내용을 전개함에 있어서는 글의 흐름에 따라 크게 1 · 2 · 3 등으로 나누어 서술해가면서 각 대목의 중심을 이루는 아이디어를 표기해주었다. 역자가 번역했던 증정판에는 목차에 각 절의 제목 아래 그 절에서 다루는 내용을 번호 없이 나열하고 있으나, 마치 각 절의 세부 절목으로 오해될 여지가 있으므로 목차에는 넣지 않고 글의 좌 · 우측에 표기해주는 방식을 택했다. 이는 그 대목에서 저자가 전달하고자 하는 의도를 나타낸다.

3. 원서에는 저자주가 본문 아래 각주로 처리되어 있고, 그 중의 일부는 본문의 내용을 이해하는 데 도움이 되는 것도 있지만, 인용의 출처나 참고하면 좋은 책이나 논문을 소개하는 것이 더 많기 때문에 미주로 처리하였다. 역자주는 〈 〉안에 번호를 붙여 각주로 처리하였으며 주로 본문을 더 잘 이해하기 위한 역자 자신의 노력을 담고자 하였다. 미주의 내용은 비교적 전문적인 성격의 논문과 책의 정보를 요구하는 독자들이 찾아보기에 편의를 제공한다는 의미에서, 서명 · 출판사 및 저널의 명칭 · 논문의 명칭 등의 서지 사항은 원어로 표기하였으며 한국어로 번역된 경우에도 원어를 병기하였다.

4. 역자주에서 저자가 인용한 저서나 논문, 특히 외국 서적이나 논

문을 표기하는 방식은 통일되어 있지 않고, 때로는 같은 책도 원서명과 중역본中譯本이나 일역본日譯本 등의 서명 순서가 달리 나오기도 한다. 그러나 이를 통일시키지 않고 본서의 체제를 그대로 따랐다. 저자가 보았던 중국어 번역본이나 일본어 번역본을 일일이 찾아서 참고하거나 대조할 수 없었고, 또한 저자가 글을 쓴 시기가 조금씩 다르기 때문에 일치되지 않을 가능성이 있다. 따라서 이를 통일시키지 않고 저자가 썼던 방식을 그대로 두는 것이 나을 것이라 판단했다. 역자주 부분의 [ ] 안에서 원서명을 밝히거나 한국어 번역본을 표시한 것은 저자가 보충한 것이다.

5. 인명과 서명의 색인은 이 책의 본문만을 대상으로 하였으며, 저자주와 역자주의 내용은 포함되어 있지 않다.

6. 중국인의 인명은 사망 연도를 기준으로 신해혁명(1911) 이전은 한자음으로, 이후는 현대 중국어 발음으로 표기하였다. 또 중국 지명은 홍콩과 타이베이를 제외하고는 모두 한자음으로 표기하였다.

머리말 사상사를 어떻게 쓸 것인가

사상사의 의미

중국철학사의 형성

세우량謝无量·후스胡適·펑유란馮友蘭으로부터 런지위任繼愈까지

철학과 철학사에 대한 의문

철학사는 고대 중국의 사상세계를 서술하기에 진정 알맞은가?

사상사의 중심과 주변은 어디인가?

사상사는 어떻게 서술해야 하는가?

사상사를 어떻게 쓸 것인가

사상사의 의미

콜링우드R.G.Collingwood는 사상사를 유일한 역사라고 여겼는데[1], 이러한 견해는 일찍이 중시되기도 했으며 비판을 초래하기도 하였다. 만일 이 말을 오직 사상의 역사적 전통만이 오늘날까지 연속된다는 뜻으로 이해한다면, 다소 지나치긴 하지만 이러한 견해에 대해서는 공감을 표시할 수 있을 것이다. 무엇이 역사인가? 역사를 이미 과거에 출현했던 사람이나 사물, 사건이라고 한다면, 그것은 확실히 과거의 시간이 사라지면서 같이 따라서 없어질 것이다. 과거의 전쟁 도구들은 이미 부러지고 없어졌으며, 지난날의 빛나던 기상氣象도 이미 사라지고 쓸쓸한 가을바람만 남았다. 동창東窓 아래서든 담장 안의 집안에서든 갖가지 술책이 있었다 하더라도, 지금은 단지 몇 장 혹은 몇 줄의 흔적만 남아 있을 따름이며, 비난받거나 칭송받던 관리들에게 비록 현명함과 어리석음, 충성스러움과 간교함의 차이가 있었겠지만 지금은 몇 편의 희곡이나 옛날 이야기를 이루고 있을 뿐이다. 그것들은 박물관이나 고고

考古 유적지 속에서, 또 고대 문헌이나 역사 교과서 속에서 우리에게 과거를 말해 준다. 우리는 그것들을 경청하거나 살펴 볼 수 있고 또한 방향을 돌려 과거로 달려갈 수도 있으나, 이런 '역사'는 '지금 이 자리'와는 아무런 관련이 없다. 그런데 정말로 오늘날까지 이어지고 또 오늘날의 생활에 시시각각 영향을 미치는 역사는 내가 보기에 적어도 두 가지가 있다.

하나는 몇 천 년 동안 끊임없이 증가해 온 지식과 기술, 즉 옛 사람들의 지혜와 수고로 조금씩 쌓아온 수많은 생활의 지식과 기술이다. 후대인들은 이 혜택을 곧바로 누릴 수 있으며, 이전 사람들의 종결점을 자신의 출발점으로 삼는다. 바로 이러한 점에서 역사는 단절되지 않고 앞으로 지속되어 나간다. 다른 하나는 몇 천 년 동안 반복적으로 사색한 문제와 이로부터 형성된 관념이다. 수 세대의 사람들이 간절히 추구했던 우주와 인생의 의미, 그리고 수 세대의 사람들이 마음을 다해 찾았던 우주 · 사회 · 인생 문제에 관한 관념과 방법은 오늘날의 사유 방식에 영향을 주며, 오늘날의 사람들 역시 여전히 이러한 사유 방식에 따라서 그러한 난해한 문제들을 사색한다. 바로 이런 점에서 역사는 끊임없이 이전의 역사와 중첩된다. 만일 전자가 기술사技術史에 속한다면, 후자는 사상사思想史에 속한다고 해야 할 것이다. 사상은 유형의 기물이나 유한한 생명을 따라 더불어 사라지지 않고 언어와 문자를 통해서, 또 우리가 보고 들음을 통해서, 그리고 학교 안의 교육과 학교 밖의 학습을 통해서 대대로 시간 속에서 연속되어 간다. 이러한 '연속延續'으로 말미암아 오늘날 사람들이 옛 사람의 사색을 되새길 수 있고, 옛 사람의 사색이 오늘날 우리들에게 여전히 존재 의의를 가지게 된다. 콜링우드는 다음과 같이 말하였다. "역사적 지식은 인간의 정신이 과거에 무엇을 했는가에 대한 지식이며, 동시에 정신은 계속 이것을 하고 있으므로, 과거의 영원성은 바로 현재 안에서 활동한다".[2(1)] 사고하는 문제와 사색의 방식, 해석의 언어와 실현의 방법은 한 세대 또 한 세대를 거치면서 중복 · 변화 · 순환 · 갱신되어 나가면서 시간과 공간의 연속성을 가지게 되고, 이리하여 역사가 있게 되는 것이다.

중국철학사의 형성

사상사 저술은 이 때문에 의미가 있다. 그런데 현대 학술사를 회고해보면, 오히려 근대 중국에서 사상사라는 명칭은 철학사라는 명칭보다 주목을 받지 못했다는 사실을 발견하게 된다. 이런 현상의 원인은 아마도 세 가지로 나눠 볼 수 있을 것이다. 첫째, 서양의 '철학사'가 이미 만들었던 범례가 전환기 중국 학술에 제공했던 편리함 때문이다. 둘째, '철학'이라는 용어의 서양적 의미는 20세기 전반기 중국 학술에 대해 일종의 유혹이자 도전이었기 때문이다. 셋째, 대학의 학과 가운데 철학과가 생겨서 그에 상응하는 교재가 필요했기 때문이다. 그리하여 어떤 학자는 서양에서 정

〈1〉 원문은 다음과 같다 : "Historical knowledge is the knowledge of what mind has done in the past, and at the same time it is the redoing of this, the perpetuation of past acts in the present."

형화된 개념 · 용어와 논리로써 중국 학술의 역사적 과정을 총정리하려고 시도하였고, 어떤 학자는 중국 학술의 역사적 과정 속에서 서양과 똑같은 철학을 찾아내서 중국도 동일한 지식을 갖고 있음을 증명하려 했으며, 또 어떤 학자는 대학의 교육과 학습을 위해 철학사 교재를 쓰기도 했다. 따라서 20세기 학술 저작 목록을 펼쳐보면 '사상사'라고 명명된 저작은 '철학사'라고 명명된 저작의 수에 미치지 못하였고, 또한 철학사의 저술처럼 어느 정도 완비된 과정을 거치거나 성숙한 경험을 쌓지 못하였다.

셰우량謝无量 · 후스胡適 · 펑유란馮友蘭으로부터 런지위任繼愈까지

철학사 저술의 역사를 간단히 회고해보자. 1916년에 철학사라는 제목을 재빨리 남들보다 먼저 선택했던 셰우량謝无量은 6권 1책의 『중국철학사』를 썼다. 그러나 그의 저작에는 새로운 명칭과 엉성하게 선택된 한 무더기의 자료만 있을 뿐이어서 그의 서술은 전범paradigm의 의의를 전혀 가지지 못했다.[3] 따라서 3년 후인 1919년에 후스胡適의 『중국철학사 대강』이 상무인서관商務印書館에서 출판되자 단번에 그 책을 대체하였다. 뒤에 후스 자신이 "중국에서의 철학사 연구에서 내가 시조와 같은 인물이다"라고 말하였으니, 셰우량의 저서는 애초에 의식하지도 않았던 듯하다. 차이위안페이蔡元培는 후스의 책이 지닌 네 가지 장점을 '증명의 방법' '핵심을 찌르는 서술 방식' '공평한 안목' '체계적인 연구'라고 말했지만,[4] 그 책은 결국 급하게 쓰이다가 중단되었다. 더욱 체계적인 철학사 훈련을 받았던 펑유란馮友蘭이 1930년 · 1933년에 완결된 『중국철학사』를 써낸 이후에, 후스의 『중국철학사 대강』 또한 대

체되었다. 그러나 후스의 『중국철학사 대강』은 결코 연기처럼 금방 사라져 버리지는 않았으며, 그의 연구는 지금도 의미를 가지며 우리를 계발시키는 점이 있다. 그러나 이런 의미와 계발은 절대로 철학사 자체가 아니라, 학술사의 새로운 전범의 생성 · 과정 · 소실이라는 문제에 관한 것이다. 따라서 '시범示範' 이라는 의의가 '설명' 이라는 의의보다 클 것이다.[5] 그에 비하면 평유란의 저서는 체계적이고 완결적이며 서양철학의 개념과 사유 방식에 대해서도 보다 깊은 인식을 지녔고, 중국의 고대 사상과 학술에 대해서도 '동정적 이해' 를 하고 있으며 분량도 일반 독자에게 적합하였다. 특히 그는 '정통' 의 맥락과 '규범' 적 서술, 즉 '도통' 의 서술와 '철학사' 의 서술을 융합하였고 게다가 중국의 입맛에 맞았기 때문에, 이 책이 청화대학에서 강의용으로 출판되었을 때 상당한 호평을 받았으며,[6] 상무인서관에서 출판된 뒤에는 더욱 한 시대를 풍미하였다.

그러나 시대의 변천에 따라 평유란의 철학사도 세월 속에 가라앉게 된지 여러 해가 되었다. 60년대 이후에는 런지위任繼愈의 『중국철학사』가 더욱 간명한 줄거리와 논리, 더욱 이데올로기적인 의미의 해석 방법, 그리고 보다 명백하고 쉽게 이해할 수 있는 언어와 풍격으로써 그 책을 대체하였다.[7] 80년대에 이르러 이데올로기의 강제성이 점차 약화된 뒤에 평유란의 저서는 다시 한 번 중화서국에서 출판되었으며, 후에 중국에서 가장 중요한 출판사인 인민출판사에서 그의 7권본 『중국철학사 신편』이 출판되었다. 역사는 하나의 원을 돌다가 다시 원래의 출발점으로 돌아오는 것 같다. 그러나 80년에 가까운 역사를 경험하면서 철학사는 상당히 풍부한 경험과 교훈을 이미 축적하였으므로, 우리가 철학사를 새로이 다시 쓰려할 때 충분히 이를 참고할 수 있다.

철학과 철학사에 대한 의문

다만 여기에는 문제가 있다. 의심할 여지없이 철학사의 저술은 많은 저술 경험이 있을 뿐 아니라, 처음부터 서구나 일본에서 들여온 기존의 명확한 양식을 사용하거나 심지어 그것을 답습하여 적용할 수 있었다. 예를 들면, 펑유란은 『중국철학사』의 첫 부분에서 "철학은 본래 서양의 명사이므로 이제 중국철학사를 강의하려면 그 주된 작업의 하나는 중국 역사 속의 각종 학문으로 들어가 서양에서 말하는 '철학' 이라 할 만한 것을 뽑아서 그것을 서술하는 것이다"[8]라고 말했다. 그는 서양의 '철학' 개념을 참조하여 현대적 의미의 철학사란 우주론 · 인생론 · 지식론의 발전사를 포괄한다고 지적하였다. 그렇다면 철학사의 저자는 그들이 서술해야 할 역사를 분명히 알고 있는 셈이다. 그러나 오래 전부터 나는 줄곧 매우 완고한 관념을 갖고 있는데 그것은 다음과 같다. 서양의 커다란 조류 아래서 일본의 번역을 거쳐 중국으로 들어온 '철학Philosophy' 과 '철학사History of Philosophy' 는 중국 학술이 새로이 고대 중국사상을 처리하기에 유용한 좋은 개념적 도구와 연구의 사유 방식, 그리고 서술의 틀을 제공했다. 그러나 서양의 표준을 완전히 그대로 받아들여 중국에 적용하는 것은 조금 곤란하다. 만약 서양의 철학 개념에 대해 수정하지 않고 서양철학이 이미 갖고 있는 용어의 내포와 외연을 엄격하게 따른다면 발을 깎아 신발에 맞추는 경우가 생길 것이다. 또, 중국의 사상과 지식에 대해 얼마간의 오독과 곡해를 하지 않는 이상, 서양의 철학 개념과는 서로 맞지 않는 경우가 생기게 될 것이다. 따라서 중국 고대의 지식과 사상을 '철학사'로 서술할 수 있느냐 하는 것은 사실 큰 문제다.[9]

철학사는 고대 중국의 사상세계를 서술하기에 진정 알맞은가?

아주 일찍이 이 문제를 의식한 사람들이 있었다. 예를 들어 푸쓰녠傅斯年은 1918년 차이위안페이蔡元培 선생에게 편지를 써서 철학이 문과에 해당된다는 점에 대하여 반대하였다. 그 이유는 서양철학은 자연 과학을 기초로 하고 중국철학은 역사를 기초로 하므로 중국철학은 철학이 아닌 셈이라는 것이었다. 10년 후 그는 다시 고대 중국에는 '본래 소위 철학이라는 것이 없으며' 단지 '방술方術'이 있을 뿐이라고 직접적으로 말하였다. 또한 고대 중국에 '철학이 없다'는 건전한 습관에 대하여 기쁨과 위안을 느낀다고〈2〉 명확히 표현하였다.[10] 『철학요령哲學要領』을 번역한 적이 있었던 차이위안페이는 1924년 『간이 철학강요簡易哲學綱要』를 쓸 때, 푸쓰녠의 옛말을 상기하였는지, 한편으로는 철학을 도학에 빗대어 말했지만 다른 한편으로는 어쩔 수 없이 "우리나라(중국)의 철학은

〈2〉 서신을 부분적으로 인용하고 있는 문장이므로 위와 같이 옮겼지만, 그 의미를 조금 더 풀어서 말하자면, 푸쓰녠은 오히려 '철학이 없다'는 사실을 고대 중국의 건전한 전통이라고 여겼으며 그리하여 그 사실에 대해 기쁨과 위안을 느낀다는 뜻이다.

과학을 전제로 하지 않고 영원히 '성언량聖言量[3]을 표준으로 삼으므로", 부득이하게 "지금은 철학강요를 말하려 하나 완전히 서구의 학설을 채용할 수는 없다"고 강조하였다. 후스도 푸쓰녠의 영향 하에 자신이 앞으로 완성할 『중국철학사 대강』을 『중국사상사』로 개명하려는 의사를 1929년에 명확하게 표현하였고, 이미 "『중국철학사 대강』 중권中卷이라는 명칭을 사용하지 않기로 결정했다"고 말하였다.[11] 후에 탕쥔이唐君毅는 「중국철학사 저술의 태도와 그 시대 구분을 논함略論作中國哲學史應持之態度及其分期」이라는 글에서 "철학이란 명칭은 본래 중국에 없었으며, 예전의 도술道術 · 이학理學 · 심학心學 · 현학玄學이라는 명칭은 모두 서양에서 말하는 '철학'의 의미와는 같지 않다"고 말했다.[12] 사실 어찌 명칭에 그치겠는가? 고대 중국에는 '철학'이라는 명칭이 없었을 뿐만 아니라 '철학'이라는 명칭의 의미에 부합되는 지식 · 사상 · 학술도 없었다. 그러나 서양의 학술 용어가 전체를 뒤덮었던 시대에 탕쥔이조차 자신의 입장을 견지하지 못했으며, 철학이란 용어가 일반화된 분위기 속에서 그는 후에 '중국철학'으로 고대의 사상과 학술을 통괄하였다. 비교해 보자면, 오히려 '사상사'(History of Thought 혹은 Intellectual history)가 중국 역사의 각종 학문을 서술할 때

〈3〉 '성언량'의 원래적 의미는 전승된 경전(經典)이나 성전(聖典) 등의 '문헌적 권위'와 '믿을 만한 사람의 증언'이란 의미까지 포함한다. 결국, '베다(Vedas)의 권위'를 말하는 용어이며, 경험을 넘어선 절대적 경지의 체험과 관련한 인식 기준으로서 '논리적 검토'보다는 '직관적 통찰'이란 의미를 갖고 있었다.

더욱 여유롭고 적합하다. 왜냐하면 '사상' 이란 용어가 '철학' 에 비해 풍부한 포괄성을 가지고 있기 때문이다.

사상사의 중심과 주변은 어디인가?

중국이 '사상사' 라는 개념을 받아들이고 사용했던 것은 상당히 이른 시기였다. '사상사' 를 소개했던 번즈H.E. Barnes의 『사회과학사강社會科學史綱』은 1940년에 비로소 샹다向達에 의해 번역되어 상무인서관에서 출판되었지만, 1935년 룽자오쭈容肇祖는 이미 『중국사상사 참고 자료』라는 책을 편집하여 출간했고, 1936년 천중판陳鍾凡⟨4⟩은 차이샹쓰蔡尙思와 함께 『중국사상사』를 편찬하는 문제를 토론하였으며 "각 시대 사상의 체계, 유파 및 그 발전 과정을 순서대로 서술하는 것이 사상사History of Thought"[13] 라고 하였다. 조금 후, 1939년 차이샹쓰는 『중국사상사 연구법』이라는 책을 출판하였고 창나이더常乃悳는 또 같은 해에 『중국사상 소사中國思想小史』를 출판하였는데, 분량이 얼마 되지 않는 이 책은 지금 보아도 꽤 장점이 있다. 즉, 글의 요점이 명확하고 글의 순서도 분명하며 주장하는 바가 번잡하지 않아, 후대에 나온 입문서들과 비교해 보면 오히려 훨씬 더 훌륭하다. 그러나 도대체 사상사는 어떻게 써야 하는 것인가? 이는 여전히 완전히 밝혀져 본 적이 없는 문제다. 사상사가 철학사보다 풍부한 포괄성을 가지고 있다면, 바로 이 때문에 사

⟨4⟩ 본절의 저자주 14번에는 陳中凡이라고 되어 있는데, 저자에게 문의한 결과 본명은 陳鍾凡이나 陳中凡이라는 이름도 사용했다고 한다. 본서에서는 모두 陳鍾凡으로 통일하였다.

상사는 난처함에 직면하게 된다. 사상사가 가지는 포괄성으로 인하여 '사상'은 경계가 없는 명사가 되고, 이 때문에 '사상사'도 지나치게 깊고 방대한 책임을 떠맡게 되어 자신의 범위와 내용조차 불분명하게 뒤섞인 상태에까지 이르렀다.[14] 철학사가 반복해서 쓰였던 80년 동안에 '사상사'라는 명칭을 붙인 것은 겨우 몇 권에 불과하며[15], 앞에 제한된 한정어를 붙인 '정치사상사' '종교사상사' '학술사상사'와 몇 권의 단대斷代 사상사를 모두 합해도 역시 철학사와는 비교가 되지 않는다.[16] 또한 이렇게 '사상사'라고 불리는 저작이 크기만 확대해놓은 '커다란 철학사'일 뿐이거나, '철학사'의 뼈대를 빌어 그 위에 '철학'의 문 안으로는 들어갈 수 없는 피와 살을 덮어 나열하고 있다는 사실은 참으로 우울한 일이다.

그다지 많지 않은 사상사 저작 중에서도 허우와이루侯外廬가 편집주간을 맡았던 『중국사상통사』는 거의 반세기를 뒤덮었다. 여기서 나는 이 『중국사상통사』에 대해서 평가하고 싶지는 않다. 왜냐하면 이 책은 상당한 지면을 차지하고 있으며, 그 규모가 크고 내용이 풍부하고 줄거리나 구조도 복잡하고 문헌적으로도 상세한 저작이어서, 이 저작이 당시의 흔적을 많이 가지고 있다 해도 그에 대해 자세히 분석하려면 극히 신중하고 진지해야 하기 때문이다. 여기에서 나는 다지 내 자신이 『중국사상사』를 쓰면서 그 저작을 읽었던 당시의 감상과 사색을 말해봄으로써, 우리들의 진일보한 토론의 출발점으로 삼고자 한다. 1947년 『중국사상통사』 제1권이 출판되었을 때 허우와이루는 중국학술연구소를 대표하여 한편의 서문을 썼는데, 매우 화려한 언사를 구사한 이 서문에서 그는 말하였다. "이 책은 각 시대 학자들의 논리적 방법 연구를 특히 중시하여, 그들의 이성 활동의 궤적을 추적하고 그들 학술의 구체적인 길을 발견하며, 나아가 그들이 무엇을 재단해버리거나 혹은 보수할 때 의거하는 사상 방법을 통해 그들의 사회의식 및 세계인식을 추구하려 한다".[17] 이로부터 '논리적 방법' '학술의 길' '사회의식' 및 '세계인식'을 사상사의 대상으로 인식한다는 것을 알 수 있으니, 이는 꽤 명백한 셈이다. 1957년 수정된 『중국사상통사』를 출판했을 때, 왜 그랬는지 모르지만 허우와이루는 1947년판의 서문을 없애고, 표현이 간단하고 요령 있는 또 다른 서문을 썼다. 그런데 이 서문에서는 "이 『중국사상통사』는 철학사상 · 논리사상과 사회사상을 종합하여 편저한 것으로, 그 미치는 범위가 비교적 넓고, 논술의 내용은 하부구조 · 상부구조와 이데올로기적 설명을 중시하기 때문에〈5〉 비교적 복잡하다"[18]고 말하고 있다. 여기서 사상사의 사유 방식은 오히려 혼란에 빠진다. '사상사'의 내용이 이미 '철학사상' '논리사상'과 '사회사상'을 포괄하고 있는데, 게다가 또 '하부구조' '상부구조'와 '이데올로기'를 포괄하고 있다고 하니, 이렇게 언어의 내포와 외연이 모두

〈5〉 하부구조와 상부구조라는 말에서 상부구조가 곧 이데올로기가 아닌가 생각할 수 있다. 역자도 그렇게 생각하여 저자에게 문의했다. 저자는 중국에서 '상부구조'란 각종 각양의 문화 · 사상 · 예술 · 정치 그리고 이데올로기까지도 포함하는 넓은 개념이고, '이데올로기'란 주로 정치적 의미에서 '강제적이고 권력적인 사상관념'을 의미하는 말로 사용된다고 답했다.

분명치 않은 표현에서 사상사의 곤경을 보게 되는 듯하다. 지금은 충분히 이해할 수 있는 당시의 상황 이외에, 사상사 · 철학사 · 이데올로기사 · 논리학설사 등의 경계가 불분명하다는 것이 그런 곤경의 중요한 원인이다. 우리는 마땅히 더 캐물어야 한다. 사상사는 정말로 철학 · 이데올로기 · 논리학설로부터 정치 · 법률 · 과학까지를 포괄할 수 있는 하나의 '대역사大歷史'가 될 수 있을까? 만약 그렇다면 콜링우드가 말한 '모든 역사는 모두 단지 사상사'라는 말도 진정 성립할 것이다. 그러나 누가 이 모든 것을 포괄하는 사상사를 쓸 수 있겠는가?

사상사는 어떻게 서술해야 하는가?

실제적인 저작이나 학과 제도화의 과정에서, 또 대중이 이해하는 시야에서도 '사상사'는 여전히 그 내용이 불분명하며 실제로도 곤경에 처해 있다. 내가 지금 관심을 두고 있는 것만 하더라도 다음과 같은 문제들을 포함하고 있다. 첫째, 사상사는 과연 역사상 표창할 만한 사상의 '도통'을 확립한다는 의미인가? 그렇지 않다면 사상의 역사적 과정을 서술하는 것인가? 실제로 이 문제는 사상사가 사상에 속하는지 아니면 역사에 속하는지를 묻는 것이다. 둘째, 만약 후자가 답이라면 사상사는 마땅히 새로이 그 서술의 대상을 확립해야 하는 것이 아닌가? 사상의 역사에는 천재와 경전만 있는 것이 아니라 보편적이고 일반적인 지식 · 사상 · 신앙 세계도 역시 사회 생활을 지지해주고 있으며, 천재적인 사상가가 배출된 시대도 있지만 사상적으로 평범하기만 한 시대도 있다. 그렇다면 후자 역시 역사의 시간에 수용되어 고려해야 하는 것은 아닐까? 셋째, 만약 범위가 훨씬 더 광범한 지식 · 사상 · 신앙 세계를 기술하고자 한다면 사상사는 그 한계를 어디에 두어야 할까? 또 사상사와 문화사 · 정치사가 상호 배경이 되는 문제를 어떻게 처리해야 하는가? 넷째, 사상사는 문화사 · 학술사의 영역과 충돌되는 문제를 어떻게 처리해야 할 것인가? 다시 말하면, 사상사는 자신의 명확한 한계를 그어 문화사 · 학술사와 영역이 중첩되는 것을 피해야 할 필요가 있는 것인가?

사상사를 도대체 어떻게 써야 하는가? 상당히 많은 의문이 여전히 내 마음속에서 빙빙 돌고 있으며, 내가 이 사상사 상권을 다 쓰고, 다시 돌아와 이 「이끄는 말」을 다시 수정하면서도 솔직히 말하면 여전히 분명하지 않은 면이 있다. 본문에서 전개하는 내용은 단지 사상사 중의 몇 문제에 대한 나의 몇 가지 견해에 지나지 않으며, 사상사 저술 방법에 대한 전면적인 논술은 아니다.

주 | 註 |

1 허자오우(何兆武)의 「역사는 되돌아보는 것이다(歷史是反思的)」를 참조하라. 『역사와 역사학(歷史與歷史學)』(牛津大學出版社, 香港, 1995)의 139-140쪽에 실려 있다.

2 R.G. Collingwood, 『歷史的觀念(*The Idea of History*)』, 247쪽. 中譯本, 허자오우(何兆武) 역, 中國社會科學出版社, 1986.

3 셰우량(謝无量)은 『중국철학사』의 「서언(緒言)」에서 "현재 학술은 철학과 과학으로 크게 대별되는데 철학이라는 말은 옛 문헌에는 없었다. 이는 서양에서 생긴 말로서 동양에서는 번역어로 사용하고 있으며, 요사이 학문을 하는 자들이 이를 이어 계속 사용하는 것이다. 그렇긴 하지만 그 이치는 하나일 뿐이다. 장주(莊周)가 말하기를 도술(道術)이 분열되어 방술(方術)이 생겼는데, 도술은 통하지 않는 바가 없고 방술은 그 한 구석만을 밝힐 뿐이라고 하였다. 여기에서 말하는 도술이 바로 철학이고 방술은 과학이다" 라고 하였다. 1쪽. 中華書局, 上海, 1916.

4 『중국철학사 대강(中國哲學史大綱)』「서(序)」, 商務印書館, 1919.

5 위잉스(余英時)는, 후스(胡適)의 『중국철학사 대강』이 가지는 의의는 "건가(乾嘉)시대 각 가의 개별적인 고증의 성취를 넘어, 경사(經史) 연구를 관통하여 조직적인 체계를 가지게 한 것에 있으며, 이 때 운용하는 것은 서양철학사의 연구 방법이다." 라고 지적하였다. 따라서 후스의 이 책은 전범을 이룰 수 있었고 펑유란의 책은 그의 전범을 넘어설 수 없다. 여기에서 말하는 '전범' 이란 바로 내용은 중국의 것이지만 형식과 개념상으로는 서구의 것은 취했다는 사실을 가리킨다. 「학술 사상사의 창조와 변화(學術思想史的創造及流變)」, 『고금논형(古今論衡)』 제3집, 68-69쪽(臺北, 1999)에 실려 있다.

6 천인커(陳寅恪), 진웨린(金岳霖)의 심사 보고와 펑유란 『중국철학사』의 뒤에 있는 부록(中華書局, 1993년 重印本)을 참고하라. 또, 후스가 『미국 역사 평론(The American Historical Review)』의 1955년 7월호에 발표한 서평에서 펑유란의 영문판 『중국철학사』에 대하여 제기한 주요한 논평은 바로 그가 '정통' 이라는 중국적 관점을 가지고 쓴 중국철학사라는 것인데, 소위 정통이라는 것은 다음의 세 가지 의미가 있다고 했다. ① 도는 공자가 개척해온 것이며 공자는 상고 시기 성인들(先聖)의 위

대한 유서(遺緖)를 전승한 자이다. ② 도는 상고 시대의 묵적과 양주 및 중고 시기 불교와 도교와 같은 이단의 기만과 고난을 겪었다. ③ 도는 장기간 경서 안에 묻혀 있었으며 11세기에 시작된 이학(理學) 운동이 일어나자 비로소 이학가들의 새로운 연구에 의하여 밝혀진 것이다. 저우즈핑(周質平)의 『후스 총론(胡適叢論)』중 「후스와 펑유란(胡適與馮友蘭)」(三民書局, 臺北, 1992)이라는 글을 참조하라.

7 런지위(任繼愈), 『中國哲學史』, 4권본, 人民出版社, 1966.

8 펑유란(馮友蘭), 『中國哲學史』, 상책(上册), 1쪽.

9 사실 이런 회의는 일찍이 있었다. 예를 들면 1922년 장타이옌(章太炎)이 『국학개론(國學概論)』을 쓸 때 중국 고대 사상을 이야기하면서, "지금 잠시 '철학' 이라는 두 글자를 써보자"라고 하였는데 '잠시' 라는 말 안에서 우리는 그가 어쩔 수 없이 사용한다는 느낌을 읽어낼 수 있다. 그리고 량치차오(梁啓超)가 『중국 역사 연구법 보편(中國歷史研究法補編)』안에서 생각했던 '도술사(道術史)적인 방법' 은 아마도 '철학' 이라는 명칭을 쓰고 싶지 않아서 그를 중국식의 '도술' 이라는 개념으로 대체하고 싶었던 것이리라. 진웨린(金岳霖)이 펑유란의 『중국철학사』의 심사보고 안에서 이미 이 문제에 대하여 몇 가지 회의적인 태도를 보였다. 그는 말하기를, "만약 사상의 실질과 형식이 모두 보편(적인) 철학과 다르다면 그러한 사상은 일종의 철학인가 아닌가 하는 것은 꽤 문제가 된다. …… '중국철학' 이라는 명칭은 바로 이러한 곤란한 점을 가지고 있다." 라고 말하였다. 그가 비록 자신의 의문점을 진일보 설명하지는 않았지만 이런 의문을 가지고 있었다는 것을 알 수 있다. 이는 펑유란 『중국철학사』 뒤에 있는 부록 「심사보고 2」, 5쪽에 보인다. 근년 천치윈(陳啓云)이 「양한사상문화사의 거시적 의의(兩漢思想文化史的宏觀意義)」 안에서 펑유란의 『중국철학사』도 실제로는 "이름은 철학사지만 사실은 단지 한 철학자가 자신의 철학적 소양에 따라 쓴 사상사다"라고 지적한 바 있다. 『한학 연구의 회고와 전망(漢學研究之回顧與前瞻)』 하책(下册), 59쪽(中華書局, 1995)에 실려 있다.

10 푸쓰녠(傅斯年)은 『구제강과 고사를 논한 글(與顧頡剛論古史書)』 제3의 「주한 방술가의 세계 중 몇 가지 경향(在周漢方術家的世界中幾個趨向)」에서 말하기를, "나는 후스 선생이 노자 · 공자 · 묵자 등을 기록한 책을 철학사라고 부르는 것에 찬성하지 않는다. 중국에는 본래 소위 철학이라는 것이 없다. 나는 하느님에게 감사한다. 우리 민족에게 이렇게 건전한 관습을 주신 것에 대하여 …… 대부분 새로운 명사를 가지고 낡은 사물을 지칭할 때 물질적인 것은 같기 때문에 가능하지만 인문상

의 사물은 하나도 가능한 것이 없다. 왜냐하면 많은 것이 비슷한 것 같지만 실제로 다르기 때문이다." 이 말은 『푸쓰녠 선집(傅斯年選集)』 제3책(臺北, 文星書店, 1967), 423쪽에 실려 있다.

11 『후스구술자전(胡適口述自傳)』 제12장 「현대 학술과 개인적 수확(現代學術與個人收穫)」이라는 글 안에서도 말하기를, 그는 비판적으로 국고(國故)를 정리하면서 두 가지의 목표를 세웠는데 하나는 문학사이고 다른 하나는 중국철학사였다고 했으며, "후에 나는 '중국철학사'를 '중국사상사'라고 즐겨 바꾸어 부르곤 하였다"고 말했다. 『후스 문집(胡適文集)』 제1책(北京大學出版社, 1998), 415쪽에 실려 있다.

12 탕쥔이(唐君毅), 「중국철학사 저술의 태도와 그 시대 구분을 논함(略論作中國哲學史應持之態度及其分期)」(1940) · 『중국철학 연구의 새로운 방향(中國哲學研究之一新方向)』(1965). 이 글은 『중국사상사 방법 논문 선집(中國思想史方法論文選集)』, 109쪽 · 123쪽에 보인다. 臺北, 大林出版社, 1981.

13 본래는 1939년 상무인서관에서 출판한 차이샹쓰(蔡尚思)의 『중국사상사 연구법(中國思想史研究法)』 1권에 실려 있으며, 후에 『천중판 논문집(陳鍾凡論文集)』 8쪽, 上海古籍出版社, 1993 에 수록되었다.

14 사상사 편찬의 체례와 대상에 대한 논문은 수량도 많지 않은데, 가장 중요한 것은 차이샹쓰(蔡尚思)의 『중국사상사 연구법(中國思想史研究法)』과 천중판(陳鍾凡)이 이를 위하여 쓴 서문 정도이다. 『中國思想史研究法』(商務印書館, 1939), 천중판의 서(序)는 『천중판 논문집(陳鍾凡論文集)』(上海古籍出版社, 1993)에 수록되어 있다.

15 『80년간의 역사학 서적 목록(八十年以來史學書目)(1900-1980)』의 통계에 의하면, 허우와이루(侯外廬)의 저서 이외에 창나이더(常乃德)의 『중국사상 소사(中國思想小史)』(1938) · 첸무(錢穆)의 『중국사상사(中國思想史)』(1952) · 양룽궈(楊榮國)의 『간명 중국사상사(簡明中國思想史)』(1962) · 웨이정퉁(韋政通)의 『중국사상사(中國思想史)』(1979) · 허우와이루(侯外廬)의 『중국사상사강(中國思想史綱)』(1980, 1981) · 허자오우(何兆武)의 『중국사상 발전사(中國思想發展史)』(1980) · 추보쓰(嵇柏思)의 『중국사상사화(中國思想史話)』(1980) 등이 있다. 물론 이 통계는 불완전하다.

16 예를 들어, 천중판(陳鍾凡)의 『양송 사상 술평(兩宋思想述評)』, 룽자오쭈(容肇祖)의 『명대 사상사(明代思想史)』, 지원푸(嵇文甫)의 『만명 사상사론(晚明思想史論)』 등이 단대 사상사의 저작이다. 또, 『고사변』 제4책 뤄건쩌(羅根澤)의 「서」 안에서

그는 "최후의 목적은 상세하고도 체계 있는 학술 사상사를 쓰는 것이다"라고 말했다. 그러나 그는 끝내 써내질 못했다.

17 『중국사상통사(中國思想通史)』, 제1권 「고대사상편(古代思想編)」 1권, 新知書店, 上海, 1947.

18 『중국사상통사(中國思想通史)』, 제1권 「고대사상(古代思想)」, 人民出版社, 1957.

제1장 일반적인 지식 · 사상과 신앙 세계의 역사

중국사상사에 관한 서술과 해석의 습관
경전적 담론 체계 속에서 이루어지는 사상사 서술 방법에 관한 세 가지 의문
일반적인 지식 · 사상과 신앙의 역사
사상사의 기반 혹은 저변 : 장기지속
문헌 자료 범위의 개척과 사용 방법
사상사 다시 쓰기의 앞날과 곤경

일반적인 지식 · 사상과 신앙 세계의 역사

1

중국사상사에 관한 서술과 해석의 습관

'사상사' 혹은 '철학사'라고 불리는 저작을 펼쳐보면 예지를 가진 철인들과 경전적인 저작들이 줄줄이 나열되어 있다. 공자로부터 캉유웨이康有爲까지, 『시경』으로부터 『대동서大同書』까지 천재는 매 시대마다 무리지어 등장하고, 경전經典 또한 매 시대마다 계속적으로 출현하는 듯하다. 따라서 사상사가들은 시대 순으로 그들에 대한 장절章節을 안배하는데, 위대한 사상가에게는 한 장을, 그보다 비중이 적은 사상가에게는 한 절을 할애한다. 또 한 장이나 한 절을 할애할 만한 경우가 아니라면 몇 사람들을 함께 한 절을, 그 정도도 안 된다면 한 문단을 기록하는 식이므로 그곳에 몇 글자라도 남기기만 하면 '영원히 불후의 이름을 남긴' 셈이 되는 것이다. 이와 마찬가지로 경전과 그의 인용 · 주석 · 해설 및 뛰어난 논술 등이 사상사의 실마리를 이루어 책 속으로 끼어 들어가

기만 하면 그 문헌은 정말이지 '명성이 길이 청사에 남게' 되는 것이다. 그리하여 사상의 역사는 자연히 사상가들의 박물관이 되어 그들의 사진과 유물을 나열하고 있는 식이 된다. 한편으로는 화려한 명부처럼 이미 세상을 떠난 천재들의 생애와 저작을 하나하나 해당되는 항목에 등록한 듯하고, 또 한편으로는 마치 영예로운 합격자 명단처럼 논공행상論功行賞하거나 공을 평가하여 그 순서대로 나열하는 듯하다. 이러한 저술 방법은 예로부터 계승해왔던 사상사의 사전(史傳 : 전통적인 역사서의 전기) 문체나 목록학의 전통과 관련이 있는지도 모른다.

중국 최초의 사상사 저작인『명유학안明儒學案』『송원학안宋元學案』이 바로 전기傳記에다가 그 학자의 중요한 문장을 선별하여 덧붙여놓은 식의 저술 방식인데[1], 그 역시 나름의 타당성이 있다. 그런 방식은 한 인물이 생활하던 시대의 선후 관계에 따라 사상사의 순서를 배열하고 있으므로 사상사의 '내재적 질서'를 정리하기 위하여 고심하지 않아도 된다. 또, 비교적 명확하게 장과 절의 요점을 정리하여 독자들이 결론을 내리고 기억하는데 도움을 줄 수도 있다. 그 외에도 이런 저술 방식의 또 다른 중요한 원인은 유명한 천재들을 장과 절의 이름으로 삼고 사람들이 늘 이야기하는 경전의 본문을 자료로 사용함으로써, 사회·역사와 생활 배경에 대하여 정리하고 고증하는 노력을 덜 수 있기 때문이다.[2] 이렇게 하여『시경』『논어』『노자』등을 주축으로 하는 일련의 고대 경전들과 사상사·철학사라는 이름을 가진 일련의 현대적 경전들을 중첩하고 합치시킨 형태는 지속적으로 중국사상사의 서술과 해석을 온통 뒤덮는 '새로운 경전적 담론[1] 체계'를 이루어왔다.

이러한 저술 방법은 운용상 편리할 뿐 아니라 보편적으로 지지를 얻는 이론적 전제도 있다. 그 전제의 내용은 다음과 같다. 첫째, 사람들은 일반적으로 참된 사상사의 과정은 이러한 천재들과 경전으로 이루어지는 것이며, 그들의 사상은 사상 세계의 정화精華이고 사상의 정화는 사회 안으로 진입하여 정치를 지배할 뿐 아니라 실제적으로 생활을 지배한다고 여긴다. 또한 그 사상의 신봉자 중에는 상층의 지식 계층 뿐 아니라 각종 귀족 · 평민 계급도 포함되어 있으므로, 그 세계에 존재했던 천재들과 경전을 묘사하는 것이 바로 사상 세계 전체를 묘사하는 것과 같다고 인정한다. 둘째, 사상의 역사는 한 사람 한 사람의 사상가들이 구성하는 시간의 순서이며 기본적으로 시간의 추이에 따라 사상은 부단히 진보하고 발전한다고 보는 것이다. 그리하여 후대의 사상가는 전대 사상가

〈1〉 '담론'이라고 한 중국어는 '화어(話語)'인데 본서에는 이곳 외에도 화어라는 용어가 많이 등장한다. 제11절의 본문과 주해에는 'discourse'라는 용어를 '논술(論述)'로 번역한 서명이 등장한다. 저자에게 문의하자 저자는 현대 중국어에서 'discourse'라는 용어는 위의 두 가지로 모두 번역 · 사용되며 본인의 '화어'라는 용어는 미셸 푸코의 'discourse'를 염두에 둔 것이라고 답했다. 역자는 이를 한국에서 보편적으로 사용하는 '담론'이라고 번역하였다. '새로운 경전적 담론 체계(新經典話語系統)라는 말의 의미는 과거의 경전들이나 천재적 사상가들을 계속 인용하고 나열하는 식의 중국사상사나 중국철학사가 교과서처럼 읽히면서 과거의 경전과 같은 위치를 점하고 이해의 틀을 한정시키고 있는 상황을 지적하고자 한 것이다.

들의 저작을 볼 수 있고 그들의 해석과 설명은 전대 사상가들의 성취 위에서 이루어지기 때문에, 사상가들의 순서를 묘사하는 것이 곧 사상의 역사를 묘사하는 것이라고 생각한다. 마지막으로 이러한 저술 방법은 자각하지 못하는 또 하나의 전제를 가지고 있는데, 그것은 바로 현재 우리가 보는 천재와 경전의 자료가 당시의 완전하고 사실적인 상황이라는 것이다. 그 전제에 입각하여 말하자면 역사에는 도태나 걸러짐의 현상이 없고 만약 있다 해도 그것이 정확하고도 공평하므로, 사람들은 마땅히 현존하는 역사 기록과 역사적 진술의 합리성을 승인해야 한다는 것이다.[3]

경전적 담론 체계 속에서 이루어지는 사상사 저술 방법에 관한 세 가지 의문

그러나 나 자신의 깨달음에 근거해볼 때, 위와 같은 이론적 전제들에 대하여 몇 가지 의문점을 가지게 된다. 첫 번째 의문은 사상사의 시간적 순서가 달력의 시간적 순서와 완전히 맞물린다고 볼 수는 없다는 것이다. 예를 들면, 사상사적으로는 한 천재가 한 시대를 뒤덮을 수도 있고, 또 어떤 사상적 천재가 자취도 남기지 않고 마치 유성처럼 사라질 수도 있다. 또 어떤 초시대적인 사상은 후대 사람들이 상상하는 궤적을 따라 순서대로 진행되는 것도 아니고, 잠재된 사상적 요인이 수세기 이후에 비로소 다시 밝혀져 전파되는 수도 있다. 비록 이런 천재적인 사상들이 일반적인 지식·사상과 신앙 세계 가운데에서 보편적인 인식을 획득했다고 해도 그들은 결국에는 상식의 밖으로 넘쳐 나와 사상사에서 비연속성의 마디를 이루는 셈이며, 마치 미셸 푸코가 『지식의 고고학』에서 말했던 것과 같이 그들은 역사상의 '단절'[4]이다. 단절은 일

반적인 궤도에서 일탈된 것이고 평균적인 수준과는 다르며, 대개는 시간적 순서와 논리적 순서에서 그 연원과 향방을 확정할 수 없는 돌발적인 현상이다. 필자가 생각하기에 천재적인 사상가들과 경전적 문장으로 구성된 사상이라고 해도 꼭 분명하게 연속되는 필연적 맥락을 가지는 것 같지는 않다. 오히려 실제로 보편적인 생활 중에 존재하는 지식과 사상이 지속적으로 면면히 이어져 발전해옴으로써, 사람들로 하여금 그 이치의 연속적인 과정(2)을 분명히 보여주는 것 같다.

두 번째 의문은, 천재와 경전의 사상은 상식을 넘어서기 때문에 실제로 생활 세계 가운데에서 반드시 가장 중요한 작용을 하는 것은 아니라는 점이다. 왜냐하면 일반인들이 실제 사물과 현상을 이해하고 해석하며 처리하는 것을 뒷받침해주는 지식과 사상은 종종 그 시대의 가장 천재적인 사람이 저술한 가장 경전적인 저작이 아니기 때문이다. 우리의 생활 세계 가운데에서 저술에 의거하여 자기의 사상을 표현하는 천재나 후세에까지 전해지는 경전은 결국 극소수에 불과하고, 일상적인 생활 세계는 대체로 그들과는 멀리 떨어져 있다. 한 무리의 사람들이 사상이나 저술을 직업으로 삼을 수 있는 조건을 우리의 사회가 갖추게 되자, 그들의 사상은

---

(2) '이치의 연속적인 과정'이라고 번역한 것은 중국어로 理路라고 되어 있다. 본서에는 理路라는 말이 여러 차례 나오는데, 路라는 말로 인하여 조리 · 이치라는 뜻에 어떤 지속적인 과정이나 방법이라는 뉘앙스가 내포되어 있는 이 단어를 역자는 문맥에 따라 조금씩 바꾸어 번역하였다.

실존적 세계의 사상과는 종종 거리를 가지게 되었다.[5] 지금의 현실을 보면 분명히 알 수가 있지 않은가! 우리 학자들이 대학에서 공자 · 노자 · 플라톤 · 아리스토텔레스 · 붓다에 관하여 강의할 때, 지하철의 신문 판매대에서는 인기 스타들의 스캔들이 가득 실린 각종 소형 신문이 불티나게 팔린다. 우리 문인들이 책상에 앉아 이상주의를 토론할 때, 생활은 오히려 수많은 사람들로 하여금 무슨 '주의主義' 라는 명칭이 붙지 않은 실용 정신을 발휘하도록 한다. 교수들이 연구실 안에서 정치학과 경제학에 관한 저술을 하고 있을 때, 정치 지도자들은 교수들의 사고와는 전혀 다른 국가 운영 체제를 건립하곤 한다. 사상과 학술은 때로는 소수의 천재와 지식인들이 그들의 사고를 훈련하는 장場이어서, 그것은 사회와 생활과는 무관하게 저 위에 높이 걸려 있을 뿐이다. 진정한 사상은 생활과 사회 바로 그 안에서 사람들이 세계를 해석하고 이해하는 것을 지배하는 상식이며, 그것이 전적으로 천재들이나 경전에 있는 것은 아니다.

세 번째 의문은 다음과 같다. 사상사가 천재와 경전에 대하여 역사적으로 서술하는 것은 대개는 '근원으로 소급할 필요' '가치의 추인追認' '의미의 강조' 등에 기인하며, 이는 사상사가들이 행하는 '회고적 추인' 에 의한 것이다. 사실상 사상사의 저작이 말하듯 몇몇 천재와 경전이 그 당시에 미쳤던 영향력이 그렇게도 크고 심원했던 것인가? 그리고 사상의 역사적 순서에서 그렇게 중요한 위치를 점했던 것인가? 이는 참으로 의문이다. 예를 들면, 명청 사상사에서 습관적으로 고염무·황종희·왕부지를 병칭하지만 왕부지가 명말청초의 사상사에서 가지는 위치와 의미는 일종의 추인의 결과인 것과 같다. 당시 얼마나 많은 사람이 왕부지가 깊은 산중에 앉아서 저술했던 뛰어난 저작을 읽었는지 누군가 나에게 말해줄 수 있길 바란다. 반대로 사상사 저작들 가운데에서 한 단락이나 혹은 반 페이지도 점유하지 못하지만, 사상사에서는 깊은 흔적을 남길 수도 있다. 예컨대 만청晩清시기에 티모시 리챠드Timothy Richard에 의하여 번역되었던『태서신사남요泰西新史攬要』[3] 및 프라이어John Fryer에 의하여 번역된『치심면병법治心免病法』[4]은 후대에 사상사가들에 의하여 추인된 바가 없고 사상사에서는 그 그림자도 찾아볼 수 없지만, 당시에 그들이 가졌던 마력은 현대인들이 감히 상상할 수 있는 정도를 훨씬 넘어서는 것이었다.『태서신사남요』는 삼류의 역사 저작이며 서구에서는 '가장 재미없는 잔재' 라고 불렸지만, 만청의 중국에서는 백만 부가 팔렸으며 일류

〈3〉 본래는 영국인 로버트 맥켄지(Robert Mackenzie)의 저서로, 1889년 런던에서 처음 출간되었다. 이 책은 19세기의 서방 각국의 자본주의 발전의 역사를 서술한 것으로, 상해 광학회(廣學會)의 선교사 티모시 리차드(Timothy Richard, 李提摩太)와 중국인 학자 차이얼캉(蔡爾康)에 의하여 중국어로 번역되어 1895년 중국에서 출판되었다.

〈4〉 이 책은 헨리 우드(Henry Wood)의 저서인 *Ideal Suggestion Through Mental Photography*를 프라이어가 중국어로 번역한 것이다. 저자는 직업적인 심리 정신과 의사로서 다년간 질병과 심리, 병의 증상과 종교적 신앙과의 관계를 연구하여 '병이 존재하지 않는다는 신념을 통하여 심리 치료를 진행' 할 것을 주장하였다. 프라이어(John Fryer, 傅蘭雅 : 1839-1928)는 영국인으로 장기간 강남 제조국(江南制造局)에서 번역을 담당하였는데, 이 책은 1893年 번역·출간되었다.

역사학자인 량치차오梁啓超는 '서양사 중에서 가장 훌륭한 책' 이라고 이 책을 칭송했다. 『치심면병법』은 비록 심리와 질병, 정신 건강과 종교적 신앙을 탐색해본 것에 불과하지만, 그 책이 깨우쳐 준 바는 그 책 자체의 내용을 훨씬 능가하였음을 만청 최고 지식인들의 일기 · 서신 · 문장 중에서 발견하게 된다. 예를 들자면, 송슈宋恕는 이 책이 불교의 경전을 인증해주는 문헌이라 여겼을 뿐 아니라 학당에서 교과서로 사용되어야 한다고 주장했고, 심지어 사상사에서 극히 높은 지위를 차지하는 탄쓰퉁譚嗣同의 『인학仁學』[6]에도 깊은 영향을 미쳤다. 천재적인 인물들과 경전에만 몰입하여 그들 배후의 거대한 생활 세계와 상식 세계의 사상사에 주의를 기울이지 않는다면 애당초 있었던 오해나 매몰된 부분, 그리고 우연과 단절 등은 영영 가려지게 된다. 또 상당히 연관성이 있는 맥락으로 보이는 것도 사실은 대개 저작자의 마음속에 있는 '도통道統' 이거나 혹은 사후에 소급되어 나온 하나의 '계보' 일 뿐이다. 사상사가 단지 사상적인 천재나 경전만을 기술하는 것이라면 사상사는 사상의 표층에 떠있는 역사이며, 사상사가 단지 반복적으로 그러한 사상적 천재와 고전을 확인해주는 것이라면 사상사는 그야말로 '층층이 누적된' 역사일 따름이다.

그렇다고 우리가 천재적인 인물들과 경전들로 이루어진 사상사를 갖추지 않아도 된다고 말하는 것은 아니다. 다만 사상의 천재들과 경전의 지식 · 사상과 신앙의 배경에는 어떠한 것이 있는지에 주의를 기울여야 한다고 말하고 싶은 것이다. 단도직입적으로 표현하자면 과거의 사상사는 단지 천재적인 사상가와 경전의 사상사였지만, 사람들의 실제적인 생활 세계에는 겨우 평균치에 달할 만한 지식 · 사상 · 신앙이 밑바탕이 되어 존재하고 있었다. 이러한 일반적 지식 · 사상 · 신앙은 사람들이 당면한 세계를 판단하고 해석하고 처리하는 가운데에서 작용했다. 그러므로 사상적 천재나 경전의 사상과 일상적인 사회와 생활 사이에는 '일반적 지식 · 사상 · 신앙의 세계' 가 존재하며, 이 지식 · 사상 · 신앙 세계의 연속 역시 사상의 역사 과정을 이루므로 마땅히 사상사의 시야 안에 들어와야 한다는 것이다.

2

일반적인 지식 · 사상과 신앙의 역사

필자가 이런 문제를 진지하게 사색하고 구체적인 운용 방법을 연마했던 것은 아마도 몇 해 전부터였을 것이다. 나는 1994년 어느 날 일기에 급히 다음과 같은 말을 적고 있었다. "사상사는 '일반적인 사상사' 여야만 하는 것이 아닐까? 과거의 사상사는 일반적인 사상 수준의 저 위에 높이 떠 있는 '천재들의 사상사' 인데, 이들 소수의 천재적인 사상가들의 사상이 반드시 보편적인 지식 수준이나 일반적 사상의 상황과 관계있는 것은 아니다. 실제로는 돌출된 부분도 있고 움푹 패여 있는 부분도 있으며, 단절도 있고 반복도 있기 마련이다. 따라서 '천재들의 사상사' 는 사상사를 서술하는 조리를 이루기 어렵다". 이 문단은 횡설수설에 가까웠고 그렇게 썼던 것은 그 몇 년 사이 사상사에 대한 문제를 생각했을 때 느꼈던 곤혹스러움이었다. 당시 나는 늘 다음과 같이 생각했었다. 사람들은 사상사의 발전에는 '규율' 이나 '조리' 가 있다고 믿는다. 그러나 사상적인 천재가 갑자기 출현했다가 사라지고 어떤 심오한 사상이 홀연히 나타났다가 반응을 얻지 못하기도 하며, 또 어떤 저작은 깊이 묻혀 있다가 오랜 세월이 지난 후에 홀연히 발견되어 반향을 불러일으키기도 하는 것이라면, 사상사의 연속성은 과연 어떻게 추구하고 해석해야 하는 것일까? 이 같은 현상은 충분히 있을 수 있으며 불가능한 것이 아니다. 당시 나는 줄곧 한 가지 생각만 했었는데, 그것은 바로 진정한 사상사의 연속성은 고요하고 완만하게 펼쳐지는 일반적인 지식 · 사상 · 신앙 가운데에 훨씬 더 많이 포함되어 있는 것이 아닐까 하는 생각이었다.

소위 '일반적 지식 · 사상 · 신앙의 역사' 가 묘사하는 것이 전부 다 '소전통' 〈5〉인 것만은 아니다. 여기에서 나는 특히 독자들이

〈5〉 중국어로 소전통(小傳統)이라고 되어 있고 바로 이어서 대전통(大傳統)과 대비하여 사용하고 있는데, 대전통과 소전통의 구별은 상층 문화와 하층 문화의 구별과 같은 것이다. 어느 사회에나 모두 소수의 상층 문화인의 문화 전통, 즉 대전통이 있는데 이는 학교 · 교회나 사원 등의 교육을 통해 형성되고, 의식적으로 배양하고 이끌어온 산물로서 계획된 교육에 의하여 전파된다. 이와 반대로 소전통은 문인(文人)이 아닌 자들의 문화 전통으로, 일상생활 중에 생겨나며, 아무도 전문적으로 이를 배양하고 발전시키고자 하지는 않는다. 그저 입에서 입으로, 귀에서 귀로 전해지면서 자연스럽게 이루어지는 것이다. 거자오광(葛兆光), 『고대 중국 사회와 문화 십강(古代中國社會與文化十講)』, 北京, 清華大學出版社, 2004년, 175-6쪽 참조.

'대전통' '소전통'이라는 이원 대립적 용어를 가지고 사상사의 서술 대상을 나누지 않기를 바란다. 또한 '민간사상' 혹은 '민중사상'이라는 용어를 가지고 내가 말하는 '일반적인 지식·사상·신앙'을 이해하지 않기를 바란다. 왜냐하면 내가 말하는 '일반적인 지식과 사상'이 가리키는 것은 가장 보편적이고, 일정 수준의 지식인들이 우주간의 현상과 사물에 대해 해석할 때 받아들이고 파악하며 사용하는 것을 뜻하기 때문이다. 이것은 천재적인 지혜가 싹튼 것도 아니고 심원한 사려가 결실을 맺은 것도 아니며, 그렇다고 무지한 최하층 사람들의 '집단의식'도 아니다. 오히려 이것은 "매일 사용하면서도 스스로 그것을 의식하지 못하는日用而不知" 보편적인 지식과 사상이며, 보통 사람들이 받아들이고 공유하는 지식과 사상이다. 이러한 지식과 사상은 가장 기본적인 교육을 통하여 사람들의 문화적 토대를 이룬다. 한편으로 이것은 사람들이 말하지 않아도 아는 의거와 가설에 따라 일련의 간명하고 효과적인 이해를 형성하며, 또 한편으로는 일상 생활에서 일어나는 모든 현상들을 해석하게 해주고, 정해진 방식에 따라 생활해나가도록 해주며, 생활의 규칙과 이유를 이루기도 한다.

예를 들어, 우리는 전문적 학술 잡지에서 '인문정신을 찾는다'는 우려에 찬 기사를 보거나 심혈을 기울여 '우주철학을 분석'하는 것을 볼 수 있고, 또 학자들이 정밀한 실험과 복잡한 공식을 가지고 '유전자 서열'과 '초전도超傳導 현상'을 연구하는 것을 볼 수 있다. 그러나 실제 생활 세계 안에서 사람들의 보편적 의식을 가장 잘 표현해주는 것은 이익이 있는가 없는가를 기본적인 가치 평가 기준으로 하는 '실용적 정신'과 동전으로 퓨즈를 대체하여 스위치에 연결시키는 '초전하 현상'이다. 극히 고명한 유자들이 '중용中庸'에 대하여 여러 가지로 심오하게 해석하고 발휘한 바가 있다고 해도, 일정 정도의 지식을 갖춘 문화인들에게서 '중용'이란 단지 치우치지 않은 태도일 뿐이라고 나는 생각한다. 불교가 토론하는 '공空'의 이론이 아무리 신비롭고 심오하다고 해도 일반적인 지식인들과 평민들이 이해하고 받아들이는 불교에서는 단지 '공'을 운명에 대한 실망 혹은 마음 작용心智의 마비 정도로 여기며, '일체개공一切皆空'이라는 불교의 교리를 통하여 마음의 긴장을 풀고 인생의 불만을 풀어놓는 것 같다. 도교에서 '도道'와 '무無'의 사상을 토론하는 배후에는 중국인들의 우주에 대한 수많은 지혜가 깊이 배어들어 있다. 그러나 내가 보기에 도교가 한위漢魏 시대 이래의 사회 생활 가운데 가장 영향력을 지녔던 것은 생명의 영원성과 생활의 어려움을 어떻게 해결하는가에 관한 문제였다. 따라서 실제적으로 운용할 수 있는 지식과 기술이 사상사에서 훨씬 더 지배적인 배경을 이루는 것으로 다루어져야 할 것이다.

사실 저술에 의하여 전파되는 경전이 사상과는 달리, 이러한 일반적 지식·사상·신앙의 전파는 천재들의 사상이나 경전을 읽고 서신을 왕래하며 공동 토론을 함으로써가 아니라, 가장 보편적인 각종 경로를 통하여 이루어진다. 예를 들면, 오락적인 공연(종교적 의식·법회·상업이 집중된 도시에서의 연극이나 설창(說唱))을 보면서 알게 모르게 감화되거나, 일반적인 교육 가운데 이루어지는 직접적인 지시나 가르침(서당 · 소학 · 부모와 친구들이 경전의 세속화된 해설을 가르치는 것), 대중적인 독서(소설 · 선본(選本) · 선서(善書) 및 구비문학) 등이다. 이러한 전파의 범위는 경전의 체계를 훨씬 능가하고 이러한 전파의 경로는 어떠한 천재도 거치는 것이다. 따라서 이러한 것들이야말로 실제 천재와 경전의 사상이 발생하게 되는 직접적인 토양과 배경이 된다. 그러나 이상하게도 사상사 저작은 이렇게 매우 직접적이고 정말 유효한 사상적 토양과 배경을 상상하거나 묘사하고 추측하려 하질 않고 오히려 사람들의 사상에 요원하게 영향을 미칠 뿐인 정치적 대사건이나 경제적 상황을 사상가의 '큰 배경'으로 삼으니, 이는 사진을 찍고자 하는 인물과 배경의 거리가 얼마나 떨어졌는지를 전혀 고려하지 않는 것과 같다.[7] 그리하여 사상사가들이 — 물론 이들은 최고의 이해력을 갖춘 천재들이지만 — 사상사를 쓸 때 사상사의 직접적인 배경은 공허하게 되고 간접적인 배경이 돌출되며 사상사의 시점은 형이상학적이고 관념적인 층차에 머물게 된다. 이로 인하여 사상은 사상가의 저술이 되고 그 사상은 경전화되며, 사상사 역시 사상가의 역사 혹은 경전의 사상사가 된다.

사상사의 기반 혹은 저변 : 장기지속

그렇다고 하여 사상사가 사상적 천재나 경전의 사상에 관심을 가지지 않아야 한다는 말은 아니다. 사실 그들의 사상은 여전히 사상사에서 많은 부분을 차지한다. 다만 나는 역사상 사상적 천재는 결국 극소수이고, 사상사의 각도에서 보면 그들의 사상은 천재의 전례 없는 기상천외한 생각이며, 그들은 시간의 순서를 지키지 않고 사상의 궤적에 따르지도 않는다는 점을 특별히 지적하고자 하는 것이다. 비록 그들이 일반적 사상과 보편적 지식 가운데에서 상식과 계시를 얻는다고 해도 그들은 종종 사상사의 전개 과정을 넘어서고, 보통의 궤도를 벗어나며 평균적 수준을 뛰어넘는다. 어떤 경우는 심지어 시간의 축에서는 그 연원과 방향을 추측할 수 없을 만한 돌발적 현상을 보이기도 한다. 의심할 여지없이 나는 사상사 안에서 이러한 천재들과 경전에 대해 쓰기를 희망하며, 이렇게 해야 비로소 사상사는 시간의 흐름에 따라 사상의 기복에 의한 높낮이를 묘사해낼 수 있다. 그러나 내가 이와 더불어 표현하기를 희망하는 '일반적인 지식·사상과 신앙의 세계'는 상당히 긴 시간을 통하여도 눈에 띌 만한 변화를 내보이지 않을 수도 있다.

시험 삼아 나는 기원전 5세기에서 3세기의 자료 가운데 고대 중국인의 생활 세계를 지배하는 다양한 이상과 희구를 귀납해 보았다. 이러한 이상과 희망은 진한秦漢 시대까지 어떤 특별한 변화도 보이지 않았고, 불교가 중국에 들어온 후인 2세기에서 6세기에 이르기까지 여전히 당시 중국인의 생활 세계를 지배하고 있었으며, 단지 생사고락生死苦樂·삼세윤회三世輪回·선악보응善惡報應의 몇몇 사고 방식이 더 첨가되었을 뿐이다. 따라서 그것은 '장기지속長期持續'이라는 관념을 가지고 척도를 삼아야 한다. '장기지속'에 대해 말하자면, 나는 이러한 사유 방식의 형성이 프랑스 아날 학파의 계발, 특히 아날 학파의 '장기지속'이라는 역사적 관념의 계발에서 영향을 받은 것임을 인정한다. 아날 학파의 '장기지속'이라는 개념은 푸코가 강력하게 거절하는 연속성의 추구와는 다르다. 그것은 여전히 역사 변화의 궤적을 묘사하고자 시도하되 단지 그것이 의거하는 시간의 표지는 더 이상 과거의 왕조 변화나 정치 변화가 아니고, 완만하고도 깊게 역사에 새겨져 있는 생활양식의 변화이다. 예컨대 인간의 체질과 의료 기술의 변화, 또는 인간의 의식주행衣食住行의 변화 등을 시간의 표지로 삼으며, 주마등같이 스쳐 지나갔던 사건이나 인물 등은 장기지속의 역사에서는 자리를 차지하지 않는다.[8] 그리하여 그들이 말하는 역사는 마치 우주의 연륜(나이테)과도 같이 한 줄 한 줄 천천히 확장되어가고 있는 것이다. 나는 사상사 연구에서 일반적인 지식 · 사상과 신앙의 역사는 바로 이런 '장기지속'이라는 개념을 가지고 묘사해야 한다고 생각한다. 왜냐하면 그것은 완만히, 그러나 연속적으로 변화하며, 진정으로 사상사의 기반과 저변을 이루기 때문이다.

나는 오랫동안 이런 생각을 해왔지만 이런 생각으로는 전통적인 방식으로 사상사를 저술하는 이들을 설득할 수 없다는 것을 암암리에 느끼게 되었다. 왜냐하면 그들은 다음과 같이 나에게 질문을 제기할 것이기 때문이다. — "당신이 말하는 그 일반적 지식과 사상이라는 것은 어떠한 저술을 남긴 것도 아니고 독립된 사상을 가지고 있는 것도 아닌데, 천재와 경전에 의거하지 않고 당신은 어떻게 사상의 역사를 구성해낼 수 있겠는가? 역사는 이미 소실되었는데 옛 사람들의 기록과 진술을 떠나서 당신은 무엇에 근거하여 사상의 역사를 이해하겠는가?" — 의문의 여지없이 이러한 질문에도 정당한 이유가 있다. 따라서 정말 우리가 이용할 수 있고 사람들로 하여금 신뢰하게 할 수 있는 새로운 사상사 쓰기 방법이 필요한 것이다.

3

문헌 자료 범위의 개척과 사용 방법

사상사가 만약 일반적인 지식·사상·신앙에 관심을 쏟아야 하는 것이라면, 무엇보다 먼저 전통적인 사상사가 의거했던 문헌 혹은 자료의 범위를 새로이 검토해야 할지도 모른다. 전통적인 사상사가 의거하고 있었던 것은 모종의 의도를 가지고 있던 정부 혹은 지식과 사상 담론의 헤게모니를 지배했던 천재들의 역사 기술인데, 이러한 역사 기술이 반드시 사상 세계, 특히 일반적인 지식·사상과 신앙 세계의 진면목에 정확히 일치하는 것은 아니다. 어떠한 시대의 공문서나 역사서에도 '조직적인 역사 기록'과 '편향된 가치 인식'이 존재할 수 있는데, 바로 이러한 가치가 역사 기록에 모종의 의의를 부여하며 동시에 일정한 지위를 차지하게끔 하는 것이다. 또한 선택·생략·간략화를 거쳐 우리로 하여금 의도치 않게 그의 입장에서 역사를 관찰하게 만들고, 우리의 저작을 통하여 이러한 가치와 의미는 연속되어 내려가게 된다. 특히 무수한 확인을 거친 경전의 기술을 통하여 사상가의 지위는 이미 이런 가치와 의의에 의하여 반복적으로 확인되는 셈이다. 그리하여 어떤 사상가는 한 시대에 있어서 사상사의 상징이 되어버리고, 어떤 사상가는 한 시대에 일정한 의미를 가진 사상이나 관념을 제시한 것이 되어버린다. 또 어떤 사상가는 앞선 시대의 다른 사상가의 사상을 계승하여 꼬리에 꼬리를 물고 이어가게 되니, 결국은 이런 식으로 사상사가 그 자신의 줄거리를 드러내게끔 되는 것이다. 그러나 정말로 사회 생활 속에서 연속되고 직접 어떤 작용을 일으켰던 것은 그런 고명한 사상들이 아니고 오히려 일반적이고 보편적인 지식과 사상이다.

백 년 후에 한 역사학자가 1990년대의 사상사를 기술한다고 가정을 해보자. 이 때 그가 의거하는 것이 단지 당시 지도자가 공공 장소에서 이야기한 것이라거나, 경전적인 작가의 저작, 관보官報에 실린 사설, 인가를 거친 공문서 자료, 뉴스 앵커들이 사전에 준비한 연설 원고 등에 불과하다면, 그가 써내는 것은 우리가 익숙하게 알고 있는 세계와는 완전히 다른 사상 세계일 것이다. 아마도 그가 써낸 인물들은 모두 사상적으로는 정통의 입장에 서 있고 행위는 엄숙할 것이며, 말을 하면 마치 공식적인 자리에서 보고를 하는 영도자 같을 것이다. 혹은 심오한 사상과 신비스러운 정신 세계를 가지고 있어, 말하자면 마치 외계인과 같은 문인일 것이다. 하지만 그럴 경우 독자가 느끼는 오늘날 사상 세계의 진면목은 사설 아니면 산문과 같은 것이어서, 아마도 모든 사람이 중난하이(中南海 : 중화 인민공화국의 중심지)나 인민 대회당 안에서 오가거나, 혹은 서재나 강의실 안에서 깊이 사색하고 있는 듯이 느길 것이다. 그러나 그가 의거한 자료 중에 현재 신문 판매대에서 유행하는 통속적인 읽을거리, 노래방에서 유행하는 통속적인 노래, 골목 안의 남녀노소가 잡담하는 공통적인 화제, 일상 생활 가운데 사람들의 관심의 초점이 되는 문제들을 포함시킨다면, 그가 써낸 사상은 오늘날의 생활과 훨씬 더 가까울지도 모른다.[9] 그러므로 사람들이 주의력의 일부를 일반적인 지식 · 사상 · 신앙 세계에 둔다면, 자끄 르 고프Jacques Le Goff가 『신사학』에서 말했듯이 "역사 문헌의 범위를 확대시켜서, 사학으로 하여금 다시는 랑글로아Henri Langlois나 세뇨보스Charles Seignobos가 의거했던 바와 같이 문헌 자료만으로 국한되지 않고 다원적인 사료의 기초로 그것을 대신하게 할 것이다".[10] 이 점은 아날 학파와 푸코가 일치하는 바다. 푸코는 일찍이 다음과 같이 말하였다. "사상사는 각종의 문학적 부산품subliteratures · 역서曆書나 연감年鑑 · 신문 평론 · 현란한 꽃과 같은 매우 성공적인 작품 및 이름도 성도 모르는 저자의 작품 등을 분석한다. …… 사상사는 주로 사람들이 익숙하게 알고 있지 않은 모든 사상에 주의를 기울이는 것이다".[11] 따라서 연구자는 경진의 사상을 위주로 하는 기존 사상사의 연구 방법에 더 이상 속박될 필요가 없다.[12]

몇 가지의 예를 들어보자. 만약 한대漢代의 사상을 기술할 때, 가의賈誼 · 동중서董仲舒 · 왕충王充과 같은 '역사에 이름을 남긴' 인물들의 저작에만 사상사 서술을 국한시키지 말고, 역사서와 저작에는 개별적으로 나타나지 않으며 역사학자들에게 제공할 준비가 되어 있지 않은 것에 한 번 주의를 기울여보자. 예를 들면, 마왕퇴 백서와 그 속에 담긴 암시적인 의미, 출토된 한대 동경銅鏡의 명문銘文 가운데 집중적으로 표현된 한대인의 심경과 사상, 은작산銀雀山 · 장가산張家山 · 쌍고퇴雙古堆 · 윤만尹灣에서 출토된 간독 중 무심코 표현하고 있는 정체적整體的인 사상 내용 등에 주의를 돌릴 수도 있을 것이다. 그 안에 조잡하고 깊이 없고 형이하학적인 지식만 있는 것은 아니다. 사실 그 시대에 점차 틀을 갖추어갔던 민족국가적인 의식, 우주 시공에 관한 사상 및 인류의 심리 · 생리적인 체험 등에 관한 모든 실마리를 그 안에서 찾을 수도 있다. 또 당시 사람들의 보편적인 희망이나 그러한 희망을 실현하기 위한 구체적인 책략을 발견할 수도 있다. 그리고 이러한 희망과 희망을 실현하는 책략의 배후에는 당시 사람들이 반드시 의식하지는 못했을지라도 알게 모르게 그들의 생활을 지배하고 있던 관념 세계가 있다.

또 남북조 시대 불교 사상의 경우, 기존의 사상사에서는 늘 도안道安 · 혜원慧遠 · 구마라십鳩摩羅什 · 승조僧肇 등 천재적 불교도들이 이룩해낸 일련의 사상과 명제의 발생사로 묘사되거나 민족주의 · 도덕주의 · 경제적 이익이 유도하는 종교 충돌사[13]로 기술되어왔다. 그러나 당시의 보편적인 생활 가운데 도대체 얼마나 많은 사람이 은호殷浩나 사령운謝靈運 등과 같이, 불경을 읽으면서 '메모한 간지를 수도 없이 끼워' 두거나 산스크리트어를 배우며, '불성佛性' '본공本空' '돈오頓悟' 및 '팔불중도八不中道' 등의 이론적 사색 속으로 빠져들었겠는가? 그러나 사상사는 우리에게 당시의 불교가 중국에 전입된 과정이 바로 이러하다고 이야기해준다. 왜냐하면 사람들은 『고승전高僧傳』 『출삼장기집出三藏記集』 『홍명집弘明集』 『광홍명집廣弘明集』 등 경전적 기록에만 근거하여 역사를 복원하고 재구성하기 때문이다. 그러나 거의 의도적이지 않게 남아 전해져왔던 사료들을 볼 때, 우리는 이러한 천재의 사상사가 도대체 당시의 생활 가운데 얼마나 영향을 끼쳤는지에 대하여 의심하게 된다. 그런 사료 중 첫째는 석각石刻으로서, 남북조 시기 불교와 관련된 석각의 제명題銘이다. 둘째는 문서로서, 돈황의 투루판에서 출토된 각종 문서 가운데의 제기題記인데, 이러한 석각과 문서는 의식적인 정리를 거치지도 않았고 많은 해석과 해명의 매개를 거치지 않았기 때문에 당시 사람들의 사상 — 당연히 보편적이고 일반적인 사상 — 을 직접 우리에게 드러내주는 바가 있다. 이 안에는 그러한 현묘하고 공허한 '공空'이나 '성性'에 대한 논의는 보이지 않는다. 다만 여러 가지 절실한 바램 속에서 솔직하게 신앙적인 의미를 표현하고 있다.[14]

이는 물론 종종 이용하지 않는 주변적인 자료에 주의력을 집중해야 한다고 말하는 것은 아니다. 왜냐하면 내가 말하는 '일반적인 지식·사상·신앙'이란 최하층 사람들의 의식만을 가리키는 것은 아니기 때문이다. 의문의 여지없이, 가훈家訓·족규(族規: 친족규범)·권선서·어린이용 교과서·보권寶卷 등은 극히 좋은 분석 사료이다.[15] 미국에서 쓰여진 중국사상사에 관한 입문서인 『중국 전통사상 연구 자료집*Sources of Chinese Tradition*』〈6〉은『태상감응편太上感應篇』과『일관도리문답一貫道理問答』을 모두 수록하고 있다. 그러나 늘 보는 경전적 문헌도 일반적인 지식 · 사상 · 신앙사의 연구에 유용하다. 삼년 전, 일본학자 후쿠이 후미미사福井文雅의『중국사상 연구와 현대中國思想硏究と現代』라는 책을 읽은 적이 있는데, 이 책에『수서隋書』「경적지經籍志」의 불교관을 토론한 한 절節이 있었다. 그는 불교에 관한「수지隋志」의 11가지의 관점을 나열하였고 그것을『위서魏書』「석노지釋老志」와 비교하였다.[16] 나는 이것을 보고 불교도가 아닌 학자가 방관자적인 시각에서 불교에 대하여 서술하고 소개하는 것이 일반적인 지식과 사상의 수준을 헤아려보는 데에 참고가 될 수 있지 않을까 하는 생각을 하게 되었다. 일 년 후에 코오젠 히로시興膳宏 교수가 부쳐준『수서 경적지 상고隋書經籍志詳考』를 받고 다시 불교에 대한 한 절을 읽어보고는, 코오젠 히로시가 이미 그 절에서 의거한 불경들에 대하여 일일이 고증하고 주해하였다는 사실을 발견했다.[17] 이러한 주석을 통하여 나는 일반적인 비불교도 지식인들이 어떤 불교 문헌을 읽는다고 할 때, 당시 일반인들의 불교 지식과 사상의 수준을 대체적으로 판단할 수 있으리라는 생각을 하게 되었다. 또 나는 4세기 이후의 불교 전파라는 한 절을 쓰면서『돈황 유서 총목敦煌遺書總目』이라는 책을 조사한 적이 있었다. 그 때 나는 돈황의 두루마리 책자 가운데 불

〈6〉 제 5절의 저자주 12번에 이 책에 대한 간략한 설명과 서지 사항이 나와있다.

경 초본抄本의 종류와 수량을 통계 내어, 그 중 가장 많이 필사되었거나 또는 상대적으로 통속적인 불경들을 통해서 당시 일반 불교의 지식과 신앙의 상황을 대체적으로 예측할 수 있는 건 아닐까 하는 생각을 하였다.

의도치 않게 전해진 사료들은 사람들을 향하여 '서술'하는 것이 아니고, 다만 사람들에게 '나열'되어 있다. 서술은 서술자의 의식이 있지만 나열은 그저 드러나는 것일 뿐이다. 의도치 않게 남겨진 역사 자료는 사상사 외부에 나열되어 있어서 우리를 안타깝게 하며, 또 사상사는 이로 인해 실제적인 사상 세계에 그다지 부합하지 않게 된다. 어떤 때는 사상사의 저술이 대대로 영향을 미쳐서 앞 세대 저자의 사고 방식과 시야가 후에 다시 사상사를 저술하는 사람에게 편리함을 제공하기도 하지만, 그들이 제공한 실마리가 후에 사상사를 쓰는 사람에게 자료를 찾는 방향을 암시하고 제한하기도 한다. 그리하여 좀 게으른 저자들은 전심전력하여 자료를 찾지 않게 된다. 이렇게 계속 이어오는 과정에서 사료는 이미 정해진 범위 안으로 한정되어 버린다. 세 가지 예를 들어보겠다. 첫째는 「보문품普門品」과 같은 것이다. 이년 전 나는 종종 여러 사원을 돌아다니곤 했는데, 북경北京·항주杭州·복주福州·홍콩香港·타이베이臺北 등지의 사찰에서 모두 보급용 및 휴대용 불경 소책자를 팔고 있는 것을 보았다. 그 안에는 반드시 『묘법연화경妙法蓮華經』의 제7품인 「관세음보살보문품觀世音菩薩普門品」이 있었는데, 이는 확실히 상당수 불교 신자들의 불교 지식 수준과 관계있는 것이다. 문헌 자료의 범위라는 면에서 새로이 주의를 기울여야 할 두 번째 자료는 유서類書로서, 나는 『예문유취藝文類聚』『초학기初學記』『육첩六帖』『태평어람太平御覽』 등 현존하는 각종 유서가 사상사의 가장 좋은 텍스트라고 생각한다. 그들은 대체로 같은 체제를 가지고 있다. 천지·제왕·인사·예악·직관·품물 등을 카테고리門類로 하는 분류법에 따라, 각 부문에 무의식적으로 축적된 각종의 통상적인 문헌은 바로 일반적 지식·사상·신앙 수준을 측정할 수 있는 좋은 자료이다. 불교와 도교의 유서, 예를 들어 북주北周 시대의 『무상비요無上秘要』나 당대唐代의 『법원주림法苑珠林』은 그 당시 사회에서 보편적으로 유행했던 불교와 도교 지식을 분석할 수 있는 텍스트이다.[18] 세 번째로, 송대 사상의 경우 사람들은 쉽게 주희를 떠올리지만 그들이 의거하는 자료는 주로 『주문공 문집朱文公文集』와 『사서집주四書集注』 및 『주자어류朱子語類』 가운데 이학理學과 관련된 부분의 자료이고, 진지하게 『가례家禮』를 연구대상으로 삼는 사람은 극소수이다. 그러나 현존하는 많은 지방지地方志 가운데 적어도 민국 시기까지 『가례』는 여전히 일반 사회 의례의 근거가 되었다. 이러한 의식을 규정하는 가운데 드러나는 것은 천 년의 세월 동안 중국인들이 보편적으로 준수하고 추구했던 가치와 의미이며, 바로 일반적 지식·사상·신앙사의 내용이다. 그러나 「보문품」과 같이 7세기 이래 지금까지 광범하게 유전되어온 불교 경문, 『초학기』나 『예문유취』와 같이 당시의 보편적인 지식과 사상을 모아놓은 유서類書, 『가례』와 같이 세속적 사회에 응용되는 의례의 규범 등이 사상사에 의하여 진지하게 주목되거나 분석된 적이 있었던가?[19]

4

사상사 다시 쓰기의 앞날과 곤경

나를 포함하여 많은 사람들이 80년대 이래 새로이 쓴 중국문학사 · 중국종교사 · 중국사상사 등을 갖고 싶은 바램을 가지고 있다는 것은 두말할 나위도 없다. 1992년, 나는 한 편의 서평에서 '다른 형식의 사상사'를 한 부 쓸 필요가 있음을 표명한 적이 있다. 2년 후에 중국 방술 자료집에 대한 논평 가운데에서 나는 또 한 차례 "사상사가 지나치게 상층 문화에 치우쳐 있으며, 과거에 누층적으로 쌓여온 구설舊說의 속박을 받고 있는 것이 아닌가? 우리가 이 점을 의식한다면, 중국 이천 년 이래의 사상사를 다시 써야만 하는 것은 아닌가?" 하는 문제를 제기한 적이 있다. 일 년이 또 지난 후에 썼던 리쉐친李學勤의 『간백일적과 학술사簡帛佚籍與學術史』에 대한 서평문에서 언급했던 바와 같이 "'새로 쓴다'는 것은 80년대 이래 지속적으로 일년, 그러나 무거운 화제가 되어 왔다". 그러나 '새로 쓴다'는 것은 아무래도 너무나 엄숙하고도 어려운 일이다. 이러한 새로 쓰기는 이론과 문헌의 준비 부족으로 인하여 새로이 가치를 평가해야 한다는 감성적 표현이 되었을 뿐, 성공적인 본보기가 세상에 나오지는 못했다.[20] 그러나 지금 내가 반 정도를 쓰고 보니 나는 다시 나 자신에게 묻게 된다. 새로이 다시 쓰기 위하여 충분한 준비를 갖추기는 한 것인가?

『중국사상사』를 쓸 때 나는 이론과 기술의 부족함을 느끼게 되었다. 비록 인류학 · 사회학 · 종교학 · 문헌학 등 많은 방면에서 계발과 도움을 얻었지만 결국 그것은 우회적이고 외부적인 도움이었고, 사상사, 특히 일반적 지식 · 사상 · 신앙 세계의 역사를 서술하는 데에는 직접 소용에 닿지 못했다. 나는 일찍이 통상적인 사상사 서술 가운데에 일반적인 지식 · 사상 · 신앙이라는 장절을 끼어 넣으려고 고심하였다. 예를 들면, 제1권의 제3편 가운데 나는 「진한시대의 보편적 지식 배경과 일반적 사상 수준」이라는 한 절을 썼는데[7], 이 때 마왕퇴 백서와 백화의 전체적인 내용을 사용하였고, 고고학적 발견 중 새로이 드러난 진한 시대의 보편적 지식의 배경을 이야기하였다. 또 백화帛畵와 화상전畵像磚을 가지고 진한 시대 사람들의 심중에 있는 세 종류의 세계를 분석하였고, 동경銅鏡 명문銘文 가운데 나타난 각종 관념을 가지고 당시 사람들의 생명 · 행복 · 자손에 대한 관념 및 그들의 심중에 자리잡고 있는 민족국가 관념의 생성과 인식을 논의하였다. 그리고 제4편 가운데 「불교의 동전東傳 및 그 사상사적 의의」라는 한 절의 전반부에서는 불교가 중국에 전입해왔을 당시, 사본 · 조상造像 · 천법(忏法 : 회개하는 법) 가운데 나타나는 종교적 의식 및 중국 사회에서의 변화 등 일반적 사상 세계 가운데에서의 불교의 영향을 본격적으로 토론하였다.[8] 당시 나는 일본학자 이케다 온池田溫의 『중국 고

〈7〉 저자의 『중국사상사』, 제1권, 323-339쪽.

대 사본 지어 집록中國古代寫本識語集錄』을 읽고 있었는데, 그는 시간의 순서에 따라 각종 사본의 지어識語〈9〉를 초록하였다. 이러한 지어는 뒷사람에게 보이기 위한 것이 아니고 신자들의 희구를 그저 있는 그대로 써서 표현한 것이다. 따라서 나는 3세기 중엽에서 6세기 중엽에 이르는 시기에 나타나는 약간의 지어를 분석하고 귀납하는 텍스트를 사용하여 사람들의 불교 신앙의 기본적인 함의를 분석한 것이다.

그러나 이것만으로는 확실히 부족하다. 나는 일반적 지식·사상·신앙 세계를 형성하고 거기에 영향을 주는 것에는 대체로 세 가지가 있다고 생각한다. 첫째는 계몽 교육의 내용으로, 그것은 모든 피교육자들이 경험하고 그의 사상 발전 과정 안에 존재하는 것이다. 따라서 어린이용 교재 가운데 포함된 지식과 사상은 매우 중요하다. 둘째는 생활 지식의 원천인데, 이 역시 모든 사람에게 제공되는 것으로 그들이 낯선 세계를 대할 때 이용할 수 있는 경험과 지식이다. 따라서 다양한 무의식적이고 보편적인 재료들, 예를 들어 문자가 아닌 도상 자료(화상전·동경·종교적 도상·조소·건축), 보편적으로 사용되는 인쇄품(예컨대 사원 안에 있는 댓가지에 쓰인

〈8〉 저자의 『중국사상사』, 제1권, 507-538쪽. 그 가운데 특히 518-526쪽에서 이 문제를 다루고 있다.

〈9〉 지어(識語)란 각종 두루마리 서적의 옆에 쓰인 기록으로, 예를 들어 돈황에는 당시 사람들이 베껴 쓴 불경이 많이 있는데 그 옆에는 베껴 쓴 사람이 적어둔 문자가 있다. 이는 대체로 그들의 염원을 표현하고 있는데 이를 지어라고 한다.

글 · 격식화된 축수사 · 황력(皇曆)과 같은 통용되는 수첩) 등이 필요하다. 셋째는 사상 전파의 과정에서 천재들의 사상이 직접 일반적 사상 세계의 내용으로 전화되지는 않으므로 그런 사상이 통속화되는 선전품, 이를테면 역사학자들이 그다지 주의하지 않는 문학적인 자료(예컨대 초기의 강경〈10〉 · 변문〈11〉 및 후대의 선서(善書) · 예인(藝人)에게 읽도록 제공되는 노래 가사 · 정해진 장소에서의 소설 낭독 · 가족 제사 혹은 마을 모임 때의 연극) 등을 찾아야 한다. 그러나 이러한 기술은 확실히 매우 곤란하고, 때로는 자료가 너무 많아 상세히 읽기가 어렵고 때로는 너무 적어서 분석하기에 부족하며, 설사 분석한다 할지라도 어떤 때는 주관에 빠지는 것을 면하기 어렵다. 왜냐하면 결국 우리들은 이미 고대인들의 생활 환경에서 멀리 떨어져 있고, 그저 우리들의 이해에 따라서 서술을 가할 수 있을 뿐이기 때문이다. 어떤 경우에는 분명히 모순이 있다. 왜냐하면 생활 세계 자체가 그다지 잘 정돈되어 있지도 않고 획일적이지도 않기 때문이다. 그러나 사상사가 사료를 몽땅 다 나열하는 것일 수는 없으며, 사상사의 관념과 논리에 따라 사료를 정리하고 해석해야만 한다.

1994년 12월의 어느 날 오후 상해 복단대학에서 주웨이정朱維錚 선생이 사회를 맡은 토론회에 참가하고 있던 중이었다. 창밖에

〈10〉 강경(講經) : 경서(經書)에 정통한 사람을 뽑는 과거(科擧)에서 시험관이 지정하여 주는 대목의 경서를 외는 일

〈11〉 변문(變文) : 중국 당대 중기(9세기 초)부터 북송 초기(11세기 초)에 걸쳐 민중 사이에서 유행한 일종의 민간 문학.

는 마침 작은 빗방울이 떨어지고 있었고 몽롱한 안개비 속에서 한 순간, 발언자의 음성이 귓전에서 사라지는 것 같았다. 나는 갑자기 만약에 과거 사상사의 '배경'과 '초점' 사이에 '일반적인 지식 · 사상 · 신앙의 세계'라는 한 층을 더한다면 사상사는 보다 분명하고 확실해질 수도 있으리라는 생각이 들었다. 이 생각은 온통 나를 사로잡아 나로 하여금 당시 하고 있던 작업을 그만두게 하였다. 돌아가서 많은 책들을 보았다. 이 생각으로 저술의 욕망을 더 이상 억제하지 못할 정도가 되었을 때, 마침내 잠시 이미 반 정도를 썼던 것을 정지하기로 결정하고 내가 구상하는 사상사를 쓰게 되었다. 당시 쓰고 있던 책이 바로 후에 북경대학 출판사에서 출판했던 『중국 선 사상사中國禪思想史』였다. 그러나 십 년이라는 세월이 흐른 뒤, 나는 결국 전면적으로 새로운 사상사를 쓰고자 하는 희망은 개인의 저작이라는 형태로 이루어질 수 밖에 없지만 나 한 사람의 힘으로 완성될 수는 없다는 것을 분명히 알았다. 특히 '일반적인 지식 · 사상 · 신앙'이라는 것은 너무나 다양한 사고 방식을 운용해야만 하고, 너무나 많은 자료를 종합해야만 하는 것이어서, 아마도 나는 이후의 저술자를 위하여 딜 익은 사고 방식과 귀납을 거친 약간의 자료를 제공하는 것에 그치고 말 것이다. 그러나 나는 이러한 사상사가 정말 쓰이기를 희망한다. 나의 희망은 실현될 수 있을 것인가?

주 | 註 |

1 이러한 저작 중에 더 이른 것은 『이락연원록(伊洛淵源錄)』(1174년 전후) · 『도명록(道命錄)』(1238년 전후) 등, '도통(道統)' 에 관한 송대인들의 저작 및 원대의 『송사(宋史)』「도학전(道學傳)」· 오징(吳澄)의 『도통도(道統圖)』, 명대 여온(黎溫)의 『역대 도학 통종 연원 문대(歷代道學統宗淵源問對)』· 양렴(楊廉)의 『황명이학 명신 언행록(皇明理學名臣言行錄)』 등등 일 것이다.

2 사상사를 저술할 때의 사고 방식과 장절(章節) 간의 문제에 대하여, 나는 뒤에서 다시 한 번 상세히 토론하고자 한다. 본서의 제4절을 참고하기 바라며, 여기에서는 생략한다.

3 이러한 점에 대하여는 본서의 제6절을 참조하라.

4 미셸 푸코(Michel Foucault), 『지식의 고고학(*L'Archeologie du Savoir*)』「서론(緖論)」, 日譯本 『知の考古學』 11-14쪽, 中村雄二郎 譯, 河出書房, 1981 · 1994. 또, 왕더웨이(王德威)의 中譯文 『知識的考掘』, 「緖論」, 77쪽을 참조하라. 麥田出版, 臺北, 1997.

5 일찍이 나는 「경전적인 것과 생활적인 것」이라는 제목의 문장에서 현재 사회의 상황을 이야기한 적이 있다. 그 문장에서 나는 "신문지상의 보도에 따르면, 근년에 모(某) 지역에서는 '보도(普度)' 가 또 다시 회복되었다고 하는데 보도 제사의 대상은 '떠돌아다니는 귀신(野鬼)' 이고 제사의 형식은 공물 · 종이돈 · 종이옷 · 종이깃발 · 귀등(鬼燈)에 점화하기 · 등불을 강에 떠내려 보내기(放河燈)이다. 어떤 지역에서는 또 후장(厚葬)과 사당 세우기가 다시 홍기하여, 수많은 푸른 산이 무덤으로 민둥산이 되었고 수백, 수천의 불법적으로 신설된 묘당이 …… 강남의 경관을 파괴하였다. …… 종교 연구의 각종 저작을 훑어보면 '공(空)' '무(無)' 의 현묘한 이론, 우주의 본질 혹은 인류의 이상적인 초월에 관한 화제, '도(道)' 혹은 '로고스' 의 공통점과 차이점에 관한 사변들은 우리들이 이러한 현상을 해석하는데 별다른 도움을 주지 못하는 것 같다. 오히려 우리들로 하여금 더욱 더 혼란하게 한다. '어떻게 백성들은 궁극적 신앙을 토론하지 않고 이러한 내용들만을 전적으로 믿는 것인가?' 그리하여 우리들은 부지불식간에 의문을 가지게 된다. '그들은 도대체 무엇을 믿는 것일까?'" 『中國研究』, 1997년 제1期. 東京.

6 쩌우전환(鄒振環)의 『근대 중국 사회에 영향을 준 백 종의 번역서(影響中國近代社會的一百種譯作)』, 101-109쪽을 참고하라. 中國對外飜譯出版公司, 1996. 또 『캠브리지 만청 중국사(劍橋晩淸中國史)』, 中譯本, 625쪽을 참고할 수 있다. 中國社會科學出版社, 1985.

쑹슈(宋恕), 『치왕육담서(致王六潭書)』(1897년 2월 11일) · 『천진 육재관 적현문자 제일급 정과서목(天津育才館赤縣文字第一級正課書目)』(增訂本) 357쪽. 中華書局, 1990.

7 이러한 배경 분석 방법의 문제에 대하여는 거자오광(葛兆光), 「배경과 의의(背景與意義)」을 참고하기 바란다, 이 글은 『學人』 제1집에 실려 있다. 江蘇文藝出版社, 南京, 1991.

8 '장기지속' 에 관하여는 페르낭 브로델(Fernand Braudel)의 『長期 : 歷史與社會科學』 中譯本을 참고하기 바란다. 『資本主義論叢』, 顧良 等 譯, 中央編譯出版社, 1997. 아날 학파는 정치사, 그 중에서도 소위 대사건 · 커다란 변화가 생활사에 결정적인 영향이 있다고 보는 결정론을 특히 비판한다. 이러한 시각은 우리들이 일반적인 지식 · 사상과 신앙의 역사의 문제를 이해하는데 이점이 있다. 자끄 르 고프(Jacques Le Goff), 『新史學』, 27쪽, 姚蒙, 中譯本, 上海譯文出版社, 1989.

9 따라서 정부나 정치를 연구하는 어떤 학자는 이미 연구의 중심을 정책의 제정을 연구하는 것으로부터 정책의 집행을 연구하는 것으로 전향하기 시작했나고 한다. 이러한 변화는 사상사 연구에도 일정한 참고와 계발을 주지 않을까?

10 자끄 르 고프(Jacques Le Goff)), 『新史學』, 中譯本, 6쪽.

11 미셸 푸코(Michel. Foucault)의 『지식의 고고학(*L'Archeologie du Savoir*)』, 王德威, 中譯本 『知識的考掘』, 260쪽, 日文本 『知の考古學』 14-16쪽을 참조하라.

12 장광즈(張光直)의 아형(亞形)과 우주 관념에 관한 연구는 조직적 문자 문헌의 증거에만 의거하지 않았다. 그렇다고 그가 사상사를 논하고 있는 것이 아니란 말인가?

13 탕용퉁(湯用彤)의 『한위 양진 남북조 불교사(漢魏兩晉南北朝佛教史)』, 59-60쪽을 보라. 中華書局重印本, 1983. Erich Zürcher(許理和)의 『불교가 중국을 정복하다(佛教征服中國)』(*The Buddhist Conquest of China : The Spread and Adaptation of Buddhism in Early Medieval China*. 2 Vols. Leiden, 1959.) 日文本, 49쪽, 田中純男 等 譯, せりか書房, 東京, 1995.

14 허우쉬둥(侯旭東)의 『5-6세기 북방 민중불교신앙(五六世紀北方民衆佛教信仰)』에서의 토론을 참고할 수 있을 것이다. 中國社會科學出版社, 1998.

15 이러한 방식은 종교 연구 가운데 가장 집중적으로 나타난다. 예를 들면 미국 학자인 Saso(蘇海涵) · 독일학자인 Werner Banck(龐緯) · 프랑스 학자인 Stein(施博爾) · 일본 학자인 사와다 미즈오(澤田瑞穗) · 사카이 다다오(酒井忠夫) 등의 학자 및 중국학자 가운데 한빙팡(韓秉方) · 마시샤(馬西沙)의 연구는 바로 이런 류에 속한다. 그러나 그들이 주로 다루는 것은 소위 '민간' 혹은 '소전통' 인데, 나의 생각과 그들의 생각이 꼭

일치하는 것은 아니다. 사상사에서 내가 다루고자 하는 것은 사회의 일반적 혹은 평균적 지식 수준 및 보통의 무의식적 사상 습관이다.

16 후쿠이 후미마사(福井文雅), 『중국사상 연구와 현대(中國思想研究と現代)』, 111쪽 이하. 隆文館, 東京, 1992.

17 코오젠 히로시(興膳宏)·카와이 코오죠(川合康三), 『수서 경적지 상고(隋書經籍志詳考)』, 汲古書院, 東京, 1995. 예를 들어, 불경 서문(佛經序)의 제2단을 보면 한자는 삼백 글자 정도에 불과하지만 주석은 중문(中文)을 합하여 3,000자이고 그 가운데 『태자서응본기경(太子瑞應本起經)』『유마힐경(維摩詰經)』『위서(魏書)』「석로지(釋老志)」『멸혹론(滅惑論)』『서경부(西京賦)』『일체경음의(一切經音義)』『지도론(智度論)』『분별공덕론(分別公德論)』『후한서(後漢書)』『봉법요(奉法要)』『법화경(法華經)』『대반열반경(大般涅槃經)』『불국기(佛國記)』『무량수경(無量壽經)』『조론(肇論)』『대비경(大悲經)』『속고승전(續高僧傳)』『대부혁폐불법사(對傅奕廢佛法事)』 등의 불교 내부 혹은 불교 외부의 논저를 인용하였다. 이 책에 대한 거자오광(葛兆光)의 서평을 참조하라. 『唐研究』 제2輯, 536-541쪽. 北京大學出版社, 1996.

18 거자오광(葛兆光)의 『중국사상사』 제1권 제4편(編) 제7절 「목록·유서 그리고 경전의소 중에 보이는 7세기 중국 지식과 사상 세계의 윤곽(目錄·類書與經典義疏中所見七世紀中國知識與思想世界的輪廓)」을 참조할 것.

19 『주자가례』에 대한 문헌학적 연구는 쉬징난(東景南)의 「주희 '가례' 진위변(朱熹 '家禮' 眞僞辨)」과 천라이(陳來)의 「주자 '가례' 진위고의(朱子 '家禮' 眞僞考議)」가 있었으며 각각 『朱子學刊』 제5집, 福建人民出版社, 1989 : 『北京大學出版社』, 1989년 제3기에 실려 있다. 그러나 『주자가례』 자체에 대한 연구는 아직 많지 않다. 국외에는 Pataricia B. Ebery(伊沛霞)의 *Confucianism and Family Rituals in Imperial China*(帝制中國的儒家與家禮), (Princeton University Press, 1991)가 있다. 그러나 국내에서 이 방면에 대한 연구는 최근에 양즈강(楊志剛)의 「주자가례 : 민간 통용례(朱子家禮 : 民間通用例)」라고 하는 매우 분명하지만 분석이 아직 불충분한 논문을 겨우 보았을 뿐이다. 『전통 문화와 현대화(傳統文化與現代化)』에 실려 있다. 1994년 제4기, 北京, 中華書局.

20 「또 다른 형식의 사상의 역사(思想的另一種形式的歷史)」·「사상사의 시야 안으로 가져옴(置于思想史的視野中)」·「고대 중국에는 얼마나 많은 오묘함이 있는가?(古代中國還有多少奧秘)」, 각각 『讀書』 1992년 제9기·1994년 제10기·1995년 제11기에 실려 있다.

제2장 지식사와 사상사

학술과 사상 : 최근 학계의 한 논쟁 화제

사상사 지식의 원천과 배경 : 술수사와 경학사를 예로 들어서

지식의 변동과 사상의 변동 사이

지식이 사상에 영향을 주는 일련의 역사적 예증

역사의 체험과 이해에 대하여

'지식과 사상'에 대한 사고의 유래에 관하여

지식사와 사상사

학술과 사상 : 최근 학계의 한 논쟁 화제

내가 『중국사상사』라는 책을 썼던 1990년대에 학계에서 상당히 열띤 토론을 하고 있던 화제는 바로 '학술'과 '사상'의 영역 구분이었다. 이 화제가 출현한 배경에는 당연히 이데올로기 방면의 특수한 사정이 있지만, 이데올로기라는 문제를 차치하고 단순히 학술적인 면에서 보자면 그것은 낡았지만 동시에 참신한 문제이기도 하다. 낡았다고 한 것은 그것이 청대의 한학과 송학 사이의 대립(漢宋之爭)으로까지 거슬러 올라가기 때문이고, 더 나아가서는 이학理學 내부의 주자와 육상산의 논쟁(朱陸之爭)으로까지, 심지어 고대의 도문학道問學과 존덕성尊德性[1]이라는 전통상의 차이에까지 거

〈1〉 '존덕성'이니 '도문학'이니 하는 말은 현재 일반적으로 보는 판본인 『중용장구(中庸章句)』 제 27장의 "그러므로 군자는 덕성을 높이고 학문을 묻는 것으로 말미암으니(故君子, 尊德性而道問學)"라는 구절에서 나온 말이다. 주자(朱子)는 이 구절에 대하여 '존덕성(尊德性)'은 마음을 보존하여 도체(道體)의 큰 데까지 극진히 하는 것이요, '도문학(道問學)'은 지식을 극진히 하여 도체의 세밀한 데

슬러 올라가기 때문이다. 한편 참신하다고 한 것은 이것을 가지고 현재의 학계 안에서 전통을 계승하는 것과 세계로 나아가고자 하는 방향의 차이를 꿰뚫어볼 수 있기 때문이다. 1920-30년대와 학술적 계보를 이어가고자 하는 희망과 1990년대 서구와 사상 담론을 소통시키고자 하는 생각, 이 두 가지는 상당히 다른 것으로 보인다. 그 외에도 마땅히 주의를 기울여야 할 것은 전공과 기호에 따른 차이인데, 이런 차이도 사람들이 갈림길에 서 있을 때 방향을 달리하도록 만든다. 사람들은 각자의 전공과 기호에 따라 자신의 감정과 나름의 입장을 결정한다. 사실 그들 사이의 실제적인 방향 차이의 편차는 그다지 명확하지 않고 자신의 취사를 결정할 때도 그다지 정확히 자각하지 못하다. 단지 기호와 감정으로 인하여 자신의 입장을 결정하고는 부득불 이런 입장을 끝까지 견지할 따름이다.

먼저 내 의견을 말하는 것이 낫겠다. 나는 학술과 사상에는 일정한 구분이 있다고 믿고 있다. 특히 학술사와 사상사는 서로 다른 영역을 가지고 있으며, 이것이 바로 내가 1990년 학술사에 관한 좌담회에서 「학술사와 사상사」라는 제목의 글을 발표했던 이유다.[1] 그러나 나는 지식성이 강한 학술을 떠나서 사상이 독립적으로 존재할 수 있다고는 믿지 않으며, 또한 사상을 떠나서 학술

까지 다하는 것이라고 풀이하였다. 예를 들어 주자와 육상산 사이의 공부에 관한 논쟁을 들어 말하자면 전자는 도문학에 가깝고 후자는 존덕성에 가까운 공부 방법을 가지고 있었다고 할 수 있다.

이 지식의 질서를 확립할 수 있다고도 믿지 않는다. 그래서 나는 최근 몇 년 동안의 토론 중에서 이 문제에 대하여 시종일관 침묵하였으며, 억지로라도 가치의 고하를 분명히 해야 하고 자신의 입장을 드러냄으로써 각자의 성을 쌓아가게 되는 변론에 끼어들지 않으려 했다. 물론 나 자신이 이미 다른 사람들에 의하여 어떤 역할을 하도록 결정되었을 수도 있으며, 어떤 사람은 군중에 영합하는 방식으로 자신의 입장을 드러냈을지도 모른다. 그러나 이와 관련된 화제는 분명히 최근 몇 년 간 사상사를 쓰면서 항상 내 사고의 중심이었다. 이는 바로 다음과 같은 것이다. 만약 학술사의 연구 대상이 역사에 나타난 지식의 변화와 성장이라면 사상사는 어떻게 학술사와 소통해야 하며, 지식knowledge과 사상(intellectual 혹은 thought 혹은 ideas)의 관계를 어떻게 이해하고 처리할 것인가? 다시 말하자면, 역사의 진행 과정에서 지식이라는 배경이 사상의 합리성과 유효성을 지지해왔던 양상에 대하여 사상사는 어떻게 기술할 수 있겠는가? 또 사상 담론은 인류가 이해해왔던 우주와 사회의 지식을 어떻게 표현할 것인가? 등의 문제다.

1

사상사 지식의 원천과 배경 : 술수사와 경학사를 예로 들어서

만일 사상사의 연속성을 추구하는 것을 완전히 포기하지 않는다면 지식과 사상의 문제는 사상사의 기원으로부터 논의할 필요가 있다. 먼저, 우주 공간에 관한 지식과 역사적 시간에 대한 지식

은 고대 사상의 토대를 이룬다. 천상天象에 대한 응시 · 관측 · 체험은 고대 중국인의 우주 공간에 대한 지식을 형성하였고, 이런 지식이 중국의 사상 세계에 제공해 주었던 것은 바로 경험과 기술에 필요한 합리성의 기반이었다. 하늘은 둥글고 땅은 각이 져 있고天圓地方, 하늘은 반구형으로 대지를 덮고 있으며 하늘에는 북극성과 황도가 있다. 땅에는 중앙과 사방이 있으며 기는 음과 양으로 나뉘고 지축은 천궁天穹의 가운데에 있다. 중국이라는 나라는 우주의 가운데에 있고 수도는 중국의 가운데 있으며, 왕궁은 수도의 가운데에 있고 그 밖의 모든 것도 모두 두 개의 대응되는 부분으로 나뉘어 중앙의 양측으로 펼쳐진다 니덤J. Needham과 엘리아데M. Eliade가 공통적으로 말했듯이, 고대 중국의 천문학적 지식은 상징과 암시 및 다양한 관련성 있는 의례를 통하여 정확하고 완전한, 그리고 자연의 법칙에 부합하는 공간의 틀을 사람들에게 제공해주었다. 그리하여 그들에게 합리적인 사상의 기초를 마련해주고 아울러 사람들의 다양한 관념과 사상이 이 기초 위에서 통일적인 연속성과 조화를 유지하도록 해주었다.[2]

다른 한편, 역사에 대한 상상과 회고, 그리고 과거 역사로의 소급은 고대 중국인의 역사적 시간에 대한 지식을 형성하게 하였다. 이러한 지식이 중국의 사상 세계에 제공해준 것은 바로 아득한 때로부터 비롯된 고대에 대한 신성한 증거로서, 사람들로 하여금 예로부터 있었던 사실이야말로 합리성과 합법성을 가지고 있다고 처음부터 믿도록 해주었다. 그리하여 사상가는 늘 역사의 증거를 찾고자 하였고 이러한 역사는 고대 중국에서 매우 비중 있는 것으로서, 단지 수식이나 기억의 문제가 아니었다. 선왕의 도道와 지난 왕조의 일은 그 자체로 의미를 확인시켜주는 일종의 표식이자 의거가 되었다.[3] 이는 선진 시대부터 이미 그러했다. 『좌전』에는 이러한 사례가 매우 많이 기록되어 있다. 예를 들면, 태사太史 극克은 노나라 문공에게 고양씨高陽氏 · 고신씨高辛氏 · 요 · 순 이래 흉을 제거하고 덕을 세운 역사를 이야기했고, 위강魏絳은 진나라 제후에게 후예后羿 · 한착寒浞이 어진 자를 버리고 간신을 등용한 고사를 언급했으며 아울러 태사 신갑辛甲의 『우인지잠虞人之箴』을 인용하였다. 그리고 사약士弱은 진후晉侯에게 송나라 화재의 원인을 도당씨陶唐氏와 상商왕조의 옛 제도에까지 소급되는 것이라고 설명하였다.[4] 이런 예들은 모두 당시의 사상가들이 시비선악은 예로부터 분명한 것이라고 믿고 있었음을 알려준다. 이로써 전통 윤리의 가치와 의의는 시간이 부여한 권위와 자명성을 갖게 되며 실용적 가치나 의미와도 일치하는 것으로서, 고대로부터 그 당대當代에 이르기까지 전혀 흐트러짐이 없게 된다. 따라서 『국어國語』에서 "사업을 펼치고 형을 집행할 때는 반드시 옛 가르침과 역사적 사실을 참고한다(賦事行刑, 必問于遺訓, 而咨于故實)" 고 했던 것이다.[5]

이러한 지식은 한편으로는 비밀스러운 전수와 실제적인 운용을 통해 점차 실용적 지식과 기술로 축적되었으며, 다른 한편으로는 대중화와 합리화에 의하여 공개적 교육의 재료가 되어 점차 경전과 사상을 형성하였다. 고대 중국에서 가장 중요한 지식은 성점

星占과 역산曆算·제사와 의궤儀軌·의료와 방기方技의 학문이었다. 성점과 역산의 학은 우주를 파악하는 지식이고, 제사와 의궤의 학은 인간 사회의 질서를 정돈하는 지식이며, 의료와 방기의 학은 인류 자신을 통찰하는 지식이었다. 바로 이러한 지식으로부터 수술數術·예악禮樂·방기方技의 학문이 발생하였고, 후대에 매우 심오한 영향을 주었던 음양陰陽·황로黃老·유儒·법法 등의 사상이 생겨났다. 이런 다양한 사상들이 자신의 근거와 토대가 되는 지식을 완전히 격리시키거나 배제하지 않았을 때, 우리는 많은 지식과 사상이 상통하고 심지어 혼융되는 지점을 볼 수 있다. 그래서 공자는 자신과 무격巫覡의 길이 다르지만 이르는 바는 같다(殊途同歸)고 말할 수 있었을 것이고, 노자는 "섭생을 잘 하는 사람은 길을 가도 흉악한 호랑이를 만나지 않으며 전장에서도 갑옷을 입거나 병기를 차지 않는다(善攝生者, 陸行不遇兕虎, 入軍不被甲兵)" 고 말할 수 있었을 것이며, 장자도 "지극한 덕이 있는 사람은 불로 태울 수도 없으며 물에 빠뜨릴 수도 없다(至德者, 火弗能熱, 水弗能溺)" 고 말할 수 있었을 것이다.

중국 전통의 구속을 받지 않는 몇몇 서구의 중국학자들은 이러한 사상을 담은 경전으로부터 신비주의적 의미를 찾기도 한다.[6] 이와 같이 경전 안에는 다양한 지식이 들어있다. 박물博物의 전통은 후대인이 상상하는 것과는 달리 단순히 박물학자의 식업이 아니었다. 지식과 사상이 분명히 나눠지 않는 시대에 박물의 전통은 사인士人들에게 경전의 전통에서 분리되지 않는 것이었다. 그러므로 한대 이전에 이미 육경六經은 지식의 연원이자 진리의 근거라는 관념이 있었다.[7] 왜냐하면 이러한 경전은 '선왕의 옛 전적' 일 뿐 아니라 유구한 역사와 찬란한 연원을 가지고 있으며, 확실히 풍부한 내용을 포함하고 있고 매우 넓은 해석의 여지를 남기고 있기 때문이다. 『예기』「경해經解」에서 일찍이 말하기를 "그 백성이 온화하고 돈후하면 그것은 '『시경』의 교화' 가 올바로 행해지는 것이요, 정사에 통달하여 멀리 상고의 일까지 알고 있다면 그것은 '『서경』의 가르침' 이 행해진 것이요, 널리 도리에 밝아서 화목하고 온순하다면 그것은 '『악경』의 가르침' 이 행해진 것이요, 사람들의 성품이 맑고 고요하며 섬세하여 빈틈이 없다면 그것은 '『역경』의 가르침' 이 올바로 행해진 것이요, 공손하고 검소하며 의젓하고 공경하는 태도를 지녔다면 그것은 '『예경』의 가르침' 이 제대로 행해진 것이요, 수사에 밝고 사물에 대한 판단력이 올바르다면 그것은 '『춘추』의 가르침' 이 제대로 행해진 것"〈2〉이라고 하였다. 그러나 실제로 해석 가능한 공간은 결코 여기에 그치지 않는다. 『사기』「태사공자서」에서 오경 안에는 천지음양 · 사시오행 · 경제인륜 · 산천계곡 내지 초목어충 등이 포함되어 있다고 말했으며, 『역』은 변화에 대한 서술, 『예』는 사람의 행위에 대한 서술, 『서』는 정사에 대한 서술, 『시』는 풍토와 인정에 대한 서술, 『악』

〈2〉 "孔子曰, 入其國, 其教可知也. 其爲人也, 溫柔敦厚, 詩教也. 疏通知遠, 書教也. 廣博易良, 樂教也. 絜靜精微, 易教也. 恭儉莊敬, 禮教也. 屬辭比事, 春秋教也."라는 대목에서 인용했다.

은 조화나 화해에 대한 서술, 『춘추』는 인사를 처리하는 데에 대한 서술이 각각 뛰어나다고 하였다.(3) 따라서 그 범위는 정신과 인격 뿐 아니라 우주 · 정치 · 자연 · 사회 각 방면에까지 두루 미치는 것이다.

그러나 현재의 사상사는 도리어 수술 · 방기와 경학의 지식을 소홀히 하여, 수술 · 방기의 연구와 경학의 연구는 마치 완전히 단절된 듯한 전문 분과가 되어 버렸다. 철학사와 사상사가 많은 연구자의 집중적인 조명을 받고 있는 것과는 달리, 수술 · 방기의 학과 경학사는 '맥이 끊어진 학문絶學'이 되어, 몇몇 소수의 연구자만이 겨우 명맥을 유지하고 있다. 며칠 전 『삼례통론三禮通論』이라는 책을 한 부 얻었다. 자세히 읽어보지는 못했지만 그 책의 「후기」 말미에 저자가 "1996년 2월, 우장吳江 첸쉬안錢玄이 병중에 쓰다. 나이 87세"[8]라고 쓴 것을 보며 감개무량함을 금할 수 없었다. 나이든 학자 가운데 『예』학에 정통한 전문가는 이미 몇 분 남지 않았다고 한다. 이렇듯 본래는 고대의 가장 중요한 지식 중 하나였던 의식儀式 제도에 관한 학문은 점점 더 낯선 것이 되어가고 있다. 그러나 수술 · 방기와 그 밖의 여러 가지 지식에서 떠난다면

(3) "易著天地陰陽四時五行, 故長於變. 禮經紀人倫, 故長於行. 書記先王之事, 故長於政. 詩記山川谿谷禽獸草木牝牡雌雄, 故長於風. 樂樂所以立, 故長於和. 春秋辯是非, 故長於治人."이라는 「태사공자서」의 문장 가운데에서 "『易』長於變, 『禮』長於行, 『書』長於政, 『詩』長於風, 『樂』長於和, 『春秋』長於治人."이라는 구절을 골라서 말한 것이다.

사상사는 배경으로부터 점점 더 멀어지게 될 것이다. 과연 경학사를 떠나서 사상사가 중국사상의 역사를 분명히 말할 수 있겠는가?[9]

2

지식의 변동과 사상의 변동 사이

단지 사상사의 기원만 그런 것이 아니다. 때로는 지식의 축적이 사상을 수용하는 전제가 되고, 지식의 변화는 사상 변화의 전조가 된다. 위진 현학과 같이 표면상 매우 현묘한 철리를 토론하는 배후에도 지식에 관한 복잡하고 심후한 역사적 배경이 있음을 알 수 있다. 세 가지의 예를 들어보자. 첫 번째 예는 연구자들이 대체로 그다지 주의를 기울이지 않았던 것으로서, 바로 동한東漢의 박학통유博學通儒라는 지식주의의 경향이 당시 지식인 계층의 지식 획득 방법을 널리 확장시켰고, 이러한 지식 확장의 직접적인 결과가 유학의 경전과 경학 해석만이 유일한 지식이 되었던 풍토를 와해시켰다는 사실이다. '성性과 천도天道'와 같이 유가에서 그다지 정밀하게 연구되지 않았던 명제들은 갑자기 각종 사상이 침입하는 틈이 되었고, 각종 잡박한 지식들은 열렬한 독서의 대상이 되었다. 바로 이러한 상황에서 노장 사상은 순조로이 사상의 자원이 될 수 있었고, 불성에 대한 불교의 경전 역시 그렇게도 많은 사람들이 읽고 연구하게 되었던 것이다. 둘째, 연구자들은 일반적으로 명대 중후기에 서양 선교사가 중국에 왔었다는 역사적 사실에 주목한다. 그들은 한편으로는 서구 천주교와 중국사상의 충돌에 대하여 열띤 토론을 벌이며, 다른 한편으로는 선교사들이 가져온 천문·지리에 관한 새로운 지식을 심도 있게 토론한다. 그런데 전자는 사상사에, 후자는 과학 기술사에 속하는 듯이 보이며 양자 사이에는 별로 상호 소통적인 해석이 없다. 그러나 만약 천문·지리적 지식이 중국의 사상 세계에 미쳤던 영향을 자세히 생각해본다면 이러한 새로운 지식이 사상의 자원이 되었으며, 그리 직접적인 것은 아니었다 할지라도 꽤 심각하게 구사상舊思想을 와해시켰음을 알 수 있다. 『파사집破邪集』 『부득이不得已』 등에서 표현된 우려를 본다면 이런 새로운 지식의 사상사적 의미를 직접 느낄 수 있지 않은가?

셋째, 만청 시기의 사상 가운데 상당히 중요한 것이 바로 불학의 부흥이며 많은 연구자들이 이 점을 지적해왔다. 그러나 왜 부흥했던 것인가? 간단히 말하자면, 중요한 원인은 바로 우주와 사회를 해석하는 전통적인 지식이 커다란 변동의 상황에서 갑자기 그 유효성을 상실하게 되었고, 그리하여 사람들은 급히 서양사상과 대항하여 자신감을 유지할 수 있고 서양사상과 마찬가지로 유효하게 세계를 해석할 수 있는 지식 자원을 찾았기 때문이다. 따라서 풍부한 상상과 세밀한 논리를 가진 불학이 잠시 지식 자원을 충당하였고, 전통적 사상 세계를 지탱하는 동시에 새로운 사상을 해석하는 부거운 책임을 맡았다. 그러나 사실상 그 부흥의 결과 오히려 서학의 침투를 이끌었고, 어떤 의미에서는 만청에서 민국 초에 이르는 사상사의 대변혁을 이끌어내게 되었다.[10]

지식의 역사는 완만히 앞으로 나아간다. 이렇게 돌변을 일으키지 않는 역사에서도 필승畢升이 활자 인쇄를 발명하거나 와트가 증기기관을 발명했던 것처럼 후세에 막대한 영향을 끼친 사건도 있고, 뉴턴의 역학이나 아인슈타인의 상대성이론과 같이 인류의 인식에 혁명적인 의미를 가진 발견도 있다. 그러나 그것들도 결국 일정한 경험과 지식의 누적을 통하여, 또 정확한 묘사와 전달, 실제적 시험과 생산을 통하여 비로소 출현할 수 있으며, 나아가 대중의 시야 앞에 그 영향력과 의의를 드러낼 수 있는 것이다. 그러므로 지식사, 특히 일반적 지식의 역사는 천재가 부단히 출현하는 사상사와 비교하자면, 전대미문의 사건이라든지 후대에까지 영향을 미치는 파동과 특이함은 상대적으로 매우 적으며, 그 역사는 완만하고 질서가 있다. 아날 학파의 술어로 말하자면 그것은 '장기지속'에 해당되며, 이에 대하여 '구조분석'을 할 수 있는 것으로서, 매우 긴 역사의 시간 속에서도 별로 사람을 격동시킬만한 장면은 볼 수 없을 것이다. 그러나 브로델F. Braudel이 말하듯 "반정지半靜止 상태의 심층으로부터 출발하면, 역사의 시간으로부터 찢겨져 나와 이루어진 수천·수만의 층차도 쉽게 이해할 수 있다. 모든 것은 반정지 상태의 심층부로 인하여 변화하는 것이다".[11] 바로 이런 지식의 배경이 사상사의 기이하고도 복잡다단한 변화를 지탱해주고 있기 때문에, 사상사에 나타나는 다양한 기이한 사상들은 이해 가능한 배경과 토양을 가지게 된다. 사상이 자신을 지탱해주고 있는 기반인 지식 체계를 벗어난다면, 그 배후의 맥락을 상실하게 될 것이다.

지식에 대한 사상의 오만함이 언제 시작되었는지 잘 모르겠다. 또한 사상사가 자신의 시야와 각종 지식사를 격리시키는 습관이 어떻게 생긴 것인지도 모르겠다. 때로 사람들은 초월적이고 추상적인 듯한 철리 혹은 사상에 상당히 미련을 가지거나 심지어 미혹되기까지 하는 것 같다. '천변만화하더라도 결국엔 이 한 마디'라는 식의 생각이 알게 모르게 진리같이 여겨지며, 사상사란 여기에 도달해야만 비로소 핵심을 장악하여 그 나머지도 다 알 수 있다거나 정곡을 찌른 것이라고 여기기도 한다. 때로 사람들은 구체적인 경험적 지식을 비웃으며, 그런 형이하학적인 것은 사상사와는 거리가 먼 것이라고 여기게 되었다. 그런 상태로 오랜 시간이 흐르자 이러한 오만과 편견은 책을 묶어놓고 보지 않거나 한가히 뿌리 없는 이야기나 하는 나태함의 핑계가 되었고, 사상사가 그저 앞의 것을 되풀이하기나 하는 원인이 되었다.

3

지식이 사상에 영향을 주는 일련의 역사적 예증

여기서 내가 말하는 '지식'이란 수술·방기와 같은 조작적인 지식이나 경전의 주석과 암송과 같은 문자적 지식만을 의미하는 것이 아니다. 그것은 의례 활동에 대한 이해, 생활 방식에 대한 이해, 생산 기술의 전수, 사물의 명칭에 대한 분류 등을 모두 포함한다. 나는 「사상사와 학술사」라는 글에서 "사상思想이라는 이 두 글자는 모두 '심心'을 부수로 가지고 있다. '심心'이 주관하는 것은 바로 사고思考다. …… 예로부터 철인哲人과 지자智者 가운데에는 우주를 탐색하고자 했던 자도 있고 사회를 개조하고자 했던 자도 있으며 인생을 체험하고자 했던 자도 있다. 시대마다 생각이 다르고 사람마다 목표가 달랐다. 이러한 차이들이 시간의 축에서 이어지며 변화하는 모습을 보여주는 것이 바로 사상사의 임무다"라고 말했는데, 지금 보니 약간 편협한 것 같다. 브린튼Crane Brinton은 『세계 사회과학 백과전서』의 "사상사Intellectual History"라는 항목에서 다음과 같이 기술했다. 협의로 말하자면 "사상사는 누가 언제 어떻게 지식과 문화의 진보를 이루었는지를 알려주고자 한다". 그러나 광의에서의 사상사는 "지식을 소급하여 추구하는 사회학restrospective sociology of knowledge[12]에 가깝다고 볼 수 있다". 그는 자세하게 원인을 설명하지 않았지만, 그 이유는 우주 · 사회 · 인생에 관한 사상적인 내용은 그 각각에 대한 지식적 내용 중에서 취해진 것이며, 지식을 소급해가는 과정에서 사상사는 자신의 시야를 열어갈 수 있고, 보다 광범위한 문헌과 자료 속에서 사상사를 해석할 수 있는 자원을 얻게 되기 때문이라고 나는 생각한다.

사실 이는 더 많은 논증이나 해석을 필요로 하지 않는다. 사상사가들이 지식 형성의 역사에 조금만 주의를 기울인다면 상당히 많은 계발을 얻을 수 있다. 예를 들면, 의방醫方 · 약물학 · 양생술 · 경맥 침구의 학설로부터 고대 중국인의 '인간'에 대한 관념을 분석해낼 수 있다. 또 '식式' '육박六博' '해시계'와 후대의 '바둑'으로부터 고대 중국인의 '하늘'에 대한 관념을 해석해낼 수 있다. 이는 이미 진부한 이야기일지도 모른다. 그러나 만약 계속 영역을 개척하고 확장시킨다면 아직까지 세상의 주목을 받지 못한 지식 가운데 풍부한 사상적 내용이 감추어져 있음을 발견할 수 있을 것이다. 쉽게 생각해볼 수 있는 두 가지 예를 들어보겠는데, 이는 그저 내가 이 문장의 머리말을 쓸 때 생각났거나 우연히 보게 되었던 것이다. 펑지런馮繼仁의 논문에서 논의한 하남성 공의鞏義에 있는 북송 황릉의 배치 같은 것은 본래 단지 건축사가의 연구 대상이었지만 그것은 사실 송대宋代 관방 이데올로기의 상징이기도 하다. 그 제릉이 향한 방향과 건축 양식 · 제후릉과 상하궁의 배치에 포함된 '세월' '방위' '길흉'의 관계 및 이러한 관계 배후의 음양사상 등은 북송 시대에 유일하게 관방에서 편수한 『지리신서地理新書』를 보면서 비교하거나 참조할 수 있을 것이다. 사상사라는 관점에서 이 현상을 보자면, 일반적 지식 · 사상과 신앙이 북송에 이어지고 있음을 엿볼 수 있고, 또한 북송 관방 이데올로기의 지식 구조를 분석하게 해준다.[13] 다른 예로, 80년대 장가산張家山에서 출토된 한대의 죽간본 『산술서算術書』와 같은 것은 만약 수학사의 자료라고만 한다면 사상사와 아무런 관련이 없게 된다. 그런데 한 번은 북경에서 천팡정陳方正 박사의 「현대 과학은 왜 서방에서 출현하였는가?」라는 강연을 들은 적이 있다. 강연에서 그는 토지 측량과 세금부과나 상업 등 실용적 계산을 위주로 하는 『구장산술』이 중국에서 점점 번성하고, 천문학의 수리 계산을 위주로 하는 『주비산경』 계통이 점점 쇠퇴한 것은 중국의 수학으로 하여금 서구의 수학과는 상당히 다른 방향으로 발전하게 했으며, 나아가 수학의 서로 다른 발전 방향은 근대 과학의 발전에 영향을 미쳤다고 했다.[14] 결론이 어떠한가를 말할 필요는 없겠지만 만약 『구장산술』과 『주비산경』의 서로 다른 운명에 주의했다면, 그리고 만약 서한 초기의 『산술서』 등 새로운 자료에 주의를 기울였다면 고대 중국의 사상 세계에 대해 또 다른 새로운 이해를 할 수 있었을 것이다.[15]

역사의 체험과 이해에 대하여

서로 다른 시대의 지식과 지식의 서로 다른 전파 방식, 그리고 서로 다른 계층의 지식 취향 등은 각각 서로 다른 사상을 이끌어 내며 동시에 그 사상을 떠받쳐주는 배경을 이룬다. 따라서 서로 다른 지식들 가운데에서 풍부한 사상 세계가 형성된다. 예를 들어, 오늘날 컴퓨터와 인터넷을 중심으로 생활하는 사람들은 고대인의 문자와 글쓰기에 대한 태도를 이해하기가 쉽지 않다. 그리고 TV로 세계를 관찰하고 그 살아 움직이는 듯한 화면을 통하여 현실을 이해하는 사람들은 단지 시각과 경험으로 세계를 체험하는 고대인들이 머릿속에 그렸던 우주를 이해하기가 매우 어렵다. 하루 종일 경전과 문헌에 빠져 있는 인문학자는 매일 지하철 가판대에 넘쳐나는 슈퍼스타의 일상과 시시콜콜한 주변 이야기를 읽는 사람들 내지 이공계 계통의 사람들과 현격한 차이가 있다. 내가 이공계로 유명한 청화대학에서 5년을 생활하면서 절감했던 것은 교육 배경 · 지식 취향과 전공 분야의 차이가 취미와 사상 심지어 가치관의 차이를 가지고 온다는 사실이었다. 그래서 우리들이 지식사를 사상사의 해석 배경으로 삼는다면 관심을 가져야 할 대상이 훨씬 많아질 것이다. 우리가 만약 지식이 형성되고 전달되는 과정의 제도적 측면 및 그 수준이나 경로 등에 주목한다면 사상사는 훨씬 풍부해지고 진실되며 생동감이 넘치게 될 것이다.

몇 가지 예를 들어보자. 가령 교육사의 문제가 사상사에 의해 해석될 때 고대의 사숙私塾에서 쓰였던 교재나 시험의 내용과 평가기준 등이 사상사의 배경이 될 수 있을 것이다. 왜냐하면 사상은 극소수 천재들의 사치품이지만, 지식은 모든 교육받는 자들의 필수품이기 때문이다. 천재라 할지라도 어릴 때부터 일반적 지식을 교육받게 되고, 그의 사상은 이러한 보통의 상식으로부터 자양분을 얻어 생성되며 보통의 상식은 사상의 가장 직접적인 배경이 된다. 만약 지식을 사상사가 묘사하는 범위에 포함시킨다면, 어릴 때의 교육 · 성장 환경 · 지역 문화 등이 사상사의 고찰 대상이 될 수 있다. 어떤 일본학자는 일찍이 운부韻部의 분합과 남북 방언의 차이라는 시각에서 중당中唐시기 '고문운동古文運動'의 흥기 배경을 논하고, 아울러 남북의 방언이 성운聲韻의 이해와 파악에 미치는 영향과 송대 각 지역 문화의 부침 및 사인의 승강昇降에 미친 영향에 대하여 분석했다. 그리고 이를 통해서 '남북의 언어적 조건의 불평등 상태'가 정치 · 사상 · 문화의 중심重心 이동에 어떠한 의미를 가지는 것인가를 드러낼 수 있었다.[16]

다른 예를 들어보자. 우리가 기술사의 문제를 사상사 해석에 도입한다면, 보편적으로 알고 있던 인쇄 기술의 사용과 종이의 생산 방식도 사상사 안에서 관건적인 배경을 이룰 수 있을 것이다. 사실 최초의 조판 인쇄품은 관방의 달력과 불교의 불상이었다는 점에서 사회의 보편적 지식과 사상의 취향을 알 수 있으며,[17] 근대 종이의 생산 기술이나 인쇄품의 장정 양식, 근대 출판 기구의 변화 등으로부터도 근대 사상의 변화 궤적을 추적할 수 있다.

또 다른 예를 하나 들어보자. 문헌사의 지식도 사상사에 중요한 실마리를 제공해준다. 불교의 중국 전래가 사상사에 미치는 의미를 토론할 때 사람들의 상식적인 불교 지식을 어떻게 헤아려 알 수 있는가 하는 것은 불교 사상이 사회에 미친 영향을 이해하는 중요한 요인이 된다. 만약 당시 보편적으로 읽던 불교 경전이 어떤 것이었는지 알 수 있다면 일반인들이 이해하고 있던 불교 사상의 내용과 깊이를 대체로 알 수 있을 것이다. 이는 불가능한 것이 아니다. 돈황 문서는 비록 절대적으로 확실한 의거가 될 수는 없지만, 의도치 않게 남겨진 불교 경문·재문齋文·변문變文 등은 우리로 하여금 당시 사회의 종교적 분위기와 불교 지식의 일반적 수준을 짐작하게 해준다. 그리고 『용문편영龍文鞭影』과 같이 기본적인 지식을 제공하는 교과서, 『설문해자說文解字』와 같이 글자의 의미를 해설해주는 자전字典 및 『예문유취藝文類聚』와 같이 각종 지식을 검색하는 유서類書 등, 지식적인 성격을 띤 서적들은 천재적 사상가를 포함한 일반인들에게 기본적인 지식을 제공해주고, 단어에 대한 이해와 세계에 대한 지식을 제시해준다. 그렇다면 이런 자료들은 우리에게 고대 중국인들이 공유하던 사상의 대체적인 윤곽과 사고 방식을 알려줄 수 있는 것이 아닐까?

'지식과 사상'에 대한 사고의 유래에 관하여

솔직히 말하자면, 내가 지식과 사상이라는 주제에 대해 눈을 뜨게 된 것은 우연한 계기를 통해서였다. 특히 근년의 고고학적 발굴로 인해 알려진 수술數術과 방기方技에 대한 많은 자료가 지식과 사상 간의 관계를 새로이 이해하게 해주었는데, 나에게는 마치 고대의 지식 세계와 사상 세계 사이에 놓여있던 장막이 걷히는 듯했다. 예를 들면, 은작산銀雀山·방마탄放馬灘·수호지睡虎地·마왕퇴馬王堆·장가산張家山 등에서의 발견이 제공하는 실마리로부터 많은 도움을 받았다. 이 대량의 죽간과 백서 중 높은 비율을 차지하는 것이 수술과 방기류의 지식과 기술이었는데, 이는 사람들로 하여금 고대 사상 세계의 진면목을 다시 생각하게끔 만들었다. 그러므로 고대 중국사상사는 최우선으로 다시 써야 할 영역 중의 하나가 될 것이다. 내가 한 편의 서평에서 쓴 것과 같이 "죽간과 백서의 고증·해독이 계기가 된 '다시 쓰기' …… 그 배후에는 바로 역사 문헌의 발견과 역사적 사실의 변화, 그리고 역사적 실마리에 대한 새로운 정리가 있었다. 그러므로 '다시 쓰기'는 오이가 익으면 꼭지가 저절로 떨어지고 물이 흐르는 곳에 도랑이 생기는 것과 같이 자연스러운 일이다. 이것은 20세기 초의 갑골甲骨복사卜辭가 상주사商周史에 미친 영향이나 돈황 문서가 중세사에 미친 영향과 같다".[18] 그러나 사상사를 다시 쓰는 것이 반드시 고고학 내지 문헌학의 새로운 발견에 의지해야 한다거나 또는 다른 영역에는 새로이 이해해야 할 지식과 사상의 자료가 존재하지 않는다는 뜻은 아니다. 문제는 사람들이 각종 지식과 사상에 대한 자료를 어떻게 관찰하고 처리하며 해석하는가에 있을 뿐이다.[19] 교육사 · 기술사 · 건축사 · 문헌학사 등, 지식적 영역의 문제가 모두 사상사 해석의 자원이 될 때 사상사는 이미 다시 쓰이고 있는 셈이다.

4

이러한 생각은 대략 90년대 초에 점차 명확해지기 시작했다. 그때 나는 새로 구입한 조셉 니덤의 『중국 과학기술사』의 제2권 『과학사상사』〈4〉를 읽고 있었다. 새로 구입했다고 말했지만 세 번째 이 책을 읽게 된 셈이었다. 기억이 희미하긴 하지만 처음 이 책을 읽었던 것은 대략 70년대였다. 그 때 읽었던 것이 어떤 판본이었는지는 기억이 나질 않는다. 지금 생각해보면 어찌 그 때 그러한 책을 볼 수 있었는지 의아하기만 하다. 그 때는 '본다' 는 것이 단지 기이한 것만을 좇아다니는 일종의 호기심으로서, 진지하게 독서하는 차원은 아니었고 이해하는 차원은 더더욱 아니었다. 두 번째 그 책을 읽은 것은 80년대였는데, 타이베이판臺北版으로 천리푸陳立夫가 번역을 주관했던 것으로 기억한다. 그 당시 나는 매우

〈4〉 조셉 니덤의 『중국 과학기술사』란 『중국의 과학과 문명(*Science and Civilization in China*)』 시리즈를 말하며, 그 가운데 제2권이 『과학사상사(*History of Scientific Thought*)』이다.

엉성하게 읽었고 여전히 많은 것이 분명히 이해되지 않았다. 다만 천문 역산의 문제와 중국인의 사유에 관한 서술은 시사해주는 바가 매우 많았다. 그리하여 「중묘지문衆妙之門 : 태일 · 도 · 태극 · 북극」[20]이라는 문장을 쓸 때, 이러한 사상의 계발에 큰 도움을 받았다. 이번에 다시 읽은 것은 1990년 과학출판사와 상해고적출판사의 새로운 번역본으로서, 포르케Alfred Forke의 『중국인의 우주관 *The World-Conception of the Chinese*』의 일역본과 함께 대조하면서[21] 비교적 자세히 읽었다. 읽어나가면서 점차 다음과 같은 문제를 생각하게 되었다. 즉, 사람들이 당면한 실제적인 문제를 처리하면서 얻게 된 경험 · 지식 · 기술의 영역은 우주와 사회의 근본적인 의미와 가치를 해석하는 사상 · 신앙의 영역과 반드시 모종의 관계를 가진다는 점이다. 예컨대 북두성은 일종의 천문 현상이지만 이는 인류가 천문을 해석하고 역법을 만드는 지식을 이룰 뿐 아니라, 암시와 연상을 통하여 우주와 사회를 해석하는 사상이 되기도 하고, 상상과 상징을 통하여 인류의 신앙을 뒷받침하는 신화가 되기도 한다. 그러나 사상사는 도대체 어떻게 이러한 관계를 표현해야 하는가? 북두칠성이 돌면 다른 별들도 따라 움직이며, 시간은 흐르는 물과도 같이 흘러간다. 그 시간의 흐름 가운데 사상은 점점 더 고명해지고 현묘해졌으며 추상화되었다. 그러나 사상이 최후에 그 자신을 형성해주었던 지식 배경으로부터 점차 유리되어 독립적인 언어 체계를 이룰 수 있다고 할지라도, 후세 사람들이 사상사를 서술하면서 사상을 그 지식 배경으로부터 너무 멀리 떼어놓은 것은 아닐까? 그리하여 사상사 자체가 또 다시 지식과 사상을 격리시키는 장벽이 되어버린 것은 아닐까?

바로 이 때 리링李零은 그의 새로운 저서인 『중국방술고中國方術考』의 원고를 나에게 보여주며 평론을 써달라고 부탁하였다. 이 책은 매우 계발성이 있는 저작이다. 그는 고대 중국의 수술과 방기 중 일부분의 내용과 사상사에서 늘 토론되어왔던 문제를 연결시켰으며, 사상사 연구에 있어서 '지식 체계' 상의 부족한 부분을 명확하게 보충해주었다. 그 때 마침 나는 지식과 사상의 문제를 생각하고 있었다. 그래서 책을 읽은 후 이에 관한 생각을 서평의 형식으로 『독서』라는 잡지에 발표했다. 「또 다른 형식의 사상의 역사」라는 제목의 서평[22]에서 나는 다음과 같이 말했다. 서구의 경우 일찍이 인문적 사상 · 추상적 철학 · 실용적 과학이 하늘과 땅, 인간과 신이 섞여서 구분되지 않았던 하나의 체계 속에서 점차 분화되어 그 토양이었던 '축심시대'와 멀리 떨어졌던 것이라면, "그리스 · 로마만큼 그렇게 철저히 분리되지 않았던 고대 중국의 인문적 사상 · 추상적 철학 · 실용적 과학은 인간과 신이 뒤섞여 있던 시대의 사상과 끊으려야 끊을 수 없는 관계였다. 따라서 가로놓인 장막에 하나의 갈라진 틈을 남겨두어 사람들로 하여금 그 틈으로 내력을 엿보게 한다". 내가 이 문장에서 언급한 '장막'이란 바로 지식과 사상을 격리시키는 경계를 가리킨다.

사상이 지식으로부터 자신을 정제한 후, 사상가는 자신의 출신을 인정하지 않으려 들고 의식적이든 무의식적이든 자신의 지식 배경을 엄폐하려 한다. 이는 황제黃帝의 학술[5]이 후세에서도 계속 지식과 기술의 입장을 견지하려 했기 때문에 사상가로부터 방기·수술의 분야로 방치되었고, 그것이 상당히 유행했던 지식이었다고 해도 다시는 사상 유파의 명부에 이름을 올릴 수 없었던 사실에서도 알 수 있다. 유가는 사상 유파가 된 후에 점차 자신과 의례와의 관계를 잊어버리고 예악과 의례를 모두 사상화思想化했으며, '예의禮儀'의 '의儀'는 점차 '예의禮義'의 '의義'에게 자리를 내주게 되었다.[6] 따라서 만약 후세의 저술로부터 유가의 사상사를 거꾸로 거슬러 올라간다면 처음부터 순수한 윤리와 도덕 문제를 논했던 것처럼 되어 버린다.[23] 마찬가지로 천인합일天人合一이라는 명제가 정치 이데올로기가 된 후, 역시 천문학적 배경을 더 이상 언급하지 않게 되어 그 출처조차 점점 불분명해졌다. 실제로 연속되고 있던 고대의 지식 전통이나, 천상天象·역산曆算의 학으

〈5〉 저자는 '황제지학(黃帝之學)'이라는 용어를 사용하고 있다. 이는 일반적으로 통용되는 말은 아닌데, 여기에서 말하는 황제의 학술이란 황제라는 이름에 가탁한 학술의 조류들을 가리킨다. 『황제사경(黃帝四經)』으로 대표되는 황로학(黃老學)의 흐름이나 『황제내경(黃帝內經)』으로 대표되는 의술(醫術)·방기(方技)와 관련된 학술이 주를 이루며, 그밖에 병서(兵書)나 술수(術數) 및 신선술 관련 서적들도 남아 있는 것으로 보아 그 범위는 상당히 넓었으리라 추측된다.

〈6〉 『한어대사전(漢語大詞典)』(중국 정부가 주도하여 18년에 걸쳐 만든 대사전. 본문 12권, 부록 1권으로 이루어져 있고 37만 오천 개의 어휘를 싣고 있으며, 1994년에 전권 완간됨)에서 각 글자의 뜻을 나열한 가운데 첫 번째나 두 번째로 나오는 의미를 찾아보면, '예의(禮儀)'의 '의(儀)'는 기본적으로 용모나 거동, 의식이나 예절 등을 뜻하는 말이고 '예의(禮義)'의 '의(義)'는 정의나 도덕적 규범에 부합하는 것을 뜻한다. 저자는 본래 의례적인 몸짓이 초기의 유가에게 중요한 것이었는데, 후대로 가면서 점차 사상화(思想化)되어 가시적인 몸짓보다는 사상적인 규범이나 이치가 중시되어갔던 것을 지적하려는 것이다.

로 하여금 다시 대전통으로 들어가게 했던 참위가의 학문[7]도 결국에는 다시 주변화되었다. 이로부터 알 수 있듯이 사상은 오만하게 자신을 형이하학적인 지식 배경과 분리시켰고, 그리하여 사상사와 지식사의 분리를 초래했던 것이다. 그러나 다행히 고대 중국의 '분리'는 그리 철저하지 못했다. 따라서 사상의 지식 배경이 이미 요원해지고 모호해졌다 할지라도 우리는 그것을 어느 정도는 이해할 수 있다.

〈7〉 참위가(讖緯家)의 학문을 언급한 이 대목에 대해 약간의 부연 설명을 하자면 다음과 같다. 경학이 흥성함에 따라 참위학은 전한 말부터 후한 시대에 걸쳐 경학만큼 혹은 그 이상으로 유행하는 현상을 보였다. 참위학의 내용에는 천문과 지리, 역산(曆算)이나 역수(曆數) 등이 포함되기 때문에 참위가의 학문으로 인하여 고대의 지식 전통이나 천상(天象), 역산의 학이 대전통으로 들어갈 수 있었다고 한 것이다. 그러나 후한 말기부터 참위학이 점차 쇠퇴하면서 참위학과 더불어 고대의 자연과학적 지식 전통이나 술수학적 흐름도 더불어 주변화되었다.

주 | 註 |

1 「학술사와 사상사(學術史與思想史)」, 『學人』 제1輯에 실려 있다. 江蘇文藝出版社, 1992.

2 조셉 니덤(李約瑟)의 『중국 과학기술사』 제2권 『과학사상사』, 中譯本, 科學出版社와 上海古籍出版社, 1991. Mircea Eliade, *A History of Religious Ideas II : From Gautama Buddha to the Triumph of Christianity*, The University of Chicago Press, 1982. 日譯本, 『世界宗教史』 제2권. 12-13쪽. 島田裕己, 柴田史子 等 譯, 筑摩書房, 東京, 1991.

3 카나야 오사무(金谷治), 「중국 고대의 인류관에 대한 각성(中國古代人類觀的覺醒)」은 이미 금문 사료에 근거하여 다음과 같은 사실을 지적해냈다. "인류는 '보물용(寶用)' 동기(銅器)를 빌어서 조상의 영예를 대대로 전해 내려갔다. 이는 인류가 역사에 관하여 충분히 자각하지 않고도 이미 어떠한 의식을 갖기 시작했다는 것을 말해준다". 中譯本, 『日本學者論中國哲學史』, 32쪽. 中華書局, 1986.

4 『左傳』 文公 18년, 襄公 4년, 9년, 『十三經注疏』, 1861쪽, 1933쪽, 1941쪽, 中華書局, 1986.

5 『國語 · 周語上』, 23쪽.

6 예를 들면, 미국의 철학자 핑가레트는 공자의 말 가운데 때로는 자신이 무술(巫術)에 가까운 능력을 지니고 있음을 암시하는 것이 있다고 여긴다. Herbert Fingarette, *Confucius : The Secular as Sacred*(『孔子 : 神聖的俗人』), Harper and Row Publishers, New York, p.4. 1972. 또, 영국의 한학자였던 아더 웨일리는 『장자』에서 말하는 '진인(眞人)'은 바로 인도의 '진인(眞人)'과 같은 것으로서, 신비주의적 의미를 지니고 있다고 보았다. Arther Waley, *Three Ways of Thought in Ancient China*(『古代中國的三種思路』), Stanford University Press, p 51, 1982.

7 『회남자(淮南子)』 제20권 「태족편(泰族篇)」에서 육경에 대하여 말할 때 역시 안곡한 비평이 있으니 "『역』은 자칫 귀신에 빠지기 쉽고, 『악』은 자칫 음란함에 빠지기 쉽고, 『시』는 자칫 어리석음에 빠지기 쉽고, 『서』는 자칫 구속에 빠지기 쉽고, 『예』는 자칫 거슬러 원망함에 빠지기 쉽고, 『춘추』는 자칫 비방함에 빠지기 쉽다(『易』之失鬼, 『樂』之失淫, 『詩』之失愚, 『書』之失拘, 『禮』之失忮, 『春秋』之失訾)"고 하였다. 다

만 이는 단지 소수의 황로학자의 말이고 그 후에는 기본적으로 찬송 일변도일 뿐이다. 『淮南鴻烈集解』 674쪽.

8 첸쉬안(錢玄), 『三禮通論』, 664쪽. 南京師範大學出版社. 1996.

9 사실, 지식사의 자원을 버리고 학술사의 문제를 사상사의 담장 밖으로 제거해버리면, 선진 시대와 같은 상고의 중국사상 세계의 수많은 현상들이 분명히 설명될 수 없을 뿐 아니라, 청대와 같은 근대의 사상사 역시 써내려갈 수가 없다. 사상사가는 한편으로는 청대 고증학이 사상사에 미친 영향을 설명하면서, 한편으로는 청대 금문경학이 캉유웨이康有爲 · 량치차오梁啓超 내지 그 이후의 사상에 계도적인 역할을 했다고 말한다. 그런데 그 밖의 시대를 기술하는 사상사의 단락에서 이렇게 근원을 소급하여 추구하는 배경을 포기한다면 이상하지 않은가?

10 거자오광(葛兆光), 「만청 불학의 부흥을 논하다(論晩淸佛學復興)」, 『學人』 제10輯에 실려 있다. 江蘇文藝出版社, 1996.

11 「長時段 : 歷史與社會科學」, 『資本主義論叢』에 실려 있다. 中譯本, 183쪽, 中央編譯出版社, 1997.

12 *International Encyclopedia of Social Science*, p.462-467쪽을 참조하라. McMillan Company and Free Press, 1972.

13 펑지런(馮繼仁), 「송 황릉에 대한 음양감여의 전면적 영향을 논하다(論陰陽堪輿對北宋皇陵的全面影響)」를 참조하라. 『文物』, 1994년 제8기.

14 이런 사고 방식에 대해서는, 천팡정(陳方正)이 영국인 학자 컬른(Christoph Cullen)의 『고대 중국의 천문학과 수학 : 주비산경(古代中國的天文學與數學 : 周髀算經)』 및 프랑스의 학자 마르즈로프(Jean-Claude Martzloff)의 『중국 산학사 도론(中算史導論)』의 수정본에 대하여 평론한 것을 참조하라. 「체용으로 본 중국 고대 과학(從體用看中國古代科學)」, 『二十一世紀』에 실려 있다. 1997년 4월, 總40期, 香港.

15 류둔(劉鈍)은 『크도다! 수를 말함이(大哉言數)』에서 중국 고대 수학은 짙은 인문적 색채와 선명한 사회성을 가지고 있다고 말했다. 그러나 그는 『주비산경』과 『구장산술』 『오조산경(五曹算經)』 등을 동류로 보았으며 그들은 모두 '하늘의 궤도에 도수를 세우거나(立周天曆度)', '관방에서 노역을 분담(官方攤派勞役)' 한다거나 '행정 관원의 기술적 요구(行政官員的技術要求)' 등의 필요에서 나온 것이며, 고대 희랍의 수학과 같은 '순수 이념적 정신활동' 과는 다르다고 하였다. 그러나 『주비산경』의 '하늘의 궤도에 도수를 세움(立周天曆度)' 만은 일종의 상상의 필요에서 나온 것으로 나머지와는 다른 듯 하며, 그는 그것이 어느 정도 순수 수학의 요소를 함

축하고 있고, 또 고대 중국 수학사에 있어서 『주비산경』의 운명은 확실히 고대 중국인의 수학적 사유 방향에 영향을 주었다고 믿는다. 439쪽, 遼寧教育出版社, 1993. 장샤오위안(江曉原)은 『주비산경』 역주본(譯注本)의 「이끄는 말(導言)」에서 다음과 같이 말했다. "『주비산경』은 고대 중국의 유일한 기하학적 우주 모형을 구성하였다. 이 개천우주의 기하 모형은 명확한 구조를 가지고 있어 자급적인 수리(數理)로써 …… 우리는 확실히 고대 희랍의 숨결을 느낄 수 있다. …… 그러나 안타깝게도 이 숨결은 『주비산경』 이후로는 그만 끊어져버렸다." 遼寧教育出版社, 1996.

16 히라타 쇼지(平田昌司), 「당송 시대 과거제도 전변의 방언 배경-과거 제도와 한당사 제6(唐宋科擧制度轉變的方言背景-科擧制度與漢唐史第六)」, 中文本은 『吳語與閩語的比較硏究』, 134-151쪽에 실려 있다. 上海教育出版社, 1995.

17 「시헌통서의 의미(時憲通書的意味)」를 참조하라. 『讀書』, 1997년 제1기.

18 「고대 중국에는 얼마나 많은 오묘함이 있는가?(古代中國還有多少奧秘)」, 『讀書』 1995년, 제11기.

19 앞의 제1절에서 나는 '일반적인 지식과 사상사' 의 문헌 처리 방법에 대하여 이미 말했지만, 이 영역에도 여전히 적용된다.

20 「중묘지문(衆妙之門)」, 『中國文化』, 제3輯, 香港中華書局, 1990.

21 포르케(Alfred Forke), 『중국인의 우주관 : 천문학 · 우주론 및 자연철학의 사변(*The World-Conception of the Chinese : Their Astronomical, Cosmological and Physico-philosophical Speculations*)』, 英譯本의 원작은 Probsthain's Oriental Series 제14권 출판, London, 1925. 이번에 읽은 日文本은 小和田 譯, 제목은 『支那自然科學思想史』(生活社 , 東京, 1939)였다.

22 「또 다른 형식의 사상의 역사(思想的另一種形式的歷史)」, 『讀書』, 1992년 제9기, 北京, 三聯書店.

23 장타이옌(章太炎)의 「원유(原儒)」에 다음과 같은 문장이 있다 : "('유(儒)' 라는 글자에서) '需' 는 '구름이 하늘에 올라가는 것'을 의미한다. 따라서 유(儒) 역시 천문을 알고 가뭄과 장마를 예견할 수 있었다.…… 춤을 추며 신을 즐겁게 해주는 무당(靈星舞子)이 탄식하면서 비를 내리기를 기원했는데, 이들을 유(儒)라고 한다. 따라서 증석(曾晳)이 광자처럼 행동했던 것은 춤을 추어 비를 구하는 것에 뜻을 둔 것이고, 원헌(原憲)이 절의를 지키며 극히 가난했지만 가죽나무로 만든 관을 늘 쓰고 있었던 것은 모두 이 세상에 울분을 느끼어 무(巫)가 된 것이며, 물러나 귀도(鬼道)

에 뜻을 둔 것이다." 白川靜의 『中國古代文化』, 176쪽을 참조할 것. 中譯本, 文津出版社, 臺北, 1983. 후스(胡適)의 「설유(說儒)」, 『胡適論學近著』, 上册, 권1, 3쪽. 商務印書館. 옌부커(閻步克), 「악사와 '유'의 문화적 기원(樂師與'儒'之文化起源)」, 『北京大學學報』, 1995년 5기. 이밖에 『中國思想史』의 제2편(編) 제3절 「사상 전통의 연속과 발전(思想傳統的延續與發展)(Ⅰ): 유(儒)」를 참조하라.

제3장 【 도道 혹은 궁극적 의거 】

콜링우드의 비유와 미완된 백회의 연상

지식·사상과 신앙의 역사적 연원처에 대한 탐구

영원불변의 절대적 진리天經地義 : 천불변天不變, 도역불변道亦不變

천인합일 : 단지 환경보호나 자연친화의 구호가 아님

하늘이 무너지고 땅이 갈라짐天崩地裂 : 궁극적 의거의 붕괴 및 사상사의 비상사태

도처에서 만남 : 주희朱熹가 직관으로 깨달은 궁극적 의거

도道 혹은 궁극적 의거

1

콜링우드의 비유와 마왕퇴 백화의 연상

몇 해 전 어느 날인지 지금은 이미 기억하지 못하지만, 한가하게 『마왕퇴 한묘馬王堆漢墓』라는 책을 보다가 제일 유명한 T자형 백화 중 천상 · 인간 · 지하의 삼중 세계가 중첩되는 부분에 시선이 멈추었다. 그림의 아래로 시선이 옮겨지면서 제일 밑층의 장면을 보게 되었다. 한 괴인이 두 손으로 머리 위의 삼중 세계를 떠받치고 있었다. 그것을 보는 순간 마음이 움직이지 않을 수 없었다. 왠지 모르지만 콜링우드의 『자서전』에 나오는 하나의 비유가 생각났다. 그가 말하기를 만약 어떤 철학자가 사람들에게 과학적 방법에 대한 이론을 제공하면서 역사적 방법에 대한 이론을 제공하지 않는다면, 그것은 독자에게 "세계는 한 마리의 커다란 코끼리 등 위에 놓여있다. 그러나 그는 사람들이 커다란 코끼리를 떠받치고 있는 것이 무엇인지 더이상 묻지 않기를 바란다"[1]고 말하는 셈이 된다는 것이다. 당시에 이 그림과 이 말은 나로 하여금 오래도록 생각하게 하였다. 왜냐하면 나는 사상사에 관한 책을 준비하는 중이었기 때문이다. 나는 다음과 같이 나 자신에게 물었다. 이전의 사상사는 대체로 사상을 이미 고정되고 완성된 것으로 보고 묘사하곤 했는데, 사상사가 만일 역사성에 중점을 둔 학문이라면, 아무런 문제도 없을 것이다. 그러나 사상사가 사상의 궁극적 의거라는 문제를 회피한다면 이는 '사람들로 하여금 코끼리를 떠받치고 있는 것이 무엇인지 묻지 않기를 바라는 것' 과 다름없지 않을까?

이는 쓸데없는 기우가 아니며 확실히 이러한 문제가 존재한다. 흔히 말하기를 아무리 총명한 자라도 어리석은 사람이 '왜?' 라는 질문을 스무 번 연속해서 한다면 답해낼 수 없을 것이라고 한다. 이 말이 함축하고 있는 뜻은 총명한 사람이 어떤 문제를 서술하거나 해석할 때 결국 하나의 논리적인 출발점이 있는데, 이것이 그의 맹점이 된다는 것이다. 그것이 바로 논증이나 사색의 필요가 없는 궁극적 의거다. 사람들은 '말하지 않고도 안다' 거나 '증명하지 않아도 자명하다' 거나 혹은 '이치상 당연하다' 라는 등의 말로 그런 궁극적 의거를 표현한다. 그러나 이는 마치 사람의 눈동자와 같이, 모든 것을 눈동자로 바라보지만 아무리 시력이 좋다고 해도 자신의 눈동자를 바라보지는 못하는 것과 같다. 고집스러운 바보가 도대체 무엇이 '말하지 않고도 아는' 것인지, 무엇이 '증명하지 않아도 자명하다' 는 것인지, 또 무엇이 '이치상 당연하다' 는 것인지를 막무가내로 끝까지 물어본다면, 총명한 사람도 어떻게 대답하면 좋을지 모르게 된다. 이와 마찬가지로 어떠한 문화나 지식, 혹은 사상이라 해도 모두 근거가 되어주는 출발점이 있는데, 어떤 이는 이를 토대基石라고 하고 어떤 이는 공통된 인식共識이라고 하며 또 어떤 이는 전제預設⁽¹⁾라고 한다. 역사학자 슈팽글러Oswald Spengler는 『서구의 몰락』이라는 책에서 각종 문화를 분석하면서 다음과 같은 사실을 발견했다고 한다. 즉, 각 문화의 근저에는 세계에 대한 그 문화 특유의 관념이 있으며, 모든 문화에는 세계에 대한 이해를 제공해주는 기본적인 상징이 있는데, 문화의 모든 표현 형식은 이 상징의 작용에 따라 결정된다는 것이다.[2] 푸코의 『성의 역사』에도 이와 비슷한 말이 있다. 다만 푸코는 그것을 '상징' 이라고 하지 않고 '공통된 인식共識' 이라고 말했다. 푸코가 말하기를 이 공통된 인식은 마치 무의식의 구조인 듯 하지만, 그것은 오히려 "모든 수사修辭와 과학 및 그 밖의 모든 담론 형식을 연결하는 일종의 총체적 체계"라고 한다.[3] 신학자 틸리히Paul Tillich는 보다 현학적으로 표현한다. 그는 이것을 '궁극적 원칙' 이라고 하면서 말하기를, "이러한 궁극적 원칙과 그에 대한 인식은 개인적 심령의 변화나 상대성의 밖에 독립적으로 존재한다. 그들은 불변하는 영원한 빛으로서, 사상의 기본 범주 안에서도 드러나고 논리와 수학적 공리 안에서도 드러난다" 고 하였다.[4] 아마도 고

〈1〉 본서에는 예설(豫設)이라는 단어가 많이 사용되고 있는데 이는 말 그대로 '미리 설정된' 가설이나 전제를 말하므로, 역자는 문맥에 따라 '전제' 혹은 '가설' 로 번역하였다. 역자주 〈2〉번을 참조할 것.

대 중국인들은 이를 '도道' 라고 불렀을 것이다. 그러나 나는 이를 '의거依據' 라고 부를 것이다.

2

지식 · 사상과 신앙의 역사적 연원처에 대한 탐구

역사의 전통 속에서 인류는 자신의 기본적인 관념과 주체적 의식을 형성했다. 여기에서 말하는 '형성' 이란 갈라진 틈과 주름에다 부단히 덧칠을 하는 것과 같다. 의식의 최저층에는 깊고 어두우며 은폐된 배경이 형성되어 있으며, 우리는 이를 바탕으로 삼아 지식과 사상의 체계를 건설해간다. 그것은 마치 나무 뿌리가 줄기와 가지와 잎을 지탱해주며 그들에게 수분과 영양을 공급해주는 것을 연상시킨다. 이 배경은 모든 지식과 사상의 의거가 되고, 실제로 사람들의 모든 판단과 해석을 지배하며, 지식과 사상에 합리성을 부여한다. 이 배경이 형성되면서부터 그것은 오히려 지식과 사상에 의하여 부단히 확인을 받게 된다. 역사가 계속적으로 이를 인정해주게 되면 이 배경은 점차 옅어져서, 이에 의지하는 사람들에 의하여 '저 높은 곳에 매달리고 누각에 묶여버린다(束之高閣)'. 따라서 더 이상 명백하게 말하기 어렵게 되어버리는 것이다. 오랜 세월을 통해서 이와 같이 이해의 틀 · 해석의 구조 · 관찰의 각도 · 가치의 표준 등을 지탱해온 배경은 언제나 한결같이 지식과 사상의 절대적이고 궁극적인 의거가 되어준다. 일단 이 의거가 생기면 지식과 사상은 안정된 바탕 위에 성립되며, 지식과 사상으로 하여금 전체적이고 상호 해석이 가능한 연결망을 형성하게 한다. 이는 마치 그 괴인 혹은 그 코끼리가 탄탄한 입족점을 갖게 되어 전 우주를 들어 올릴 수 있는 것과 같다. 이 연결망은 모든 것이 이 그물 안에 있고, 그 시야를 벗어날 수 있는 것은 아무 것도 없으며 그 어떤 것도 해석 못할 게 없을 듯한 인상을 준다. 그리하여 이 궁극적 의거가 붕괴되기 전까지 지식과 사상 세계에는 '생각지 못할' 갑작스런 변화는 없으며 사람을 놀라게 하는 의외의 단절도 없고, 모든 것이 이미 가지고 있는 지식과 사상 안에서 증가되고 이어져가며 확장되어 간다. 그것이 지탱해주는 상징 혹은 부호 체계 안에서 사람들은 모든 것을 알게 되고 안전감을 획득하게 된다.

지식은 계속 풍부해지고 사상은 부단히 복잡해진다. 그리하여 시간이 흐름에 따라 이러한 지식과 사상의 배경과 의거는 점차 사라지게 된다. 각종 지식과 사상이 이 토대에서 생겨나 마치 가지가 하늘을 향해 뻗어가듯 각자의 영역과 색다른 시각, 그리고 서로 다른 사고 방식들을 가지게 된다. 그리하여 장자莊子는 일찍이 비애스럽게 한탄하기를, "백가의 학자들이 앞으로 나아갈 뿐 근본으로 돌아올 줄 모른다. 그러므로 결코 도와 하나가 될 수가 없다. 후세의 학자들은 불행히도 천지의 순일純一함이나 고인의 대체大體를 보지 못하며, 도술은 이제 천하의 학자들에 의하여 분열되려 한다"[5]고 하였다. 그러나 여기서 말하는 '분열'은 궁극적인 '도'로부터 벗어나는 것이 아니라 각기 도의 일부분만을 얻는 것을 말한다. '제자백가는 모두 왕의 관직으로부터 나왔다는 설諸子出於王

官說'이 비록 역사의 진실은 아니지만, 이와 같은 지식과 사상의 분화 현상을 상징하고 있음은 사실이다. "천하의 학자들이 대개 도의 일단만을 터득하여 그것으로 스스로 만족하던" 시대에, 사람들은 각자 다른 환경에서 다른 문제를 보고 다른 반응을 나타내었다. 그리하여 유儒·묵墨·도道 등의 상이한 사고 방식이 생기게 되었고 각종 수술·방기가들의 상이한 기술이 나타났으며, 실제로 정권을 장악한 자들의 각종 책략들도 생겨났다. 또한 각종 '전傳' '논論' '찬撰' 심지어 '초抄'라는 형식의 저술이 저 공통의 지식 원천 안에서 각각 일부분을 취하며 생겨났는데, 이는 마치 식양息壤이 번식하듯 수많은 다양한 저작이 되어가면서 눈을 현란하게 하는 장면을 연출하였다. 그렇지만 옛사람들은 여전히 이 '의거'의 중요성을 은연중에 인식하고 있었다. 그들이 전달하려는 지식이 권위와 자명성을 갖춤으로써 다른 이들로 하여금 무조건적으로 수용하고 믿도록 하려 할 때, 그들은 '도리道理'를 이야기했는데 이 '도리'의 '도'와 '리'는 바로 궁극적 의거였다. 근래에 부양阜陽에서 출토된 한간 『만물萬物』에서도 이러한 사정을 알 수 있다. 『만물』은 약물의 약성·치료 효과 및 채약의 방법을 논하는 글인데, 처음 시작하자마자 약물 자체에 대하여 논하는 게 아니라 다음과 같이 궁극적인 문제를 논하고 있다. "천하의 도는 듣지 않을 수 없다. 만물의 근본은 살피지 않을 수 없다. 음양의 순환은 알지 않을 수 없다."[6] 그 심오한 배경은 시종일관 은연중에 그들을 지배하고 있기 때문에 그들로 하여금 자신이 확실히 우주·사회·인류에 대하여 해석할 수 있으며, 합리적인 지식과 사상을 가질 수 있다고 믿게 한다.

"여산의 진면목을 알 수 없는 것은 다만 이 몸이 산속에 있기 때문이네(不識廬山眞面目, 只緣身在此山中)"라는 구절은 종종 인용되곤 하는데, 어떤 일들은 정말로 당사자들보다 방관자들이 더 명확한 경우가 있다. 몇몇 외국 사상사가들은 이미 이 점을 명확히 지적하였는데 이야기가 나온 김에 몇 가지 예를 들어보자. 엘리아데Mircea Eliade는 중국어를 전혀 몰랐지만, 『세계종교사』에서 중국 고대의 사상을 논하면서 다음과 같이 말했다. "세계의 기원과 형성의 문제는 노자와 도가가 관심을 갖던 화제로서, 이는 고대의 우주 창조에 관한 사색을 함축하고 있다. 사실 노자와 그 제자들은 고대의 신화적 전통을 이어받고 있었다. 도가가 사용한 핵심어인 혼돈·도·음·양 등이 다른 학파들에서도 사용되었다는 사실은 도가의 고대성과 범중국적 성격을 증명해준다".[7] 엘리아데의 이 말은 정말로 옳다. 나는 이미 다음과 같은 사실에 주의를 기울이고 있었다. 즉 고대의 유가·묵가·명가·도가·법가·음양가 등 사상 유파로 분류될 수 있는 사상의 배후에는 확실히 일종의 공통적 지식 체계가 있었고, 그들 각각의 사상이 합리성을 가질 수 있도록 지지해주었다. 각 사상가들이 논증의 필요조차 느끼지 못한 채 사용했던 핵심어들의 배후에는 자명한 궁극적 의거가 내포되어 있던 것이다. 철학자인 데이빗 홀David Hall과 중국어에 정통한 한학자인 로저 에임스Roger T. Ames는 『공자를 통하여 사유하기*Thinking through Confucius*』라는 책에서 많은 공자 연구자들이 빠지는 함정은 "중국의 전통을 지배했던 가설을 명확하게 표현해낼 방법이 없다"는 것이라고 매우 정확하게 지적했는데, 그들이 말하는 가설은 바로 우리가 여기에서 말하는 '의거'다. '가설'이란 "보통 사람들이 굳이 말로 표현하지 않는 전제들로서,[2] 이는 철학적 토론의 기초가 되고 사람들 사이의 교류가 가능하도록 해준다"[8]고 그들은 말한다. 또 그들은 내재론적 우주An Immanental Cosmos · 개념의 양극성Conceptual Polarity 그리고 전통을 해석의 배경으로 삼는 것Tradition as Interpretive Context이야말로 고대 중국사상의 자명한 가설이라고 여겼다. 이러한 '가설'로 인하여 고대 중국인들의 사상은 외재적 우주 본체론 · 이원성兩元性, 그리고 어떤 경우에도 이성을 해석의 배경으로 하는 서구인들의 사상과 달라진다는 것이다. 대체로 이 '가설'에 관한 사상은 벤저민 슈월츠와 연원 관계에 있다. 슈월츠는 『고대 중국의 사상 세계*The World of Thoughts in Ancient China*』의 후기에서 고대 중국의 각 학파에 속하는 사상의 공통적인 가설은 다음과 같은 세 가지라고 지적하였다. 첫째는 모든 것을 포함하는 사회-정치적 질서 관념으로, 그 중심은 우주적 토대를 가진 왕자王者의 관념universal kingship에 있다. 둘째는 천인天人을 포

〈2〉 *Thinking through Confucius*에서 해당 부분을 찾아보니 이 구절에서의 '예설(豫設)'은 'assumptions'이고 '전제(前提)'는 'premise'라고 되어 있다. 그러니 바로 아래에서 저자는 '절대적 가설(絶對的豫設)'이라고 할 때 영문으로 (Absolute presupposition)라고 병기해주고 있다. 저자 역시 일정한 영어 단어를 떠올리면서 '예설(豫設)'이라는 용어를 쓰기보다는 문맥에 따라서 '미리 설정된 것'을 가리키는 경우도 있고 '전제'나 '가설' 등의 의미로 사용하기도 하므로, 역자 역시 문맥에 따라 이들 용어를 사용하여 번역하였다

함하는 질서 관념이며, 셋째는 내재주의적인immanentist 정체 관념整體觀念이다.[9]

그들의 말은 분명히 옳다. 그러나 내가 보기에 아무래도 엘리아데의 문제 제기는 철저하지 못하다는 생각이 든다. 또한 데이빗 홀David Hall과 로저 에임스Roger T. Ames 및 벤저민 슈월츠Benjamin I. Schwartz가 말했던 세 가지도 서로 다른 목적을 가지고 있으며 말하고자 하는 것도 달랐다. 이 세 가지는 고대 중국의 모든 지식 — 그 지식이 각종 천재의 사상과 학술이든, 기타 각종 비경전적 지식과 기술이든 — 에 대한 절대적 가설Absolute presupposition이 될 수 없다. 중국 고대의 지식 · 사상 · 관념은 그보다 더 깊은 연원과 더 근본적인 의거가 있다. 앞서 말했듯이 정말 나는 끝까지 물어서 파고 들어가는 바보가 되어 사상사를 계속 물어 들어가 보고 싶다. 핵심어들은 어떻게 생긴 것인가? 그 핵심어들은 왜 통용될 수 있나? 내재적 우주론과 개념적 양극성, 그리고 역사를 해석 배경으로 삼는 관습과 사고 방식은 또 어떻게 확립되었던 것인가? 그러한 관념은 무엇을 바탕으로 더 이상 증명의 필요가 없을 만큼 자명한 가설이나 혹은 말할 필요도 없는 공통된 인식共識이 되어 갔는가? 다시 말하면 이러한 관념들은 고대 중국인의 마음속에서 어떻게 그 자신의 합리성을 확립해갔는가?

본래부터 합리적인 듯이 보이는 것이라도 자세히 생각해보면 절대적인 진리天經地義는 아니며, 다만 과거의 어느 때부터인가 점차로 대부분 사람들의 승인을 받은 것일 뿐이다. 그러므로 만약 끝까지 따져 들어간다면 그것 역시 무너뜨릴 수 없는 기초 위에 세워진 것은 아니다. 레비 스트로스는 일찍이 『슬픈 열대』에서 문명 사회의 법률과 감옥을 예로 들어 말한 적이 있다. 우리가 보기에 법률은 공평함을 의미하고 감옥은 정의를 상징하는 것이지만, 그는 식인종의 습관을 들어 다음과 같이 지적하였다. "인육을 먹는 습관은 위험 인물을 처리하고자 하는 것이고, 그 유일한 방법은 그들을 먹어치우는 것이다. 먹어치우면 위험을 완전히 없애버릴 수 있다. 문명 사회는 위험 인물을 사회 공동체 밖으로 추방함으로써 영구적 혹은 일시적 위험으로부터 자신을 격리시키고자 하며, 그들로 하여금 자신의 동포와 접촉할 기회를 잃어버리게 한다". 식인종의 식인 습관은 우리들이 보기에는 도저히 납득할 수 없는 것이지만, 그렇게 여기는 이유는 단지 우리 문명 체계의 '이치'에 어긋나기 때문이다. 그러나 20세기에 들어 사람들은 영원한 것도 없고 모든 곳에서 두루 통용되는 이치도 없다는 사실을 점차 깨닫게 되었다. 역사상 수많은 이치들이 역사의 심연으로부터 생겨났고, 그것은 후대인들에게 이미 익숙해진 경험과 지식에 의존하고 있다. 단지 사람들이 점차 익숙해져서 습관이 되었기 때문에 더 이상 묻지 않을 뿐이다.

이는 우리들로 하여금 고대 중국인들이 늘 말하는 그 '도'라는 것에 대하여 생각하게 한다. 고대에는 이 도에 관하여 두 가지 설이 늘 언급되었다. 하나는 『노자』가 말하는 "도가도, 비상도(道可

道, 非常道)"〈3〉인데, 도는 사상사의 은밀한 곳에 숨겨져 있으면서 단지 요원하게 사상과 지식에 영향을 미쳐왔으므로 "말할 수가 없다不可道"고 한 것이다. 두 번째는 『주역』「계사전」의 "한 번 음이 되고 한 번 양이 되는 것을 도라고 한다. …… 백성들은 나날이 사용하면서도 그것을 알지 못한다"〈4〉는 것으로서, 왜 알지 못하는가 하면 사람들이 이미 너무 오랫동안 습관이 되어서 그렇다는 것이다.[10] 나는 고대의 중국인들이 가장 쉽게 느낄 수 있고 모든 것을 포괄할 수 있으며, 동시에 후대의 중국인들이 가장 쉽게 습관이 되면서도 여전히 간혹 그것을 떠올리며 그로부터 벗어나지 못하는 것은〈5〉 바로 공간과 시간인 천지天地라고 생각한다.

3

영원불변의 절대적 진리天經地義 : 천불변天不變, 도역불변道亦不變〈6〉

아주 오랜 또 하나의 명제가 지금까지 우리 입가에서 늘 맴돈다. 그것은 "하늘이 변하지 않으니 도 역시 변하지 않는다(天不變, 道亦不變)"〈6〉라는 말이다. 이 '도'는 확실히 역사가 매우 오랜 것이

〈3〉"道可道, 非常道" : 도라고 말할 수 있는 도는 항상된 도가 아니라는 뜻으로, 통행본 『노자』의 제1장의 첫 구절이다.

〈4〉"一陰一陽之謂道 …… 百姓日用而不知."

〈5〉'가장 쉽게 습관이 되면서도 여전히 간혹 그것을 떠올리며 벗어나지 못한다'는 말이 좀 이상하게 느껴져서 문의한 결과, 저자는 습관이 되면 오히려 너무나 익숙하여 떠오르지 않는 것이 보통이기 때문에 가장 쉽게 습관이 되면서도 여전히 간혹 그것을 떠올린다고 표현하였다고 답했다.

며 '하늘天과 관계가 있다. 나는 『중국사상사』의 첫 부분에서 고고학적 발견 가운데 양저良渚의 옥종玉琮·복양濮陽에서 발견된 방각으로 된 용호龍虎와 능가탄凌家灘의 옥판玉板이 사상사에 대하여 가지는 의미에 대하여 논했는데,[7] 거기에서 다음과 같은 추론을 시도하고자 했기 때문이다. 즉, 나는 고대 중국 사상 세계의 수없이 많은 지식과 사상의 지배적 관념은 모두 천원지방天圓地方·음양변화陰陽變化·중심사방中心四方 등, 본래 천문·지리적 경험으로부터 생겨났고 그것을 토대로 하고 있는게 아닐까 생각한다. 고대 중국의 지식과 문화는 최초에는 무격巫覡의 손에 장악되어 있었고, 무격이라는 직업은 천상이나 지형과 관련이 있다. 천상과 지형은 사람들의 마음속에서 시간과 공간의 틀을 형성하고, 우주간

〈6〉『한서』「동중서전」에 남아 있는 그 유명한 동중서의 천인삼책 가운데 세 번째 대책문에 나오는 이 구절은 단독적으로 인용되곤 하면서 저자의 말처럼 하나의 중요한 명제가 되었다. 이러한 문맥에서 이 구절은 '하늘은 변하지 않는 것이고 도 역시 마찬가지로 불변하는 것이다' 라는 뜻으로 받아들여지곤 하므로 역자도 여기에서 그렇게 번역을 하였다. 물론 "도의 큰 근원은 하늘로부터 나온다(道之大原出於天)" 는 말이 있어서 위 구절이 마치 하늘도 도도 불변한다는 선언처럼 들리지만 무제의 책문이나 그에 대한 동중서의 대책문이 논하고자 하는 것은 바로 개제(改制)의 문제였다. 이 대책문의 전후를 살펴보면, 위의 구절은 바로 하나라가 순임금의 예를 계승하면서도 증감한 것이 없는 것은 그 숭상한 내용이 동일하기 때문이라는 말에 이어 나오는 것이다. 그 후에 이어지는 대목에는 "잘 다스려진 세상을 계승한 나라는 그 지키는 도가 동일했고, 난세를 계승한 나라는 그 도가 변했다" 고 하며, 지금 한나라는 크게 어지러웠던 나라를 이어받았으므로 마땅히 개제를 해야한다는 것이 동중서의 요지다. 그러므로 '하늘이 변하지 않으면 도 역시 변하지 않지만 난세가 극에 달해 하늘의 뜻이 변하면, 그 다음의 왕조가 숭상해야 하는 도 역시 변해야 한다' 는 의미가 보다 문맥에 적합하다고 생각한다.

〈7〉저자는 그의 저서 『중국사상사』 제1권의 제1편(編) 제1절에서 이를 논하고 있다. (1998년 4월, 제1판, 제85쪽)

의 모든 것은 이 틀 안에서 각자의 위치를 지니게 되었다. 또 고대 중국의 천원지방天圓地方·천도좌선天道左旋·중앙사방中央四方·음양변화陰陽變化·사계유전四季流轉의 이미지는 상징의 암시와 의식儀式의 신성화를 통하여 사람들의 유추 과정에서 영원히 변치 않는 절대적인 진리天經地義의 기점이 되었고, 사람들의 마음속에서 점차 많은 지식과 사상을 이룩하게 되었다. 영원불변의 '천天' 은 영원불변의 '도' 의 배경이 되어갔고, 영원불변의 '도' 는 많은 '이理' 를 지지해주었으며, '이理' 는 수많은 '술術' 에 합리성을 부여하였다. 사람들의 마음속에서 그것은 '도' 이자 '천' 이고, 또 '일一' 이었으며 '태일太一' 일 수도 있었다. "태일이 물을 낳으니 물은 다시 돌아가 태일을 도와 이로써 하늘을 이루었다. 하늘은 다시 돌아가 태일을 도와 이로써 땅을 이루었다. 하늘과 땅이(다시 서로 도와) 이로써 신명을 이루었다〈8〉" 는 구절에서도 이 같은 사실을 확인할 수 있다.[11] 그런데 이 '천' 은 이미 더 이상 사람들이 쳐다보는 '천상天象' 이 아니었다. 그것은 사람들의 경험과 관측을 통하여 고대 중국의 생활 세계 안에서 '천도天道' 를 이루어갔으며, 모든 합리성을 암시하면서 지식과 사상의 '질서' 를 만들어갔다.

오랜 역사를 거치면서 천天은 의식·상징·부호를 통해 사람

〈8〉 "太一生水, 水反輔太一, 是以成天, 天反輔太一, 是以成地, 天地[復相輔]也, 是以成神明." [ ]의 부분은 본문에는 없으나 역자가 그간의 곽점 『노자』에 관한 연구서들을 참고하여 보충해 넣었다.

들의 마음속에서 체계를 갖춘 일련의 관념을 형성해갔고, 또 유비와 추론에 의하여 모든 지식과 사상 안으로 침투해 들어갔다. 예컨대 천天과 관련된 명당明堂·원구圓丘 등의 장소와 봉선封禪·교사郊祭 등의 의식儀式, 천상天象을 모방하여 각종 건축을 질서있는 공간으로 만든 황궁皇宮과 성帝城의 설계 구조,[12] 사계·열두 달·삼백 육십 일에 상응하여 해설하는 인체의 생리 구조 등이 고대 중국인들에게 가지는 엄숙한 의의에 대해서는 결코 오늘날의 사람들이 알 수 없는 것이다. "처음에 오직 태시가 있었으며 도는 하나로부터 세워졌다"(一에 대한 주해)〈9〉 "하나가 셋을 관통하여 이루어진 것이 왕이다"(王에 대한 주해)〈10〉 "하늘이 어떤 형상을 드리워 길흉을 나타내는 것은 사람에게 보여주기 위한 것이다. 둘二로 이루어져 있으며 셋을 드리운 것은 해日·달月·별星이다. 하늘의 무늬를 보고 그로써 때의 변화를 관찰한다"(示에 대한 주해)〈11〉[13] 등과 같이 지금 보기에는 별로 이치에 닿지 않는 문자 해석이지만, 이는 고대 중국인들에게는 인지상정情理에 부합하는 면을 암암리에 가지고 있었고, 오늘날 우리들이 체득할 수 있는 것이 아니다. 의식儀式·상징·부호로 암시하는 방식은 사람들로 하여금 규칙적으로 '천天'에 대한 정서·관념·실천을 반복하게 하였다. 어떤

〈9〉 "唯初太始, 道立于一"(一)

〈10〉 "一貫三爲王"(王)

〈11〉 "天垂象, 見吉凶, 所以示人也. 從二, 三垂, 日月星也. 觀乎天文, 以察時變."(示)
여기에서 '二'로 이루어져 있다고 한 것은 '示'라는 글자의 위의 두 가로획을 말하고 셋을 늘어뜨린다는 것은 아래의 세 획을 말한다.

의미에서 그것은 이미 사람들이 받아들이게 된 진리의 일부분을 구성해갔으며, 그것도 가장 은밀하고 거부할 수 없는 일부분이 되어갔던 것이다.[14]

천인합일 : 단지 환경보호나 자연친화의 구호가 아님

고대 중국의 지식 · 사상과 신앙 세계 안에서 '천天' 이라는 확립된 궁극적 의거는 시종일관 변화가 없었으며, "천불변, 도역불변(天不變, 道亦不變)" 이라는 말은 이치에 합리적인 질서와 규범의 역할을 했다. '천天' 은 천문과 역법을 제정하는 토대가 되었을 뿐 아니라 자연 현상에 대한 해석이나 생리 · 심리적 체험과 치료에 근거를 제공해 주었다. 또한 천天은 황권과 등급 사회의 성립, 정치적 이데올로기의 합법성, 그리고 제사 의식儀式 과정의 상징적 의의에 토대가 되었다. 또 도시와 황궁, 심지어 평민들의 주택 양식의 기본 구조도 천天에 의거했으며, 심지어 사람들의 유희와 그 규칙 및 문학 예술에서의 아름다움에 대한 깨달음과 이해 역시 여기에 근거하게 되었다.[15] 소위 '천인합일天人合一' 이라는 것은 '천' (우주)과 '인' (인간)의 모든 합리성이 근본적인 의거 위에 세워져 있음을 말한다. 그것은 실제로 고대 중국의 지식과 사상의 결정적인 지지 배경이다. 고대 중국의 천상에 대한 지식이 장기간에 걸쳐 직접 사상을 간섭하지는 않았다고 해도, 사상을 지탱해주는 배경으로서 이는 지극히 중요한 것이다. 이러한 배경 안에서 하나의 문화 시대를 통해 연속되며 그 시대를 뒤덮는 지식과 사상 체계가 건립되는데, 이는 일정 기간 동안에는 절대적인 안정성을 보여준다. 사람들은 그 기초 위에서 사고하고 연상하며 이를 표현해내고, 지식과 사상은 언어를 통하여 완전하게 세계의 질서와 존재의 질서를 표현해낸다. 왜냐하면 하나의 문명과 한 시대 안에서 지식과 사상은 통일적인 질서를 필요로 하며 또 그것을 소유하기 때문이다. 그러나 일단 이러한 근거가 동요되고 질서가 흔들리게 되면, 지식과 사상은 세계에 대한 이해와 해석의 유효성을 잃게 되고, 이 문명은 곧 위기를 맞이하게 된다.[16]

선교사들의 천상天象·역산曆算에 대한 지식은 처음에는 어떠한 제재도 받지 않았는데, 이는 기술적인 문제에 관련될 뿐이라고 여겨졌기 때문이다. 그러나 그것이 고대 중국인의 '천天'을 흔들고 심지어 훼손하려 들자, 이러한 궁극적 의거의 변화는 사상의 대변화 국면을 초래하게 되었다. 그래서 일부 예민한 사대부들과 완고한 사대부들은 격렬하게 서양의 천학天學에 대하여 저항하였다. 오늘날 이미 서양 과학을 받아들인 사람의 눈으로 볼 때 그들은 확실히 완고했지만, 전통 세계의 지식과 사상의 역사에서 봤을 때 그들의 사고는 일반인들보다 훨씬 더 심원했다. 그들이야말로 진정 기본적 의거의 동요가 무엇을 의미하는지를 의식했기 때문이다. 이런 점을 이해하지 못하고 단지 오늘날의 과학 지식으로 당시의 사대부들을 '보수적이고 낙후되었다'고 경멸한다면, 그들의 사상을 진정으로 이해하지 못하는 셈이며 또한 그 시대의 사상사를 이해하지 못하는 셈이다.[17] 그러므로 나는 중국의 우주관과 명청 시대 선교사들의 서양 천학天學 지식의 전파를 논한 두 절에서 '천붕지열'(天崩地裂 : 하늘이 무너지고 땅이 갈라짐)이라는 네 글자를 제목으로 하였다.⟨12⟩ 나는 이 네 글자야말로 그 사대부들 마음속의 깊은 우환과 두려움을 표현한 것이라 할 수 있으며, 또 이 네 글자를 통해서 '천天'의 변동이 사상 세계에 미친 진동과 충격을 표현할 수 있을 것이라 생각한다.[18]

말하는 김에 조금 더 이야기를 하자면, 90년대의 중국 사상 세계에서 '천인합일'은 일찍이 사람들의 주목을 끌었던 논제이다. 많은 학자들이 서로 다른 심정으로 이 역사 유구한 명제를 새로이 발견하는 듯하였다. "삼십년간 동쪽으로 흐르던 물이 다음 삼십년간은 서쪽으로 흐른다(三十年河東, 三十年河西)"⟨13⟩라는 기대 가운데, 사람들은 동양 문화를 다시 불 밝히고자 하는 희망을 발견했다. 그리하여 서구 사상 세계의 소위 '인류'와 '자연'의 분열이니 또는 과학 기술이 인류로 하여금 자연을 '정복'하기를 희망한다는 등의 서구인 자신이 정리해낸 철리를 배경으로, 중국인들은 '천인합일'을 전통 문헌으로부터 찾아내어 그 다음의 한 세기는 동양 문화의 시대가 되리라는 증거로 삼았다. 그러나 상당히 많은 '천인합일'의 논의는 사실상 어떤 경우엔 단지 '자연환경 보호'라는 기치로 보이거나 혹은 '야생동물 애호'와 같은 구호로 간주되곤 한다. 또 어떤 경우엔 단지 '사람'은 '천', 즉 대자연에 친근

⟨12⟩ 이는 저자의 『중국사상사』 제2권에서 두 장의 제목으로 '천붕지열(天崩地裂)'(상), '천붕지열'(하) 이렇게 제목을 달았다는 것을 가리킨다.

⟨13⟩ 일정 시간이 흐르면 흐름은 바뀌게 마련이라는 의미다.

해야 한다는 관념으로 해석되곤 한다. 대개 이 명제를 좋아하는 사람들은 도리어 그것이 이 우주의 시공 구조와 합리성의 의거라는 심오한 함의를 가지고 있다는 것을 쉽게 무시해버리고는 그 의미를 단지 가장 실용적인 층차로만 제한한다. 이 구호를 소리높이 외칠 때 그 진정한 심층의 의미에 대하여 역사적으로 이해하는 사람은 거의 없다. 그것은 분명 고대 중국의 가장 중요한 사상적 의거다. 그러나 의거인 한, 그것은 모든 방면에 침투해있고 모든 합리성의 지지 배경을 이룬다. 비록 '천인합일天人合一'로 부터 환경보호 혹은 자연 친화라는 의미까지 해석해 낼 수 있다 할지라도, 그것은 결코 녹색 조직의 기치를 지지하거나 자연 친화적 생활 태도를 나타내는 구호만은 아니다.

4

하늘이 무너지고 땅이 갈라짐天崩地裂 · 궁극적 의거의 붕괴 및 사상사의 비상사태

앞서 말했듯이 사상과 지식의 의거는 긴 시간대 속에서 점차 확립된 후에 그 안에서 사는 사람들에게 별로 의식되지 않으면서 점차 자명한 배경이 되어가며, 단지 멀리 배후에서 각종 지식과 사상의 합리성을 지지해준다. 그러나 역사는 부단히 변화하고 지식과 사상 및 그것의 바탕이 되어주는 배경이 격렬하게 변동하고 궤멸될 때, 낡은 지식과 사상은 뿌리 없는 배처럼 표류하게 되고 순식간에 새로운 지식과 사조에 파묻혀 버릴 수도 있다. 이때에 사람들은 자신들을 위하여 지식과 사상의 기반을 추구하게 되고,

그리하여 이홍장이 말했던 소위 '변화의 국면變局' 이나 푸코가 말했던 '단절' 이 나타난다. '변화의 국면' 이 지나가고 '단절' 이 반복하여 발생하고 나면, 시간은 기억의 해자(천연의 참호)를 만드는 것 같다. 이 단절의 해자와 거리가 생기면서 후세 사람들은 과거에 지녔고 또 의존했던 사상적 의거를 낯설게 느끼게 된다. 그리하여 사상사도 '지식의 고고학(푸코의 용어를 빌자면)' 을 가지고 사상의 뿌리를 찾아갈 필요가 있는 것이다. 이 때 사상사는 이 단절의 해자를 뚫고 자신의 사고를 따라 고대의 사고를 더듬어가고, 이미 숨겨진 근원을 상상하며 아울러 그 토대를 향해 접근함으로써, 고대인들이 어떻게 안전하고 편안하게 그 토대 위에 그들의 지식·사상·신앙의 세계를 확립했는지를 체득하도록 노력해야 한다.

도처에서 만남 : 주희朱熹가 직관으로 깨달은 궁극적 의거

고대 중국에는 '천경지의天經地義' 라는 말이 있는데 이것은 바로 절대적이고 궁극적인 의거를 말한다. 물론 아무도 그것의 존재를 의식하지 않는다는 것은 아니다. 우연히 사람들의 머릿속에 스치거나 자신에게 다음과 같이 물어볼 수 있을 것이다. 무엇에 근거하여 그것은 증명할 필요조차 없는 것이 되었는가? 그것은 어떤 특권을 가지고 사상사가 더 이상 추구해 들어가지 않도록 면제부를 획득하게 되었는가? 그러나 대체로 사람들은 그것을 더 이상 묻지 않고 그저 당연한 이치로서 받아들이며, 나아가 모든 이치 중에 가장 근본적인 이치라고 간주한다. 『주자어류朱子語類』는 매우 재미있고 대단한 책인데, 이를 보면 주희는 일찍이 그의 학생들에게 천지 우주의 이치에 관하여 많은 말을 하였다. 그는 학생

들에게 우리들이 말하는 작은 이치들이 천지가 원초적으로 보여 주는 그 커다란 이치에 의거한다는 것을 여러 차례 말하였다. "태극은 다만 천지 만물의 이치일 뿐이다. 천지라는 면에서 말하자면 천지 안에 태극이 있고, 만물이라는 면에서 말하자면 만물에도 각각 태극이 있다. 천지가 생기기 전에도 필경 이러한 이치가 먼저 있었다. 움직여 양陽을 낳는 것 역시 이 이치일 뿐이고, 고요하여 음陰을 낳는 것 역시 이 이치일 따름이다"〈14〉라고 말한 것이 바로 그러한 뜻이다.[19] 후학들이 주희의 어록을 편집할 때 이 대목을 첫 권에 놓았던 것은 이 의미를 모든 이치의 근본적 의거라고 보았기 때문이다. 이는 모든 지식과 사상을 나타내고 포괄하고자 했던 수당隋唐 이래의 많은 유서類書가 '천지天地'라는 항목을 제일 첫 권에 놓은 것과 마찬가지인데, 암암리에 고대 중국인이 의식하지 못했던 마음속 깊은 층차의 의미를 드러내고 있는 것이다.[20]

한번은 주희가 학생이 제기한 문제에 답할 때, '인人' 자는 '천天' 자와 유사하고 '심心' 자는 '제帝' 자와 유사하다고 하였다.[21] 주희는 문자학적 근거를 고려하지 않고 단지 감각으로 인심의 의거를 말했을 뿐일지 모른다. 그러나 공교롭게도 고문자학자들의 말에 의하면 글자의 형태상 고대 중국인의 마음속에 인간 세상의 모든 것을 암시하는 천天은 실제로 사람의 머리 꼭대기, 즉 정수리를

〈14〉"太極只是天地萬物之理, 在天地言, 則天地中有太極, 在萬物言, 則萬物中各有太極, 未有天地之先, 畢竟是先有此理, 動而生陽, 亦只是理, 靜而生陰, 亦只是理".

가리켰으므로, 사람들은 그것을 사용하여 머리 위의 하늘을 지칭했다고 한다. 그리고 고대 중국인의 마음속에서 우주 만상을 운행시키는 제帝는 글자의 형태로 보자면 실제로 꽃의 밑받침, 즉 꽃봉오리를 떠받치는 부분을 가리켰으므로, 사람들은 그것으로부터 일체의 시작 혹은 의거라는 의미를 이끌어냈다고 한다. 그렇다면 머리 꼭대기 위의 그 파란 하늘인 창공은 정말로 그렇게나 많은 이치를 내포할 수 있단 말인가? 꽃봉오리 아래의 그 꽃받침은 정말로 최초 · 발단 · 시작의 '태台' '시始' '태胎' 등의 유사한 발음 혹은 유사한 글자처럼, 고대인들이 말하듯 모든 것의 의거가 되고 일체의 시작을 암시하며, 아울러 고대 중국인의 우주와 인간에 관한 지식과 사상 세계를 지탱하고 있다는 말인가?

주 | 註 |

1 『콜링우드(科林伍德)』, 원저의 제목은 『自傳(*An Autobiography*)』이다. 中譯本, 陸靜等 譯, 中國社會科學出版社, 1993.

2 존 맥쿼이어(John Macquarrie)의 『20세기 종교사조 : 1900-1980년의 철학과 신학의 경계(二十世紀宗敎思潮 : 1900-1980年的哲學與神學的邊緣)』이라는 책을 참조할 수 있다. 中譯本, 何光滬 等 譯, 臺北, 桂冠圖書股 公司, 1992.

3 『성의 역사(*The History of Sexuality*)』, 張延琛 等 譯, 『性史』, 上海科學技術文獻出版社, 1989.

4 Paul Tillich, *Theology of Culture*, 『文化神學』, 中譯本, 陳新權 等 譯, 14쪽, 工人出版社, 1988.

5 郭慶藩, 『莊子集釋』 권10하, 1069쪽, 中華書局, 1961.

6 阜陽漢簡 『萬物』, 釋文은 『文物』 1988년 제4기에 실려 있다.

7 Mircea Elide : *A History of Religious Ideas II: From Gautama to Buddha to the Triumph of Christianity*, The University of Chicago Press, 1982. 日譯本, 『世界宗教史』 제2권, 12-13쪽을 참조하라. 島田裕已, 柴田史子 等 譯, 筑摩書房, 東京, 1991.

8 *Thinking through Confucius*, 『孔子哲學思微』, 4쪽, 中譯本. 江蘇人民出版社, 1996.

9 벤저민 슈월츠(Benjamin I. Schwartz) : *The World of Thoughts in Ancient China*, The Belknep Press of Harvard University Press, Cambridge, Massachusetts, and London, 1985. 이밖에 류슈셴(劉述先), 「史華慈『中國古代史上世界』評介(슈월츠의 『중국 고대의 사상 세계』 비평)」을 참고할 것. 『當代』 1986년 제2기, 178쪽, 臺北.

10 『十三經注疏』 78쪽. 中華書局影印本, 1979. 이 점에 대한 논술은 『주역(周易)』 「계사전(繫辭傳)」 안에서 반복적으로 발견할 수 있다. 예를 들어 "보이는 것을 상(象)이라 하고 형체가 갖추어진 것을 기(器)라 하며 만들어 사용하는 것을 법(法)이라 한다. 이용하고 출입하며 백성들이 누구나 사용하는 것을 신(神)이라고 한다(見乃謂之象, 形乃謂之器, 制而用之謂之法, 利用出入, 民咸用之謂之神)." 82쪽. "형이상자를 도(道)라 하고 형이하자를 기(器)라 한다. 변화하여 그것을 제재하는 것은 변(變)이라 하고 미루어 운행하게 하는 것을 통(通)이라 한다(形而上者謂之道, 形而

下者謂之器, 化而裁之謂之變, 推而行之謂之通)". 83쪽. "오직 심원하기 때문에 천하의 뜻에 통할 수 있고 오직 미묘하기 때문에 천하의 일을 이룰 수 있다(唯深也, 故能通天下之志, 唯幾也, 故能成天下之務)." 81쪽. "쉽고 간단하여 천하의 이치가 얻어지는 것이니 천하의 이치가 얻어지면 그 가운데에서 자리를 이루게 될 것이다(易簡, 而天下之理得矣, 天下之理得, 而成位乎其中矣)." 76쪽.

11 『太一生水釋文』, 荊州市博物館編 『郭店楚墓竹簡』, 125쪽, 文物出版社, 1998.

12 이 점에 관하여는 거자오광(葛兆光), 「중묘지문 : 태일 · 도 · 태극 · 북극(衆妙之門 : 太一 · 道 · 太極 · 北極)」을 참조하라. 『中國文化』, 제3輯에 실려 있다. 香港, 中華書局, 1990. : 마스즈(馬世之), 「중국 고대 도시 계획 중의 '하늘을 모방' 하는 문제(中國古代都城規劃中的 '象天' 問題)」, 『中州學刊』 1992년 제1期에 실려 있다. 鄭州 : 상민제(尙民杰), 「수당 장안성 설계의 사상과 수당 정치(隋唐長安城的設計思想與隋唐政治)」, 『人文雜誌』 1991년 제1期, 西安.

13 『說文解字義証』, 제1권, "一部", 1-5쪽, 齊魯書社, 1987.

14 의심할 바 없이 '사람(人)' 도 일찍이 고대 중국의 지식과 사상세계의 중요 지점 중의 하나였다. 상당히 많은 지식과 사상은 인간의 본성 · 인간의 정감 · 인간의 생존 가운데에서 합리성의 지지를 획득한다. 성선설을 주장했던 맹자와 성악설을 지지했던 순자는 말할 필요도 없고, 『대학』의 저명한 사고 방식인 "정심正心 – 수신修身 – 제가齊家 – 치국治國 – 평천하平天下" 도 역시 그 기점은 '사람' 으로부터 시작된 것이다. 그러나 고대 중국에서, 더 정확히 말하자면 당송 이전의 중국에서 완전히 '사람' 을 지식과 사상의 합리성에 대한 궁극적 의거로 삼지는 않았다. '사람' 은 '하늘' 이 감싸여 있었으며, 기껏해야 사회 질서를 건립하는 기초일 뿐이었고, 우주간의 모든 지식 · 사상과 신앙의 절대적 가설이 되지는 않았다. 『중용』에서 말하는 "하늘이 명한 바를 성이라 하고, 그 성을 따르는 것을 도라고 하며, 그 도를 닦는 것을 교라고 한다天命之謂性, 率性之謂道, 修道之謂教" 에서와 같이 인성은 최후의 궁극적인 의거가 아니라 그 다음 등급의 것으로서, 인성의 합리성은 여전히 '하늘' 이 부여한 것이다. '하늘' 과 '사람' 의 사이에 진정한 변화가 생긴 것은 대략 송대 이학이 출현한 이후에 비로소 발생한 것이지만 송대 이학이 관심을 가졌던 중점은 이미 자연세계를 다시는 포괄하지 않은 것이었다. 그러므로 그들은 우주 공간과 시간인 '하늘' 에 대해서는 단지 요원한 곳에 걸어두고 저 배후에서 몽롱한 배경으로 밀쳐내 버렸으며, '사람' 이라는 의거를 지식과 사상의 초점으로 돌출시켰다. 설사 그렇다

고 할지라도 그들 역시 '하늘'에 대하여 질의나 부정을 품지 않았다. 왜냐하면 이 시대에 관심을 가졌던 문제는 이미 주로 인문적 정신과 사회적 질서였기 때문이다.

15 예를 들어 오늘날의 바둑이나 또 고대의 육박(六博)과 같은 것에 대하여 라오간(勞榦)은 「육박 및 박국의 변화(六博及博局的演變)」이라는 글에서 다음과 같이 언급하였다. "육박의 박국이 배치된 형태는 고대 궁실의 형성을 기초로 한 것이다". 『歷史語言硏究所集刊』 제35本, 25쪽, 臺北, 1964년. 그러나 이는 고대에 천지를 모방한 '식(式)'과 더욱 관계가 깊을 것이다. 리링(李零)의 『중국방술고(中國方術考)』를 참조하라. 人民中國出版社, 1993.

16 이 점에 대해서, 푸코(Michel Foucault)는 『말과 사물 : 인문과학의 고고학』에서 논의한 바가 있다. 그는 일찍이 말하기를, 고전적 유형의 지식 체계는 일반적인 배치에 있어서 일종의 수리적 원칙으로 해석될 수 있으며 일부의 분류 방식과 일종의 생성분석의 연결 체계는 …… 그 중심에 있어서 하나의 도표를 형성한다. 어떤 지식은 그 가운데의 어떤 체계 안에서 펼쳐지는데, 이것이 바로 일종의 질서이다. 그런데 사람들이 사상에 대하여 격렬하게 논쟁을 하지만 역시 바로 이런 질서의 체계 안에서 자연스럽게 가라앉을 수 있다. 英文本 *The Order of Things : An Archaeology of the Human Sciences*, 74-75쪽, New York, Vintage/Random House, 1973. 日文本 『ことばと物 : 人文科學の考古學』, 86-87쪽, 渡邊一民・佐佐木明 譯, 新潮社, 東京, 1974, 1992.

17 예를 들어 선교사의 천문학을 토론할 때, 어떤 사람들은 그것과 상대되는 중국의 천문학을 '위과학(僞科學)'이라고 하는데 나는 이 용어를 매우 싫어한다. 왜냐하면 이 말 배후의 의거는 서양 과학과 반과학이라는 이원 대립이고, 과학은 절대적 진리이며 따라서 과학과 부합되지 않는 중국의 천학(天學)에 대한 지식은 '위과학'이 된다는 것이다. 예를 들어 황이눙(黃一農)은 「예수회 선교사들의 중국 전통 점성술수에 대한 태도(耶穌會士對中國傳統星占術數的態度)」라는 뛰어난 논문에서 이미 중국 천학의 일부 특징에 대하여 예컨대 중국의 천학(天學)은 천문의 학일 뿐 아니라 성점·술수와 인문 정신을 포함하고 있다고 논의한 바 있다. 그러나 진일보한 논의를 전개하지 않았고 '위과학(僞科學)'과 '보수주의'라는 단어를 사용하였다. 『九州學刊』 21쪽, 香港, 1991.

18 거자오광(葛兆光), 『중국사상사』 제2권 제3編의 제1절과 제2절 「천붕지열(天崩地裂)」을 참조하라.

19 『朱子語類』 제1권, 1쪽, 中華書局, 1986.

20 주희 자신이 『근사록』을 엮을 때도 역시 '도체(道體)' 라는 항목을 제일 앞에 배치하였다. 후에 주희는 문인들과의 대화에서 다음과 같이 말한 바 있다. "『근사록』의 첫 권은 읽기가 쉽지 않다." 왜냐하면 제1권의 "이치가 동떨어져 있기(道理孤單)" 때문이다. '도리고단(道理孤單)' 이란 이러한 현상 세계의 궁극적 도리가 너무 추상적이라는 뜻이다. 그러나 이렇게 모든 현상 세계를 포괄하는 도리는 또 사고 방식의 기점과 추구의 종점이기도 하다. 그는 여조겸(呂祖謙)에게 서신을 보내어, "과거에 '태극 몇 도를 밝히고(明道) 성을 논하는(論性)과 같은 류' 의 도리는 '너무 고원하게(太高)' 말했던 것이 아닌가 하여 몇 대목을 삭제했는데 지금 보니 단 한 대목도 삭제할 수가 없다. 한 대목도 삭제할 수 없는 이유는 바로 그것이 근본이기 때문이다"라고 말한 적이 있다. 王懋竑, 『朱熹年譜』 제2권 「引呂東萊跋語」, 67-68쪽을 참조할 것. 中華書局, 1998.

21 『朱子語類』 제1권, 4쪽.

제4장 연속성 : 사유 방식 · 장절章節 및 그밖의 문제

사상사와 『사상사』, 그리고 『사상사』를 쓰는 세 가지 방법

역사적 연속성과 푸코의 의문

연속성 추구의 세 가지 사고 방식

교과서적 양식과 장절 나누기

사상사 연속성의 세 가지 유형

하나의 사상 명제에 대한 부단한 해석

미혹으로부터 벗어남脫魅 혹은 이성의 배척 · 단절 중의 연속

외래 사상에 대한 반향 가운데 사상 전통 중의 자원을 새로이 발굴, 해석함

개인적 저작 및 사상사를 다시 쓴다는 생각

연속성 : 사유 방식 · 장절章節 및 그밖의 문제

1

사상사와 『사상사』, 그리고 『사상사』를 쓰는 세 가지 방법

사상사 저작은 '역사의 시간 안에서 사상의 여정旅程을 만드는 안내도' 에 비유할 수 있다고들 한다. 하지만 보통 지도를 제작하는 사람의 책임은 단지 가능한 한 정확하게 만드는 것일 뿐이며, 그가 그려 만든 지도상의 노선에 대해 분석하고 평가할 수는 없다. 다만 지도를 사용하는 여행객이 그 지도의 길을 따라 풍경을 볼 때 자신의 느낌과 평가를 덧붙일 수 있을 것이다. 그러나 사상사가思想史家는 그런 지도 제작자를 애써 모방하려 하더라도 대개는 어쩔 수 없이 여행객을 닮게 된다. 왜냐하면 모든 사상사가가 만든 지도에서 사상사의 정류장과 노선은 불가피하게 모두 그의 마음속에 있는 구상이며, 이것은 안내도가 없이 황무지를 개척하는 여행객의 행적, 즉 역사의 시간 속에 정말로 출현했던 지식과 사상의 역사적 진행과는 결코 같지 않기 때문이다. 만일 역사적

시간 속에 실제로 존재했던 사상의 여정을 '사상사'라고 한다면, 이런 사상의 과정에 대한 어떠한 서술도 모두 『사상사』라는 서명을 붙일 수는 있을 것이다.[1] 사상사에 후대인들의 상상·이해·해석이 덧붙여지고 문자로 기록되어 『사상사』로 완성되면, 그것은 이미 '역사의 시간 속에서 사상의 여정을 만든 안내도'가 되는 셈이다.

여행단에 참가한 적이 있는 사람들은 모두 다음과 같은 체험을 갖고 있을 것이다. 번거롭지 않기 위해서인지 혹은 좋은 의도에서인지 몰라도 가이드는 여행단의 모든 사람이 사전에 규정된 노선을 따라 다니기를 바란다. 예를 들어 갑甲에서 을乙까지의 경치에 도달한 다음에 순서대로 병丙과 정丁의 경치에 도달한다. 이럴 경우 갖가지 살아있는 풍경도 마치 그림틀을 통해 요지경을 보는 것과 같아지며, 성실한 여행객이 참관을 마친 후에는 아무리 산음도山陰道를 다니면서 이루 다 말할 수 없을 만큼의 풍경을 보았다고 하더라도[2] 결국 서로 비슷한 인상을 얻게 되고, 넓게 펼쳐졌던 산

〈1〉 저자에게는 실제로 존재했던 사상의 여정은 알 수 없으며, 있는 그대로 서술할 수도 없다는 사실이 전제되어 있다. 따라서 이 대목의 의미를 부연하자면, 사람들이 실제로 존재했던 '사상사'에 대하여 지극히 단편적이고 주관적으로 묘사한 것을 『사상사』라고 할 수는 있으며, 여기에 상상과 이해, 해석이 들어가 문자로 기록되면 『사상사』 저작이 완성된다는 뜻이다.

〈2〉 "山陰道上行, 山川自相映發, 使人應接不暇"라는 이 구절은 동진(東晋)의 왕헌지(王獻之)가 쓴 묘구(妙句)로서, 그 의미를 살려 해석을 해보자면 '산음도를 오르다보면 산천의 경계가 서로 비추며 나타나 이루 다 응대하여 감상할 겨를이 없을

수는 단지 한 줄의 산수로 남게 된다. 실제 존재했던 사상사가 이미 과거가 되어 그러한 사상의 역정을 반복할 사람이 없을 때, 『사상사』의 저자 역시 그저 이렇게 할 수밖에 없다. 그는 자신이 이해한 것 가운데 가장 간단하고 합리적인 노선을 따라 독자를 인도함으로써 사상사 여행단의 참관자들로 하여금 고대인은 원래 이렇게 생각했고 고대 사상은 원래 이렇게 연속되어 왔던 것처럼 서로 같거나 비슷한 소감을 갖도록 하는 것이다. 그는 마치 월권 행위를 하는 가이드와 마찬가지로 모든 사람이 사상사를 체험할 자유를 박탈하고, 자신이 이해하거나 구상한 사상사의 연속적인 맥락을 체험하게 한다.

그러나 이는 어쩔 수 없는 일이다. 『사상사』에는 형식상 세 가지 저술 방법이 있다. 하지만 세 가지 종류 모두 저자의 사유 방식이 끼치는 영향에서 벗어날 수는 없다. 첫 번째 방법은 '사실의 확립'을 추구하는 것이다. 표면적으로 보면 그것은 맹목적으로 역사 문헌을 따라 사상사의 역정을 복원하는 것이다. 이는 성실하게 지도를 제작하는 사람이 돋보기 안경을 끼고 조각난 풍경의 상세한 그림을 자세하게 그리면서 볼만한 경관을 빠뜨릴까 두려워하는 모습과 비슷하다. 예를 들어 누가 무슨 저서를 지었는지, 누가

정도다.' 산음도(山陰道)는 현재 절강성 소흥(紹興)시의 서남 교외 일대를 말하는데, 왕헌지의 윗 구절이 있은 후 산음도는 더욱 명성이 널리 전해져서 명사들이 계속 읊게 되었다.

무슨 사상을 제기했는지, 이런 저작과 사상은 어느 시기에 생산되었는지 등을 세세히 따진다. 그것은 마치 '관련 자료를 수집하고 정리하여 배열한 초고'와 같이, 되도록 명확한 사실들을 시간의 노선에 따라 연결함으로써 사람들로 하여금 마치 사상의 박물관 혹은 진열실에 달려가 두루 훑어보면서 사상의 여정을 자신이 체험하는 것처럼 해준다. 하지만 이런 박물관 혹은 진열실에 역사의 모든 유물을 진열할 수 없으며, 결국 어떤 전시품을 내놓을지, 전시품을 어떻게 진열할지는 모두 작자의 예상된 설계 속에 이미 담겨져 있다. 다만 작자의 사고 방식은 준엄하고 객관적인 역사의 전시물 속에 깊이 숨겨져 있을 뿐이다.

두 번째는 '진리의 평가'를 추구하는 저술 방법이다. 이런 저술 방법은 사실을 서술하는 것보다는 사상의 역사적 평가에 더욱 관심을 둔다. 예를 들면, 무엇이 좋고 무엇이 나쁜지, 무엇이 인류의 지력智力을 진보시키는지, 무엇이 그 진보에 장애가 되는지 등의 문제를 다룬다. 이는 마치 고집스런 안내원의 역할과 비슷하다. 모든 풍경에 대해 평가를 내린 뒤에 자신의 구미와 이상에 따라 다른 사람은 좋아하든 말든 상관없이 그들에게 통일된 해설을 엮어내기 때문에, 듣는 사람은 어떻든 이런 선입견 위주의 여행을 하는 과정에서 선입견 중심의 해설을 받아들이게 된다. 이런 저술 방식에서 저자의 의도와 호오好惡는 은폐될 필요 없이 공개적이다. 역사는 그들의 붓 아래에서 '뒤집어 보는' 한 폭의 지도가 되며, 독자 측에서 말하자면 역사는 단지 거꾸로 '뒤쫓아 가며 보는' 안내도로 변해 버린다.

세 번째는 '여행을 따라가는' 식의 저술 방법이다. 일부 사상사가는 고대 사상사의 사고 과정을 재건할 수 있다고 자신한다. 그들은 가능한 한 옛 사람들의 심정을 체험하고 사상의 맥락을 이해하며, 시간의 흐름을 따라 순서대로 하나하나 사상의 전환과 맞물림을 서술한다. 그들은 역사를 '순서대로 보고', 다시금 사상의 역사를 뒤쫓아 나아가려고 한다. 나 또한 이처럼 되기를 희망한다는 점을 인정해야 할 것이다.[1] 그러나 이것이 저자의 주관을 벗어나는 것과는 다르다는 사실을 또한 인정해야 한다. 왜냐하면 흘러가는 시간의 과정 속에서 각종 지식과 사상의 자료와 문헌은 섞여 나오고 어지러이 다가오므로, 순서대로 보는 사람이라고 해도 선택을 할 수밖에 없기 때문이다. 때론 어떤 경치에 눈길이 쏠려 다른 경치를 내버릴 수도 있고, 때론 왼편 산수에 발길이 이끌려 오른편 산수를 그냥 지나칠 수도 있다. 저자 자신은 비록 고대 사상사의 행적을 추종하기를 희망할지라도, 사상사의 전환과 맞물림에 있어서 중요한 부분을 선택하는 것은 역시 대부분 저자 자신의 이해에서 나온다. 역사의 윤곽과 맥락을 제공하기 위해서 사상사가는 변화무쌍하고 서로 연결되고 중첩되어 있는 사실 가운데에서 『사상사』의 사고 노선을 찾을 수밖에 없다. 여기에서 사상사는 『사상사』가 되는 것이다.

2

역사적 연속성과 푸코의 의문

사상사와 『사상사』의 다른 점 하나는 바로 『사상사』의 연속성과 총체성 및 연결의 맥락에 있다. 『사상사』의 저자가 편찬을 위하여 역사를 '맥락화' 할 때 이미 사상사의 본래적 상태는 변화된다. 역사상 실제로 존재했던 사상의 경우, 그 출현 시기에는 특별한 의도적 안배나 사전적인 설계가 전혀 없었을 것이다. 이는 황무지 개척자가 어지럽게 우거진 원시림 속에서 길을 찾아 가듯이 사전의 안배나 의도적인 배치도 없고, 또 사람들이 다니는 작은 길도 없이 다만 머리 위의 총총한 별이 대략의 갈 길을 지시해주는 것과 같아서 전혀 아무런 질서도 없다. 하지만 역사학자는 사상사를 이런 '원시 상태' 로 내버려 둘 수도 없고, 또한 『사상사』의 독자로 하여금 이런 숲속에서 길을 잃게 만들 수도 없다. 왜냐하면 역사학자들은 사상의 역사를 통째로 다 드러낼 수 없으며, 역사학 또한 역사의 난잡한 무질서를 용인할 수 없기 때문이다.

역사에 질서를 부여하고 사고의 과정을 명료하게 만드는 것은 역사학의 일관된 저술 방법이다. 하지만 『지식의 고고학』에서 푸코는 다음과 같이 역사학이 난감해할 만한 비평을 했다. 즉, 사상사가 일반적으로 중요하게 여겼던 낡은 문제는 바로 '기원의 내력' '연속성' '통일성' 으로서, 기존의 사상사 저작에서는 연속성 · 정체성 및 연결의 맥락을 구성해 왔고 이는 사상사의 전통적인 추구 대상이었다고 한다. 하지만 이런 '낡은 문제' 야말로 현대인들이 늘 말하는 '규율성 문제'로서, 장차 다른 유형의 문제로 대체되리라는 것이다. 그는 다음과 같이 예언하였다. 즉, 장래의 새로운 역사학적 관점에서 보자면 역사는 더 이상 단절 없는 완벽한 역사도 아니고 이성이 끊임없이 발전하는 역사도 아니며, 점차적으로 추상화되는 역사도 아니다. 오히려 이와는 반대로 "단절 현상이 끊임없이 출현하고 한층 강화될 것이다". 따라서 역사학은 마땅히 '불연속', 예컨대 문턱 · 단절rupture · 파열break · 전화mutation · 변형 등 이른바 '단절 현상'을 찾아야 하리라는 것이다.

언뜻 보면 이런 견해는 역사학의 성립 근거에 의문을 제기하도록 하는 것 같다. 만일 역사학이 더 이상 역사의 연속을 추구하지 않고 역사를 단지 흩어지고 부서진 단편으로 여긴다면, 역사학자가 문헌을 정리하는 일 이외에 역사학의 사상과 지혜가 무슨 쓸모가 있겠는가? 이런 까닭에 앞의 몇몇 장에서 내가 몇 번이나 푸코의 말을 인용했지만, 이는 역사학이 더 이상 '연속성'을 논의할 필요가 없다는 그의 관점에 내가 동의했음을 의미하는 것은 아니다. 특히 최근에 나는 더욱더 푸코가 역사학에서 사상의 개입과 역사적 맥락의 정리를 진정으로 취소하고자 한 것은 아니라고 생각하게 되었다. 그는 단지 역사학자의 여러 이론들은 늘 주관을 개입시켜 "사람들로 하여금 기원을 찾고 끊임없이 예전에 세워진 계보를 따라 거슬러 올라가는 것에 익숙하게 하고, 역사적 전통을 재구성하는 것에 익숙하게 하며 진화의 곡선을 따라 전진하는 것에 익숙하게 하고, 또 목적론을 역사에 투사하는 것에 익숙하게 하며, 끊임없이 생활 중의 은유를 중복하는 것에 익숙하도록 만들었다"고 생각했던 것이다. 여기서 말한 '익숙하다'라는 표현은 푸코가 사람들에게 익숙하지 않은 역사학의 사고 방식을 찾고자 희망하고 있었음을 보여준다. 그는 주체가 비교적 적게 개입하고 참여하는 역사적 시야에서, '확정성'과 '연속성'이라는 억지스런 해설을 벗어나 문헌과 문물이 드러내주는 역사적 현상, 특히 사람들이 과거에 인과의 연쇄 밖으로 던져버렸던 잡다한 현상들을 정리해냄으로써 보다 진실에 가까운 역사의 풍경을 재건하고자 희망했던 것이다.[2]

아래의 두 가지 비유는 모두 그럴 듯해 보인다. 어떤 이는 역사란 깨진 거울, 곧 깨져서 땅 위에 널려 있는 수백 수천 조각의 거울이라고 말한다. 하나의 거울 파편마다 그것을 줍는 사람에게 한 조각의 하늘을 비춰주지만 사람은 수없이 부수어진 거울 조각이 비추는 하늘을 하나의 완성된 조각으로 만들 수는 없다는 것이다. 이와는 달리 역사학자의 책임은 이렇게 산산이 조각난 그림 속에서 상상하는 것이라고 말하는 사람도 있다. "역사 편찬학은 대대로 과거는 어떠한 역사였는가를 상상하는 것이다". 자질구레한 공문서·무언의 유물·단편적인 기록·의식적 혹은 무의식적으로 주관이 개입된 각종 역사서들 가운데, 역사가 단절된 곳에서는 역사의 연속성을 회복해주고, 역사의 빈 자리에는 역사적으로 존재했던 것을 채워 넣는다는 주장이다. 역사학자가 대면하는 사실에서 보자면 역사에서 전자의 견해를 인정하지 않을 수 없다. 히지만 역사학의 목적과 의의라는 측면에서 보자면 역사학자는 불가피하게 후자를 선택하지 않을 수 없다. 따라서 사상사는 되도록 문헌 · 유물 · 도상 · 저술을 통해서 이해understanding하고, 이치에 부합되는 바에 따라 추측guessing하며, 옛 사람에게 가장 가까운 자리에서 『사상사』의 연속성을 추구하는 사유의 노선을 다시 세워 볼 수 있을 뿐이다.

연속성 추구의
세 가지 사고 방식

『사상사』의 연속성을 재건하는 데에는, 사용 가능한 많은 사유 방식이 있다. 예컨대, '부정의 부정' 이라는 사유 방식을 사용할 수 있는데, 이는 진화론의 배경 아래서 각 시대의 변화를 과거 사상에 대한 당대 사상의 비평과 지양으로 이해하는 방법이다. 또 '환경에 대한 반응' 이라는 사유 방식을 사용할 수 있는데, 이는 사회 배경의 분석을 중시하는 방법이다. 마르크스주의 역사학에서만 이런 방법을 채택하는 것은 아니라는 점을 말해 둔다. 허우와이루侯外廬는 이 방법을 사용했고, 『고대 중국의 사상 세계』를 저술한 벤저민 슈월츠도 "사상사의 중심 과제"는 "인류가 자신이 처한 상황situation에 대하여 '의식적으로 반응한 것' 을 분석하는 일" 이라고 하였다.[3] 근래 위잉스余英時가 제기한 '내재적 논리 이론(內在理路 : theory of inner logic)' 〈3〉은 상당히 주목을 받고 있는데 이

〈3〉 역사적 상황과 그에 대한 반응이라는 시각으로 현상을 이해하는 것에 대하여, '내재적 논리' 를 강조하는 위잉스(余英時)의 주장은 자기 전개의 내적인 논리의 맥락에서 탐구하기를 촉구한다는 의미로 이해하면 될 것이다.

는 매우 중요하다. 그가 말한 바에 의하면, "모든 특정한 사상 전통은 본래적으로 일련의 문제를 갖고 있어서 이것을 끊임없이 해결해나가야 한다. 이런 문제는 때론 잠시 해결되기도 하고 때로는 해결되지 않기도 하며, 당시엔 중요하나가 나중에는 중요하지 않게 되기도 한다. 또 옛 문제가 새 문제를 파생시키기도 한다. 이런 식으로 끝없이 유전流轉해가는데, 이러한 유전의 과정에 우리가 발견할 수 있는 실마리와 조리가 있다"고 하였다. 이런 '실마리와 조리'가 바로 그가 말하는 '내재적인 논리'다.[4] 나는 이러한 사고 방식에 대하여 몇 마디 더 하고 싶다. 그의 견해는 분명 옳다. 하지만 사상사의 시각에서 보자면 이는 일방적인 견해로서, 사고 방식의 '내재성'을 지나치게 강조하고 때로는 '외연성'을 다소 거절하는 의미를 띤다. 그리하여 종종 사람들의 타당한 비평을 받기도 한다. 그의 예증 범위는 비교적 좁아서 시대적으로 보면 주로 송·원·명·청대에 국한되는데, 이 시대는 마침 중국 사상 세계의 내부에 변화와 조정이 발생한 시기다. 따라서 '내재적인 논리'라는 그의 이론은 중국사상사의 역정 전체를 담아내기는 매우 어렵다. 사상사를 정리할 때는 이런 사고 방식의 내용과 유형을 조금 더 확장시켜서, 그것이 진정 사상사의 유효한 저술 방법이 될 수 있도록 해야 한다.

3

교과서적 양식과 장절 나누기

현존하는 사상사에서 나타난 연속성을 상세히 분석하기 전에 우선 『사상사』의 구조와 이러한 연속성을 구현하고 있는 장절章節 형식에 대하여 토론해보자. 왜냐하면 기존의 『사상사』에서 사람들이 연속성을 추구했던 의도가 무의식 중에 『사상사』의 장절 형식을 사용함으로써 사라지기 때문이다. 연속성은 본래 사상사에 존재하는 것이기 때문에 『사상사』에도 마땅히 존재해야 한다. 일반적으로 『사상사』는 가능한 한 실제로 존재했던 사상의 '연속성'을 드러내고자 한다. 그러나 이러한 사상의 연속성을 『사상사』 안에서 명확하고 합리적으로 표현하는 것은 그리 쉽지 않다. 기존의 『사상사』 저작 가운데 자신의 주관을 가지고 강렬하게 연속성을 표현한 경우가 꽤 있다. 하지만 이러한 연속성의 '맥락'은 종종 장절에 의해 간략화되거나 단절되고, 작자가 몇 구절 용감하게 내세웠던 '방백'만이 남게 된다. 소위 '사상의 연원'과 '사상의 영향'이라는 표제 하에서, 작자의 월권에 기댄 자기주장이 간신히 이러한 '맥락'을 이어나가는 것이다.

현존하는 사상사의 저술 방법은 대체로 이러한 난처한 곤경에 부딪치게 된다. 앞에서 말했던 것과 마찬가지로 사상사의 습관적인 저술 방법은 시간의 순서에 따라 사상가들의 장절을 안배하는데, 위대한 사상가에게는 한 장을, 그보다 영향력이 적은 사상가에게는 한 절을, 등급에 올리기 부족한 사람들의 경우에는 몇 사람을 합하여 한 절을 할애하고, 그럴 자격도 되지 않는 사람들에게는 겨우 한 단락을 차지하도록 하는 식이다. 따라서 사상사에 흔적을 남기기만 하면 사상사에 있어 중요한 인물인 셈이고 이러한 사상가들의 조합이 바로 사상사라는 것인데, 기존의 『사상사』는 모두 이렇게 쓰여졌던 것이다. 이러한 저술 방법은 낡은 역사적 텍스트의 전통을 가지고 있으며, 또 새로운 역사학의 영향도 받고 있다. 전통적인 '학안學案'은 오늘날 사상사의 초기 형태라고들 하는데, 바로 '소략한 전기'와 '선별된 문장'을 나열하는 방법으로 사상사 혹은 학술사를 쓴 것이다. 서양과 동양(=일본)의 영향을 함께 받은 철학사나 사상사가 처음부터 사용했던 것이 바로 개별 사상가의 '생애 / 배경 / 사상 / 영향'으로 구성된 '절節', 그리고 일정한 시간 안에 배열된 '절'들로 구성된 '장章'을 기초로 그 뼈대를 세운 저술 방법이다. 일정한 편폭 안에서 비슷한 길이의 장절과 대개는 일치되는 내용, 게다가 일률적인 문장 분위기를 가지고 별 차이 없는 '사상사'를 쓴다. 의문의 여지없이 이러한 저술 방법은 인물의 시대순으로 사상사의 장절을 나열한 것이고 비교적 명확하게 장절의 요점을 정리함으로써 독자들에게 편의를 줄 수 있으며, 대다수의 사람들이 모두 승인하는 지식을 간략하게 귀납하여 학습자로 하여금 잘 기억하게끔 도와줄 수도 있다. 그러나 이러한 저술 방법의 배후에는 사상사에 대한 하나의 관념이 있다. 책의 장절을 기획하는 것은 어떤 의미에서는 저술자가 저술대상에 대하여 갖는 인식을 반영하는 것이라 할 수 있다. 사상사의 구조가 『사상사』 저작에서 몇 개의 장절로 안배될 때 '사상사'

는 사라지고 『사상사』가 드러난다. 다시 말하면, 진정 역사에 존재했던 사상의 역사는 사라지고, 그에 대신하여 저술자가 이해하는 시야에서의 사상의 역사가 드러나게 되는 것이다. 그리하여 장절은 역사를 나누고 연속성은 이러한 장절 속에서 사라지고 만다. 사상은 사상사가에 의하여 나뉘고 포장된 후에, 독자들에게 제공되어 임의적으로 선택되고 읽히는 것이다.

이러한 것은 결국 교과서류에 속하는 셈이다. 20세기 초 중국의 인문적 지식이 점차 전통적인 형태로부터 현대적 학과로 전화한 이래 서양으로부터, 특히 일본으로부터 배워온 저술 방법은 다분히 교과서적인 의미를 가지고 있고, 지금까지도 학자들은 역사를 쓰기만 하면 아주 쉽게 이런 방식으로 할 것을 생각한다. 이는 나도 마찬가지다. 본래 나도 중국사상에 관한 강의 원고를 쓰고자 했는데, 내가 처음으로 썼던 문장은 글의 풍격과 장절 구조가 일찍이 작성했던 '강의안'과 비슷하였고 심지어 상당히 오랫동안 나의 원고는 『중국사상사 강의안』에 가까운 것이었다. 교사로서 나는 교과서의 긍정적 의의를 잘 알고 있다. 한 세대 한 세대마다 학생들은 모두 우선은 교과서를 읽으면서 사상사로 진입하게 되는 것이고, 그로 인해 생긴 선입견 위주의 인상은 사상사를 이해하는 틀을 제공해줄 수 있으며, 장절로 나뉜 구조는 또한 사상사를 기억하는 도식을 제공해줄 수 있다. 그러나 연구자의 입장에서 나는 이러한 교과서의 부정적 영향을 점차 더 많이 느끼게 된다. 최근 한 편의 글에서 나는 다음과 같이 말한 바 있다. "교과서는 집단이 승인한 틀을 가지고 각종 의견을 한꺼번에 수집하여 섞어 놓기 때문에 복잡한 사상사를 마치 암기할 수 있는 도식과도 같이 변화시킨다. 이는 마치 24사二十四史를 증류시켜 삼자경三字經으로, 또 삼천 년의 역사를 입축하여 한 장의 계통표로 만든 듯하다. 사상사가 종종 인물들의 생애 사전이나 저작들의 요점 선독 교재처럼 되는 이유는 수업·기억·시험에 편리하게 하기 위한 것이다. 이러한 사상사는 일반 지식의 교학으로서는 어느 정도 유효할 수 있지만, 그것을 가지고 연구의 사고 방식을 계발하고자 한다면 엉망이 되어버릴 것이다. 특히 교과서가 전체적인 틀을 가지고 이해의 시야를 그 범위 내로만 규정하거나, 개성이 결여된 권위적인 언이 풍격으로 학술적인 서술을 마치 관방의 문건처럼 변하게 한다거나, 또 판에 박힌 형식으로써 일정한 사고 방식을 마치 공식처럼 기계적으로 적용할 경우, 결국에는 교과서적인 틀에 갇힌 사람들을 배양해내게 될 뿐이다.[5] 요사이 몇 년 동안 엄청난 양의 출판물에 범람하고 있는 평범하고 중복적이며 천편일률적인 논문이 바로 교과서의 후유증이 아닐까 하는 생각이 든다. 교과서의 배후에는 통일적인 시험이 있으며, 통일적인 시험의 배후에는 각종의 실제적인 상벌을 주관하는 권력이 있고, 상벌을 주관하는 권력의 배후에는 어떠한 의심도 허용하지 않는 권위적인 이데올로기적 담론이 있다. 그리하여 그것은 교과서의 '권의'(權宜·임기응변, 혹은 일시적 조치)를 '권위權威'로 바꾸고 '권위'는 독서와 시험을 통하여 사상사 저술 방법을 암암리에 제시해준다. 이러한 저술 방법은 장절의 형식과 내용을 고정적인 모델로 만들어 버리며, 사상사의 연속성에 관한 사고 방식을 결렬시키고 권위적인 집체적 담론을 보여준다. 권위적인 집체적 담론은 이러한 저술 방법의 합리성을 확인시켜주는 것이다.[6]

그러나 이러한 집체적 담론을 가지고는 한 종류의 사상사, 혹은 매우 많은 동일한 사상사밖엔 쓸 수가 없다. 위와 같은 교과서 모델을 벗어나지 못하면 이런 식으로 쓸 수밖에 없는 것이다. 왜냐하면 그것은 나름의 실용적인 합리성이 있기 때문이다. 잠시 나 자신의 경력과 체험을 말해보겠다. 이 책을 쓰는 것과 동시에 나는 청화대학에서 두 차례에 걸쳐 중국사상사 수업을 개설한 적이 있었다. 처음에는 사상사의 교과서적 틀을 깨뜨리고 싶었고 다시는 '사람' 을 단위로 하는 낡은 장절에 따라 강의하지 않으려 했으며, 기계적으로 배경 · 생애 · 사상이라는 과정에 따라 강의하지 않으려 했다. 사상사 전후의 연속적인 사고 방식을 가지고 강의하려 했지만 강의를 진행해 나갈수록 나는 이러한 강의 방식의 곤란함을 깨달아가기 시작했다. 그렇게 하려면 교사들은 강의하기가 매우 힘이 든다. 왜냐하면 사상가의 순서에 따라서가 아니라 사상사의 사고 방식에 따라서 강의하는 방법은 상세한 정리와 분명한 묘사를 요구하는데, 그렇게 하지 않으면 복잡한 사상사를 분명하게 말할 수 없기 때문이다. 학생들도 듣다보면 매우 힘이 든다. 이렇게 사상사의 사고 방식을 따라 수업을 진행하면 학생들에게 특별히 명확한 틀이나 구조를 제공할 수도 없고 암기할 수 있는 장절을 제공할 수도 없기 때문이다. 어떤 학생은 나의 강의 방식에

이의를 제기하기도 하였기 때문에 이렇게 힘들고 좋은 소리 듣지도 못하는 강의 방식을 나도 거의 포기할 뻔 했다. 그러나 한번 포기하면 나는 사상사의 연속적인 사고 방식을 추구하면서 저술하는 방식을 포기하는 셈이 된다.

한참을 생각하고 나서 나는 나의 저술 방식을 고수하였다. 나의 저술 방법이 최후에 사람들의 동의를 얻지 못하는 『사상사』가 될지라도 지금의 교과서식 모델에 접근하고자 하는 생각을 포기하였다. 지금까지 현존하는 사상사 가운데 연속성은 오직 한 종류뿐이다. 그러나 후대의 사람들이 『사상사』를 쓸 때 그들이 이해하는 시야에는 마땅히 여러 종류의 연속성이 있어야 한다. 사상사의 저술 방식이 개인적인 사고를 허락하기만 한다면, 또한 다른 종류의 사상사 저술 방법을 추구해보도록 허락하기만 한다면, 새로 쓰이는 『사상사』는 서점에 나열되어있는 책의 바다에 아무런 의미도 없는 또 한 권의 책을 보태는 셈은 아닐 것이며, 사상사는 새로운 연속성의 사고 방식을 전개해나갈 수 있을 것이다. 내가 지금 쓰는 『사상사』가 "일종의 새로운 연속성을 가진 사고 방식을 전개해나가고 있다"고 말하는 것은 물론 아니다. 사실 나 역시 그런 교과서식의 저작들을 통해 사상사에 진입했고, 그러한 낡은 틀이 얼마나 대단한지는 나도 잘 알고 있다. "머리를 치면 꼬리가 움식이고 꼬리를 치면 머리가 움직이는(擊首則尾應, 擊尾則首應)" 식으로 장사진을 친 집체적인 담론의 틀은 그렇게 쉽게 붕괴되는 것이 아니다. 사상사이 연속성에 대한 개인적인 이해 방식 역시 그렇게 쉽게 형성될 수 있는 것이 아니다. 이 책을 쓸 때 나는 마늘에 대한 수수께끼를 떠올렸다. "형제 7~8명이 기둥 주위를 둘러앉아 있다. 일단 일어나기만 해도 옷이 찢어진다". 사실 내가 염려하는 것이 바로 이 점이다. 개성적인 사고 방식이 관습적인 사상사 저술 방식을 대신할 때, 낡은 옷이 찢어지고 나서 새로운 옷을 찾아내지 못한다면 어떻게 할 것인가?

그러나 다행히 '사람' 이나 '서적' 을 장절로 삼는 사상사 저술 방식을 바꾸는 것에 대해서는 쉽게 사람들을 이해시킬 수 있다. 왜냐하면 내가 이해하고 있는 사상사에서 서술하고 정리해야 하는 것은 천재와 경전의 사상만이 아니라 일반적인 지식 · 사상 · 신앙 세계의 역사에 대한 서술과 정리도 포함하고 있기에, 그런 세계의 역사는 '사람' 혹은 '서적' 을 장절로는 서술할 수도 없고 짧은 시간을 단위로 장절을 삼아서는 처리할 수도 없기 때문이다. 내가 이해하고 있는 사상사에서 서술하고자 하는 천재적인 사상은 특정 사상가에게 속한 천부적 재능만도 아니고, 사상가의 갑작스런 깨달음만도 아니다. 그들의 앞 뒤에서, 또 그들 지식의 배경이나 시대적 분위기 속에서 사상은 종종 연속적인 맥락을 가진다. 사상들은 서로 모이기도 하고 사상과 지식 역시 서로 얽히기도 하는데, 사상가들은 다만 그것을 '말해내고' 또 '써낼' 뿐이다. 그리하여 사상으로 하여금 '표지' 나 '이름' 을 갖게 한다. 그러나 사상사의 의의는 단지 그들의 공을 평하여 늘어놓는 것이 아니다. 왜냐하면 사상사는 죽은 이들의 명부鬼簿가 아니기 때문이다. 내가 이해하고 있는 사상사에서 다루고자 하는 경전적 저작은 서명권署名權과 소유권이 분명한 한 권 한 권의 저작만이 아니다. 각종의 전적 가운데에는 각양각색의 사상이 합류하고 있으며, 특히 고대 중국의 사상사에서 동시대의 저작은 상호 인용하기도 하고 다른 이의 저작을 가져다 적어두기도 한다. 고대인의 저작은 다시 조합되어 짜맞추어지기도 하고, 후대인의 해석이 이른 시기의 문헌에 찬입되기도 하며, 앞 시대의 문헌을 베껴 쓰는 과정에서 후대의 어휘로 바뀌기도 한다. 그런데 과거처럼 어떤 사상을 한 사람의 저자에게 배당하고 그 저자들을 시대의 선후에 따른 장절에 배당하는 그러한 글쓰기에서는 종종 저자의 진위와 선후 관계를 밝히는 것에 상당한 정력을 낭비하곤 했으며, 수 세대에 걸쳐 만연되어 있던 사상의 점진적인 형성 과정이 마치 한 개인에게 귀속된 것처럼 서술하게 될 경우가 많다.[7] 사마천이 『사기』를 썼을 때 '호견법互見法' 즉 상호 비교 방법을 특별히 밝혀놓았고, 사마광이 『자치통감』을 쓴 후에 어떤 이는 '기사본말체紀事本末體'를 전적으로 밝혀놓았는데, 사실 이것은 사람을 단위로 하여 전기문을 쓰거나 연도별로 사건을 꿰는 방식으로 인한 결렬을 피하기 위한 것이다. '연속성'이란 결국 널리 펼쳐지면서 이어져가는 과정이며, 한 사상가 혹은 한 권의 저작에만 있는 게 아님을 현대의 사상사는 생각해볼 필요가 있지 않을까? 특히 장기간에 걸쳐 비로소 변화를 드러내는 일반적 지식·사상·신앙 세계가 사람으로 장절을 삼는 사상사 저술 방식 안에서 과연 존재할 수 있는 것인지를 현대의 사상사 저작자들도 생각해봐야 하지 않겠는가?

4

사상사 연속성의 세 가지 유형

그렇다면 사상사의 연속적인 맥락은 어떻게 『사상사』 안에서 구현되는가? 오랜 시간을 통하여 면면히 이어져 내려와 널리 퍼진 일반적인 지식 · 사상 · 신앙은 『사상사』에서 기본적인 연속성의 내용을 가지게 되지만, 그외에 천재들과 경전에 담긴 연속적인 사고 방식 역시 『사상사』에서 서술될 수 있다. 아래에서 나는 몇 가지 예를 통하여 사상사에서 나타나는 연속성의 세 가지 유형을 설명하고자 한다.

하나의 사상 명제에 대한 부단한 해석

첫번째 연속성은 전통적인 사상 명제에 대한 부단한 해석 가운데에서 나타난다.[8] 예를 들면, 공자는 "삶도 아직 제대로 알지 못하거늘 어찌 죽음을 알겠는가!(未知生, 焉知死)" "사람도 제대로 섬기지 못하거늘 어찌 귀신을 섬길 수 있겠는가!(未能事人, 焉能事鬼)"라고 한 바가 있다. 그의 학생은 또 "공자께서 성과 천도에 대하여 말씀하시는 것은 듣지 못하였다(夫子之言性與天道, 不得而聞)" 고 하였다. 이러한 것은 당시 공자 학파가 알게 모르게 소홀히 했던 명제이고, 그래서 후대인들에게 부단히 그것을 채워가고 해석할 여지를 주었던 것으로 보인다. 이는 본래 공자가 귀신 · 천도 · 인성 등 미지의 영역에 대하여 언급하기를 완곡하게 거절하고 가정 · 가족 · 사회 등의 현실 세계를 간접적으로 긍정하고자 했던 것이었을지도 모른다. 그러나 후대인들은 이를 공자가 의도적으로 후인들에게 남겨준 명제라고 여겼다. 맹자와 순자의 시대에는 천도와 인성에 관한 해석이 이미 공자의 범위를 훨씬 넘어서게 되었다. 그들의 해석은 적어도 공자 자신이 중시하지 않았던 사상적 명제에 새로운 의의를 부여했으며, 공자와 70제자 등의 초기 유가와 전국 중기의 유자 사이에 명백한 선을 긋게 하였다. 3세기에 현학이 일어나게 되자 사상적 노선의 변화를 모색하던 사람들은 이 사상 공간을 이용하게 되었다. 이들은 노자 · 장자의 사상을 새로운 사상적 자원으로 삼아 사상을 이어나가는 새로운 길을 개척하였다. 순찬荀粲〈4〉은 "자공이 말했던 '공자께서 성과 천도에 대하여 말씀하시는 것은 듣지 못하였다' 라는 구절을 보고는, 그렇다면 육경이 아직 남아있긴 하나 진실로 성인의 말씀 가운데 쓸모없는 찌꺼기에 불과하다"고 말했는데,[9] 이는 유가 경전을 슬며시 한 구석으로 치워버린 셈이다. 또 "노 · 장을 좋아했던" 하안何晏〈5〉은 『논어집해論語集解』에서 '성과 천도' 에 대하여 주석하기를, "성이란 사람이 태어나면서 받은 것이다(性者, 人之所受以生也)" "천도란 크게 형통하며 나날이 새로워지는 도로서, 깊고도 미묘하여 듣고 알 수가 없는 것이다(天道者, 元亨日新之道, 深微, 故不可得而聞也)"[10]라고 하였으니, 이는 '성과 천도' 라는 화제를 사상의 감제고지瞰制高地에 놓았

〈4〉 순찬(荀粲 ; 약 209-238년)은 동한 말기 조조(曹操)의 모사(謀士)였던 순욱(荀彧)의 아들로, 조기의 현학가로 꼽히는 인물이다.

〈5〉 하안(何晏 : 약 193-249년)은 후한의 유명한 외척이었던 하진(何進)의 손자로, 어려서부터 신동으로 유명했던 위(魏)나라의 현학자다. 『논어』 · 『주역』 · 『노자』 등에 두루 정통하였으며, 「도덕론(道德論)」 · 「무명론(無名論)」 · 「무위론(無爲論)」 · 『논어집해(論語集解)』 등의 저작을 남겼다.

던 셈이다. 천재적인 젊은이 왕필도 유가의 경전으로부터 도가의 현학 사상으로 방향을 바꾸어갈 근거를 찾았다. 그는 『주역』에 대한 한대 경학가들의 풍부한 주해 가운데에서 기존의 지식과는 다른 종류의 지식을 찾아 옮겨갔으며, 기존의 사상과는 다른 종류의 사상을 발휘할 공간을 찾아내었다.[11] 불교가 중국에 전래된 이후, 약 4세기가 되자〈6〉 불교 역시 더욱 전면적으로 이러한 명제들의 해석이 결여되어 있다는 사실을 이용하였다. 「모자이혹론牟子理惑論」〈7〉에서는 공자가 자로가 물었던 사후 세계의 일에 대답하지 않

〈6〉 본문에는 "4세기에 불교가 중국에 전래되었을 때"라고 되어 있고, 이 문장만 보면 마치 4세기에 비로소 불교가 중국에 전래되었다는 뜻으로 읽힐 수 있다. 불교가 중국에 전래된 시기에 대해서는 정설이 없지만 가장 보편적인 설은 1세기 중엽(AD67년) 후한의 명제(明帝)가 금인(金人)이 뜰에 내려오는 꿈을 꾸고 불법을 받아들였다는 것이며, 최초의 한역경전이라고 알려진 『사십이장경(四十二章經)』은 1세기 무렵에 번역되었다고 한다. 또한 『위서(魏書)』에 인용되어 있는 『위략(魏略)』「서융전(西戎傳)」에 의하면 전한(前漢) 말엽인 애제(哀帝) 원수 원년(元壽元年, 즉, 기원전 2년), 궁정에서 월지국으로부터 온 사신이 불경(浮屠經)을 구술했다고 하니 실제로는 그 이전에 불교가 전파되었을 것으로 짐작된다. 그밖에도 후한 명제의 이복동생인 초왕(楚王) 영(英)이 불교를 신봉했다고 하니 1세기 무렵부터는 낙양이나 장안 등지에 서역에서 온 불교승려들이 활동하고 있었고, 소수의 상류층이 불교를 신봉하고 있었음을 짐작할 수 있다. 저자 역시 4세기에 비로소 불교가 처음 중국에 전래되었다고 여기고 있지 않다는 것은 그의 『중국사상사』 제1권의 제4편의 제4-6절에서 불교를 다루는 곳을 보면 알 수 있다. 따라서 이 구절은 불교가 중국에 전래된 이래, 대체로 4세기 무렵이 되자 불교도 역시 유교 교설의 빈 공간을 전면적으로 이용하게 되었다는 뜻으로 이해해야 할 것이다.

〈7〉 「모자이혹론(牟子理惑論)」: 「모자(牟子)」 혹은 「이혹론(理惑論)」이라고도 하는데, 당(唐)의 승려 신청(神淸)의 『북산록(北山錄)』에 의하면 본래는 「치혹론(治惑論)」이었으나 당 고종 이치(李治)를 피휘하여 「이혹론」으로 개명하였다고 한다. 동한 말의 모자(牟子)가 지었다고 전해지나 작자에 대해서는 세계적으로 논란이 많으며 위작(僞作)이라는 설도 있다. 주요 내용은 불교가 중국에 전래된 후 야기했던 다양한 의문과 비난에 대하여 각각 변론하고 대답하는 것으로서, 석가모니

았던 이유에 대해 “자로가 본말을 묻지 않은 것 때문에 이렇게 말하여 그를 막고자 한 것일 뿐이다(疾子路不問本末, 以此抑之耳)”[12]라고 완곡하게 말했다. 에둘러 말함으로써 말로 다 표현하지 않은 의도는 바로 공사가 본래 사후 세계를 말할 수도 있었지만 자로에게 울컥하여 그의 말을 가지고 맞섰다는 것이다. 이는 불교가 삼세 귀신을 말할 수 있는 여지를 남겨주었다. 5세기에 종병宗炳〈8〉은 「명불론明佛論」에서 유가의 한계에 대해 말할 때 “삶도 아직 제대로 알지 못하거늘 어찌 죽음을 알겠는가!” “사람도 제대로 섬기지 못하거늘 어찌 귀신을 섬길 수 있겠는가!” “공자께서 성과 천도에 대하어 말씀하시는 것은 듣지 못하였다”라는 세 구절을 들었다. 유가가 남겼던 사상적 공백으로 인하여 불교는 사후 세계 · 인과응보 · 인성과 불성 등의 사상과 지식에 관하여 자유로이 해석할 수 있는 공간을 확보했으며, 또한 존재의 이유를 가질 수 있었다.[13]

미혹으로부터 벗어남脫魅 혹은 이성의 배척 · 단절 중의 연속

또 다른 사상사의 연속성은 바로 단절된 듯이 보이는 곳에서 오히려 잘 드러난다. 이는 종종 사람의 이성이 점차 높은 지위를

의 출가 · 성도(成道) · 불교의 사적(事迹)이나 불경의 권수 · 계율의 규정 · 생사윤회에 대한 불교의 관점과 불교의 중국 전래 상황 등에 대하여 논하고 있다.

〈8〉 종병(宗炳 · 375~443년) 진말(晉末) · 유송(劉宋) 시기에 살았으며 어려서부터 호학하였고 삼교의 이론에 두루 밝았다고 한다. 그는 불학을 강론하는데 뛰어났으며 그의 사상은 여산 혜원(慧遠)의 영향을 받았다. 「명불론」은 불교 이론을 밝힌 그의 대표적인 작품으로, 주로 신불멸(神不滅)과 삼교합일의 관점을 논술하였다. 각지의 명산을 다니며 산수화를 그린 화가로 유명하며 「화산수서(畵山水敍)」라는 문장이 있다.

차지하는 상황에서 생기는 사상과 지식 사이의 '탈피' 과정이다. 유儒의 기원을 예로 들자면, 과거 사상사에서 유자의 출현에 대한 기술은 '천天'에 대한 사고·'인仁'이라는 개념·'덕德'의 사상 등, 그들의 사상과 어휘의 원천을 찾는 식이었다. 사실 이는 일종의 '거슬러 올라가 추인하는 것回遡性追認'으로서 우리는 이런 사상과 용어가 유가의 특허라는 것을 확인하고, 다시 더 위로 거슬러 올라가 그들의 원류를 찾는다. 따라서 대개는 조상을 찾아 본가로 돌아가는 식이 된다.[14] 그러나 고대의 생활 습관과 제사 의식儀式에서 파생되어 나왔으리라 짐작되는 관념들을 정리해내는 사람은 거의 없다. 예를 들면, 고대의 제사 의식에서 나아가고 물러나는 진퇴의 질서를 중시하고 의식 안에서 상징적인 사물을 존중하는 것이 '예악禮樂' '인애仁愛' '명분名分'의 사상을 이끌어내지는 않았을까? 유가가 의복의 색·형태·상징적 의미를 중시하는 것으로부터 유가의 기원은 자연스럽게 이해될 수 있다고 생각한다. 인간의 이성이 사상을 구체적이고 신비적이며 실용적 의미가 있는 형식으로부터 점차 탈피하게 하여 순수한 '사상'으로 변화시키고, 그러한 조작操作의 지식 혹은 기술의 내용 또한 이성에 의하여 '사상'으로부터 점차 유리되어 단순한 기술로 전락할 때, 사상과 기술 사이의 장막은 닫히고 '단절'이 '연속'을 대신하게 된다.[15] 도교의 형성과 상층 세계로의 진입 과정에서도 정치 권력에 의하여 '이단異端'이 되고 정치 이데올로기에 의해 '음사淫祀'로 취급되며, 또 이성주의적 사상에 의해 '무속巫俗'으로 간주되었던 부단한 전통의 탈피 현상이 지속되었다. 초기 도교의 준準군사적 조직, 상당히 어려운 신비적 의식, 혼란스럽고 복잡한 숭배의 계보 및 고대 중국의 주류적 윤리 준칙과 위배되었던 다양한 수행 방법 등은 모두 이러한 과정을 거치면서 점차 삭제되었다. 그리하여 나는 이러한 과정을 서술한 장의 제목을 '청정도교清整道教'라고 하였다.⁽⁹⁾ '청정清整'이란 구겸지寇謙之⁽¹⁰⁾ 자신의 말로, 바로 미혹으로부터 벗어남脫魅 혹은 자각적인 탈피의 과정을 나타내는

〈9〉 저자의 『중국사상사』 제1권의 제4편 제3절의 제목이 「청정도교(清整道教) : 도교 사상 · 지식과 기술의 종교화 과정」이다.

〈10〉 구겸지(寇謙之 : 365 448) : 중국 남북조 시대에 동진(東晉) 왕조를 따라 남하한 북방의 귀족에 의하여 천사도(天師道)가 강남 각지에 퍼진 것과는 대조적으로 오호(五胡)의 지배 속에서 북방에 머물던 한인 귀족 중에도 뛰어난 도교 지도자가 나타났으니 그가 바로 북위 시대 숭산(嵩山)의 도사 구겸지였다. 그는 젊어서부터 선도(仙道)를 좋아하여 수행을 하던 중 415년 돌연 태상노군(太上老君, 노자를 신격화한 존칭)이 하강하여 천사의 지위와 아울러 『노군음송신과지계(老君音誦新科之誡)』를 주어 선포하게 하고 도교를 개혁하라는 교시를 받았다고 한다. 구겸지는 태상노군의 현손이라 하는 선인 이보문(李譜文)을 통해 다양한 종교적 지배권을 받고 현실적으로는 정치적 수장인 태평진군(太平眞君, 즉 북위의 황제)을 보좌하라는 명을 받았다. 그리하여 구겸지는 424년 전수받은 경전을 태무제에게 헌상했고 때마침 실각 중에 있던 최호(崔浩)와의 교묘한 협력으로 태무제를 배알했다. 후에 이 둘은 신천사도를 북위 정권의 국교로 만드는 일에 진심하였다. 한족이 아닌 유목민족 선비족의 정복 왕조였던 북위는 종래 유가적 천명을 받은 것이 아니었고 따라서 도교적인 천명을 받아 정당성을 확보해보고자 했다. 신천사도가 국교가 된 후 북위의 전국의 주(州)와 진(鎭)에 도단이 세워졌고 도교 일변도의 정책이 시행되었으며 급기야 불교에 대한 탄압이 격렬하게 전개되었다. 그러나 구겸지는 병사하고 최호는 태무제의 분노를 사서 주살되었으며, 황제 역시 숙자 폐불은 그치고 불교가 다시 융성하였다. 국가권력에 의존했던 도교는 쇠퇴일로를 걸었으며 겨우 명맥만 지속되었다. 구겸지의 도교개혁은 오두미도의 교법을 개혁하는데 있었고, 특히 도교 의례를 정비하는 데 큰 공이 있었다. 도장에 수록되어 있는 그의 저서 『노군음송계경(老君音誦誡經)』의 내용은 단지 교법에만 머물지 않고 교단의 조직 · 운영 · 포교 활동 · 엄격한 신앙 생활 등 다방면에 미치고 있고 특히 불교 삼세윤회에 대한 언급도 있다.

용어다. 도교에서 이러한 과정이 끝난 후, 당시 사람들과 후대인들에 의하여 그릇된 습속訛濫之俗이라거나 무속巫覡之術이라고 일컬어졌던 것은 도교 가운데에서 사라지고 '소전통'의 길을 걸었다. 반면 도교는 '소전통'으로부터 지식인 계층의 '대전통'으로 들어갔고, 이리하여 이 안에는 '단절' 같이 보이는 연속이 생겨났다.

외래 사상에 대한 반향 가운데 사상 전통 중의 자원을 새로이 발굴, 해석함

세 번째의 연속성은 외부로부터 도래한 지식과 사상으로부터 극렬한 충격을 받게 되었을 때 발생한다. 즉, 역사적 전통에 익숙해 있던 사람들은 변화하는 국면에 대응하기 위하여 본래 가지고 있던 지식과 사상 자원을 찾아 새로운 지식과 사상에 대하여 새로이 이해하고 해석하게 되는데, 이 때에 연속성이 생기게 되는 것이다. 이러한 이해와 해석을 하는 가운데 외래의 지식과 사상이 전통으로 융합되어 들어가거나 전통을 변화시키는데, 이 때 마치 '단절'된 듯이 보이는 곳에서 지식과 사상은 연속성을 띠게 되는 것이다. 아마 불교가 중국에 진입했을 때도 바로 이와 같았을 것이다. 천인커陳寅恪가 보기에 별 주의를 기울이지 않고 선택한 '격의'와 '합본자주合本子注'[11]라는 형식을 통해서, 고대 중국인들은 자신의 지식과 사상 자원으로 불교에 대하여 다양한 이해와 해석을 진행해나갔고, 불교가 중국의 사상 세계에 진입하도록 하였으

〈11〉 합본자주(合本子注)에 대하여 천인커(陳寅恪)는 "중국에 불전의 번역이 많아지자 종종 같은 불경에 대하여 다른 한역이 생기게 되었다. 그리하여 '합본'의 방식으로 편찬하여 서로 다른 주해를 대조, 비교할 수 있게 하였다"고 하였다.

며 또 중국사상을 불교에 융합해 들어가게 하였다. 만청晩淸의 대변화 국면에서 불교가 다시 부흥할 수 있었던 것도 근대 중국인들이 서구의 지식과 사상을 이해하는 데 도움을 줄 자원이 필요했기 때문이다. 과거에는 생각조차 못했던 미시적 세계를 불교의 "물 한 방울 속에 사만 팔천 마리의 벌레가 있다一滴水中有四萬八千虫"는 말을 가지고 이해하고, 과거엔 알지 못했던 거대한 우주를 불교의 "지륜地輪의 위에 수륜水輪이 있고 수륜의 위에 또 풍륜風輪이 있다"는 말을 가지고 상상할 수 있었다. 또 과거 중국에서는 그다지 중시하지 않았던 '논리'를 인도의 인명학因明學을 가지고 억지로 비교해볼 수 있었으며, 지극히 분석적이고 복잡한 층차를 지닌 서양의 심리학을 그보다 훨씬 더 섬세하고 복잡한 유식학唯識學으로 초극할 수 있었다. 그리하여 새로운 서구의 사상에 대하여 이해와 해석의 근거를 가질 수 있었을 뿐 아니라 그것을 수용하고 소화할 자신을 가질 수 있었다. 만청의 불학은 이렇게 하여 홍성해갔으며, 또한 중국인의 서학에 대한 이해를 변화시켜 나가는 동시에 불학에 대한 이해도 변화시켜 나갔다.[16] 사상사는 이렇게 연속되어 나가면서 현실에 반응하고 역사의 기억을 소생시킨다. 또 역사의 기억은 본래 칩거하고 있던 지식과 사상 자원을 환기시킨다. 이러한 자원은 이해의 소재가 되고, 그 가운데 선택한 것을 가지고 새로운 지식과 사상을 해석한다. 그리하여 위와 같은 상황을 거치면서 역사는 한편으로 기존의 사상적 자원을 이어받아 연속해나가고, 다른 한편으로는 새로운 자원을 받아들이는데, 시간의 흐름 속에서 양자는 점차 하나로 융합되어간다.

5

개인적 저작 및 사상사를 다시 쓴다는 생각

『중국사상사』를 쓰는 과정에서 나는 나 자신의 이해에 근거하여 사상사의 연속성이라는 맥락을 찾고자 했다. 이 책에서는 공자든 노자든, 동중서든 왕필이든, 사람을 가지고 장과 절을 세우지 않았고 어떤 사상 혹은 이론을 특정 사상가의 연대에 정확히 셈해 넣지 않았다. 연대라는 척도는 비교적 광범하고 심지어 느슨하므로, 나는 비교적 긴 시간의 단위로만 사상사 흐름의 과정을 서술했다. 과거에는 중요한 사상 현상이라고 여겼던 것을 누락했을 수도 있고, 과거에는 제2류에 속하는 것으로 여겨지던 사상 현상을 과도하게 썼을지도 모른다. 왜냐하면 이는 나 개인의 생각이기 때문이다. 나는 어떤 사상가의 생애나 저작에는 큰 관심을 두지 않았고, 어떤 사상가가 역사에서 차지하는 지위도 거의 서술하지 않았다. 도리어 사상가 개인에게 속하지 않는 사상의 역사를 비교적 많이 논의했다. 예를 들면, 고대의 의식儀式은 어떻게 그 상징적 의미 안에서 질서정연한 사상을 이루어냈는가? 수술과 방기에 내재해 있던 지식과 사상은 어떻게 자신의 문화적 품격을 제고하여 경전의 체계로 올려놓았는가? 불교의 전래는 어떻게 중국의 '사이四夷' 관념을 자극하고 변화시켰는가? 초기 도교의 무격에 가까운 지식과 기술, 그리고 군대에 가까운 교단 조직의 형태는 어떻게 정치 권력의 압박 하에서 주류적인 전통으로 변화하고 융합해 들어갔는가? 이러한 문제들을 나는 비중있게 다루었다. 내가 이해하는 바로는 이런 문제들이 더 중요하다. 왜냐하면 사상사는 옛사람을 나열하여 좌표 위에 위치지우거나 과거 어떤 사상가가 가장 고명했고 위대했는가를 평가하는 것도 아니고, 사상에 연표를 부여하여 다른 국가의 사상가들과 발명권이나 저작권을 다투게 하는 것도 아니기 때문이다. 내가 생각하기에 사상사의 독자가 정말로 알아야 할 것은 암기할 만한 인명이나 연대, 혹은 시험용의 1·2·3·4번 답안과 같은 것이 아니라 현대 중국의 지식·사상·신앙이 어떻게 고대 중국과의 연속성을 가지면서 내려왔는가? 고대 중국의 지식·사상·신앙이 어떠한 사고 방식에서 연속성을 가지고 있고, 그러한 지식·사상과 신앙의 연속적인 사고 방식 가운데 어떠한 자원이 또 오늘날의 사상에 의하여 다시금 새롭게 해석될 수 있는가 하는 것이다.

1980년대 이래 사람들은 많은 화제에 대하여 토론해왔고, 그 중의 많은 화제들은 이미 잊혀졌다. 그러나 몇몇 화제들은 여전히 끊임없이 제기되었는데, 그 중 하나가 바로 다시 쓰기다. 예컨대 다시 쓰는 문학사·다시 쓰는 문화사·다시 쓰는 철학사 등의 화제가 계속 제기되었고, 물론 다시 쓰는 사상사도 여기에 포함된다. 다시 쓴다는 것은 매우 엄숙한 일이고 사람의 마음을 끄는 일이며 동시에 필연적인 일이다. 역사는 일정한 시간을 지니고 나면 뒤에 남겨지는 그림자를 돌아보게 마련이다. 역사의 한 페이지를 넘길 때마다 사람들은 지나온 길을 돌아보며 부단히 새로 이해하고 해석하게 되는 것이다. 이야말로 지식과 사상이 새로워지는 과정이며, 이러한 과정이 또 역사를 형성한다. 나도 거듭 새로이 사고하고 있다. 그러나 내가 쓴 사상사가 사상의 진정한 역사적 과정을 정확히 묘사한 것이라고 말하고 싶지는 않다. 오히려 내가 말하고 싶은 것은 나의 『사상사』는 사상사의 연속성에 대하여 나 개인적으로 이해한 바이며, 나의 사상사는 다만 이해의 한 방식을 제공할 뿐이라는 것이다. 따라서 다른 사람이 내 책이 담고 있는 생각에 동의해주기를 간곡하게 구하는 것도 아니고, 독자들로 하여금 내 책에서 제시하는 사고 방식에 따라 표준 답안을 설계하라는 것도 아니다. 다만 중국사상사의 연속적인 과정이 아마도 이러하리라는 것이며, 『사상사』를 새로이 다시 쓰기 위해 나아갈 길이 여전히 멀다는 것을 사람들에게 말하고 있을 뿐이다.

주 | 註 |

1 거자오광(葛兆光)『중국 선 사상사(中國禪思想史) : 6세기에서 9세기까지』의「이끄는 말 : 중국 선 사상사의 연구」, 21쪽을 참고하라. 北京大學出版社, 1995.

2 그가 말했던 대로, "어떤 사상 · 지식 · 철학 · 문학의 연구는 불연속적인 역사의 현상을 점점 더 많이 찾고 발견하는 것같이 보인다." 푸코(Michel Foucault),『지식의 고고학(*L'Archeologie du Savoir*)』, 王德威, 中譯本『知識的考掘』, 73쪽, 麥田出版, 臺北, 1993. 日文本,『知識の考古學』, 23쪽. 中村雄二郎 譯, 河出書房, 1981, 1994.

3 벤저민 슈월츠(Benjamin I. Schwartz),「중국사상사에 대한 몇 가지 초보적 고찰」, 中譯本, 張永堂 譯,『中國思想與制度論集』, 聯經出版社業公司, 1976, 1977. 슈월츠의 저작인 *The World of Thought in Ancient China*의 *Introduction*, p.2-3을 참조하라. The Belknep Press of Harvard University Press, Cambridge, Massachusetts and London, 1985.

4「청대 사상사에 대한 하나의 새로운 해석(淸代思想史的一個新解釋)」, 위잉스(余英時)의『역사와 사상(歷史與思想)』, 124-125쪽에 실려 있다. 聯經出版社業公司, 臺北, 1976, 1992.

5「학술의 횃불을 서로 전함(學術的薪火相傳)」이라는 글을 참조할 것.『讀書』1997년 제8기. 또 거자오광(葛兆光),「역사의 의의 : 두 종류의 역사 교과서와 입문서를 읽고 쓴 수상(歷史的意義 : 讀兩種歷史教科書和入門書的隨想)」을 참조하라.『歷史月刊』2001년 12기. 99-106쪽, 臺北.

6 언젠가 천인커(陳寅恪) 선생이 진(晉)에서 당(唐)에 이르는 역사에 대하여 선택(選修) 과목을 열기 전에, 학생들에게 참고서를 소개한 적이 있다. "서로 베끼고 또 베껴서 다루는 범위도 분명한 한계가 있는" 각종 교과서에 대하여는 상당히 완곡히 비평을 하였고, 샤쩡유(夏曾佑)의『중학 역사 교과서(中學歷史教科書)』에 대해서만 유독 칭찬을 했다. 그는 별다른 이유를 말하지 않고, 단지 "작자는 공양(公羊) 금문가(今文家)의 시각으로 역사를 평하고 있다. 독특한 견해가 있다"고만 말했다. 이러한 "독특한 견해"는 아마도 현재에는 심사관의 심사를 통과하여 교과서, 더구나 중학교 교과서의 자격을 갖지 못할 것이다.『陳寅恪先生編年事輯』(增訂本) 94쪽, 上海古籍

出版社, 1997.

7 저우처쭝(周策縱)은 최근의 한 문장에서 『노자』를 예로 들어, "고대에는 현대와 같은 장정이 된 책이 있었던 것이 아니다. 소위 서적이란 모두 죽목간판 혹은 견백 위에 쓴 것이었고 현재의 루스 리프(loose-leaf)식 서적보다 더 쉽게 증보·수정·변경이 가능했다. 옛 사람들은 또 판본의 문제에 별로 신경을 쓰지 않았고 베껴 쓰면서 전수할 때 고쳐지고 변화가 생기는 것은 늘 있는 일이었다. 일반 학자들은 언제 '책이 이루어졌는가(成書)' 하는 말을 즐겨 사용하지만, 이는 너무나 모호하고 관념이 불분명한 말"이라고 지적하였다. 「5.4 운동의 사조가 중국학에 비친 영향과 그 검토(五四思潮對漢學的影響及其檢討」, 『한학 연구의 회고와 전망(漢學硏究之回顧與前瞻)』, 下册, 164쪽, 中華書局, 1995.

8 러브조이(A.O.Lovejoy)는 *The Great Chain of Being : A Study of An Idea*라는 책에서 '현세적' '내세적' 이라는 두 개의 관건이 되는 관념에 대한 서로 다른 해석의 역사를 연구함으로써 서구 사상의 역사를 토론한다고 말했다. 리훙치(李弘琪) 「사상사 연구에 대한 시론(試論思想的歷史硏究)」, 252쪽을 참고하라. 『중국사상사 방법 논문 선집(中國思想史方法論文選集)』에 수록되어 있다. 大林出版社, 臺北, 1981.

9 『三國志』 제10권 『魏書』 「荀彧荀攸賈詡傳」注引, 319쪽. 또 유소(劉劭)의 『인물지(人物志)』는 전국 유가의 오행설과 도가의 자연설을 이어받아 '중용' 에 대하여 도가화된 해설을 가하고 있는 것도 일례가 된다. 탕용통(湯用彤)의 「인물지를 읽다(讀人物志)」를 참조할 것. 본래 『위진 현학 논고(魏晉玄學論稿)』에 실린 것이고, 후에 『탕용통 학술 논문집(湯用彤學術論文集)』 196-213쪽에 수록되었다. 中華書局, 1983.

10 『논어주소(論語注疏)』에서 인용하였다. 『十三經注疏』 2474쪽.

11 예를 들면, 『주역주(周易注)』 가운데 마융(馬融)(觀卦 卦辭注)·송충(宋忠)(革卦 卦辭注)·정현(鄭玄)(萃卦 上六爻辭注·泰卦 初九爻辭注) 및 우번(虞翻)·왕숙(王肅)의 해설 등이다. 카가 에이지(加賀榮治), 『中國古典解釋史·魏晉篇』, 201-202쪽을 참조하라. 勁草書房, 東京, 1964.

12 『弘明集』 제1권, 9쪽. 四部備要本, 中華書局.

13 『弘明集』 제2권, 23쪽. 이는 현학의 홍기에 또 다른 외연적 작용이 있었음을 부인하는 것은 아니다. 예를 들어 웨이정퉁(韋政通)의 『중국사상사(中國思想史)』는 경학이 "미혹되고 꺼려하는 것을 모두 집대성하여 정치·사회에 심각한 혼란을 가져왔고, 그리하여 양웅·환담·왕충 등의 격렬한 비판과 반동을 일으켰고, 사상으로

하여금 새로운 변화를 갖게끔 하였다"고 말했다. 이 설명이 기본적으로 사용하고 있는 것은 '쇠락-반동'설, 즉 부정의 부정이라는 사고 방식이다. 717쪽, 大林出版社, 臺北, 1980. 아카츠카 키요시(赤塚忠) 등의 合編『思想史』는 한진(漢晉) 사상의 전변(轉變)에 대하여 토론할 때 경학과 유학은 한대 왕조의 이데올로기로 고정되었지만 "전한 말과 후한 말의 혼란을 거쳐 왕조의 체제가 동요하게 되자 새로이 전반적으로 사상을 파악할 필요가 생겼다." 그리하여 역학과 노장 사상이 부활했다고 말했는데, 이는 외부적 정치 배경으로부터 이해하는 사고 방식이다. 張昭, 中譯本『中國思想史』169쪽, 儒林出版社, 臺北, 1981. 그러나 외연적 작용만을 강조해서는 '이 사상 자원'이 아니라 '저 사상 자원'이 새로 흥기한 필연적 원인을 정확히 해석할 수 없다.

14 이런 점에 대하여, Joseph W. Esherick(周錫瑞)는 *The Origins of The Boxer Uprising*(『義和團運動的起源』)의 中文版 前言에서 일찍이 일본학자인 고바야시 카즈미(小林一美)의 말을 인용하여, 이러한 '친족 찾기에 열중하는' 방식을 비평한 적이 있다. 中文本, 6쪽, 張俊義 等 譯, 江蘇人民出版社, 1994.

15 이러한 역사에 대하여 일찍이 장타이옌(章太炎)·후스(胡適)는 이미 상당히 심도 있는 연구를 하였다. 현대인 가운데 옌부커(閻步克)과 천라이(陳來) 등도 이러한 현상에 대하여 새로운 이해와 해석을 제시한 바 있다. 옌부커(閻步克),『사대부 정치의 발생사 연구(士大夫政治演生史稿)』, 北京大學出版社, 1996. 천라이(陳來),『고대 종교와 윤리 : 유가 사상의 근원(古代宗教與倫理 : 儒家思想的根源)』, 三聯書店, 北京, 1996.

16 거자오광(葛兆光),「만청의 불학 부흥을 논함(論晚淸佛學復興)」을 참조할 것.『學人』제10輯, 江蘇文藝出版社, 1996.

제5장 그림 없는 곳도 모두 그림이다.

사상사는 왜 평범한 시대를 서술하려 하지 않는가? : 서술의 형식 · 관념과 심정
'공백'의 배후는 미발표의 문자로 가득하다.
전통적 사상사의 저술 방법 : 사상사는 사상가의 사상사
사상사는 죽은 이들의 명부나 표창판이 아니다.
아무 것도 없는 곳이 바로 풍부하게 있는 곳이다無處卽有 : 사상사는 '변이'와 '돌출' 뿐 아니라 '이어짐'과 '칩복蟄伏'에 대해서도 써야 한다.
성당盛唐이 빠진 사례들
사상사는 '도통道統'을 구성하고 있는 것인가?
사상사는 사상인가? 역사인가?
사상적으로 평범한 시대는 사상사에서 서술될 만한 의미가 있는가?
그것은 마땅히 생략되어야만 하는가? : 문화대혁명 시대에는 하나의 사상밖에 없었다.
평범함의 배후에는 심오한 내용이 있다 : 통찰력과 비판력의 소실은 사상사에서 마땅히 토론해야 할 역사적 현상이 아니란 말인가?
성당盛唐 · 명대 · 청대로부터 문혁 시기에 이르는 몇 가지 사례
두 종류의 역사적 시간
만약 사상사가 역사에 속한다면 '공백'을 무시할 수 없다. 왜냐하면 거기에 과거의 시각이 소홀히 한 것이 있을 수 있기 때문이다.
다시 쓰기를 할 수 있는 힘이 마음을 따라가지 못한다.
'공백'의 장소에서 사상사의 세 가지 상황을 묘사한다.
과거 사상사가 미치지 못했던 영역과 문헌에 대한 작업과 정리를 해야 하며, 또 다른 역사 관찰의 입장과 시각과 안목을 가질 필요가 있다.

그림 없는 곳도 모두 그림이다.

사상사는 왜 평범한 시대를 서술하려 하지 않는가? : 서술의 형식 · 관념과 심정

사상사는 사상이 정체되었거나 평범한 듯이 보이는 시대를 서술하고자 하지 않는다. 그 원인은 다음의 세 가지 측면에서 생각해 볼 수 있다. 첫째, 사상사 저술의 형식이라는 면에서 볼 때, 과거 사상가에 따라 장과 절을 분배하여 저술하는 데 익숙했던 저자들은 천재적 사상이 없는 시대에는 손을 댈 수가 없다. 따라서 사상사는 어쩔 수 없이 '공백' 으로 드러나는 것이리라. 둘째, 사상사 저술의 관점에서 말하자면, 아마도 진화론적 낙관주의로 인해서 사상사가들은 그러한 시대는 생략해도 좋은 시기일 뿐이며 그들의 책임은 사상사를 마치 진화의 연쇄 고리처럼, 낡은 것은 버리고 좋은 것을 찾아 새로이 나열하는 식으로 서술하는 것이라고 믿게 했는지도 모른다. 세째, 사상사 저술의 심리적인 측면을 생각해보면, 평범한 시대는 역사학자를 격동시키기 어렵고 별다른 변화없이 지속된다는 답답한 느낌이 그들로 하여금 깊이 탐구하고자 하는 의욕을 사라지게 했을 것이다. 그러나 이는 한편으로는

'현재에서 과거로 소급하는由今溯古' 사고 방식에 의한 것으로서, 현대인들이 어떤 시대를 '공백' 이라고 여기는 이유는, 미리 마음 속에 사상사에 대한 가치 판단의 척도를 전제하기 때문이다. 다른 한편으로는 '사람을 보고 입장을 정하는 방식', 즉 사상가에 따라 장과 절을 세우는 저술 방법에 의한 것으로서, 사상사의 저자들이 장절을 세울 만한 충분한 가치가 없다고 판단할 경우 이런 '이삼류' 의 사상을 통틀어 무시하게 된다. 따라서 사상사는 마치 단절과 공백이 있는 것처럼 보이는 것이다.

'공백' 의 배후는 미발표의 문자로 가득하다.

그러나 만일 각도를 달리하여 생각해본다면 '공백' 은 의미 있는 내용을 담고 있으며, '단절' 된 부분이야말로 의미 있는 연속일지 모른다. 중국의 서론書論이나 화론畵論 가운데 가장 중국적인 특색이 있는 이론은 바로 그림을 그리지 않은 여백도 그림이며, 글자의 획이 끊어진 곳에서 정신이 드러난다는 것이라고 한다. 종이 위에 색칠하지 않은 곳은 구름이 흐르는 하늘이나 물의 색일 수도 있고 감상자가 체험으로 보충하고 상상해야 하는 부분일 수도 있으니, 가장 풍부한 함의를 머금고 있는 내용이 되는 것이다. 비백飛白[1]의 부분이 특별히 더 정취가 있고, 획마다 모두 비백 없이 꽉 차게 쓰면 도리어 지나치게 실하다고 흠잡힐 수도 있다. 문제는 사상사가 예술적인 화폭도 아니고, 일필휘지로 써내려간 후

〈1〉 비백(飛白)은 먹을 적게 하여 붓 자국에 흰 잔 줄이 생기게 쓰는 서체를 말한다.

그 나머지는 감상자가 스스로 상상하여 사상사의 공백을 보충하도록 바랄 수는 없다는 것이다. 이치상 사상사는 마땅히 '변화'로 충만한 시대를 기술해야할 뿐 아니라 완만하게 '연속'되는 시대도 기술해야 한다. 역사를 읽는 사람이 예술품을 감상하는 사람과 가장 다른 점은 바로 그가 공백의 역사를 마음껏 상상할 수 없다는 사실이다.

그러나 사상사의 저자는 평범하고 정체되어 있는 역사의 시간대를 그다지 좋아하지 않는다. 그리하여 사상사는 공백을 남기게 되지만, 이러한 공백은 화폭에서의 공백이나 비백이 심오한 의미를 주는 것과는 달리 사상사로 하여금 숨이 차 헐떡거리게 만든다.〈2〉 이는 분명 정상적인 현상이 아니다. 왜냐하면 사상의 역사는 기존의 것을 보존하려는 경향과 변화시키려는 경향의 양단을 오가기 때문에, 계속하여 기복이 생기고 긴장과 이완이 되풀이되며 나타나기 마련이다. 소위 질서를 안정시키려는 경향과 질서를 변화시키려는 경향 사이의 긴장, 또 전통적 생활 방식을 지속하려는 경향과 본래적 사회 구조를 파괴하려는 경향 사이의 긴장 등이 사상

〈2〉 이 구절은 저자가 사상사 읽기를 안내도를 따라 유람하는 여정에 비유한 대목을 상기시킨다. 예를 들면 기존의 많은 사상사의 경우, 선진(先秦) 시대에는 여러 명의 사상적 천재들을 나열하다가 한대(漢代)에서 당대(唐代)까지의 오랜 시간은 거의 공백처럼 다루어지고, 다시 송대 이후에는 많은 사상가들이 나열되어 있다. 따라서 이런 여행길에 오른 사람은 때로는 천천히 걷고, 또 때로는 숨차게 뛰느라 헐떡일 수 밖에 없다는 것이다.

사의 모든 시대를 뒤덮게 되는 것이다. 때로는 보수적인 기성의 문화 질서를 추구하여 사상사는 평범한 듯한 안정을 나타내고, 때로는 창조적인 새로운 문화 형식을 애써 추구함으로써 사상사는 평범함을 넘어서는 약동을 보인다. '변화'와 '연속', '돌출'과 '잠복' 사이에서 사상은 지속적으로 자신의 역사를 기록하고 있다. 그러므로 정체된 듯이 보이는 시대에도 사상의 역사는 전진하고 있으며, '공백'의 배후는 발표되지 않은 문자들로 가득 차 있다.

1

전통적 사상사의 저술 방법 : 사상사는 사상가의 사상사

전통적인 사상사 저술 방식의 배후에는 '사상사는 사상가들의 사상사'라는 관념이 숨겨져 있고, 이러한 사고의 배후에는 또 사상사에 대한 가치 판단적 관념이 암암리에 자리잡고 있다. 한 시대가 '진화의 계보'에서 진보 혹은 변화를 만족시킬 만한 상징적인 인물을 낳지 못했을 경우, 사상사는 억지로 격을 낮추어 '이삼류' 인물을 쓰려 하지 않는다. 마치 그런 이들을 쓰면 사상사이 마중한 임무를 감당하지 못하게 되는 것처럼 여기는 듯하다. 왜냐하면 그들의 생각으로는 사상사가 역사를 서술하는 것일 뿐 아니라 동시에 역사를 평가하는 것이기 때문에, 역사는 마치 과거 합격자의 명단처럼 아무나 쉽게 거기에 올라갈 수 있는 것이 아니다. 일단 점수가 낮은 이삼류의 인물을 역사에 기록하는 것은 마치 부정한 수단을 쓰는 것과 마찬가지며, 그렇게 하면 사상사가 지나치게

방대해질 것이라 여기는 듯하다. '차라리 안 뽑으면 안 뽑았지 아무나 뽑지는 않는다'는 엄격한 인물 선발 기준을 세워야 역사의 가치를 높이 내걸 수 있으며, 저술을 정선精選하여 줄일 수 있을 뿐 아니라 역사의 표준을 결정할 수도 있다고 생각하는 것이다.[1]

사상사는 죽은 이들의 명부나 표창판이 아니다.

이 역시 존경할 만한 저술 방식이기는 하다. 그러나 이런 방법은 한편으로 인문 사상의 과정을 건축 공사의 현장에서 공사가 진행되는 진도표와 같이 여겨, 높이 올라가는 진전이 보이지 않으면 점수판에 올라갈 자격이 없다고 취급하는 것과 같다. 다른 한편으로 이런 저술 방법은 '한 글자의 칭찬은 화려한 곤룡포보다 더 영광스럽고 한 글자의 폄하는 도끼날보다 더 엄격한' 구시대 역사학의 포폄 원칙을 남몰래 슬쩍 도입한 것으로서, 제대로 표창하지 못하면 곧 사상의 향방을 오도하게 된다. 문제는 사람들이 이제껏 한 번도 다음과 같이 질문해 들어가지 않았다는 것이다. 사상사에서 일류·이류라는 구분은 본래 있는 것인가? 아니면 사상사의 저자가 사상사를 기술할 때 점차적으로 드러낸 결과인가? 사상사 쓰기는 정말 몇몇 천재들의 사상을 표창하고 반복하기 위한 것인가? 왜 그 나머지 사상 현상은 사상사의 장절을 구성하지 못하고 천재라고 인정된 사람들만을 가지고 장절을 삼아야 하는가?

아무 것도 없는 곳이 바로 풍부하게 있는 곳이다無處卽有 : 사상사는 '변이'와 '돌출'

하나의 예를 들어보자. 당대唐代의 사상에 관하여, 특히 7세기에서 8세기에 걸친 이백년 간의 유학을 중심으로 한 주류적인 지식의 상황과 사상의 형태가 보편적인 생활 세계에 미친 영향에 대해서는 많은 사상사나 철학사 저작에서 거의 기록되지 않아 공백으로 남아 있다. 비교적 영향력이 있던 몇 가지의 저작을 살펴보자. 1916년 출판된 셰우량謝無量의 『중국철학사』 제2편 하下에는 제6장 「문중자文中子」 제7장 「당대 철학 총론唐代哲學總論」 제8장 「당대 불교 약술唐代佛教略述」, 다음에 곧바로 제9장에서 「한유韓愈」를 다루고 있다. 대학 교재용으로 1929년에 출판되었다가 곧바로 영향력을 잃었던 중타이鍾泰의 『중국철학사』는 상권 제2편에서 왕통王通으로부터 수당 불교의 종파를 서술하고 나서 바로 9세기의 한유에 대한 이야기로 넘어간다. 거의 같은 시기에 펑유란馮友蘭의 『중국철학사』가 출판되었는데, 아직까지도 연구자들에게 영향을 미치고 있는 이 저작은 수당 시대에 대하여 겨우 수당의 불학 사상을 서술하고는, 이어 제10장에서 7-8세기의 주류적인 이데올로기에 대해 논하면서 간략하게 몇 백자로 수대의 왕통을 서술하였을 뿐이고 곧바로 중당中唐의 한유에게로 넘어가 버렸다.〈3〉 판슈캉范壽康의 『중국철학사 통론』 역시 수당 철학 부분에서 유가는 "단지 한유와 이고를 배출했을 뿐이었다"[2]고 말했다. 이는 1920-30년대의 학계에 마치 약속이나 한 듯이 동일하게 나타난 서술 방식이었는데, 어쩌면 국외로부터 영향을 받은 것이었을지도

뿐 아니라 '이어짐'과 '칩복蟄伏'에 대해서도 써야 한다.

〈3〉 수당의 불학에 대해서는 제8장에서 길장(吉藏) · 현장(玄奘) · 법장(法藏)의 사상을, 그리고 제9장에서 천태종과 혜능(慧能) · 신회(神會) · 종밀(宗密) 등을 통한 선종의 흐름을 비교적 상세히 다루고 있다. 제11장 이후 14장까지가 송명 이학을 다룬 장인데, 저자의 말처럼 제10장에서는 매우 간략하게 왕통(王通)을 서술한 뒤에 곧바로 한유(韓愈)의 이고(李翺)도 넘어가고 있다.

모른다. 예를 들면, 당시 중국학계에 영향력이 있었던 엔도 류키치遠藤隆吉의 『지나사상 발달사支那思想發達史』·타카야 타케지로오高瀨武次郎의 『지나철학사支那哲學史』·와타나베 히데카타渡邊秀方의 『중국철학사 개론中國哲學史槪論』 등 일본 연구자들의 저서도 거의 왕통으로부터 한유에 이르기까지 중간에 수당 불교를 몇 단락 끼워 넣었을 뿐이었다.[3] 이러한 저술 방식은 그 후 몇 십 년 동안 거의 아무런 변화도 없었다.

성당盛唐이 빠진 사례들

자오지빈趙紀彬은 1940년대 후반에 출판한 『중국철학사상』의 제6장에서 불학을 중심으로 당대唐代의 사상을 서술하면서, 그저 불학과 반불학이라는 대립에 의한 '짝'을 하나씩 나열하는 식으로 구성하였다. 예컨대 초당初唐의 부혁傅奕과 여재呂才는 불교의 유심주의를 비판하였기 때문에, 그리고 중당中唐의 유우석劉禹錫과 유종원柳宗元은 한유·이고와는 크게 달랐기 때문에 비로소 당대 사상사의 계보에 들어갈 수 있었다. 그러나 이들 외에 당대 사상사는 여전히 성당盛唐 시기에 해당하는 동안의 상당한 공백이 있다.[4] 50년대에 출판된 허우와이루侯外廬의 방대한 『중국사상통사』는 제4권에서 여재呂才와 유지기劉知幾를 서술한 후에 곧바로 한유에게로 넘어간다. 이보다 좀 나중에 출판되었던 것으로는 런지위任繼愈가 편집을 주관하였던 『중국철학사』가 있다. 이 책에는 부혁傅奕 등의 유물주의 무신론과 유지기의 진보적 역사관·이전李筌의 유물주의 관점과 변증법적 군사 사상 등의 몇 장이 더 첨가되었으나, 이 인물들이 중보된 것은 단지 그들의 '유물'과 '진보'라는 두 가지 이유일 뿐이었다. 당시 사회 생활에서 정말 영향력이 심원했던 주류 이데올로기와 일반적 지식·사상·신앙에 대한 서술은 앞에서 말했던 세 저서와 마찬가지로 수대隋代로부터 중당中唐에 이르기까지 완전히 공백이다. 마땅히 설명해야만 하는 사실은 이러한 공백을 남기는 이유가 단지 그들의 사상적 입장과 정치적 경향에 기인한 것만은 아니라는 점이다. 왜냐하면 해외에서 출판되었던 샤오궁취안蕭公權의 『중국 정치사상사中國政治思想史』와 라오쓰광勞思光의 『신편 중국철학사新編中國哲學史』 역시 앞에서 말했던 여러 책들과 완전히 일치하고 있기 때문이다. 이 책들도 마찬가지로 왕통에서 곧바로 한유로 건너 뛰고 있으며, 불교에 대한 서술을 제외하고 본다면 중간에 이백 년의 공백을 남기고 있다.[5] 분명히 이러한 공백의 출현은 중국사상사 저작들 전체의 공통적인 문제이다.

이 문제로 인하여 나는 '도통道統'의 구축이라는 것을 생각하게 되었다. 한유로부터 주희에 이르기까지, 즉 중당에서 남송까지 도통을 재건해나가는 과정은 지금 생각해보면 실로 사상사의 계보를 다시 써나가는 것이었다. 그들이 거슬러 올라갔던 요·순·우·탕·문·무 등 사제이왕四帝二王은 여기에서 더 말할 필요를 느끼지 않는다. 왜냐하면 근래의 고고학적 발견으로 이러한 고대의 계보는 선진 시대의 사상가들이 구성하기 시작했다는 사실이 이미 증명되었기 때문이다. 상해박물관에 소장되어 있는 초나라 죽간 가운데 『사제이왕四帝二王』이 바로 그것이다. 그러나 공자로

사상사는 '도통道統'을 구성하고 있는 것인가?

부터 자사子思로, 다시 맹자로 이어지다가 단번에 한유 · 이정二程 및 주희에게로 이어지는 것은 도학자들 자신이 세운 새로운 계보로서 그들은 사상사를 다시 쓴 것과 마찬가지다. 공자와 『논어』, 증자曾子와 『대학』, 자사와 『중용』, 맹가孟軻와 『맹자』야말로 그들이 새로 쓰는 사상사를 연속해나가는 인물과 텍스트인데, 이 네 위대한 사상가와 네 부의 위대한 경전은 맹자 이후에 그 전승의 맥이 끊어졌다가, 한유 혹은 정호 · 정이에 이르러 비로소 숨겨진 덕의 심원한 빛을 밝혀낸 것이라고 주장했다. 그리하여 이 사상사의 중간에는 약 천여 년의 공백이 있게 된다.[6] 그러나 후에 사람들은 조심스럽게 의문을 제기하기 시작했다.[7] 역사학의 고찰에 따르면 '사제이왕'은 그 사실성이 의심스러운 전설일 수 있고, "도심은 오직 미묘하고道心惟微"로 시작하는 16자 전심요결傳心要訣〈4〉은 위고문僞古文에서 나온 것이며, 증자와 『대학』의 관계도 신빙성이 없는 것이고, 자사가 『중용』을 썼는지도 의문이다. 소위 맹자에서 당송 신유학에 이르기까지 천여 년 사이에 차례로 이어져왔던 과정은 절대로 잇고자 하여 바로 이어지는 것이 아니다. 그렇다면

〈4〉 16자 전심요결(傳心要訣)은 흔히 16자 심법(心法)이라고도 하는데 그 내용은 다음과 같다. "인심은 위태롭고 도심은 은미하니, 오직 정미롭고 오직 한결같이 하여야 진실로 그 중(中)을 잡을 수 있다(人心惟危, 道心惟微, 惟精惟一, 允執厥中)." 이 구절은 순임금이 우임금에게 전해주는 내용으로 『위고문상서(僞古文尙書)』에 속하는 「대우모(大禹謨)」에 수록되어 있다. 송대의 유가들은 이 16자를 요 · 순 · 우임금이 마음에서 마음으로 서로 전해온 위대한 도리로 극히 추존하였고, 주희의 「중용장구서(中庸章句序)」에서 이를 인용함으로써 동아시아 유교문화권에서 널리 알려지고 신봉되었다.

역사학은 시간 속에서 역사의 연속성을 설명할 필요가 있지 않겠는가? 그러나 사상의 연속성을 주축으로 하는 '도통'을 견지하는 사람들은 역사적 사실과 문헌적 근거에 문제가 있다고 하더라도, '도통'설이 성립한 진정한 기초는 바로 '여러 성인들이 서로 마음에서 마음으로 도통을 전한다는 것千聖傳心', 즉 이 마음과 이 이치를 체득함에 있기 때문에, 시간적으로 공백이 되는 단락은 바로 그 천여 년 동안 마음을 전할 사람을 발견하지 못했기 때문이라고 한다. 진리의 계보가 일찍이 이렇듯 오랜 시간 동안 중단되었으니 '도통'은 공백을 남길 수밖에 없다는 것인데, 바로 이 공백의 시간에서 "우리는 송유宋儒와 선진 시대 유자들 사이의 연관성을 발견할 수 있다".[8]

사상사는 사상인가? 역사인가?

이러한 연관 속에 '단절된 듯 하나 실제로는 찾을 수 있을 만큼 희미하게 자취가 남아 있다'고 후대인들은 말할 수도 있겠지만, 실재했던 역사적 사실을 가지고 사상의 전승을 논하는 것에 익숙한 사람들로서는 이심전심의 설명 방식은 지나치게 황당할 것이다. 다음과 같은 설명 방식도 있다. 즉, 현재의 중국사상사·중국학술사의 저술 방식은 역사적으로는 『송원학안宋元學案』『명유학안明儒學案』으로 소급되고, 『송원학안』과 『명유학안』의 형식은 또 다시 주희의 『이락연원록伊洛淵源錄』으로 소급되며, 그 뿌리를 파고들어가 보면 본래 선조들이 학술 사상의 역사를 바로 이런 형식으로 기술했기 때문에 현재의 사상이나 학술사도 마땅히 이렇게 기술될 수 있다는 것이다. 그러나 바로 여기에서 사상의 입장과 역사의 입장이 차이를 보인다. 사상의 입장에서 본다면, '사상'이 없는 시대에 어떻게 사상사가 있을 수 있겠는가? 사상사는 표창하고 천명해야 할 '도통', 즉 하나의 진리의 계보를 드러내야만 하는 것이다. 그러나 역사의 입장에서 보자면 사상이 없는 시대는 없으니, 마치 그림이 없는 곳에도 실은 그림이 있는 이치와 같다. 어떤 의도를 가지고 무엇은 드러내고 무엇은 억누르는 것이 아니며, 또 '도통'의 건립 같은 것을 고려할 필요도 없다. 그리하여 사상적 계보의 연속성에 집착하는 것과 역사적 과정의 연속성에 집착하는 것 사이의 긴장이 드러나게 된다. 아마도 그 다음에 우리가 물어야 할 것은 바로 사상사가 과연 사상이어야 하는가 아니면 역사이어야 하는가의 문제일 것이다.

2

사상적으로 평범한 시대는 사상사에서 서술될 만한 의미가 있는가?

잠시 이 문제를 제쳐 두고, 사상적으로 평범한 시대가 사상사에서 기술되어야 할 의의가 있는가를 토론해보자. 사실 사상사에서 평범하고 자족적이며 수성守成만 하는 듯이 보이는 시대라 해도, 천재적인 사상가나 경전적 저작을 전혀 배출하지 못하거나 독특한 '역사의 기억'을 환기시키지 못하는 그런 시대는 없다. 이는 마치 늘 행복과 만족 속에 있는 사람은 우환 의식이나 변혁의 이념을 떠올리기 어렵듯, 행복과 만족에 대하여도 쉽게 소중해할 줄 모르는 것과 같은 이치다. 미래의 변화 상황에 대처할 수 있는 귀중한 사상 자원이라 해도, 그것이 잠재되어 있을 때에는 역사의 기억으로 진입되지도 않고 새로이 해석될 필요도 없기 때문에, 대개는 그들의 의미가 두드러지게 나타날 수 없다. 사람들의 마음을 격동시키는 사건이 없는 시대나 독특한 사람이 발견되는 않는 시대는 시간도 없고 역사도 없는 것이라고들 한다. 판에 박힌 듯 평범하기 그지없는 과정이 그저 완만히 지속되면 사람들은 역사를 기억할 때 시간이라는 개념 자체를 잊어버리고, 역사도 언제 무슨 일이 발생했는지 잊으며 어떤 일이 사람들에게 영향을 주었는지를 잊게 되는 것 같다. 모든 것은 회색의 영상 속으로 융화되어 버리며, 시간은 짧아지고 심지어 소실되기까지 한다. 그리하여 사후의 기억 속에서 이런 시기에는 마치 아무 일도 발생하지 않았던 것 같고, 그것이 한 세기 혹은 두 세기에 걸친 긴 시간이거나 몇 대에 걸친 사람들의 역사라는 사실을 잊게 되는 것이다. 사람들을 놀라게 할 만한 위기가 출현하고 나서야 비로소 후대 사람들은 심원한 사고와 고통스러운 기억을 가지게 된다. 그러나 기억과 사고 속에 깊이 묻혀있던 그 시대가 정말 생략되어도 좋은 것이란 말인가? "달은 어두울 때도 있고 밝은 때도 있으며 둥글 때도 있고 기울 때도 있다月有陰晴圓缺".[5] 만약 달빛의 밝고 맑은 부분만 그리고 어두운 부분을 없애버린다면 그것이 온전한 달이 될 수 있겠는가?

〈5〉 소동파의 작품인 「수조가두(水調歌頭)」의 한 구절이다.

그것은 마땅히 생략되어야만 하는가? : 문화대혁명 시대에는 하나의 사상밖에 없었다.

사상도 일일이 드러내어 역사의 기억에서 사라지지 않도록 해야겠지만, 역사 또한 일일이 서술하여 역사의 기억에서 소홀히 다루어지지 않도록 해야 한다. 사실 천재와 경전만이 사상사에서 인상 깊게 서술되어야 하는 것이 아니라, 사상적으로 빛나지 않는 한 조각 회색과 같은 시대도 사상사가가 깊이 사색하고 주의 깊게 그려낼 가치가 있을 수 있다. 먼 과거는 차치하고 가까운 시대의 예를 들어보자면, 문화대혁명의 시대에는 오직 한 종류의 사상이 있었고, 억만 인이 모두 붉은 색의 귀중한 문서〈6〉를 휘날리면서 '힘은 한 곳으로 모으고 마음은 하나만을 생각' 했으며, 거의 모든 사람이 '사상을 통일하고 행동을 통일하자' 는 것에 동의하고 있었다. 따라서 위뤄커遇羅克 · 구준顧准 · 장즈신張志新 등 생각해보면 숙연히 존경심이 일어나게 되는 인물들이 비록 그들만의 독특한 사고를 그치지는 않았으나 유감스럽게도 그들의 사고 방식은 그 시대를 초월하지 못했고, 논증의 논리로부터 서술 용어에 이르기까지 모두 그 시대의 풍경을 상기시킨다고 말하지 않을 수 없다. 그러나 그 십 년은 바로 사상사가 인상 깊게 서술하는 시간대가 아니던가? 만약 20세기 중국사상사가 이 시대에 걸출한 사상가가 없다고 하여 이 시대를 생략한다면, 그 사상사 서적은 사상의

〈6〉 붉은 색의 귀중한 문서(紅色寶書) : 이는 마오쩌둥(毛澤東)의 어록(語錄)을 가리키는 것으로, 1964년 5월 중국 공산군 총 정치부가 중국 공산군 기관지인 『해방군보(解放軍報)』에 게재되었던 마오쩌둥의 어록을 보충, 편찬한 것이다. 전 33장 422편의 어록이 실려 있으며, 문화대혁명 시기에는 누구나 손에 들어야 하는 서적이었다.

역사가 될 수 있겠는가?

평범함의 배후에는 심오한 내용이 있다 : 통찰력과 비판력의 소실은 사상사에서 마땅히 토론해야 할 역사적 현상이 아니란 말인가?

사람들은 모두들 항상 무언가를 생각하고 있다. 그 사상이 위대하든 초라하든, 또 기억 속으로 진입될 수 있을지 혹은 잊혀질지 상관없이 늘 생각하고 있는 것이다. 이들 사상은 후대에 생각하면 숙연해지고 존경심이 일어나는 사상과 마찬가지로 일찍이 지나가버린 역사의 시간 속에 존재했었다. 따라서 표창판 식의 서술 방법과 직선적인 진화론의 사고 방식을 잠시 포기할 필요가 있다. 만약 사상사가 사상가들의 영광스러운 계보가 되어야 한다고 생각지 않는다면, 또 미리 설정된 표준에 의하여 하나의 진화 노선을 상상하지 않는다면, 우리가 사상사에서 역사를 소급하여 서술하고자 할 때 모든 사상의 시간에 대하여 평등하게 서술할 것이고 사상의 의미도 새로이 평가해야만 할 것이다. 사실 평범하여 금방 잊게 되는 사상이라고 해도 때로는 그 배후에 상당히 심오한 내용을 가지고 있을지도 모른다. 많은 사람들의 호평을 받으며 지금까지도 아마존 인터넷 서점에서 '별 다섯 개 등급' 인 황런위黃仁宇의 『만력萬曆 15년』[7]의 영문 제목은 "*1587 : A Year of No Significance*" 인데, 1587년은 아무런 중요한 의미도 없는 해라는 뜻이다. 난 이 책에 대하여 좀 다른 평가를 하긴 하지만 이 제목에 깃들어 있는 역사 관념에 대하여는 매우 찬성한다. 나는 『중국사

〈7〉 한국어 번역본의 서명은 『1587 : 아무 일도 없었던 해』(레이 황 지음, 박상이 옮김, 도서출판 가지않은 길, 1997. 11. 초판 : 2000. 1. 개정판 2쇄)라고 되어 있다.

상사』 제1권에서 특별히 '성세盛世의 평범함' 이라는 절을 마련하여 전적으로 성당盛唐 시대의 사상을 토론하였는데, 그 목적은 바로 특별히 뛰어난 사상이 없는 시대라고 해도 사상사적으로는 매우 의미 있는 시대임을 설명하려는 것이었다. 대부분의 지식 · 사상 · 신앙이 전면적인 합리화와 체계화 과정을 겪은 후에는 '모든 것이 하나로 고정되는' 시대가 출현하게 되며, 어떠한 지식 · 사상 · 신앙도 이 '하나' 의 그물을 피할 수 없게 된다. 그리하여 매우 원만한 듯이 보이는 결과가 바로 통찰력과 비판 능력의 상실을 가져오게 된다. 이러한 통찰력과 비판 능력의 상실이 사상사에서 마땅히 토론해야 할 역사적 현상이 아니란 말인가?

성당盛唐 · 명대 · 청대로부터 문혁 시기에 이르는 몇 가지 사례

어떤 사람은 이러한 결론에 대하여 그다지 유쾌하게 여기지 않을지도 모르겠다. 물론 '성당盛唐 시대의 기상' 이라는 역사적 기억은 일찍이 우리가 자랑스러워하던 유산이었다. 그러나 그렇게 태평성세를 구가했으면서도 사상사적으로는 이렇다 할 사상이 없는 상황은 심원한 깨우침을 준다. 여기에 우리가 깊이 생각해보아야 할 문제가 있다. 사상이 권력을 누리는 이데올로기가 되어 모든 것을 뒤덮게 될 때에는 공허하고 상투적인 말만 반복하여 나타나게 된다. 또한 이런 말은 종종 책에 기록될 뿐 아니라, 암송해야만 하는 교조가 되고 심지어 삶의 금과옥조가 되어버린다. 그렇다면 그것은 사상사적인 의미가 없는 것인가? 바로 이렇게 반복적이고 공허하며 천편일률적인 상황의 배후에는 "이것 이외엔 아무런 말도 하지 말라"는 강력한 암시와 "이데올로기를 초월하는 어떠

한 사상도 모두 범죄"라는 중요한 사상이 존재하고 있는 것이다. 이런 관점에서 나는 일찍이 명대와 청초에 주목했던 바 있다. 이 당시에는 황권皇權과도 같이 운용되는 보편주의적인 진리 관념이 사상을 농단하고 강제하였는데, 이러한 강제는 문자옥에 의하여 이루어진 것이 아니었다. 그보다 더 유효했던 강제는 진리의 언어를 점유함으로써 실현되었다. 즉, 명대 초기에는 『맹자절문孟子節文』『대고大誥』『성리대전性理大全』 등에 의한 것이었고, 청대 초기에는 『대의각미록大義覺迷錄』『동마변이록揀魔辯異錄』『명교죄인名教罪人』 등 정의와 도덕으로 충만한 문자들에 의하여 사상에 대한 강제가 이루어졌던 것이다. 이러한 문자에 포함되어 있는 절대적이고 보편적인 진리의 언어들은 사실 문자옥보다 훨씬 더 엄격하게 지식 · 사상 · 신앙을 제압했다. 왜냐하면 다른 사상 자원의 도전이 부재하는 상황에서 사람들은 이러한 진리의 절대성을 그저 인정할 수 밖에 없었고 그것을 반박할 도리가 없었다. 이러한 진리를 인정한다는 것은 바로 언어 권력에 대한 복종을 의미하는데, 그것도 아주 기꺼이 복종하게 되었던 것이다. 진리가 오직 하나인 상황에서 황권은 권력의 합법성을 점유하게 되고 '대의大義'와 '명교名教' 등의 진리를 점유하게 되며, 이를 비판하는 자는 '마魔' '이異' '죄인罪人'이 될 수밖에 없었다. 그저 황권이 "미혹됨으로부터 깨어날覺迷" 때를 기다리면서 사람들은 이러한 진리의 권위를 승인할 수밖에 없었고, 그 권위를 점유한 자의 합법성과 합리성을 승인하는 수밖에 없었다. 일반적으로 권위 있는 진리의 담론인 민족주의, 예를 들어 '화이華夷'의 구분조차도 이런 진리의 권위에는 도저히 대항할 수 없었다.

그렇다면 사상사는 고상하지도 않고 그저 지극히 평범하고 일반적인 수준의 지식·사상·신앙을 무시해도 좋단 말인가? 이렇게 평범하고 공허하고 반복적이기만 한 것이 일체의 사상을 뒤덮는 시대는 이질적인 것을 없애고 비판을 와해시키며 심오한 사상을 말살시킨다는 사실을 우리는 확인할 수 있다. 그러나 이러한 상황은 사상사의 새로운 변화를 이끌어낼 수 있다. 그 하나의 가능성은 사람들이 새롭게 사고하고 이제와는 다른 종류의 사상 자원을 도입하며, 평범함을 거부하는 사람들이 새로운 사상 자원을 주변으로부터 중심으로 끌어들여, 그 안에서 새롭게 사고하는 것이다. 예를 들면, 중당中唐에서 송대에 이르는 사상사의 변화나 만청 제자학과 불학의 새로운 해석과 같은 경우다. 또 다른 가능성은 표면적으로는 개인적 사고를 드러내지 않고, 자신의 진정한 사고를 사적인 담론으로 만들어 이를 공적인 담론과 분리시키는 것이다. 그리하여 그것을 잠재적인 사상 자원이 되게 하거나, 또는 학술 담론과 사상 담론을 분리시키고 사상 담론의 지식 배경만을 추출해내어 높이 매달린 공중누각으로 만드는 것이다. 내가 보기에 청대 고증학의 배경이 바로 공적인 담론과 사적인 담론의 분열이었던 것 같다. 표면적으로는 모든 사람들이 보편적인 진리를 말하고, 공적인 경우에는 관방의 문장이나 사설社說과 같은 담론이 매우 널리 통용되었으며, 도덕·윤리의 보편적 원칙이 세워 둔 숭고한 표준은 사람들로 하여금 공적인 경우 모두 요순과 같은 성인의 모습을 할 수밖에 없게끔 하였다. 그러나 개인적인 경우에는 도리어 마음 내키는 대로 행동하였으며 마음 깊은 곳으로부터 어떻게든 진리의 지배를 벗어나려 하였다. '공적인 공간' 에 개인의 자유로운 사고가 존재할 여지가 없어지자, 경전의 주석으로 합법성을 취득한 학술 담론은 지혜와 마음의 자유로운 활동이나 자기 수련의 영역이 되어갔다.[9] 그리하여 공적인 담론의 덮개 아래에서 생활은 둘로 나뉘었으며, 이 분열이 다시는 유지되어갈 수 없게 되자, 최종적으로는 정신과 생활 세계의 전면적인 붕괴가 야기되었다.

3

두 종류의 역사적 시간

역사에서 시간을 헤아리는 한 가지 방법은 비록 사람의 주목을 끌 만한 사건도 없이 시간이 흘러간다 할지라도 정확히 눈금에 따라 시간을 계산하는 것이다. 또 다른 방법은 사건에 따라 역사를 기억하는 것이나. 만일 이 방법을 따른다면 사람의 주목을 끄는 대사건이 기억 속에 남아 있지 않은 시간은 마치 없던 것과 마찬가지인 것이다. 역사 지식을 편찬할 때는 마땅히 전자의 방식을 써야 하겠지만, 역사에 대한 기억은 늘 후자의 방식을 따라 체험하게 된다. 그러므로 역사 저작에서 사람들을 격동시키는 사건이나 누구나 우러러 존경할 만한 인물이 없는 시대는 우리의 기억 속에서 탈락되어 결국 망각되는 부분으로 전락하게 된다. 사람들은 모두 자신의 기억을 발굴하여 역사 저작을 편찬한다. 그런데 문제는 사람들의 기억이 늘 모종의 역사적 표준과 당대가 필요로 하는 가치에 따라 사건과 인물을 선택하게 된다는 것이다. 그러나 이런 표준과 가치는 영원하지도, 또 그리 정확하지도 않다.

사실 사관史官이 존재하던 때부터 역사란 마땅히 기록해야 할 것을 부단히 선택하는 과정이었으니, 기록과 생략, 기억과 망각은 항상 동반 관계였다. 왜냐하면 역사의 시간 안에서 발생했던 사건과 존재했던 인물들은 너무 많아서 역사학자들이 모든 것을 일일이 기록에 남길 수가 없었기 때문이다. 황제의 모든 일상 생활을 기록하는 '기거주起居注'를 쓰는 관원들조차 크고 작은 모든 일을 장부에 기록할 수는 없다. 미리 설정된 틀 속에서 '중요함' '그 다음으로 중요함' '전혀 중요하지 않음' 등의 가치 판단이 결국 기록을 지배하고 있다. 사상사가 단지 사람의 마음을 격동시키는 시대만을 기록하는 것은 그런 시대가 '사람의 마음을 격동' 시켰다고 느끼고, 또 그것이 마땅히 지속적으로 '사람의 마음을 격동' 시켜야 한다고 생각하기 때문이다. 하지만 궁극적으로 무엇이 '사람의 마음을 격동' 시키는 사건 · 인물 혹은 사상인가? 각 시대의 다양한 배경을 가진 서술자들이 이해한 바는 서로 다를 것이며, 후대에 설정된 각종 가치들은 사상사가들의 선택을 지배하게 된다. 『이락연원록伊洛淵源錄』의 저자가 바라본 송대 사상사, 『명유학안』의 저자가 바라본 명대 사상사, 『청유학안소지淸儒學案小識』의 저자가 바라본 청대 사상사는 모두 편향된 바가 있다. 이는 후대의 사상사가 범진范縝·왕부지王夫之의 존재를 크게 부각시키고 황보밀皇甫謐·구준丘濬의 의미를 소홀히 했던 것과 같다.〈8〉 우리가 눈으로 무언가를 볼 때에는 초점이 부각되고 배경은 모호해지는 법이다. 하지만 사실상 이 세상은 본래 초점이나 배경으로 나뉘어 있지 않다. 단지 관찰자의 입장이 있고 시각이 있으며 당대의 흥미가 있을 뿐이다. 이 때 과거를 뒤돌아보면 초점과 배경이 생기게 되고, 이에 따라 눈앞의 세계에도 분명함과 모호함의 차이가 생기게 된다.

이런 이유 때문에 매번 사상사를 저술할 때마다 무엇을 선택하여 서술할지에 대한 가치 표준을 새로이 세워야 한다. 만일 사상사가 역사에 속한다면, 이렇듯 미리 설정된 틀로 인해 과거에 '공백'으로 여겨진 시간들을 무시할 수는 없을 것이다. 왜냐하면 그 속에는 과거의 안목으로 생략된 것들이 있을 수 있기 때문이다. 물론 사상사를 쓸 때 인류의 지적 활동을 선별하지 않고 모두 다 담아내야 한다는 뜻은 아니다. 다만 가능한 한 역사의 맥락을 정돈하고, 관습적인 선별의 안목으로 문헌 읽기를 농단하는 것을 경계하며, 또한 서술자의 호오好惡로써 사상에 대한 평가를 독단하

만약 사상사가 역사에 속한다면 '공백'을 무시할 수 없다. 왜냐하면 거기에 과거의 시각이 소홀히 한 것이 있을 수 있기 때문이다.

〈8〉 범진(范縝)·왕부지(王夫之)는 그들이 활동하던 시대에는 거의 주목받거나 영향력을 미치지 못했던 학자들인데 사상사가들은 이들을 중요하게 다루고 있으며, 황보밀(皇甫謐)·구준(丘濬)는 그와 반대로 당대의 영향력이 막강했지만 오히려 사상사에서는 경시되고 있는 현상을 말한다.

지 않도록 경계하려는 것이다. 특히 어떤 현실적인 정치적 의도를 가지고 역사 서술을 농단해서는 안 되며, 층층이 쌓인 사상사의 관념이 공백의 시간을 덮어버림으로써 공백이 계속 공백으로 남는 것을 막아야 한다. 철학자들이 늘 물었던 '근원으로 돌아가는 사고' '사물 자체로 돌아가기'와 마찬가지로, 역사학자들도 마땅히 푸코가 광기에 관한 연구에서 "역사상 광기의 발전 과정이 시작된 지점을 추적할 필요가 있다"[10]고 했듯이, 아직 규정되지 않은 역사의 시간 속으로 되돌아가 '내'가 바라보는 사상의 역사를 재확인해야 한다. 사실 이런 방법은 서양인만이 깨달은 비밀이 결코 아니다. 고대 중국의 선종에도 매우 멋있는 구절이 있다. 한 선사가 사람들을 가르치면서 다음과 같이 물었다. "네가 평생 배워서 안 것과 많이 들어서 기억하는 것은 묻지 않겠다. 네 부모가 낳아주기 이전의 상태에 대해서 한 마디로 말해 보겠느냐?"[11]〈9〉 이 질문은 사람들이 "부모가 낳아주기 이전"의 본래 면목, 즉 다시 말하면 지식·사상과 신앙 세계가 아직 형성되기 이전의 자리로 돌아가서 처음부터 다시 한 번 걸어가기를 요구한다.

다시 쓰기를 할 수 있는 힘이 마음을 따라가지 못한다.

하지만 내가 이런 문제들을 의식하고 있다 해도 직접 사상사

〈9〉 선불교사에서 '부모가 낳아주기 이전의 본래면목'에 관한 공안은 여러 차례 등장한다. 성철 스님 덕분에 우리는 이 공안을 들으면 바로 위산 영우(僞山靈祐) 선사와 제자 향엄 지한(香嚴智閑) 선사 사이에 오간 문답을 떠올리게 되지만, 저자의 주에 밝힌 『오등회원(五燈會元)』 제17권을 보아도 비슷한 이야기들이 많이 등장한다. 본문에서 인용된 문장은 비서 오순(秘書吳恂) 거사가 회당(晦堂) 선사의 제자가 되어 수행할 때 회당 선사가 오순에게 질문했던 구절이다.

를 저술할 때 나는 여전히 힘에 부친다는 사실을 깨달았다. 예를 들어, 나는 일찍이 원대와 명대 사이에 새롭게 이해해야 할 사상 현상이 있다고 생각했다. 예컨대 이민족이 통치하던 시대, 곧 전통적 의식 형태가 전통적 지식 계층과 함께 모두 주변화되고, 한족의 입장이 몽고의 원나라 황권에 의해 와해되고 천하일가天下一家라는 새로운 이민족 관념에 의해 주변화되며, 유럽과 아시아에 걸쳐 있는 대제국이 형성되어 여러 민족 집단이 사상을 교류하는 시기를 맞아 중국에서도 의미 있는 사상적 변화가 발생하였다. 하지만 사상사는 이런 역사를 세밀하게 써낸 적이 없었다. 과거의 사상사 혹은 철학사에서, 원대에서 명대 전반기까지 걸쳐있는 13세기 후반에서 15세기 전반기까지 백 여년은 아마도 가장 소홀히 다루어진 시기일 것이다. 청 제국 시기에 단절된 명대의 사상적·문화적 연속성이 이 시기의 역사를 하나의 왜곡된 시기로 바라보게 하였지만, 사실 역사는 여전히 조심스레 연속되고 있었다. 서양의 사상과 지식은 상당한 정도로 중국의 지식 세계에 진입하여 일부 지식인들의 마음속에 새로운 사고의 배경으로 자리 잡기 시작하였고, 새로운 고민과 긴장이 생겨나게 하였다. 결국 이런 고민과 긴장이 청대의 지식·사상과 신앙 세계에 상당한 영향을 미치지 않았을까? 과거의 사상사는 이런 역사를 세세하게 기술하지 않았다. 송대에 정호·정이·주희·육구연이 후대에 남긴 이학理學의 유산 이외에도, 이런 초월적 생활의 고매한 노력적 이성의 배후에는 근대의 '문명' 관념과 유사한 것이 배경을 이루고 있었다. 당대唐代 이전의 비문명적인 듯이 보이는 현상은 송대에 날로 쇠퇴하고, 이른바 문명적인 생활 윤리가 전면적으로 확대되어 이학 관념을 지지했던 토양을 이루었던 것이 아닐까? 사상사는 몇몇 이학가理學家에게만 과도하게 열정적으로 관심을 기울이고는 더 광범위한 사회생활사 속의 사상에 관심을 둘 여유가 없었던 것 같다. 그래서 사상사는 마치 다리가 끊어진 개울에서 넘치는 물을 만난 것과 같이, 역사의 흐름을 건너려고 하지만 단지 몇 개의 돌출된 인물만을 발판으로 삼아 몇 차례 겅충겅충 뛰어서 개울을 건널 수 밖에 없는 듯한 상황이 되었던 것이다.

4

'공백'의 장소에서 사상사의 세 가지 상황을 묘사한다.

"그림 없는 곳도 모두 그림"이라는 말의 핵심은 서술자가 사상의 역사를 어떻게 이해하고 해석하는가에 있다. '이해'란 각 시대 사람들의 서로 다른 이해이고, '해석' 역시 각 시대 사람들의 서로 다른 해석이다. 그러나 이는 형편없는 평론가가 수묵화를 감상하면서 자신의 상상으로 진부한 용어를 덧붙여서, 검은 색이 없는 부분은 모두 '구름 덮인 산에 안개가 그득하다'고 일률적으로 해석해버리듯이 임의대로 역사를 해석함을 의미하는 것이 결코 아니다. 비록 역사는 말이 없다 할지라도 역사의 존재는 늘 이해와 해석의 정도를 제약한다. 내가 '공백'의 자리에서 사상의 역사를 서술한다고 말하는 것은 다만 아래의 세 가지 상황을 지적하는 것이다. 첫째, 과거에 '평범'하고 '낙후'된 것으로 여겼던 사상도 사상사의 현상으로 삼아 서술하는 것이다. 왜냐하면 사상사는 천재적인 사상과 경전적인 문헌을 기록해서 칭송하는 역할을 하는 것이 아니고 역사를 서술하는 것이기 때문이다. 둘째, 과거에 중요하게 서술되지 않았던 사상을 일종의 잠재적인 자원으로 여기고, 그것이 새롭게 돌출된 시대에 배치하여 서술을 가하는 방식이다. 이런 사상이 그 당시에는 전혀 찬란하지 않았겠지만, 역사의 기억으로 새롭게 발굴된 사상 자원이 되어 다른 시대에 출현하게 될 때, 그것은 충분히 사상적 가교의 역할을 하면서 새로운 지식과 사상을 암암리에 소통할 수 있게 한다. 셋째, 과거에는 그저 먼 배경으로만 여겨졌던 사상 현상을 가까이 끌어당겨서 시각의 초점에 두고 서술하는 것이다. 매 시대에 사상사를 저술하는 사람의 입장과 시각, 그리고 관심의 초점은 다를 것이다. 이러한 차이로 인하여 일부 뛰어난 사상 현상이 망각의 구석으로 떨어질 수도 있다. 그러나 방향을 바꾸기만 하면 이는 즉시 내 눈앞으로 다가올 수도 있다.

위에서 말했던 세 가지 중 어디에 속하든, '공백' 의 자리에서 묘사하는 작업은 모두 과거 사상사가 건드리지 않던 영역과 문헌에 대한 세밀한 발굴과 정돈은 필요로 한다. 따라서 면밀하고 끈기 있는 마음으로 역사를 관찰하는 또 다른 입장 · 시각 · 안목을 활용해야 한다. 이렇게 되면 우리는 진정 "역사로 하여금 이미 지나왔거나 드러났던 실제의 자리에 서도록 할 수 있을 뿐 아니라, 지나왔지만 드러나지 못했던 공백의 자리 위에 서도록 할 수 있다".[12]

과거 사상사가 미치지 못했던 영역과 문헌에 대한 작업과 정리를 해야 하며, 또 다른 역사 관찰의 입장과 시각과 안목을 가질 필요가 있다.

주 | 註 |

1 이는 철학사 저술 방법의 영향을 받은 것일 수도 있다. 아더 라이트(Arthur F. Wright)는 사상사 연구 방법에 대한 논문에서 사상사로 철학사를 대체할 것을 건의한 바 있다. 왜냐하면 조지 보아스(George Boas)가 말했듯이 철학사는 오직 '사상의 핵심' '본질의 기록'으로 연속되어 있을 뿐 "전면적 지성 생활에는 관심을 기울이지 않으며, 또 관념이 생산 혹은 폐기되거나 또는 시기가 지난 후나 그 기능이 상실된 후에도 사라지지 않고 잔재하는 원인 등에 대해서는 소홀하기" 때문이다.「중국사상을 연구하는 방법(研究中國思想的方法)」에 보인다. 張端穗 修訂節譯本,『中華文化復興月刊』 제15권 제5기에 실려 있다. 17쪽, 臺北, 1982.

2 세우량(謝無量),『中國哲學史』 제2編, 45-55쪽. 中華書局, 1916. : 중타이(鍾泰),『中國哲學史』 上卷, 170-182쪽, 商務印書館, 1929, 1934. : 펑유란(馮友蘭),『中國哲學史』下册, 800-801쪽, 商務印書館, 1930. 中華書局重印本, 1984. : 판슈캉(范壽康),『中國哲學史通論』, 252쪽. 開明書局, 1937, 1941.

3 엔도 류키치(遠藤隆吉),『支那思想發展史』 제4編은 왕통(王通)을 끝에 배치하였고 제5編「사회의 대성(社會の大成)」은「총론(總論)」·「당대의 정치적 혁신(唐代の政治的革新)」에 이어 바로「불교 사상의 과정(佛敎思想の科程)」이라는 제목으로 두순(杜順)·종밀(宗密)과 한유(韓愈)를 서술하였는데 앞의 두 사람은 불교 화엄종 계열에 속한다. 그렇다면 당대의 주류 사상에 대하여 왕통에서 한유까지는 공백이라고 말하는 것과 마찬가지이다. 富山房, 東京, 1903, 1907 : 다카세 시게지로(高瀨武次郎),『지나철학사(支那哲學史)』 제4편「당대 철학(唐代哲學)」도 대동소이하다. 몇 마디 말로 당대 유학의 상황을 간략히 묘사한 후 바로 한유에게로 이어진다. 中文本『中國哲學史』, 趙南坪 譯, 暨南學校出版部, 1925. : 와타나베 히데카타(渡邊秀方)의『중국철학사 개론(中國哲學史概論)』 제2편「육조 철학(六朝哲學)」은 왕통에서 끝나고, 제3편「당대 철학(唐代哲學)」은「총론(總論)」에 이어서 곧바로「한유」와「이고」를 쓰고 있다. 日文版, 早稻田大學出版部, 1924. 中文本, 劉侃元 譯, 商務印書館, 1926·1933.

4 자오지빈(趙紀彬),『中國哲學思想』 제6장, 138-145쪽, 中華書局, 上海, 1948.

5 샤오궁취안(蕭公權), 『中國政治思想史』 上册, 431-433쪽, 聯經出版事業公司, 臺北, 1996 : 侯外廬 主編 『中國思想通史』 제4권, 108쪽 이하. 人民出版社, 1959 · 1980 : 任繼愈 主編 『中國哲學史』 제3책, 3-112쪽, 人民出版社, 北京, 1966. : 라오쓰광(勞思光), 『新編中國哲學史』, 제3책(上), 三民書局, 1995.

6 朱熹, 『中庸章句序』 · 『大學章句序』 및 『孟子章句集注』의 마지막 장(章)에서 반복하여 말하고 있는 것은 바로 이러한 계보이다. 그러나 이 계보는 송대에 아직 확정되지 않았다. 예를 들면, 주희는 일찍이 다음과 같이 말했다. : "이 도에는 전후로 성현이 있다. 그 설이 갖추어지기 시작한 것은 요순 이하로서, 공자가 태어나기 이전에는 후인이 어디에 가서 그것을 조금이라도 알 수 있었겠는가? 공자 후에 맹자가 있기 전에도 역시 일찍이 알 수가 없었다". 그런데 맹자 이후 이정(二程)이 "이 이치를 드러내어 밝히기까지", 다른 이들은 거의 모두 어리석은 이들이 잠꼬대를 하는 듯 하다가 한유에 이르러 겨우 "약간 비슷하게 말한 바가 있었다". 그러나 여전히 순정한 도통의 전승과 같다고는 말할 수 없다. 『朱子語類』 제93권, 2350쪽, 中華書局, 1988.

7 섭적(葉適)이 일찍이 주목했던 것과 같이 공자가 증자에게 전했고, 증자가 자사에게, 또 자사가 맹자에게 전했다는 것은 역사적 사실과는 부합하지 않는다. 왜냐하면 "공자는 덕행에는 안연 이하 열 사람이 있다고 말씀하셨지만 그 중에 증자는 없었다. 또 증자는 미련하다고 말씀하셨다. 어쩌면 공자가 만년에 증자에게만 따로 말씀하셨거나 증자가 공자보다 후에 죽어서 덕을 더 쌓고 행동을 더 닦아서 공자의 도를 홀로 감당할 수도 있었겠지만 명확한 근거가 없다". 그러나 이러한 역사 문헌에 근거한 질의는 더욱 중요한 진리의 전통에 대한 필요로 인하여 엄폐되고, "도통"을 세우는 것이 "역사"로 되돌아가는 것보다 더 중요하므로, 섭적 자신도 말을 바꾸어 "옛날의 소위 '전하다(傳)'는 것이 어찌 반드시 친히 주고받는 것만을 말하는 것이겠는가? 후세 사람들이 맹자가 공자(의 도)를 전할 수 있었다고 여긴 것이 대체로 올바른 것 같다"고 하였다. 『習學紀言序目』 제49권, 「皇朝文鑒三」, 738-739, 中華書局, 1977.

8 류수셴(劉述先), 『주자 철학 사상의 발전과 완성(朱子哲學思想的發展和完成)』, 421쪽, 學生書局, 1982. 사상의 연속성을 사상사의 실마리로 삼는 것은 고대의 습관적 서술 방법의 지지를 얻을 수 있을 뿐 아니라 현대 서구 사상사가들의 인정도 얻을 수 있는 것 같다. H.Stuart Hughes가 쓴 *Consciousness and Society : The Reorientation of European Social Thought 1890-1930*(『意識與社會 : 歐洲社會思想的再認識, 1890-1930』)의 「도론(導論)」에서 말하기를, 역사학자들이 "경위가 명확한" 사상사를 쓰고

자 희망한다는 것은 일종의 환상이다. 그러나 오직 "논리라는 관점에서 시간적 순서를 결정한 가운데, 전후 일관된 무언가를 만들어낼 수 있어야 비로소 역사의 주제를 이룰 수 있다. …… 사상사는 사상의 관점에서 이러한 제재를 처리하는 방법을 대표하고 있다."라고 하였다. 『意識與社會』, 李豊斌 中譯本, 3쪽, 臺北.

9 벤저민 엘먼(Benjamin Elman)의 저서에 대한 나의 평론인 「18세기의 사상과 학술 : 엘먼의 *From Philosophy to Philology*에 대한 서평(十八世紀的思想與學術 : 評艾爾曼『從理學到博學』)을 참조할 것. 『讀書』, 1996년 제6기.

10 푸코(Michel Foucault), 『광기와 문명 : 이성적 시대에 있어서 광기의 역사(瘋癲與文明 : 理性時代的瘋癲史)』, 劉北成 等, 中譯本, 1쪽, 三聯書店, 1999.

11 『五燈會元』, 제17권, 1140쪽. 中華書局, 1984.

12 자끄 르 고프(Jacques Le Goff), 「아날 학파의 역사가(年鑑學派史家)」, 『新史學』에 실려 있다. 姚蒙, 編譯本, 37쪽, 上海譯文出版社, 1989. 그러나 나는 이것이 우리가 야사(野史) · 필기(筆記) 등 주변의 손실된 자료를 발굴해야 한다거나, 전통적인 주요 문헌을 무시해도 좋다는 의미는 결코 아니라는 것을 밝혀야겠다. 『중국사상사(中國思想史)』 제1권이 출판된 이후, 나는 이러한 오해에 종종 접하게 되었다. 사실 이는 단지 사상사 문헌 자료에 대한 고찰의 시각과 평가의 관념이 변화한 것일 뿐이라고 나는 생각한다. 이러한 변화만 있다면 과거 통상적으로 사용해왔던 13경 · 제자서 · 25사 및 각종 문집 가운데에서 마찬가지로 많은 "공백"을 발견할 수 있다. 이러한 시각 변화에 따라 과거에 그다지 특별한 주의를 받지 못했던 문헌, 예를 들어 공문(公文) · 유서(類書) · 도상(圖像) · 근거없는 소문(謠言) · 가곡(歌曲) 가운데 우리는 더욱 역사의 공백 부분이 사상의 흔적을 가지고 있다는 것을 발견할 수 있다. 우리는 과거에 철학사 · 사상사는 일찍이 모두 사람들이 익숙하고 보편적으로 인정하는 '참고 자료'를 가져 왔다는 것을 알고 있다. 이런 자료들은 사상사 혹은 철학사의 사고 방식에 배합되면서 상당한 영향력을 가지게 되었고 매우 지배적인 서술의 틀을 구성해왔다. 따라서 후대의 연구자들은 그들이 맨손으로 시작하거나 혹은 중도에 다른 길을 가게 된 경우가 아니라면, 반드시 이러한 본래적인 '역사' 처럼 보이는 틀 안으로 빠져 들어가게 된다. 중국의 경우는 말할 것도 없고, 미국의 중국학계만 하더라도 가장 영향력이 있는 것으로 드 베리(W. de Bary)가 편집한 *Sources of Chinese Tradition*(『中國傳統思想硏究資料集』)과 천룽제(陳榮捷, Wing-tsit Chan)가 편집한 *A Source Book in Chinese Philosophy*(『中國哲學文獻選

集』)가 있는데, 이들이 서술하는 사고 방식은 중국의 — 특히 50년대 이래의 — 철학 혹은 사상사와는 같지 않다. 그러나 그들도 여전히 경전적인 문헌 · 천재적 사상 및 주류의 이데올로기 방면에서 자료를 취합하고 있다. 이런 참고 자료집과 사상사 혹은 철학사 저작은 후대 연구자들의 시각과 입장을 고착시켰다. 그러나 사상사의 시각이 변화된 후에 문헌 자료집에는 어떠한 변화가 생겼을까? 제9절에서 나는 고고(考古)와 문물 방면에서 이 문제를 토론하였다. 드 베리(W. de Bary) 編 : *Sources of Chinese Tradition*, Columbia University Press, New York : 천룽제(陳榮捷, Wing-tsit Chan) 編 : *A Source Book in Chinese Philosophy*, Princeton University Press, 1963 : 드 베리의 자료집은 장과 절의 배치가 비교적 좋고 천룽지에(陳榮捷)의 자료집은 주석과 해설이 우수하다. 일본학자인 후쿠이 후미마사(福井文雅)의 『中國傳統思想硏究資料集』에 대한 서평이 『フィロソフィア』 제53호, 327-336쪽에 실려 있다. 東京, 1968. 후자는 이미 중문 번역본이 있다. 『中國哲學文獻選編』, 楊儒賓 · 吳有能 等 譯, 巨流圖書公司, 臺北, 1993.

제6장 【 사상사 연구에서의 더하기와 빼기 방법 】

사상사와 철학사는 진정 '발전사' 인가?
역사의 과정과 역사 쓰기에서의 빼기subtraction
몇 가지 사례
그라네Marcel Granet가 협곡의 회맹峽谷之會에서 발견한 의문
물관物館과 박물 전통의 소실은 무엇을 설명하는가?
도교사에서 소실된 도탄제塗炭齋와 과도의過度儀
잃어버려진 역사가 '발견' 됨
문명의 나아감과 야만화된 풍속
'더하기' 와 '빼기' 는 대립이 아니라 오히려 역사의 양면이다.

사상사 연구에서의 더하기와 빼기 방법

1

사상사와 철학사는 진정 '발전사'인가?

요사이 나는 청화대학의 대학원생들과 '사상사의 고전적 저작물에 대한 선독과 연구'라는 제목의 토론 수업을 해왔는데, 이 수업의 목적은 학생들로 하여금 중국사상사의 연구사에 익숙해지도록 하기 위한 것이었다. 그리하여 후스胡適 · 펑유란馮友蘭 · 허우와이루侯外廬로부터 런지위任繼愈 등의 중국학자 및 마루야마 마사오丸山眞男 · 미조구치 유우조溝口雄三 · 벤저민 엘만Benjamin Elman · 피터 볼Peter K. Bol 등 외국학자의 철학사나 사상사의 저작을 가지고 토론했다. 그런 후에 한 학생이 나에게 질문을 했는데 그것은 과거에 우리가 습관적으로 사용해왔던 명칭처럼 사상사나 철학사가 하나의 '발전사'인가 하는 것이었다. 그는 다음과 같이 물었다. 정말 그렇게도 '새로운' 사상이 있는 것인가? 사상사는 정말로 새로운 사상의 '발전사'인가? 사상이 진정 '낡은 것을 밀어내고 새로운 것을 내놓을' 수 있다면 '낡은' 사상은 본래 무엇이었고, 그들은 왜 '밀려서' 사라지는 것인가? 그의 의혹과 계속되는 의문은 매우 흥미로웠다. 왜냐하면 과거의 철학사와 사상사는 대개 발뒤꿈치를 따라서 새로운 사상과 새로운 사상가들을 서술하는 것에만 관심을 기울였고, '새로운 것' 에 대한 숭상은 역사 저술의 관심을 이루었으므로, 역사란 마땅히 시간 순서에 따른 배열에서 부단히 더해지는 새로운 것을 기술해야 하는 것으로 여겼기 때문이다. 따라서 역사를 서술하는 자는 역사 안에서 점차 새로워지는 사상의 발명과 지식의 발견을 서술하기를 희망했다. 과거의 이같은 역사적 관념에서는 사상도 지식도 모두 진화의 규율에 따라 시내가 살수록 점점 진보하는 것 같았다.

역사의 과정과 역사 쓰기에서의 빼기 subtraction

유학의 역사를 예로 들면, 공자 이후 철학사와 사상사가 서술했던 사상가들은 모두 선택되고 서술되는 이유가 있다. 맹자는 '성선性善' 의 논거를 보탰고 순자는 '성악性惡' 의 사상을 보탰다. 그리하여 유가의 두 가지 진로를 열었다. 동중서는 '천인합일' 과 '독존유술' 을 제창하였고, 왕충은 그 이전 사람들에게는 없었던 '무신론' 과 '유물주의' 사상을 가지고 있었다. 또, 한유는 '원도原道' 를 제출했으며 정주程朱는 '천리天理' 에 대하여 대대적으로 이야기했다. 결국 유학은 뒤에 오는 물결이 앞의 물결을 밀어내는 식으로 이천년의 끊임없는 흐름을 이루는 한 줄기 강인 셈이다. '거인의 어깨 위에서 선다' 는 말이 있듯이, 후대인들은 과거에 살았던 사람들보다 훨씬 뛰어나다. 이렇게 부단히 증가하고 쌓여가는 지식과 사상은 철학사나 사상사의 주요한 실마리다. '철학사'도 '철학 발전사'라 불릴 수 있고, '사상사' 역시 흔히 '사상 발전사'라고 불린다. 끝없이 층층이 쌓인 새로운 사상을 서술하고 부단히 파생되어 나타나는 새로운 사람들의 명단이 바로 철학사가 혹은 사상사가의 책임이 된다. 이렇게 보면 사상사는 점점 더 커지는 한 줄기 강을 방불케 하며, 역대의 새로운 사상가들은 횡행하는 지류들을 방불케 한다. 그리하여 사상사는 '강과 바다는 작은 시냇물도 버리지 않는다'는 기개로 이들을 받아들여, 시간에 따라 거대한 흐름을 이루며 하류로 갈수록 물은 점점 더 많아지는 것과 같다. 마치 부르스틴Daniel J. Boorstin이 말한 것처럼, 역사가는 늘 "과거를 일종의 결과로 보며 역사를 수많은 결과로 본다".[1] 사상사는 이렇게 의미 있게 여겨진 새로운 것들을 한 무더기의 나무처럼 쌓아 나열해놓고서 이를 사상사의 '진보' '발전' 혹은 '변화 발전'이라고 말한다. 나는 이러한 사상사의 서술 과정을 '더하기'라고 부른다.

몇 가지 사례

그러나 우리는 사상사의 실제적인 역사 안에 더하기만 있는 것이 아니라 빼기도 있다는 것에 유의해야 한다. 이른바 '빼기subtraction'란 역사 과정과 역사 기술이라는 두 가지 측면에서 말하는 것으로서, 이지理智와 도덕으로 인해 소멸되고 삭제된 사상과 관념, 그리고 과거의 사상사가 지나치게 '더하기'만 사용하고 '빼기'는 드물게 사용함으로써 소실된 지식 · 사상과 신앙 등을 가리킨다. 여기에는 야만적이라거나 낙후되었다거나 또 황당하다거나 음란하다는 이유로 배척당하여 점차 '주변화' 되고 '비밀화' 되어 갔던 과정도 포함된다. 바로 이러한 사상 혹은 관념이 주류 사회와 상층 엘리트 안에서 점차 감소되고 소실되는 과정 속에서 우리는 과거에 은폐된 역사를 엿볼 수 있고, 또 고대 중국의 세속적 황권과 주류적인 이데올로기가 어떻게 큰 어려움 없이 이단을 '굴복'[2]시킬 수 있었는지도 알게 된다. 예컨대 어떤 관념은 소실되고 어떤 습속은 바뀌어 없어지며, 어떤 신앙은 점차 이성화되는 인간에게 경시되고, 또 삶의 토대를 잃어버린 일부 의례들은 무용한 것으로 여겨져 폐기된다. 이렇게 소실되고 바뀌어 없어지고 무시되고 폐기되는 것들의 배후에는 심오한 지식과 사상적 배경이 있다. 이 때 역사 서술이란 마치 거르는 체와 같은 것으로서, 역사를 서술하는 사람의 시야에 들지 못한 것은 마치 입자가 거칠어 체를 통과하지 못한 것과 같으며, 체로 거를수록 역사는 더욱 줄어들게 된다.

앞에서 말한[(1)] 유학사에서의 공문孔門 칠십자七十子의 소실은 대체 어떻게 된 것일까? 이와 관련하여 토론할 만한 가치가 있는 것이 있다. 최근 마왕퇴馬王堆의 발굴로부터 상해박물관이 수장하고 있는 초간楚簡의 발견에 이르기까지, 간백簡帛 문헌이 연구자들을 흥분시키는 이유는 바로 『황제서黃帝書』 『손빈孫臏』 『할관사鶡冠

(1) 제4절의 4 대목에 이에 대한 언급이 있다.

子』『문자文子』『위료자尉繚子』, 그리고 유문儒門의 '칠십자七十子' 등 그간 결여되었던 고리를 '보탤' 수 있기 때문이다. 그러나 도대체 왜 우리는 사상의 역사 혹은 문헌의 역사에서 어떤 이유로 '빠지게' 되는가는 논하지 않았는가? 예를 들어, 언어와 세계의 관계에 대한 전문적인 토론, 나아가 이런 토론을 통하여 '도'의 존재 양상을 탐구했던 사고 방식 등을 보면, 본래 고대 중국에는 언어와 세계의 관계라는 문제에 대한 매우 뛰어나고도 간단명료한 논의들이 있었음을 알 수 있다. 남아 있는 공손룡·혜시의 자료나 상해박물관에 소장된 죽간본『항선恒先』과 같은 자료는 순수 부호에의 관심과 중시가 전국 시대에도 적지 않았음을 알려주는데, 그렇다면 이러한 사상은 왜 후대에 점차 소실되었을까? 이들이 일찍이 '명가名家'라고 명명되었다는 사실을 떠올린다면, 그것이 위진 시대에 '명名'과 '도道'의 관계에 대한 토론에서 어떻게 점차 인물과 명실을 품평하는 저작의 코드로 바뀌게 되었는지를 상상할 수 있을 것이다.

고고학적 발견을 '발견'이라고 부르는 이유는 바로 고대의 여러 가지가 후대에 소실되었다가 현대에 다시 고고학자들에 의하여 새로이 발굴되기 때문인데, 그렇다면 그들이 왜 역사에서 사라지게 되었는지도 생각해볼 수 있지 않을까? 트로츠키(Leon Trotsky, 1879-1940)는 일찍이 "역사의 원인은 우연한 일들의 자연 도태 과정 중에서 저절로 굴절되어 나오는 것"[3]이라고 말했다. 그러나 사실 '역사적 원인'이란 늘 후대의 선택적이고 합리적인 해석이며, 그것은 많은 '우연적' 상황을 '도태' 시켜 버린 후에 비로소 성립되고 드러날 수 있는 것이다. 그렇다면 우리들이 이러한 '빠뜨려진' 것들을 다시금 역사 안으로 집어넣으려 할 때 역사는 다른 여러 가지 해석의 가능성을 획득하지 않겠는가?

2

그라네Marcel Granet가 협곡의 회맹頰谷之會에서 발견한 의문

당연히 우리는 현재의 입장에 서서 역사를 되돌아본다. 우리가 현재 따르고 의지하는 것은 현대인들의 몇몇 관념이고, 이 관념은 현대 사회에서는 논증할 필요도 없는 합리성을 가지고 있다. 예컨대 '문명' 과 '이성' · 생명 존중 · 도덕에 대한 외경 · 낡은 습관에 대한 경시 · 자유에 대한 존중 등이 그것이다. 그런데 현대인들은 사상사를 쓸 때 이러한 이해의 맥락 안에서 후대에 마련된 관념을 가지고 과거의 역사를 서술하곤 한다. 이런 식의 역사 서술에서 사상사가들은 현대의 관념과 가까운 것을 합리적인 사상이라 여기며, 거기에 '진보' '발전' 이라는 칭호를 붙이면서 사상사를 저술하곤 한다. 그러나 이러한 합리성은 후대에 마련된 관점에서 역사를 관찰하게 하며, 나아가 이미 짜여진 역사를 쓰게 할 수 있다는 사실을 쉽게 간과한다. 또한 고대 사상사에서 잘려나가고 소홀히 다루어졌던 부분을 통해서 현대인들이 보기에는 '비문명적이고' '비이성적인' 것도 당시에는 합리적이고 정당하며 심지어 신성하게 여겨졌음을 알게 된다. 하나의 예를 들어보자. 마

르셀 그라네Marcel Granet는 중국의 경학가와 역사가들이 의도적으로 회피하고 잊으려 했던 한 가지 사건에 주목하였는데, 그것은 바로 『춘추곡량전』 노정공魯定公 10년에 기록된 협곡의 회맹頰谷之會이다. 『춘추곡량전』 정공 10년의 전문傳文에는 다음과 같이 기록되어 있다. "협곡의 회맹에서 공자는 회맹의 예를 도왔다. 두 나라의 군주가 토대에 오르고 양국의 예를 돕는 이들도 서로 읍하였다. …… 제나라에서 또 광대를 시켜 노나라 정공의 휘장 아래에서 춤을 추게 하였다. 공자가 말하기를, '군주를 희롱하는 자는 마땅히 죽여야 합니다.' 이에 사마司馬에게 명하여 군법을 집행하게 하였으며 머리를 베어 머리와 발을 각각 다른 곳에 버리게 하였다". 이 사건은 『사기』 「노주공세가魯周公世家」에도 다음과 같이 기록되어 있다. "(정공) 10년, 정공과 제 경공이 협곡에서 회맹하였는데 공자가 수행하면서 행사를 도왔다. 제나라가 노나라 군주를 습격하려고 하니 공자가 예의에 맞게 계단을 올라 제나라의 음란한 음악을 성토하였다. 그러자 제후齊侯가 두려워 곧 그치게 하였고, 노나라로부터 빼앗은 땅을 돌려주며 사과하였다". 『사기』 「공자세가」에도 이 사건이 기록되어 있고, 앞의 두 기록보다 더 상세하다. 제나라의 "광대와 난장이가 재주를 부리며 앞으로 나왔다優倡侏儒爲戲而前"고 기록하였고, 공자는 이에 "한 발에 한 계단씩 빠른 걸음으로 대에 오르더니 마지막 한 계단을 오르지 않고서 말하기를 '필부로서 제후를 현혹하는 자는 마땅히 처형해야 합니다. 처형을 명하시기를 청합니다' 라고 하였다. 이에 관리가 그들에게 법대로 처벌하여 수족을 각각 다른 곳에 버리게 하였다"라고 되어 있다. 그라네는 묻는다. 왜 이 제로齊魯의 회맹에서 공자는 광대를 참수하도록 명령을 내리려 했는가? 왜 광대를 죽인 후에 '머리와 발을 각각 따로 버리게' 했는가?[4] 그라네의 의문을 보면서 정말 이상한 것은 이 사건 자체가 아니라, 이에 대한 기사가 『공양전』과 『좌전』에는 실리지 않았다는 것과 범녕范寧의 주注와 양사훈楊士勛의 소疏에도 해석이 되어 있지 않다는 사실이다. 더 이상한 것은, 『곡량전』과 『사기』에 기재된 이 사건에 대해 왜 송대의 가현옹家鉉翁과 주희가 특별히 해석을 하면서 유가의 정의에 입각하여 그 정당성을 설명했는가 하는 것이다. 그밖에, 유자였던 황중염黃仲炎과 왕초王樵는 성인의 명의名義를 들어 분노하면서 이 기재의 신뢰성을 질책하고 있다. 또 유난히 역사적 증거를 중시했던 최술崔述과 같은 청대의 유자가 이런 상황을 보고는 왜 『수사고신록洙泗考信錄』에서 오히려 고대의 증거 — 더욱이 경전의 증거 — 를 믿지 않고 성인이 이렇게 잔혹한 일을 했을 리가 없다고 했는가? 청대 황제의 명의로 편찬된 경전 주석서인 『흠정춘추전설휘찬欽定春秋傳說彙纂』에서는 왜 또 이러한 의심스러운 관점을 그대로 지지하려 했는가?[5] 만일 후대의 관념을 가지고 역사를 기재한다면 '협곡의 회맹'은 역사의 체에서 걸러져 버려지게 될 것이다. 그리하여 우리는 이에 대하여 주의를 기울이지 못하게 되며, 이를 그저 우연한 망각이라고 여길 것이다.[6]

과거의 사상사는 바로 이런 식이다. 사상사 안에 '협곡의 회맹'과 관련된 그림자는 없으며, 공자가 광대를 참수하여 머리와 발을 각각 따로 버리게 한 사건은 더더욱 없으니 토론의 여지조차 없다. 그러나 그라네는 여기에서 시작하여 고대 중국의 무도와 제사 안에 본래 포함되어 있던 것이 이성화된 역사에 의해 감추어져 갔던 역사를 추리해나가고 있다. 이 역사는 고대의 흔고釁鼓 · 흔종釁鍾으로부터 송대의 '살인제귀(殺人祭鬼 : 사람을 죽여서 귀신에게 제사지낸다)'의 풍속에 이르기까지 그 맥락이 이어지는 것이며, 장기간 연속되었던 이러한 분위기와 관습의 배후에는 분명히 그 합리성을 지지하는 관념이 있었을 것이다. 그러나 이 관념은 사상사에서 제기되거나 토론된 적이 없다.

물관物官과 박물 전통의 소실은 무엇을 설명하는가?

그라네의 연구와 마찬가지로, 타이완의 두정셩杜正勝은 최근에 발표한「고대 괴물의 연구 : 일종의 심성사와 문화사적 연구(古代怪物之研究 : 一種心態史與文化史的硏究)」라는 글에서 고대에는 본래 '물관物官'이라는 것이 있었으리라고 말했다. 그는『좌전』소공 29년 채묵蔡墨의 다음과 같은 말을 인용한다. "무릇 세상 모든 것에는 그것을 맡는 관官이 있고 이 관은 그 기술方을 닦아 조석으로 관무를 잘 수행할 것을 생각한다. 일단 그 직책을 다 하지 못하면 죽음이 닥친다". 여기에서 말하는 '기술方'이란 두예杜預의 주에 따르면 '법술法術'이다.『좌전』희공 5년[2]에는 "무릇 춘분 · 추분 · 동지 · 하지 · 입춘 · 입하 · 입추 · 입동에는 반드시 구름의 기운을

(2) 본래 소공 17년이라고 되어 있으나 역자가 찾아본 결과 이 구절은 희공 5년에 나오는 구절이므로 수정하였다.

기록하는데, (이는 만일에) 대비하기 위해서였다"[3]라는 기록이 있다. 이에 대한 두예의 주에서 말하기를 "평소에 불길한 것과 상서로운 것을 살피는 것은 미리 그것에 잘 대비하기 위한 것이다(素察妖祥, 逆爲之備)"라고 하였다. 이렇듯 '물物'에 대하여 관찰, 조사하고 방비하였으며 심지어 전문 관직 마저 두었으니, 그 배후에는 옛 사람들의 만물에 대한 이해와 처리 방식이 있었던 것이다. 하대夏代에는 "큰 솥을 만들어 여러 가지 모양을 새겨 넣어 모든 것이 다 그 솥에 나타나도록 함으로써 백성들로 하여금 악귀를 알게 했었다. 그리하여 백성들이 천택이나 산림에 들어가면서도 좋지 않은 것을 피해서 만나지 않았고 산천의 괴물이 백성들을 만나 해칠 수가 없었다"[7]고 하는 전설이 있었는데, 이는 바로 고대 전설 중에서 신기한 기물이라 일컬어졌던 구정九鼎이다. 구정이 왜 그렇게 중요했는가? 그 원인은 바로 거기에 '물物'이 그려져 있기 때문이고, 이러한 물상의 배후에는 일련의 지식과 그 지식을 처리하는 권력이 있기 때문이다. 왕이 이런 지식과 권력을 가지고 있었으므로 구정은 왕권을 상징하는 물건이 되었다. 그 시대의 관념세계에서는 이러한 실용적인 지식이 매우 중요한 것이었음이 분명하다. 『국어』「노어魯語」(하下)에는 계환자季桓子가 우물을 파다가 양羊 모양을 한 물건을 얻었는데, 이상하다 여겨 공자에게 사람을 보내면서 우물을 파다가 개 한 마리를 얻었다고, 즉 양이 아니

〈3〉"凡分・至・啓 閉, 必書雲物, 爲備故也."

라 개라고 말하라고 시켰다. 이는 공자를 한 번 시험해보려는 것이었다. 그러나 공자는 아마 양일 것이라고 하며, "제가 듣기로는 목석으로 된 괴이한 것을 기夔·망량蛧蜽이라 하고, 흙으로 된 괴이한 물건을 분양羵羊이라 합니다"라고 답하였다. 이를 보면 이러한 지식이 매우 중요했음을 알 수 있다. 『산해경山海經』『박물지博物志』로부터 『백택정괴도白澤精怪圖』〈4〉에 이르기까지의 일련의 전적은 아마도 이러한 지식의 배경과 박물 전통으로부터 나왔던 것이라 생각된다. 그러나 이러한 '물物'에 대한 옛 지식과 '박물'의 전통적인 분위기는 후대에 왜 고대의 물관物官과 더불어 사라져 버렸는가? 그 배후에는 감추어진 관념의 변화가 있는 것이 아닐까?

도교사에서 소실된 도탄재塗炭齋와 과도의過度儀

최근에 나는 육조 시기의 도교사를 연구하면서 도교 가운데 역사에서 빠져버린 의식들, 예를 들어 도탄재塗炭齋〈5〉·과도의過度儀〈6〉

〈4〉 백택(白澤)이란 전설상의 신수(神獸)로 천하의 모든 악귀들의 이름과 형상 및 그것을 쫓을 수 있는 방술(方術)을 안다고 하여 일찍부터 축귀의 신이나 상서(祥瑞)로서 받들어졌다. 특히 중고 시기에는 백택에 대한 존숭이 매우 융숭했다고 한다. 당시 『백택도(白澤圖)』 혹은 『백택정귀도(白澤精鬼圖)』는 매우 유행하여, 거의 모든 집에 모든 이들이 하나씩 가지고 있었을 정도였다. 책 안에는 각종 신선이나 요괴의 이름, 형상과 축귀의 방법이 기록되어 있고, 그 그림이 그려져 있어 사람들이 괴물을 만나기만 하면 그림을 보고 찾을 수 있었다.

〈5〉 도탄재(塗炭齋)는 도교의 결재(潔齋) 방법의 하나로, 도탄이란 진흙과 재를 말한다. 진흙 속에서 전신을 뒹굴며 얼굴엔 재를 바르는데, 여기에는 고통을 체험함으로써 죄를 면하고 재액을 없애고자 하는 의미가 있다고 한다.

〈6〉 과도의(過度儀)란 주로 한위·육조 시대의 도교에서 행하던 의식으로, 남녀의 성교를 일종의 기복(祈福)·양재(禳災)를 위한 공개적인 종교 의례로서 거행했던 것이다. 진대(晉代) 이래 불교에 의하여 지탄의 대상이 되었으며, 수당 이후에는 더 이상 공적인 의식이 아니라 점차 개인적이고 비밀스러운 지식으로 변화되었다.

와 같은 것이 왜 역사 서술에서 점차 소실되었는가 하는 문제를 생각했다. 그 안에는 깊은 의미가 있다. 이는 다음의 문제와 같은 이치이다. 즉, 당대에는 여전히 성의 기교나 성문학과 같은 '성性'의 문제를 공개적으로 이야기했고, 송대에는 여전히 공개적으로 여자의 나체 씨름을 거행했는데, 후대 엘리트들의 담론 체계 안에서는 왜 이런 것들이 점차 소실되어버렸는가? 이 배후에는 어떠한 관념이 작용하는 것이며 이러한 관념은 마땅히 사상사의 내용이 되어야만 하는 것이 아닐까?[8] 이는 토론할 만한 가치가 있는 문제다. 이러한 역사의 '빼기'는 사실 역사에서 어떠한 것이 사라진 게 아니라 방금 말했던 것처럼 후대인들이 나중에 생겨난 관념에 따라 많은 역사를 빼버림으로써 역사를 단편적인 것으로 변화시키고, 그런 후에 다시 그 단편들을 연결시켰기 때문에 나타나는 현상이다. 이는 마치 필름 조각들을 잘라 연결하여 한 편의 영화를 만드는 것과 같다. 그렇다면 우리는 창고에 버려진 필름 조각들을 다시 집어 와서 당시의 모든 화면들을 볼 수 있지 않을까? 예컨대 도교사에 존재했던 과도의와 도탄재는 후대에 자취도 없이 사라져버렸는데, 이는 당시 일반인들 혹은 종교 신사들의 종교·신체·성도덕 등에 관한 보편적인 관념을 나타낸다. 그것은 사상사에서 마땅히 토론되어야 할 문제가 아닌가? 후스胡適와 양롄성楊聯陞이 1955년부터 왕래했던 서신에서 육조 시대에 자신을 때리고 머리를 땅에다 치는自搏叩首 것을 주요 내용으로 하는 도탄재에 대하여 열띤 토론을 벌였다. 그 후 1960년과 1962년, 양롄성이 연달아 두 편의 논문을 써서 이미 소실된 도교의 의식을 토론했는데,

비록 직접 이러한 연구의 관념적 배경을 설명해내지는 못했다고 하더라도 이들은 상당한 안목이 있었다고 해야 할 것이다.[9]

3

잃어버려진 역사가 '발견' 됨

근래 고고학은 매우 인기가 높다. 왜냐하면 고고학적 발견은 본래 고대에 이러한 사물이나 문화, 그리고 그같은 오묘함이 있었던가 하고 종종 사람들을 경탄시키기 때문이며, 또 우리의 과거 기억과 문헌 중에는 이러한 전통과 문화가 없기 때문이다. 사실 문헌 안에는 상당히 많은 양의 단역 배우와 같은 자료들이 사라져 남아 있지 않은데, 그 이유는 전통적인 역사 관념에 따르면 이런 자료들이 역사 서술의 어디에도 끼어들어갈 방법이 없기 때문이다. 그러나 이는 마치 『세설신어世說新語』에서 말하는 '톱밥' 이나 '대나무 조각더미' 와 같이[10] 당장은 무용한 듯 하지만 상당히 유용한 것이다.⟨7⟩ 과거 우리의 역사 관념은 이미 무엇을 서술해야 하는 것인지, 무엇은 가치가 없는 것인지를 먼저 결정하고 있었다. 그러므로

⟨7⟩ 도간(陶侃)이 형주자사(荊州刺史)로 있을 때, 배 만드는 관리에게 명하여 톱밥을 모으라고 했는데 모두들 그 의도를 이해하지 못했다. 후에 신년 조회식을 거행하게 되었는데 마침 쌓였던 눈이 녹아 질퍽거리자 톱밥을 덮었더니 전혀 문제가 없게 되었다. 관청에서 대나무를 사용할 때도 그 조각을 모두 모으게 하여 산더미처럼 쌓아 두었는데 후에 환온(桓溫)이 촉을 정벌하며 배에 장치를 할 때 그것으로 대못을 만들어 썼다고 한다. 김장환 역주, 『세설신어(上)』(살림, 1996)를 참고하여 요약하였다.

가치가 없다고 판결을 받은 것은 설계된 틀의 역사 장절 안에서 끼어들어갈 자리를 찾지 못한다. 설사 어떤 사람이 그것을 써야겠다고 생각해도 어디에다 써야 좋을지 알 수가 없다. 그러나 만약 역사 서술에 대한 관념에 변화가 생긴나년 이러한 '단역 같은 폐품'은 갑자기 가치가 높아질 것이다. 이는 바로 『국어』에 기록된 '절지천통絶地天通'⟨8⟩이라는 구절이 장광즈張光直 선생에 의하여 반복 인용된 이후에[11] 사람들이 돌연 이것은 축의 시대의 어떤 문화 현상에 부합할 수 있으리라는 점을 발견하게 되어, 각종 역사 서술에 반복적으로 인용되는 것과 마찬가지이다. '주변'과 '중심'도 사실 보는 사람의 위치에 따라 결정되는 것일 뿐이다. 산 속에 있는 사람이 분명히 보지 못하는 것을 산 밖에 있는 사람은 분명히 볼 수 있고, 누군가 창 안에서 머리를 내밀고 바깥을 내다보는 것은 창밖의 풍경이지만, 바깥에서 풍경을 보는 사람의 입장에서는 누군가 머리를 내밀었던 그 창문 역시 하나의 풍경이 된다.

물론 많은 것을 회복시킬 수는 없고, 그 소실을 되돌릴 수도 없다. 많은 것이 사라지면서 많은 배후의 관념적 내용도 같이 사라져 버렸다. 그러므로 어떤 고대의 관념은 우리가 영원히 알 수 없을지도 모른다. 이미 사라졌다고는 해도 이러한 지식과 사상은 예전에

⟨8⟩ 『국어(國語)』「초어(楚語)」에 초소왕(楚昭王)과 관역보(觀射父)의 대화에서 『상서(尙書)』「여형(呂刑)」편에 나오는 '절지천통(絶地天通 : 지상의 인간이 하늘의 신들과 통하는 것을 단절시킴)'의 의미를 논하는 대목이 있다.

는 실정에 부합하였고 합리적이었으며, 심지어 신성한 사상의 컨텍스트이기도 하였다. 그러나 우리가 이미 폐기되고 주변으로 사라진 자료들을 조심스럽게 발굴한다면 어느 정도는 '빠뜨려진' 역사를 발견할 수 있을 것이다. 예를 들자면, 장사長沙 자탄고子彈庫의 초서楚書에 있는 12개의 신인神人 형상이라거나 고대의 성점星占·운기점雲氣占과 같은 일련의 사고 방식이나 고대 중국 도교의 군사화된 조직 같은 것을 생각해볼 수 있다. 우리는 발굴을 통하여 어느 정도는 역사의 도상을 복원할 수 있다. 이렇듯 거칠게나마 복원된 도상들을 통하여 그런 것의 존재가 여전히 합리성을 지니던 시대를 상상해보자. 그 시대의 관념과 오늘날의 관념은 다소 차이가 있을 것이고 그 '차이' 가 바로 사상의 역사를 이루는 것이 아니겠는가. 한 번 다음과 같은 것을 상상해보자. 만일 중국 의학의 지식들이 오늘날 넘쳐나는 서양 의학의 홍수 속에서 점차 사라진다면, 수 세기 이후의 중국인들은 음양오행의 지식 체계 안에 있던 기술이 일찍이 많은 이들의 믿음의 대상이었고 확실히 질병을 치료할 수 있었다는 사실을 알 수 있을 것인가? 그 시대의 사람들은 자료 가운데에서 이런 오랜 관념들을 새로이 발굴하고 이 시대의 의료·신체·우주에 대한 지식을 새로이 조합해내며, 이러한 관념 세계 안의 사람들이 중의약에 대하여 가졌던 신뢰를 다시 체험해야 비로소 역사에서 사라져버린 경맥經脈·행기行氣·음양·오행 등을 이해할 수 있고, 이것이 일찍이 어떤 시기에 분명히 사람들의 지배적인 관념이었음을 알 수 있을 것이다.

문명의 나아감과 야만화된 풍속

현대의 눈으로 보기에 '문명적이지 않은' 지식 · 사상 · 신앙이 역사 안에서 완전히 그 흔적을 잃어버리지는 않았으며, '빠뜨려진' 것이라고 해서 모두 '야만적인' 것도 아니다. 현대인들이 '문명적' 이라고 여기는 것은 '지금의 눈으로 과거를 본' 판단 결과다. 하나의 유명한 예가 바로 화장火葬의 성행과 쇠퇴다. 불교가 도래한 이후 불교를 믿는 사람들은 점차 화장에 익숙해졌고, 수당 시기에는 비단 승려들만 화장하여 탑을 만드는 것이 아니라 속인들도 역시 적지 않은 사람들이 화장을 택했다. 그러나 송대가 되자 전통적 중국의 상장喪葬 관념은 유학가와 이학가, 예를 들면 사마광 · 정이 · 주희 등의 새로운 해석 하에서 가치를 새로이 인정받게 되었다. 그리하여 토장土葬은 '문명적이지 못한 것' 으로부터 실정과 이치에 부합하는 '문명적인 것' 이 되었고, 불교를 믿는 사람들의 생각 속에서 문명적인 방식이었던 화장은 '야만적인 것' 으로 변해가면서 점차 역사의 시야에서 사라져버렸다. 청대 만주족이 중원에 들어오기 이전, 그들의 황실은 화장을 하고 있었고 이는 그들이 보기에 문명적이지 못한 것이 아니었다. 그러나 입관⟨9⟩ 이후 만청滿淸 황실에서는 화장의 역사를 깊이 숨겨 누설하지 않았고, 이는 중국 역사학자들의 발굴에 의하여 비로소 밝혀지게 되었다. 그렇다면 '화장' 이 점차 사라지는 과정에는 관념사의 변화가 있는 것이 아니겠는가? '화장' 이 다시금 '문명적인 것' 으로 변

⟨9⟩ 입관(入關)이란 만청(滿淸)이 산해관(山海關)을 넘어 중원으로 들어왔다는 것이다.

해가는 과정에는 사상사의 굴절이 있는 것이 아닐까?

이와 마찬가지로 재미있는 예가 하나 있다. 우리는 과거에 종종 경멸을 담은 투로 고대 일본의 노인 버리는 풍속을 화제 삼았는데, 그 배후의 자부감은 바로 중국의 경로·존로 전통이다. 그러나 이러한 상상은 그다지 근거가 없다. 봉양을 포기하는 풍속은 고대 중국에도 역시 존재하고 있었으며, 사료에는 송대 초기에도 무승군武勝軍·서천西川·산남山南의 여러 주州 등 일부 지역에서 여전히 "한 집안에 질병이 있는 자는 부모 친척이라 하더라도 모두 버리고 음식이나 의약을 제공하지 않아 병환이 있는 자들은 대개 기갈로 인하여 죽었다. 이런 풍속이 오래 되었으니 근심되는 바가 매우 깊다"고 기재되어 있다. 아마 이런 풍속은 상당히 역사가 오랜 것이며, 따라서 문헌에서도 "여전히 옛 습속대로 부모와 골육이 질병에 걸려도 많은 이들이 보살피거나 치료해드리지 않는다"고 한 것이다. 과거 우리들 모두 그런 줄만 알고 있던 예로부터의 화기애애한 가족 관계는 문헌에 기재된 바와는 달랐다. "개와 말도 오히려 공양할 줄은 아는데 부자父子가 어찌 다른 곳에서 살겠는가"라는 말을 모두들 알고 있었지만, 실제 사회 생활에서는 오히려 "백성 가운데 조부모와 부모가 살아계신 경우, 자손은 호적을 따로 하고 재산을 나누어 같이 기거하지 않는"[13] 것이었다. 그리하여 당시 조정과 사인士人들을 근심스럽게 하였고 조정에서 반복하여 조서를 내렸으며, 게다가 가족 윤리를 어렵게 새로 세우면서 비로소 이러한 '오랜 습속'이 점차 사라졌던 것이다. 그렇다면, 우리가 다시 이러한 '오랜 습속'을 새로이 발굴했을 때, 우리는 역사의 정면 뒤에 감추어진 배후의 이야기를 볼 수 있는 것이 아닐까?

물론 어떤 시대든 그 시대 나름의 관념이 있고, 관념의 합리성은 그 시대 사람들이 그것을 수긍하고 수용하는가의 여부에 달려 있다. 다음과 같은 것을 한 번 살펴보자. 과거에 '보허步虛'〈10〉는 왜 제사 의식의 음악이 되었는가? '우보禹步'〈11〉는 어떻게 신비한 역량을 갖게 되었는가? 단지 현대 서구인들이 말하는 '원시 사유'〈12〉나 '교감 무술'〈13〉이라는 것으로는 해석할 방법이 없다. '도교의 섭생법服食'은 어떻게 수명을 연장시킬 수 있다고 믿게 만드는가? '행산行散'〈14〉은 어떻게 해독할 수 있다고 느끼게 하는가? 현

〈10〉 도사가 재초 의식을 거행할 때 연주하는 음악을 보허음악(步虛音樂)이라고 하는데, 그 가사를 보허(步虛)·보허성(步虛聲)·보허사(步虛詞)라고 한다. 그 내용은 신에 대한 찬송과 기도이며, 보허의 선율은 부드럽기가 마치 여러 신선들의 비단 자락이 너울대는 아득하고 그 보행은 마치 허공에 떠서 걷는 듯하여 '보허(步虛)'라는 이름을 붙인 것이다

〈11〉 우보(禹步)란 도사들이 신들에게 기도하는 의식 중에 종종 사용하는 일종의 걸음걸이이다. 하나라의 우임금이 만들었다고 전해지므로 우보라고 한다. 북두칠성이 배열된 위치에 따라 행보가 이루어지는데, 신령을 부를 수도 있고 북두칠성의 신기를 얻을 수도 있으며 사악한 기운을 쫓을 수도 있다고 믿어진다.

〈12〉 저자가 무엇을 지적하여 말한 것인지 밝히지 않고 있지만 아마도 레비 브륄이 언급했던 '미개인의 사유'를 말하는 것이 아닌가 짐작된다.

〈13〉 '교감 무술'은 아마도 제임스 프레이저가 말하는 주술의 두 유형인 유사 주술(homeopathic magic)과 접촉 주술(contagious magic) 모두를 포함하여 말하는 것이 아닌가 한다. 이 두 유형 모두 교감(sympathy)을 바탕으로 하는 것이므로 교감적 주술 행위라고 할 수 있다.

대 의약학의 지식으로는 결코 이해할 수가 없는 것이다. 고대에는 수많은 지식 · 사상과 신앙이 있었는데, '이성' '문명' '도덕' 등 후대의 관념에 의하여 점차 은폐되거나 도시 문화와 지식층에 의하여 점차 생활 세계의 주변으로 배제되어, 역사로부터 사라지게 되었다. 그렇다면 사상사는 그러한 것들이 존재했던 시대에 그것이 왜 보편적으로 받아들여졌는지를 마땅히 생각해야 하지 않겠는가? 그것이 여전히 상식으로 나날이 이용되며 의식하지도 못한 채 받아들여진 시대라면, 그 시대의 사상은 오늘날의 사상과 크게 다르지 않겠는가? 이러한 차이는 마땅히 사상사가 기술해야 하는 과정이 아닌가?

나는 사상사가 '더하기'에 쏟았던 주의력을 적당한 선에서 이러한 '빼기'로 이동시켜야 한다고 생각한다. 이렇게 의도적으로 혹은 무의식적으로 점차 잊혀져갔던 것, 주변화되었던 것, 역사 기억의 심층과 사회 생활의 비밀스런 곳으로 밀려났던 것들이 왜 이러한 운명에 처하게 되었는가를 생각해보자. 이러한 발굴을 통해서 사라진 역사의 일부는 마치 고분에서 어떤 기물의 파편들이 발굴되는 것과 같이 다시 인양되어 나올 수 있을 것이다. 그런 것들이 다시 조합될 때 우리는 역사의 진면목을 발견할 수 있을지도

〈14〉 위진 남북조 시대의 사대부들은 오석산(五石散), 일명 한식산(寒食散)을 즐겨 복용했는데 복용한 후에 반드시 걸어 다녀야 비로소 약의 성분이 퍼져서 약효가 발휘된다고 하여 '행산(行散)'이라고 불렀다고 한다.

모른다. 헤이든 화이트Hayden White가 말하기를, 전통적 역사학자들은 독자들로 하여금 다시 과거에 익숙하도록 만드는 데 비하여, 푸코는 과거를 사람들에게 낯설게 만들려고 노력한다고 하였다.[14] 그렇게 점차 '역사'에 의하여 빠뜨려진 것이 일단 다시 역사로 들어오게 되면, 사람들은 역사에 대해 '낯설게' 되지 않을까? 어쩌면 과거의 역사 서술은 이미 사람들에게 익숙한 사상사의 컨텍스트를 형성하여 낯선 느낌이나 호기심이 없어지게 만들었는지도 모른다. 만약 이렇게 충만한 이데올로기나 학과 체제의 컨텍스트에서 벗어나려면 이제 마땅히 역사와 역사가들에 의해 빠뜨려진 단편들을 건져 올려 다시금 '낯설게 만듦'으로써, 우리의 사상사가 기존의 것과는 다른 컨텍스트를 갖도록 해야 하지 않겠는가?[15]

4

'더하기'와 '빼기'는 대립이 아니라 오히려 역사의 양면이다

사실 '더하기'는 역사에서 부단히 분출되어 나타나는 것이고 '빼기'는 역사에서 부단히 소실되어가는 것이다. 이 둘은 대립되는 것이 아니라 오히려 늘 하나의 사건이다. '문명'이 각종 생활 영역에서 '새로이' 정당성을 획득할 때 '문명이 아닌 것' 혹은 '야만'적인 것은 곧바로 '낡은' 것이 되어버리며 많은 생활 영역에서 점차 사라져버린다. 보머Franklin L. Baumer는 『유럽 근현대 지성사 : 연속과 변화의 관념, 1600-1950*Modern European Thought : Continuity and Change in Ideas, 1600-1950*』〈15〉의 「결어結語」에서 사상사

는 어떤 관념이 부단히 남겨지고 위대한 문명 건립을 돕는가 하는 것을 밝혀야 하며, 동시에 왜 어떠한 관념은 잠시 동안만 존재하는지, 혹은 왜 비문명과 상호 관련되는지를 밝힐 수 있어야 하고 또 마땅히 밝혀야만 한다고 말했다.[16] 나는 이것을 보고 뭔가 느끼는 바가 있었다. 우리의 사상사는 부단히 나타나는 '새로운' 사상 현상에만 과도하게 관심을 기울이고, 나날이 소실되어가는 '낡은' 사상 현상에는 너무 무관심한 것이 아닌가 하는 생각이 든다.

〈15〉 이 책의 한국어 번역본은 『유럽 근현대 지성사』(조호연 역, 현대지성사, 1999)이다.

주 | 註 |

1 다니엘 부르스틴(Daniel J. Boorstin)의 『감추어진 역사(*Hidden History*)』, 105쪽. 梅寅生 譯, 麥田出版, 2000.

2 이런 사고 방식을 나는 일찍이 초기 도교의 연구에 관한 연구에 적용하였다. 거자오광(葛兆光), 『굴복의 역사 및 기타 : 육조 도교의 사상사 연구(屈服史及其他 : 六朝道教的思想史硏究)』, 三聯書店, 2003.

3 바바라 투크만(Barbara W. Tuchman)의 저서인 *Practicing History*(『從史著論史學』) 라는 책에서 재인용했다. 梅寅生 譯, 久大文化公司, 臺北, 1990.

4 『곡량전』 정공 10年의 전(傳), 『十三經注疏』本, 2445쪽. 『사기』 권 33 「노주공세가」, 1544쪽. 권47 「공자세가」, 1915쪽. 그러나 『공양전』과 『좌전』은 모두 이를 기록하지 않았다. 그라네는 실마리를 따라 진상을 밝히려 많은 예를 들고 있다. 『좌전』 희공 19년, "송나라 군주인 공작은 주나라 문공을 시켜서 증(鄫)나라 군주인 자작을 차수(次睢)의 토지신에게 드리는 제사의 희생 제물에 쓰게 하다."와 같은 예를 들어, 이는 『사기』 「공자세가」 안에서 말하는, "우임금이 회계산에서 여러 신들을 불러 모았는데, 방풍씨가 늦게 오자 우임금이 그를 죽였다."라는 것과 일맥상통하는 습속이라고 지적하였다. 그는 "우리는 이 점에서 시작하여 당시 사회 상황 및 그 전설이 근거하는 바를 고찰할 수 있을 것이다. 만약 공자에 대하여 전(傳)을 만든 자를 고찰할 수가 있다면, 그들은 모두 이러한 살인과 시체를 갈라 오염, 즉 흉이나 불운을 없애고 권위를 세우려는 일이 나타난 것은 성인의 죽음보다 더 늦지 않음을 인정할 수 있을 것이다. 그리고 공자 이전에도 이미 이러한 일이 경전에 종종 나타난다는 것을 고찰한다면, 이 문제는 더 나아가 '어떤 이유로 공자는 이 관습적인 신앙에 따르면 안 되는가?' 라고 물을 수 있을 것이다." 李璜 譯, 「그라네와 사회학 방법(葛蘭言與社會學方法)」, 『프랑스 한학 논집(法國漢學論集)』 98쪽을 참조하라. 珠海書院, 香港, 1975.

5 이렇게 상식에 부합되지 않는다고 하여 신뢰할 수 없다고 여겼던 관념은 늦은 시기까지도 여전히 존재하고 있다. 예를 들면 일본의 와타나베 다카시(渡邊卓, 1912-1971)은 「공자 설화의 사상사적 연구(孔子說話の思想史的硏究)」라는 책의 첫 부분에 '협곡의 회맹' 을 다루고 있는데, 그는 이 이야기를 신뢰할 수 없는 전설로 취급하

고 있다. 그는 "이 이야기의 허구성에 관하여 이미 황중염, 황초와 같은 유가적 편견을 가진 이들의 설이 있었다. 그러나 이들이 유가적 편견을 가졌다고 하더라도 비교적 타당한 비판을 하였다. 그리고 청대 흠정의 주석서 역시 이 설을 지지하였다."라고 했다. 그가 말하는 청대의 주석이 바로 『흠정춘추전설휘찬(欽定春秋傳說彙纂)』 정공 10년의 기재이다. 와타나베 다카시(渡邊卓)의 문장은 그의 유저(遺著)인 『고대중국사상의 연구(古代中國思想の硏究)』, 제2편 제1장에 실려 있다. 創文社, 1973.

6 같은 예를 추시구이(裘錫圭), 「장자 살해 연구(殺首子解)」에서 참고할 수 있다. 『中國文化』 제9기, 香港, 中華書局, 1994. 이 문장에서 논하는 것이 『묵자(墨子)』의 「절장(節葬)」·「노문(魯問)」 안의 한 대목으로, 남방 어떤 나라의 습속인 "그 장자가 태어나면 갈라서 먹는다"는 내용이다. 그는 『한서(漢書)』 「원후전(元后傳)」·『후한서(後漢書)』 「남만전(南蠻傳)」에 모두 유사한 기재가 있다고 지적하였고, 『한비자(韓非子)』 「이병(二柄)」·「십과(十過)」안에서 제환공 때에 "역아가 그 장자를 삶아서 바쳤다"라고 한 기록을 연결하여 논하고 있다. 추시구이(裘錫圭) 선생은 이것이 아마도 고대 중국에 있었던 일종의 종교적 습속으로 새로운 것을 맛보는 것·새 것을 희생제물로 바치는 것과 같은 행위일 것이라고 보고 있다.

7 『좌전(左傳)』 선공(宣公) 3년, 中華書局影印本 『十三經注疏』本, 1868쪽.

8 거자오광(葛兆光), 『굴복의 역사 및 기타 : 육조 도교의 사상사 연구(屈服史及其他 : 六朝道教的思想史硏究)』를 참조하라. 三聯書店, 北京, 2003.

9 양롄셩(楊聯陞)의 「도교의 자박과 불교의 자복(道教之自搏與佛教之自扑)」·「보론(補論)」 및 「노군음송계경교석(老君音誦誡經校釋)」은 모두 『楊聯陞論文集』, 15-32쪽에 실려 있다. 中國社會科學出版社, 1992. 이에 관한 후스(胡適)와의 토론은 후스기념관(胡適紀念館)에서 편찬한 『학문을 논하고 시를 이야기 한 이십년 : 후스와 양롄셩의 왕래 서신(論學談詩二十年 : 胡適楊聯陞往來書札)』에 실려 있다. 聯經出版社業公司, 臺北, 1998.

10 『세설신어』·「정사(政事)·三」, 위자시(余嘉錫), 『世說新語箋疏』, 179쪽. 上海古籍出版社, 1996.

11 장광즈(張光直), 『상대의 무와 무술(商代的巫與巫術)』

12 다음의 자료를 참조하라. 孫應時 修, 鮑廉 增補, 盧績 續修 『琴川志』 권1에서 정이·사마광이 화장은 효친이라는 대의에 어긋난다는 비평을 한 것을 인용하고 있다. 또 호강(胡羌)의 풍속을 준수했던 것에 관한 것과 그 해당 지역에서 화장했던

풍속에 관한 기재는 『宋元方志叢刊』本, 1164쪽, 中華書局影印本, 또, 『宋史』「禮志」·『朱熹集』 권15 「勸諭榜」을 참조하라. 또 柳詒徵, 「火葬考」를 참조하라. 『史學雜誌』제1권 제3기, 1929.

13 『宋會要輯稿』· 65책, 「刑法 · 二」에 건릉(建隆) 4년, 건덕(乾德) 4년 · 6년의 조서(詔書)에 실려 있다. 中華書局影印本, 6496쪽.

14 머콰이어의 『푸코』(J. G. Merquier : *Foucault*)에서 재인용했다. 陳瑞麟 中譯本, 93쪽. 桂冠出版公司, 臺北, 1998.

15 이러한 생각은 왕판썬(王汎森)의 「중국 근대 사상문화사 연구에 대한 몇 가지 생각(中國近代思想文化史研究的若干思考)」을 참조할 수 있다. 『新史學』 제14권 4기, 臺北, 2003.

16 보머(Franklin L. Baumer), *Modern European Thought : Continuity and Change in Ideas, 1600-1950*, 李日章, 中譯本은 서명을 『西方近代思想史』라고 하였다. 622쪽, 여기에서 말한 것은 그 대체적인 의의를 들어 인용한 것이다. 英文版 修訂本을 참소하라. 聯經, 1988.

제7장 【역사적 기억 · 사상적 자원과 새로운 해석】

'영향' : 사상사가들은 무의식적으로 '주는 것'을 부각하고 '받는 것'을 무시한다.

'영향'이 다시 드러나 새로운 사상적 자원이 될 수 있는가의 여부는 지금의 상황과 관계있다.

사상사는 어떤 의미에서 사상적 자원 · 역사적 기억 · 새로운 해석 · 새로운 건립으로 이해될 수 있다.

번역 혹은 격의 : 외래의 새로운 지식에 반응할 때의 본토적 자원

역사적 기억을 억압하는 몇 가지 방식

역사적 기억의 두 가지 다른 경향(1) : 본원으로 거슬러 돌아가, 돌이켜보는 방식으로 문화적 동일시를 해나간다.

역사적 기억의 두 가지 다른 경향(2) : 풀을 베고 뿌리를 뽑아 역사적 기억을 발굴하는 방식으로 자신의 전통을 반성한다.

보수와 급진 ; 두 종류의 방향 사이의 얽힘

서로 다른 두 연구의 사고 방식 사이의 충돌을 조정함

'충돌-반응'과 '중국에서 역사를 발견함'

외재적 요인과 내재적 논리 사이

낡은 가운데 새로움이 있고 새로움 가운데 낡은 것이 있다.

주희의 비유

장나춘張大春의 『장군비將軍碑』로부터 역사적 기억을 말함

역사적 기억·사상적 자원과 새로운 해석

'영향' : 사상사가들은 무의식적으로 '주는 것'을 부각하고 '받는 것'을 무시한다.

과거의 역사 연구, 특히 사상사 연구에는 습관적으로 사용해왔던 일련의 용어들이 있는데, 그것들이 암암리에 서술의 사고 방식을 규정하고 심지어 일종의 사상사 저술 방법을 암시해왔다. 그 가운데 사상의 연속성을 토론할 때 항상 사용하는 애매모호한 용어가 바로 '영향' influence이라는 것이다. 이 용어는 '안과류영'(雁過留影 : 기러기가 지나가면 그림자를 남긴다)이라는 말과 같이, 어떤 사상이 한 번 빛을 발한 적이 있기만 하면 마치 땔감이 다 타도 다른 땔감에 불이 옮겨 붙어 영원히 꺼지지 않는 식으로, 계속하여 후세에 영향을 남기는 듯한 인상을 준다. 그러나 또한 옛 사람은 "기러기는 발자취를 남기고자 하는 뜻이 없으며 물은 그림자를 남기고자 하는 마음이 없다"[(1)]고 말한 바 있다. 이렇듯 '영향' 이라는 말을 습관적으로 사용하는 것은 사상사가들이 무의식중에 '주는 것'을 강조하고 '받는 것'을 경시하는 경향을 드러내준다. 한 가족의 자손이기만 하면 곧 그 가족의 휘장·명예·유산 뿐 아니라 그 치욕이나 책무, 그리고 생리적 특성까지도 모두 그대로 받아들여야 하는 것처럼 말이다. 후대에 역사적인 치욕을 감추고 영광스러운 것을 돌출시키며, 족보를 고쳐 쓰거나 유명한 선인先人들을 친족이라고 사칭하고, 심지어 성을 바꾸어서라도 역사를 조작할 수 있다는 것Make History은 전혀 고려하지 않는다. 결국 '영향'을 논하는 것은 사상사에서 후대인의 선택과 해석의 역량을 경시하게 만들곤 한다. 아더 러브조이Arther O. Lovejoy의 명저 『존재의 대연쇄*The Great Chain of Being : A Study of the History of Idea*』에서는 '쇠사슬chain'로 관념사의 연속성을 비유하였다.[1] 이 비유는 지식·사상·신앙의 전승과 연속이 쇠사슬과 같이 상호 물고 물리는 것으로서, 앞의 고리는 뒤의 고리를 물고 뒤의 고리 역시 앞의 고리를 물고 있어야 하며, 한 고리만 느슨해지고 벌어져도 이 연속은 중단될 가능성이 있음을 우리에게 일깨워준다.

'영향'이 다시 드러나 새로운 사상적 자원이 될 수 있는가의 여부는 지금의 상황과 관계있다.

그렇다고 사상사의 연속 과정 가운데 '영향'의 중요성을 부인하려는 것은 아니다. 여기서 말하고자 하는 것은 현대인들이 주목

〈1〉 본서에는 "雁有遺蹤之心, 水無留影之意"라고 되어 있는데, 역자가 찾아보니 명말(明末) 정적(正寂)의 『淨土生無生論注』에 "鴈絶遺蹤之意, 水無留影之心(기러기는 발자취를 남기고자 하는 뜻이 없으며 물은 그림자를 남기고자 하는 마음이 없다)"라는 구절이 있었다. 후에 저자에게 확인한 결과 정적(正寂)의 말이 더 좋지만, 본서에 있는 구절 역시 송대인들이 즐겨 썼던 어구라고 답해주셨다. 이 구절을 인용한 까닭은, 영향을 주고 받는 것이 의도적으로만 이루어지는 것이 아니고 예기치 않게 혹은 우연히 이루어지기도 한다는 것을 비유적으로 말하기 위해서라고 생각한다.

하는 곳에서 '영향'이 다시 드러나 새로운 사상적 자원이 될 수 있는가의 여부는 현재의 상황과 밀접한 관계가 있다는 사실이다. 현재의 상황은 일종의 '촉매' accelerant와 같은 것으로서 부분적으로 역사의 기억을 환기시키기도 하고 또 부분적으로 역사의 기억을 억압하기도 한다. 이러한 환기와 억압 가운데, 고대의 지식·사상·신앙 세계는 선택적인 역사 회고를 통해 새로운 지식과 사상의 자원이 되며, 또 새로운 발굴과 해석을 통해 지식·사상·신앙 세계는 계속 전달되고 변화해나간다. 동서고금을 막론하고 대개가 다 그렇다. 예를 들어, 서구 르네상스의 역사에서 역사적 기억은 종종 이탈리아인들이 승인하는 상징과 응집된 역량이 되어 갔으나, 부르크하르트Jacob Burckhardt가 이 단계의 역사를 토론하면서 말했듯이 14세기 이전의 이탈리아인들은 고전 문화에 대하여 그다지 크고 보편적인 열정을 보인 일이 없었다. 그러다가 '세계적인 범위 안에서 이탈리아와 로마 제국의 몽상'을 실현하기를 희망하게 되자 비로소 고대 로마의 역사적 기억이 부활하기 시작했다. 그런데 이 역사적 기억을 환기했을 때 실제로는 중세기 세속사회의 정치와 종교에 대한 역사적 기억을 억압한 셈이다.[2] 또 다른 예를 들자면, 유대 건국사의 경우 서기 73년 로마 군대가 마사다Masada를 진공할 때, 900명의 유대교인들이 결코 포로가 되지 않으리라 맹세하고 자살했던 사건은 오직 요세푸스Josephus가 아람어와 희랍어로 쓴 『유대인의 전쟁』이라는 책에 겨우 남아있을 뿐이다. 더구나 이 책은 소수의 기독교회에만 전해져 보존되었으며 실제로도 이미 문헌 중에만 존재하는 억압된 역사적 기억으로서,

이천년 동안 역사 속에 진정으로 드러난 적이 없었다. 그러나 20세기에 유대인들이 건국 운동을 할 때, 그것은 다시 유대인들의 역사적 기억으로 부각되어 중요한 정신적 자원이 되었고, 부단히 해석되는 가운데 이를 빌어 민족 응집력을 동원하는 관건적인 상징이 되었다.[3]

사상사는 어떤 의미에서 사상적 자원·역사적 기억·새로운 해석·새로운 건립으로 이해될 수 있다.

일반적으로 사상사가 묘사하는 것은 시간의 흐름 속에서 사상이 구조를 갖추고 형태를 이루며 변화해가는 연속적인 역사이다. 그러나 여기에서 나는 사상의 '연속적인 역사'란 어떤 의미에서는 고유의 사상적 자원이 역사적 기억 속에서 부단히 환기되고 새로운 생활 환경 안에서 새로이 해석되며, 나아가 이러한 새로운 재해석이 이같은 과정을 반복적으로 재구성하는 것이라고 이해할 수 있다는 사실을 말하고 싶다. 그러므로 나는 역사적 기억과 사상적 자원, 그리고 새로운 해석의 과정이라는 말로 과거 전통적으로 사용하던 '영향'이라는 말을 부분적으로 대체하고, 이것을 사상사의 연속성을 묘사하는 말로 삼고자 한다.

1

번역 혹은 격의 : 외래의 새로운 지식에 반응할 때의 본토적 자원

외래 문명이나 이질적인 자원이 결핍된 시대의 경우에는 사람들이 역사적 기억에 대한 환기만을 통하여 고전을 재해석함으로써 시대의 변화에 응하고, 그리하여 '과거로 돌아감으로써 새로운

변화를 추구하는' 희극만을 연출할 수밖에 없을 것이다. 그렇다면 외래의 지식·사상·신앙의 개입과 충격이 있는 상황에서는 어떠한가? 이런 상황에서도 사상적 자원의 발굴과 해석은 사라지지 않을 뿐 아니라 종종 다소 억지스런 비교·중역重譯·이해의 작용을 일으켜, '전이해'와 같은 의미를 가지도록 한다.[4] 고대 중국의 세계 지도에 대하여 이야기한 『중국사상사』의 한 절⟨2⟩에서 나는 '번역'의 비유를 들어 다음과 같이 설명하였다.

> 새로운 세계와 새로운 지식의 충격에 직면하면, 사람들은 자신을 되돌아보면서 이해와 해석의 자원을 찾고자 한다. 새로운 지식의 이해와 새로운 언어의 해석은 다른 것이 아니다. 마치 사자lion는 중국인들에게 『목천자전穆天子傳』에 나오는 전설적인 동물 '산예狻猊'를, 마스티프mastiff는 중국인으로 하여금 『좌전』에서 조순趙盾에게 달려들었던 '오獒'를, 만청 시대에 과학science은 주자가 제창했던 '격의'를, 민주democracy는 맹자의 '백성이 귀하다民爲貴'라는 사상을, 자유liberty는 장자의 '소요유逍遙遊'를 상기시켰던 것과 같다. 언어의 번역은 본토에 본래 있었던 단어를 가지고 하나하나 대응하는 것이며, 새로운 지식에 대한 이해 역시 역사적 기억·전통적 지식과 본래 있던 상상의 공간을 환기시킴으로써, 다시금 이해하고 해

⟨2⟩ 저자의 『중국사상사』 제2권, 493-494쪽에 실려 있다.

석할 '사상적 자원resources of thought' 으로 충당된다.[5]

역사적 기억을 억압하는 몇 가지 방식

전통적 지식과 사상 가운데에서 자원을 찾아 그것으로 외래의 지식과 사상을 이해하고 해석하며 표현하는 과정을 통하여, 전통적인 지식 · 사상과 신앙 세계에는 중심과 주변의 위치 바꿈이 일어난다. 또한 본래적인 의미와 새로운 의미와의 교환이 일어나며 전통적인 사상 세계의 도상에도 변화가 생겨난다. 마찬가지로 외래의 지식과 사상도 이러한 이해와 번역과 해석을 거치면서 변화해가는 것이니, 사상사는 바로 이렇게 연속되는 것이다. 자연히 '역사적 기억' 안에서도 어떤 역사는 환기되고 어떤 역사는 잊혀지는데, 본래 이는 대개 현실의 '연緣' 에 따라 일어나는(起) 것이다. 그러나 중국에서 새로운 변화는 오히려 역사와 전통의 면모를 갖추고 출현한다. 역사와 전통은 무소부재의 강대함과 풍부함이 있기 때문에, 또 역사와 전통이 가지는 의심할 수 없는 정당성과 권위 때문에, 사람들은 옛 용어로 새로운 지식을 해석하고, 본래 있었던 사건으로 현재의 새로운 현상에 비유하며, 낡은 것으로 현대적인 것을 수식한다. 그리하여 겉으로 보기에는 '복고' 의 낡은 연극이 계속 상연되지만, 사실상 드러나는 '기억' 은 낡은 지식 · 사상 · 신앙 세계를 새로운 자원에 참여시킴으로써, 새로운 취향과 태도를 생동감 있고 강렬하게 표현하도록 한다.[6]

이는 역사상 종종 나타나는 현상이다. 왕판썬王汎森이 만청晩清 시대 한족의 역사적 기억의 부활에 대하여 토론할 때, 명칭 교체기에 대한 역사적 기억은 두 가지 방식으로 억압되었다고 하며 다음과 같이 지적했다. "첫째는 관방의 강제적인 조치로, 문자옥·금서운동·목록 간행의 금지·『사고전서四庫全書』 중 서적의 삭제와 개정 등이다. 둘째는 관방의 강제적인 행위로 인한 사대부 및 일반 백성들의 자기 억압으로, 이러한 자발적인 억압이 명말 청초에 대한 역사적 기억의 제거를 확대시켰다".[7] 이밖에도 시간이라는 것이 있다. 시간의 흐름은 풍부한 역사와 사무치는 심정을 점차 여과시켜 서적과 문자로 남게 만들었고, 현실적 시련과 고통으로부터 유리된 책과 문자는 역사와 독자 사이에 모호한 유리창을 삽입하여 '소원함'을 만든다. 그리하여 사람들은 직접 역사를 느낄 수 없게 되고, 마치 강 건너편의 불처럼 역사를 상연되는 희곡이나 소설 같은 것으로 변화시키는 것이다. 그러나 어떠한 억압된 역사적 기억도 후대의 생활 세계에 비슷한 컨텍스트만 나타나면, 그것은 의식 있는 사람들에 의하여 회상되어 나와 다시금 자생하고 팽창하여 역사 안에서 사상적 자원이 된다. 폴 코엔Paul A. Cohen은 의화단의 역사를 논의할 때, 일찍이 역사는 세 종류의 형식으로 존재한다는 것을 지적하였다. 즉 하나는 사건으로, 또 하나는 신화로, 또 다른 하나는 경험으로 존재한다고 했으며, 그 가운데 후자의 두 종류는 때때로 '기억'으로 선택되고 부활되어 현재에도 여전히 의미 있는 역사를 발생시킨다고 하였다.[8]

조금 더 보충할 만한 사실은 사상사 안에서 다음과 같은 상황이 종종 발생한다는 것이다. 즉, 지식과 사상 체계에 대한 해설과 증명이 이미 원숙하고 완전하게 이루어져 주류적인 이데올로기가 되면, 사람들은 역사에 대하여 만족하면서도 어찌할 수가 없는 무기력한 심정이 된다. 이 때 역사는 의식적으로 잊혀지고 전통은 계속 캐물어 들어갈 필요가 없게 되는 것이다. 예컨대 초당初唐과 성당盛唐 시대에는 지식 체계가 원숙해졌고 원명元明 교체기의 이학은 이데올로기로부터 지식에 관한 제도까지 모두 뒤덮게 되었는데, 사람들이 이러한 지식과 사상에 만족하게 되면서 점차 이는 사회 전반에 통용되는 '상식'이 되어버렸다. 그러나 사람들이 새로운 지식에 직면하여 문화적인 동요를 느끼면, 그 동요에 대응하기 위하여 부득불 다시금 자원을 발굴하고, 그로부터 역사적 기억을 소생시킨다. 이때 '상식'이 효과를 상실하게 됨으로 인하여 사람들은 종종 옛 지식과 사상의 경계에서 '비상식'적인 새로운 지식에 대응할 만한 것을 찾게 된다. 그리하여 과거에 주변적이었던 옛 지식과 옛 사상은 새로운 지식과 새로운 사상을 수용하여 해석할 자원으로 충당되고 주변은 다시 중심이 된다. 이것이 사상사의 변화를 가져오는 것이다. 중당에서 북송에 이르기까지 주변에 머물던 자사 · 맹자 계열에 대한 새로운 해석이나 명대 중엽까지 주변에 머물던 육학(陸學 : 육상산의 학문)에 대한 회고는 모두 지식 · 사상과 신앙의 낡은 면모를 새로이 변화하게끔 하였다. 특히 만청晩淸 시대에 출현한 대량의 역사적 기억, 예컨대 도광道光 · 함풍咸豊 이후 명말의 고염무 · 황종희 · 왕부지 등에 대한 회고[9] 및 청초의 민족 살육에 대한 회고 · 고대 한족의 생활 의식儀式에 대한 서술 · 서북 변방의 사건에 대한 연구 등은 모두 지식 · 사상과 신앙 세계의 변화를 야기하였다. 또 만청 시대에 출현한 경학의 변화 · 자학子學에 대한 열정 및 불학의 부흥이라는 삼대 사상 조류는 모두 '사상적 자원'이 됨으로써 새로이 발굴된 '역사적 기억'이다. 본래 '근대성'과는 무관한 이들 옛 학문이 어떻게 새로운 시대에서 나온 새로운 지식에 대응하였는가에 대해서는 새로이 '의미 해석'을 할 필요가 있다.[10]

2

역사적 기억의 두 가지 다른 경향(1) : 본원으로 거슬러 돌아가, 돌이켜보는 방식으로 문화적 동일시를 해나간다.

역사적 기억은 대체로 두 가지의 다른 경향을 가진다. 하나는 본원으로 거슬러 돌아가 돌이켜보는 방식으로 문화적 동일시를 해나감으로써, 자신이 강대한 역사 공간과 종족 문화에 속해 있음을 확인하는 것이다. 그리하여 충분히 변화에 대처할 전통 자원을 가지게 되고, 스스로 이 전통의 일원으로서 이런 문화 전통과 민족의 역사를 드러내고 과장함으로써, 사람들은 필요한 자신감과 응집력을 획득하게 된다. 이러한 회고는 종종 '뿌리 찾기'라고 불리는데, 이는 수많은 가지와 나뭇잎을 공통된 뿌리로 연결시키는 방식으로서, 사람들은 이를 통해서 상호 동일성의 토대를 획득할 뿐 아니라 역량의 원천을 찾게 되는 것 같다.

그러나 오랜 시간이 지난 후 그 원천으로 거슬러 돌아간다고 할 때, 사람들이 반드시 정확히 본원을 찾아 시초로 돌아가거나 내려온 길을 그대로 거슬러 올라가 자신의 족보에 기록된 조상을 찾는 것은 아니다. 때로는 사람들이 '역사적 기억' 에서 샅샅이 뒤지며 무언가를 찾고자 할 때, 이러한 '역사적 기억' 은 이미 각종 지식 · 사상 · 신앙에 물들거나 없어지고, 또 고쳐지거나 덧칠해졌으며, 각종 문자와 서적의 선택 · 간략화 · 윤색을 거쳤을지도 모른다. 특히 그것은 유행의 분위기와 세속의 습관에 굴복했을 수도 있고, 상당히 깊은 의도가 이미 스며들어갔을 수도 있다. 그러므로 앞에서도 말했듯이 사람들이 역사에서 무언가 찾고자 할 때, 때로는 주소를 잘못 찾을 수도 있고 친척이나 조상 관계를 잘못 인식할 수도 있다. 의도적으로 가까운 친척 관계를 잊고 먼 친척 관계를 들먹일 수도 있고, 심지어 아예 죽어서 증명할 길조차 없는 옛 유명인들을 족보의 중요한 자리에 놓을 수도 있다. 마치 대중 매체에서 어떤 유명 인사의 족보를 발견하는 것과 마찬가지로, 이러한 유명 인사들은 어쩌면 이 가족과 아무런 관계가 없을지도 모른다. 그러나 이 가족은 역사를 다시 쓸 때 큰 깃발로 호피를 만들고 몇몇 호사가들로 하여금 마치 진짜 '뿌리' 를 찾은 것처럼 여기게 한다. 사상사 역시 마찬가지다. 선진 시대의 유가들은 말만 하면 '사제이왕四帝二王' 을 칭하고, 중세 선종의 경우 서천(西天=인도)의 28조와 동토(東土=중국) 육조의 의발衣鉢 정맥을 반드시 언급하였다. 또 송대 신유학의 경우 한유韓愈를 따라 '도통' 의 역사를 허구적으로 지어낸 이외에도, 천룽제陳榮捷가 지적한 바와 같이 신유학의 사상은 그들이 주장하는 만큼 자기 뿌리에서 나온 순수 혈통이 아니다. 천룽제는 다음과 같이 설명했다. 신유학에서 말하는 '이理' 사상의 경우 가장 이른 시기의 자원은 『한비자韓非子』의 「해로解老」편에서 나왔다. "재미있는 것은 바로 이理의 사상이 유가에서 연원한 것이 아니라 묵가에서 연원했으며, 이理의 사상이 건립된 것 역시 유가에서가 아니라 법가에서였다는 사실이다". 만일 도道에 관하여 한비가 해석한 노자의 인용까지 따지자면 실제로 '이理'에 관한 자원은 묵·법·도 삼가에 돌아가야 한다. 또 만약 후에 '이理'에 관하여 더 심오한 이해와 해석을 했던 왕필·곽상의 계열과 지둔支遁·승조僧肇의 계열까지 따진다면, 신유학의 혈통 안에는 현학과 불학까지도 포함시켜야 하리라는 것이다.[11] 그러므로 종족의 계보를 따지는 습관적인 방법에 따라 현존하는 성씨로 조상을 추적하거나 적통인 전통 사상을 확정지어 단선적으로 전해온 사상의 계보를 확립하는 것은 아무래도 문제가 있다. 왜냐하면 많은 사상 학설, 특히 고대 중국과 같이 사상적 '배타성'이 아주 적은 어경語境 중의 사상 학설은 종종 상호 융통적이고 피차 끌어다 쓰는 식이기 때문이다. 특히 그들이 일반적인 지식·사상의 수준에 내려와 생활세계 가운데의 '상식'이 될 때, 그들 사이의 분별은 상상하듯이 그렇게 큰 것이 아니고, 따라서 쉽게 서로에게 '자원'이 되곤 한다.

이렇듯 사실상 그다지 정확하지 않은 역사적 뿌리 찾기는 사상적 자원을 발굴하는 보편적인 방식이다. 이는 중국인이 갑자기 지구는 둥글다거나 구주九州 밖에 또 수많은 구주가 있다는 이야기를 듣고는 곧바로 '담천연談天衍', 즉 추연鄒衍이나 소옹邵雍·이정二程의 기억을 떠올렸던 것과 마찬가지로, 역사적 기억에서 이러한 자원을 발굴해내면 그것이 상황에 적합한지 또 연결될 만한지에 관계없이 새로운 지식이 가지고 온 문화적 동요가 평탄해질 수 있다. 새로운 지식을 수용하고자 그렇게 원했던 매문정梅文鼎과 같은 지식인조차 『역학의문曆學疑問』에서 증자가 "실로 하늘은 둥글고 땅은 모가 났으니, 사각이 가리워 덮히지 않는다(誠天圓而地方, 則四角之不掩)"라고 한 말, 기백岐伯이 대지에 관하여 "태허의 가운데 커다란 기가 그것을 들어 올리고 있다(太虛之中, 大氣擧之)" 고 한 말, 소옹이 천지에 관하여 "서로 의지하며 붙어있다互相依附" 고 했던 말, 정명도程明道의 "(대지는) 다만 천지 중의 한 물체일 뿐이다"〈3〉 라는 말 등을 찾아내고는, 안심하면서 "지구가 둥글다는 말은 진정 유럽 서역에서 시작된 것이 아니다"라고 했으며, 비로소 심리적인 긴장과 염려에서 벗어날 수 있었던 것이다.[12] 만청 불학의 부흥에 이르면 역사적 기억을 사상적 자원으로 삼아 새로운 지식을 해석하고 이해하려는 의도는 더욱 명백하다. 당시 불학에 대한 비상한 흥미의 태반은 서양 과학과 철학에 대한 염려에서 비롯된 것이다. 이 불학 자원의 재확인은 어떤 의미에서는 메이지유신에 대한 잘못된 정보에서 기인한 것이기도 한데〈4〉, 옛 학문을 운용하여

〈3〉 이 구절의 인용은 "(地)特于天中一物"인데, 『河南程氏遺書』 제2권(하)에 "今所謂地者, 特於(一作爲)天中一物爾."라는 말이 있으니 이 때의 '特于'는 '特爲'로 이해하면 좋을 것 같다.

〈4〉 저자의 설명에 따르면, 당시 중국인들은 메이지유신을 매우 신망했으나 메이지유신의 원인을 이해하지는 못했다고 한다. 그리하여 불교야말로 메이지유신을 성공으로 이끈 원인이라고 여기고는, 당시 일본 불교의 상황에 대해서도 오해를 했었다고 한다

새로운 지식을 해석할 때 종종 '이치에 맞지 않는 말을 끌어들여 억지로 말하는' 우를 범했다. 그러나 이러한 견강부회가 오히려 옛 학문을 지속시켰고 새로운 지식을 수용하게 하면서, 한편으로는 사상사를 연속시키기도 했고 다른 한편으로는 사상사를 변화시키기도 했다.

역사적 기억의 두 가지 다른 경향(2) : 풀을 베고 뿌리를 뽑아 역사적 기억을 발굴하는 방식으로 자신의 전통을 반성한다.

역사적 기억의 또 다른 경향은 풀을 베고 뿌리를 뽑는 방식이다. 이는 역사적 기억을 발굴하는 방식으로서, 자기 전통의 근원을 반성하고 자기에게 연루된 것의 뿌리까지 파고 들어가 철저히 잘라내는 것이다. 그러나 이 역시 일종의 연속성을 나타낸다. 다만 자신의 뿌리에 대해 기억하고 해석하는 과정에서 완전히 상반된 태도를 취함으로써 현실과 역사의 격렬한 충격에 대면하려는 것이다. 이들은 현실적인 필요로 인해 역사적으로 내려온 통일적 경험과 신분을 스스로 포기한다. 그들도 문화적 차이의 원천을 애써 회고하지만 이러한 전통과 역사를 부단히 변화하는 과정이라고 보며, 낡은 역사의 구속력을 약화시키면서 전통적인 문화의 경계를 초월하여 새로운 지식과 경험 안으로 융합해 들어가려 한다. 그들에게 있어서 역사적 기억은 아무리 떨쳐내려 해도 벗어날 수 없는 몽마夢魔와도 같으며, 그들의 뿌리 찾기는 더욱 깊이 뿌리를 파고들어가 제거하기 위한 것이다. 따라서 이때의 역사적 기억은 과거 전통에 대한 부단한 비평과 과감한 지양의 대상이 된다.

이는 만청 시대에 특히 분명히 드러난다. 거세게 밀려들어오는 서양의 새로운 지식에 직면하여 사람들은 충격으로 어찌 해야 할 바를 몰랐다. 견고한 배와 대포 아래에서 어쩔 수 없이 보편적인 가치 관념을 받아들이고 '부富'와 '강强'이라는 것을 진보와 문명의 유일한 척도라고 승인하게 되자, 사람들은 서양을 기준으로 삼아 동서의 차이를 비교하고 이런 차이의 근원을 생각하게 되었다. 이 때 역사가 회고되었고, 역사는 비판과 질책에 대면하게 되었다. 만청의 '순자 비판辟荀'과 '한유 비판辟韓'으로부터 5.4 운동 때의 '공가점孔家店'에 대한 비판은 역사에 대한 과격하고 급진적인 비판의 시작이었던 것 같다. 후대 유가들이 건립했던 역사를 거두어버리고 나자 고대 민족국가 정치를 확립했던 과정에서 순자가 차지하는 위치를 새로이 발견하게 되었던 것이다. 또 현실적인 상황, 특히 이데올로기의 역사적 근원을 거슬러 올라가다 보니, 갑자기 당시의 지식과 사상의 경향이 중당 시대의 한유에서 그 토대가 갖추어졌다는 것을 발견하게 되었다. 순자와 한유는 역사적 상징이 되어 현실의 책임을 떠맡게 되었고, 사람들이 격분과 고통 속에서 모든 역사와 전통에 대하여 실망하게 되자, 역사와 전통을 계속 지탱해온 기둥이었던 공자 학설은 제거되어야 할 '역사의 꼬리'로 여겨졌다. 이는 중국에서 흔히 있는 일이다. 사람들은 어쩔 수 없는 현실에 처할 때, 역사적 기억 가운데 '이미 지나간 것을 끄집어내어 죄를 추궁할 만한 것鞭尸'을 발굴하게 된다. 역사를 제거하고자 하는 시도의 경향은 계속되어 지금까지도 이어지고 있다. 역사적 기억을 환기하는 것은 역사적 기억을 제거하기 위한 것이고, 전통을 비판적인 위치에 두는 것은 새로운 지식이 일어날 공간을 만들어주기 위한 것이다. 또 역사에 대해 비판하는 것은 실제로는 새로운 지식과 새로운 사고의 합법성과 합리성을 드러내고 확대시키기 위한 것이며, 심리적으로는 자신이 최대한 빨리 새로운 지식 · 사상 · 신앙 세계에 융화해 들어가기 위한 것이다.

보수와 급진 : 두 종류의 방향 사이의 얽힘

만일 첫 번째 방식이 민족주의 · 개별주의 · 문화적 보수주의의 경향을 은연중에 내포하고 있다면, 두 번째 방식은 세계주의 · 보편주의 · 문화적 급진주의의 경향을 은연중에 내포하고 있는 셈이다. 그러나 중국에서, 특히 중국이 세계라는 시야 속으로 새로이 진입하게 되었을 때, 많은 사람들은 두 종류의 흐름에 얽혀 들어갔고 양자 사이에서 망설이다가 설 자리를 찾지 못하고 공중에서 떠도는 것과 같은 극도의 초조함과 긴장을 드러냈다. 사상과 문화의 역사에 대한 연구에서도 동시에 두 종류의 서로 다른 취향이 뒤섞여 나타났다. 역사 연구는 20세기의 인문학과 가운데 현학顯學이 되었으나, 그것이 '현학' 이 된 이유는 역사적 기억의 발굴, 즉 전통에서 '뿌리 찾기' 혹은 전통과의 '단절' 이라는 두 상반된 성향과 관계가 있기 때문이다. 민족과 국가에 대한 극도의 초조함과 긴장은 과거의 중국 역사를 짙게 물들였고, 이후 중국 역사의 앞날에 긴 음영을 드리웠다.

3

내가 이런 역사적 기억과 사상적 자원 및 새로운 해석 방식을 이용하여 기존의 사상사에서 '영향' 관계를 논하던 습관적인 저술 방법을 부분적으로 대체하려는 이유는, 서로 다른 두 연구의 사고 방식이 일으키는 충돌을 조화시킬 수 있기를 바라기 때문이다.

서로 다른 두 연구의 사고 방식 사이의 충돌을 조정함

이 문제는 누구나 알고 있는 학술 쟁점이다. 매우 오랫동안 19 · 20세기 중국 역사에 관한 연구는 '충격-반응' 이라는 틀 속에서 진행되었으며, " '서양의 도전' 에 대한 중국의 반응에 주의력을 집중하였기 때문에 … 역사가들로 하여금 서양의 침입과 명백한 관계가 없는 중국 근대사의 각 방면은 모두 중요하지 않다고 인식하게 하였으니", 서양의 '충격' 이나 '영향' 은 역사 서술에서 가장 두드러진 중점이 되었다.[13] 하지만 '전후 미국의 중국 근대사 연구의 주류' 에 저항하기 위하여 폴 코엔Paul A.Cohen은 『중국 근대사의 재발견*Discovering History in China*』이라는 책에서 장기적으로 지속된 미국 중국학계의 '충격-반응' 이라는 틀에 대해 의문을 제기했다. 그는 이와는 다른 연구 방향을 제기했는데, 그것은 일종의 '내적 접근' internal approach으로 중국 근대의 역사를 이해하는 것이다. 그가 '중국 중심의 접근' 이라고 부른 이런 사고 방식은 위잉스余英時 선생의 '내재적 논리 이론內在理路' ⟨5⟩과 서로 호응하는 것으로서 '충격-반응' 의 틀에 대해 어느 정도 반론을 제기했으며, 중국 사상사 연구에 자못 깊은 인상을 주었다. 하지만 이런 종류의 반

'충격-반응'과 '중국에서 역사를 발견함'

론은 또한 '내재적 논리'의 의미를 지나치게 부각시키거나 확대시킬 우려도 있다.

외재적 요인과 내재적 논리 사이

역사를 분석하는 사고 방식에는 두 가지 경향이 있다. 중국인에게 익숙한 용어로 말하자면, 하나는 외연外緣에서 출발하여 '외부 요인이 변화의 원인'이라고 믿는 것이다. 이것은 계란이 반드시 적합한 온도를 가져야만 비로소 부화하여 병아리가 태어날 수 있는 것과 같다. 근대 사상사를 예로 들자면, 서양의 지식·사상과 신앙의 전래와 충격으로 인해서 근대 중국에 비로소 변화가 발생했다는 식이다. 다른 한 가지는 내연內緣에서 출발하여, '내부 요인이 변화의 근거'라고 입론하는 것이다. 이는 바로 계란이 있어야만 부화해서 병아리를 낳을 수 있듯이, 중국 자체의 사상적 발전이 없었다면 외래의 영향이 반드시 전통 중국을 근대로 나아가게 할 수는 없었으리라는 것이다. 달리 말하자면, 서양의 충격 때문이 아니라 중국 자체의 지식과 사상의 발전으로 인하여 중국은 서양과 마찬가지로 점차 근대성을 갖추게 되었다는 것이다. 말하는 방식은 좀 다른 것 같아도 실제의 사고 방식에서는 마찬가지로 내재적 논리를 강조하는 것이다.

이론에는 결국 늘 아쉬움이 있기 마련이다. 외부적 인연因緣의

〈5〉 본서 제4절의 ❷대목에 위잉스(余英時)의 '내재적 논리 이론(內在理路 : theory of inner logic)'에 관한 언급이 있다.

강조와 내재적 인연의 부각, 외부 영향의 강조와 내재 논리의 부각 등은 실제 모두 편협하고 완고하게 자신의 안목만을 주장하고 있는 셈이다. 하지만 더 적합하고 진실한 저술 방법은 없는 것인가? 나는 역사적 기억의 발굴, 사상적 자원의 충당, 의미의 새로운 해석이라는 방식을 사용하여 영향과 선택의 상호 작용을 종합할 수 있지 않을까 생각한다. 예컨대 만청 시대의 사상사적 변화에서 서양의 새로운 지식의 영향은 과거에 늘 하나의 역사적 변수로 논의되어 왔다. 하지만 만일 외부로부터의 영향에만 주의를 기울인다면 서양의 주동적인 충격과 중국의 피동적인 반응에 관심을 둘 수 있을 뿐이다. 그렇지만 또 만일 내재적 변화에만 주의를 기울인다면 당시 서양의 새로운 지식이라는 변수를 쉽게 감안할 수 없을 것이다. 따라서 서양의 새로운 지식이 어떻게 중국의 지식 · 사상 · 신앙 속에 들어왔는지, 중국의 본래적인 지식 자원은 어떻게 새로운 지식을 이해하고 해석했는지, 이런 전통적 지식은 어떻게 대격변기 중에 새로운 지식 사상의 계통에 들어갔는지, 그리하여 서양의 새로운 지식을 변화시키고 또 전통적인 옛 학문을 변화시켜서, 지식 · 사상 · 신앙의 세계가 어떻게 이로부터 연속되었는지 하는 변화의 양상에 대해서는 세밀한 서술과 분석이 매우 적다.

그러므로 나는 역사적 기억의 발굴, 사상적 자원의 충당, 의미의 새로운 해석이라는 시각에서 새로운 지식을 대면했던 당시의 중국 지식 세계를 서술하고자 한다. 역사에 대한 발굴과 사상적 자원에 대한 새로운 해석 과정에는 전통 사회에서 줄곧 주류적 지식 · 사상 · 신앙 세계의 지주支柱 역할을 담당했던 '경학'이 새로운 지식을 대면하여 어떻게 자신의 형태를 변화시켰는가 하는 문제도 포함된다. 또한 전통 사회에서 장기간 주변 학문의 위치에 있던 제자학과 불학 등이 어떻게 역사적 기억으로 발굴되었고, 새로운 지식의 컨텍스트 안에서 사상적 자원이 되어 새로운 해석을 진행했는지, 또 이로써 당대 사람들이 곤혹스러워 하던 서양의 새로운 지식에 대해 어떠한 이해를 진행했는가에 대한 문제도 포함된다. 나는 이를 통해서 다음과 같은 문제들을 설명하고자 한다. 경학 · 제자학 · 불학 등 전통적이고 고전적인 학문이 새로운 지식에 대응하기 위한 자원이 되는 경우, 이는 마치 일종의 역사적 기억과 마찬가지로, 새로운 지식에 대한 긴장과 고민 속에서 발굴되어 나오는 것이다. 그리하여 이 때 사람들이 이러한 전통적 지식을 어떻게 새로이 이해하고 해석하며, 이로써 어떻게 새로운 지식을 해독하는지 설명하려 한다. 이러한 과정을 거치면서 전통은 새로운 지식과 융합되고 새로운 지식도 전통과 융합된다. 또, 이로 인하여 현대 중국의 지식 · 사상 · 신앙 세계는 완전히 새롭지도 않고 그렇다고 완전히 예전 같지도 않아서, 얼핏 보기에는 서양의 담론 같지만 이미 중국적 요소가 스며들어 있고, 마치 전통적 사고 방식인 것 같지만 그다지 전통적인 것이 아닐 수도 있다는 사실을 설명하려는 것이다.

낡은 가운데 새로움이 있고 새로움 가운데 낡은 것이 있다.

전통의 연속은 바로 이와 같다. 언젠가 천인커陳寅恪가 말했던 '격의格義'는 중국이 불교의 진입에 대면했을 때 역사 기억을 통하여 사상적 자원을 발굴하고, 새로운 지식의 컨텍스트 속에서 옛 학문을 새롭게 해석한 것이었다. 서학에 대한 만청의 대응도 이런 과정과 같았으니, 단지 서양의 '영향' 만 있었던 것은 아니다. 물론 20세기나 그보다 조금 이른 시기에 중국의 모든 것이 서양을 향해 변해가던 거대한 추세 속에서 서양의 역법과 네덜란드의 대포를 채택한 것으로부터 막강한 각종 무기와 부국강병의 방법을 수용한 데 이르기까지, 또 서양의 입헌 혹은 의회 등의 법률제도를 모방한 것으로부터 과학 · 민주 · 자유 등의 관념을 수용한 데 이르기까지 그 모두가 서양의 '영향' 혹은 '충돌' 에서 기인했다는 것은 인정한다. 그러나 사실상 이렇듯 서양의 선박을 통해 전래된 지식 · 사상 · 신앙은 '가짜면 바꿔 주는' 수입 전자 기구를 주방 · 객실 · 침실에서 그대로 사용할 수 있는 것과는 전혀 다르다. 그것은 오히려 앞서 내가 말한 언어의 번역과 같이, 본래 가지고 있던 지식 · 사상 · 신앙을 사용하여 이해하고 해석한 후에 상당한 변형을 겪으면서 원형을 잃게 되는 것이다. 예컨대 불교 지식의 해석을 경유한 '세균' 설은 생물학의 지식과 불교의 '극대 · 극소' 라는 상대적 관념 사이에 어떤 관련성을 낳았다. 인명학因明學을 경유해서 억지스럽게 가까워진 서양의 '명리名理' 혹은 '논리' 학설은 근대 지식인에게 지식의 규칙과 같은 것이 아니라 고대 인도의 변설辯說 방법과 같이 여겨졌다. 고대 묵가의 경험으로 바라본 서양 과학은 마치 과학적 원리의 기본 법칙은 결여되어 있고 그저 경험 · 기술 · 방법에 불과한 것으로 비쳐졌다. 고대 유가 학설을 따라 해석한 '민주民主' 는 일련의 제도가 아니라 하나의 태도와 같이 여겨졌으며, 또한 항상 '백성을 귀하게 여기는民爲貴' 옛날의 학설과 연결되어 다른 모습으로 변했다. '자유自由' 라는 두 글자는 바로 수많은 학자들이 지적한 그대로다. 즉, 이 서양의 리버티Liberty는 일본인의 중간 무역을 통하여 다시 중국 시장에 진입했는데, 노장 학설에 깊이 빠져든 지식인의 상상에 의해서 이는 한 개인의 절대적 초월과도 같이 되어버렸다. 비록 옌푸嚴復가 『집단과 개인의 권리 경계에 대한 논의群己權界論』을 서둘러 번역해냈지만, 왕캉녠(汪康年, 1860-1911)은 「중국인의 심리를 논함論吾國人之心理」이라는 문장에서 다음과 같이 말했다. "우리나라 사람들은 늘 말하기만 하면 '마음대로 한다' '구속되지 않는다' '서로 신경쓸 게 없다' 고 한다. 그 의미를 찾아보면 노장에 근원을 두고 거기에다 석씨釋氏의 평등이라는 의미가 더해져서, 그 결과 규칙도 한계도 없는 상태로 들어간다. …… 근래 서양인들 역시 자유에 대한 학설을 가지고 있는데, 그것을 듣는 중국인들은 서양인의 자유라는 말이 어디서 유래했으며 자유의 한계는 어디에서 시작하여 어디에서 끝나는 것인지를 살피지 않는다. 사람들은 모두 '자유' 라는 두 글자를 가슴 속에 품고 있으며, 일단 사람들이 이러한 경지에 이르면, 마치 절대적인 경지의 행복에 도달하게 되리라고 여겼던 것이다".[14]

나는 이렇듯 참인 듯 하지만 거짓인 '견강부회' 혹은 '어림짐작' 을 비판하는 게 아니다. 지식 · 사상과 신앙의 이해사에서 새로운 지식과 옛 학문은 이렇게 서로에게 진입하고 서로 합류한다.

레븐슨Joseph R. Levenson의 『유교적 중국과 그 근대적 운명*Confucian China and its Modern Fate*』〈6〉에는 저명한 '박물관'의 비유가 있다. 그의 견해에 따르면 공자 학설은 중국이 근대의 여정에 들어서자 이미 "박물관의 역사 수장품으로 변했으며, 그 변화의 목적은 공자를 현실의 문화로부터 쫓아내려는 것이었다".[15] 그러나 실제 사정은 결코 이처럼 간단한 것이 아니다. 역사적 기억은 언제나 민족의 심령 깊은 곳에 있으며 그 중 일부는 늘 새로이 발굴될 수 있으니, 이는 "봄비는 바람 따라 몰래 밤에 스며들어, 소리 없이 가늘게 만물을 적셔주는"〈7〉 모습과 같다. 특히 한 민족의 역사가 길고 문화가 깊으며 또 전통에 대한 승인〈8〉이 변함없이 존재할 때, 전통이 현재로 '진입'하는 것은 피할 길이 없다. 이런 민족의 전통 문화와 역사적 기억이 언어 · 상징 · 이야기들과 함께 모두 식민주의자의 침입에 의해 철저히 파괴되지만 않는다면, 역사는 반드시 이렇게 낡은 것 속에 새로운 것이 있고 새로운 것 속에 낡은 것이

〈6〉 저자주에서 확인할 수 있듯이, 이 책의 중국어 번역본은 『유교적 중국과 그 현대적 운명(儒教中國及其現代命運)』으로 되어 있다. 그러나 1960년에 중기에 나온 이 책은 중국이 서구의 영향을 받은 명말(明末) 이후 공산화 된 중국에서의 유교를 주로 다루고 있기 때문에, '현대적 운명'으로 번역하면 지금으로서는 책의 내용과 부합되지 않으므로 필자는 위와 같이 번역하였다.

〈7〉 "隨風潛入夜, 潤物細無聲"은 杜甫의 「春夜喜雨」 중의 한 구절이다.

〈8〉 '전통에 대한 승인'이라고 번역한 부분이 중국어는 '對傳統的認同'이나, '認同'은 문맥에 따라 '동일시'라고 번역하기도 하나, 여기서는 부적합하다고 생각된다. 의미를 풀이하자면, 전통을 자신의 것으로 여기며 자신이 그 전통에 속해 있다는 것을 승인, 인정한다는 뜻이다. 즉, 중국인들이 여전히 '중국의' 전통이라고 인정하며, 자신이 거기에 속해 있다고 여기는 그러한 전통이 변함없이 존재하는 상황을 말한다.

있는 형태로 지속된다. 전통과 역사는 마치 머리를 땋는 것처럼 서로 섞이면서 더욱 풍부하고 심후하게 된다.

주희의 비유

주희는 일찍이 한 스님의 다음과 같은 말을 들어 이야기 한 적이 있다. "요새 사람들이 글을 풀이하는 것은 마치 한 잔의 술에 이 사람이 물을 타고 저 사람이 물을 붓는 식으로 차례로 물을 부어가다보니 이제 술이 완전히 묽어졌습니다". 주희는 이런 견해에 동의하지 않고 오히려 거꾸로 뒤집어 말했다. "나는 그렇게 생각지 않습니다. 불씨佛氏가 원래는 천박했습니다. 지금 이른바 '여래선如來禪' 이란 걸 보면 알 수 있습니다. 나중에 우리 유교인들이 그 곳(=여래선)으로 도피하여 유교의 뜻을 그 안에 보태어 넣게 되었고, 잘못되거나 부족한 점을 보면 그때마다 우리 유교인들이 그것을 고치고 보태어 갔습니다. 이렇게 차례로 보태 나가면서 (술이) 진해지게 되어 더 따질 수도 없는 심오한 상태에까지 이르게 된 것입니다". 사상사에서 층층이 쌓여나감이 어찌 이렇지 않겠는가?

4

장다춘張大春의 『장군비將軍碑』로부터 역사적 기억을 말함

장다춘張大春의 소설인 『장군비將軍碑』에는 다음과 같은 흥미로운 이야기가 하나 있다. 한 노년의 장군은 늘 자신의 진실 반, 거짓 반인 회상 속에서 살고 있었다. 어느날 기금회에서 "위대한 시대를 위해 역사에 증거를 남기자"는 취지로 장군의 회고록을 쓰도록

작가 스치石琦를 보냈다. 장군은 스치가 자신의 과거를 서술하는 것에 대해 강력히 거부했다. 그렇지만 그의 역사는 단지 사후에 서술자에 의해 온갖 방법으로 새롭게 엮어진 역사의 이야기와 기념비의 비문이나 추도의 글로 인해 본래적 면모와는 완전히 다르게 서술될 수 있다. 그 뿐만 아니라 그가 살아 있을 때에도 역시 그 자신 내면의 깊은 곳에 있는 공포 · 긍지 · 거짓에 반복적으로 물들여져서, "역사에 대한 그의 해석을 새로이 보수하고 얼마간 새로운 기억을 엮어냈으며 오래된 기억을 고쳐버렸다".[16] 따라서 역사는 이미 더 이상 본래의 진실된 역사가 아니게 된다.

사실 하나의 민족, 심지어 국가도 이와 같다. 사상사를 포함하여 모든 역사는 장군이 끊임없이 회상을 하는 것과 같다. 과거의 역사 자체는 그대로 드러나지 않는다. 그것이 이미 시간 속에서 소실되었고, 서적 · 문물 · 유적을 통해 구성된 역사는 결국 당시 사람들의 심정 · 사고 방식과 안목에 의해 은연중에 지배되며, 일부 사건 · 인물 · 연대나 일부의 지식과 사상의 역사를 기억으로부터 뒤져내어 '보수' 하고 '엮어' 내고 '고쳐' 쓴 것이기 때문이다. 본질적으로 말하자면 종래의 역사 저술자들은 기억해내는 일만을 하고 있었을 뿐이다. 이는 바로 장다춘이 "그들은 모두 시간을 무시하고 또한 자기 맘대로 기억을 고칠 수 있는 사람"이라고 말한 것과 같다. 그러나 역사적 기억이 발굴되고 새롭게 해석되어 사상적 자원으로 충당되는 바로 이러한 과정을 통해서 전통은 비로소 연속되어 가는 것이다. 따라서 역사로부터 어떤 형태의 기억을 찾아내는가에 따라 어떤 형태의 자원과 토대 위에 전통이 재건되고 성장되는가가 결정된다. 또한 어떤 기억을 억압하게 되면, 일부 역사의 뿌리를 제거할 수도 있고 어떤 전통의 경향을 바꿀 수도 있다.

본래 공통의 역사적 기억은 사람들의 마음 깊은 곳에 저장되며, 서로 다른 역사적 기억은 뿌리가 서로 다른 것이다. 사람들이 마음 깊은 곳에서 그런 기억을 발굴할 때 '뿌리를 찾았다' 라고 말한다. 공통의 뿌리를 찾았을 때 사람들은 자신이 한 그루 나무의 가지와 잎이라는 것을 발견한다. 비록 그것이 사면팔방으로 하늘을 향하고 있더라도 결국 하나의 뿌리에 귀결될 뿐이다. '본래 같은 뿌리에서 낳은 것本是同根生' 이라는 말의 상징적 의미는 바로 여기에 있다. 따라서 뿌리를 찾는다는 것은 매우 중요하고도 새로운 동일감의 확인이다. 사상사의 각도에서 보자면 역사적 기억이란 단지 잊혀진 과거를 기억하거나 혹은 결국 드러날 지난 일을 기억하는 것만이 아니라, 해석의 과정에서 역사를 구축하고 현재를 변화시키며 미래를 통제하는 자원을 은연중에 장악해가는 것이다. 각종의 상이한 문화적, 종교적, 민족적 공동체는 모두 역사를 거슬러 올라 뿌리를 찾는 과정에 있다. 또한 역사를 재구성함으로써 전통을 경계짓고, 자신과 주변과의 관계를 확정한다. 따라서 상이한 위치 · 입장 · 시간에서 출발한 '과거에 대한 기억' 은 과거에 대해 서로 다르게 서술하게 한다. 전통적 자원에 대한 서로 다른 심정과 상황, 그리고 서로 다른 외부적 환경에서 나오는 새로운 해석도 이 전통적 자원에 대하여 서로 달리 이해하게 한다. 이런 현상은 한 장군의 기억 속에서만 나타나는 것이 아니라 민족 공동체의 집단적인 역사적 기억 속에서도 나타난다.

주 | 註 |

1 러브조이(Arthur O. Lovejoy), 『존재의 대연쇄』(*The Great Chain of Being : A Study of the History of Idea*), 日文譯의 제목은 『存在の大いなる連鎖』, 內藤健二 譯, 晶文社, 東京, 1975. 또 中文本 譯은 『存在巨鏈』이라고 하였다. 張傳有 · 高秉江 譯, 江西教育出版社, 2002.

2 야콥 부르크하르트(Jacob Burckhardt) 『이탈리아 르네상스 시기의 문화』(*The Civilization of the Renaissance in Italy*), 何新 中譯本, 170-171쪽, 商務印書館, 1983.

3 이 사례에 관하여는 코서(Lewis A. Coser), 「하프바크(Maurice Halbwachs)와 집체기억(Collective Memory)」, 丘澎生 中譯文, 『當代』, 제91기, 37쪽, 臺北, 1993년 11월.

4 새로운 지식에 직면하면 필연적으로 일정한 지식 자원을 이해의 토대로 삼을 필요가 있다. 나는 여기에서 "전이해"라는 하나의 개념을 빌어 사용하였는데, 이는 하이데거의 개념이다. 이 사고 방식에 대한 설명은 하이데거(Martin Heidegger)의 『존재와 시간』 제32절 안에 "이미 가지고 있거나 이미 보았던 것 및 이미 파악하고 있던 것이 무엇을 향할 것인가 하는 계획을 구성하며, 의미는 바로 이 계획이 향하는 바이고 계획의 방향이 지향하는 바로부터 출발하여 어떤 것은 어떤 것으로서 이해되는 것이다"라고 되어 있다. 그런데 사상사 가운데 역사와 전통은 종종 기존 지식의 자원이 되고 이해의 시야와 방향을 규정한다. 陳嘉映 · 王慶節 合譯本, 185쪽, 三聯書店, 1987. 그 밖에 참고할 수 있는 것은 가다머(Hans-Georg Gadamer)가 『哲學歷史辭典』에서 집필했던 「해석학」의 항목에서 논술한 것을 참고할 수 있다. 洪漢鼎 中譯本, 『哲學譯叢』, 1986년 제3기.

5 서양인이 영한 사전을 편찬할 때 'calendar(달력)'를 '皇曆' '通勝'이라고 번역하거나, 'newspaper(신문)'를 '京鈔' '邸報'라고 하고, 'attorney'(법률가)를 '寫呈子的'이라고 번역하는 것과 같이, 이렇게 새로 번역하고 해석하는 가운데 새로운 서양의 지식을 들어온 것이다. 그러나 옛날 고전의 자원도 새로이 해석되어 들어갔다.

6 뤄즈톈(羅志田)이 「린쉬의 정체성 위기와 민국 초기의 신 · 구 논쟁(林紓的認同危機與民初的新舊之爭)」의 결론 가운데에서 일찍이 말했던 것과 같이 "'새로운 것(新)'은 단절되지 않고 '옛 것(舊)'과 다층차적으로 연계되며, '새로운 것(新)'이 '옛 것

(舊)' 을 이기는 것도 결국 '옛 것(舊)' 의 효용에 의거한 것이니, 이 가운데 있는 궤변은 실로 의미심장하다." 『歷史硏究』 1995년 제5기에 실려 있다. 132쪽, 北京.

7 王汎森, 「淸末的歷史記憶與國家建構 : 以章太炎爲例」, 『思與言』 제34권 제3기, 1-18쪽, 臺北, 1996.

8 폴 코엔(Paul A. Cohen), *History in Three Keys : The Boxers as Event, Experience and Myth*(『歷史三調 : 義和團作爲事件經驗和神話』), Columbia University Press, 1997.

9 예를 들면, 만청의 판쭈인(潘祖蔭)과 천바오천(陳寶琛)이 고염무와 황종희를 입사(入祀)하자고 건의하였던 것도 바로 그 일례이다.

10 예를 들면, 만청의 사상사에서 특히 자학이 사상적 자원이 되어 그 중심부로 들어갔던 것은 왕중(汪中)과 큰 관계가 있으며, 『술학(述學)』 가운데 제자에 대한 견해가 보인다. 그러나 그는 단지 후대 학자들에게 길을 열어주었을 뿐이다. 그 가운데 묵학의 부흥에 관하여 왕얼민(王爾敏)은 「近代中國思想研究及其問題之發掘」에서 말하기를, "묵학 중에는 고대의 과학 이론이 적지 않다. 그밖에 사랑에는 차별이 없다는 등의 여러 가지 설도 역시 평등 사상에 상당히 부합된다. 황쭌시엔(黃遵憲)·량치차오(梁啓超) 등 여러 사람들이 제창한 이래, 학술 영역 가운데 일시 성세를 이루었다. …… 이 때 묵학을 연구했던 것은 왕중(汪中) 시대의 분위기나 동기와는 완전히 다른 것이다."라고 하였다. 『中國思想史方法論文選集』 292쪽. 大林出版社, 臺北, 1981. 순자가 새로이 제기되었던 것 역시 만청 시대에 청대 학술의 바탕을 캐내려던 노력, 또 순자학이 가져온 사상적 전제(專制)를 검토, 비판하여 청산하고자 했던 움직임과 관련이 있다. 그러한 연구자로는 샤쩡유(夏曾佑)·탄쓰퉁(譚嗣同)·량치차오(梁啓超) 등이 있다. 朱維錚, 「晚晴漢學 : "排荀"과 "尊荀"」을 참조하라. 『求索眞文明』 333-350쪽에 실려 있다. 上海古籍出版社, 1996.

11 陳榮捷, 「新儒學"理"之思想之演進」, 그의 저서 『王陽明與禪』에 실려 있다. 28쪽, 學生書局, 1984.

12 梅文鼎, 「論地圓可信」, 『曆學疑問』(『梅氏叢書輯要』 권46). 林金水의 『利瑪竇與中國』, 155쪽에서 재인용했다. 中國社會科學出版社, 1996.

13 폴 코엔(Paul A. Cohen), 『在中國發現歷史 : 中國中心觀在美國的興起』, 林同奇, 中譯本, 「序言」 3-4쪽, 中華書局, 1989, 1991.

14 『汪穰卿遺著』 제6권, 40쪽(上), 民初 排印本. 서구의 자유주의는 '자유'를 사회라

는 컨텍스트에 놓고 개인적 권리의 합리성과 합법성을 강조한다. 그러므로 나와 너의 관계가 어떠한가 · 개인과 집단의 관계가 어떠한가를 분명히 선을 그어야 한다. 그런데 고대 중국의 자유에 대한 언설은 종종 '자유' 로부터 사회라는 컨텍스트를 빼고서 개인적 심령 정신과 개체적 행동의 자유성을 강조하며 종종 상상 속에서 사람을 초월적이고 절대적인 존재로 만든다. 이는 근대의 자유 관념과는 같지 않다. 그런데 왕캉녠(汪康年)이 말하는 이러한 이해 방식은 중국에 보편적으로 존재했다. 왜냐하면 이것은 종종 서방의 자유 관념을 이해하고 해석하는 자원이 되었으므로 서방의 관념이 이렇게 새로운 이해와 해석의 과정 중에서 변화를 일으키게 되는 것이다. 예를 들어, 탄쓰퉁(譚嗣同)의 『인학(仁學)』은 장자를 빌어서 말한 것으로서 국경이나 어떠한 경계도 없이 천지의 모든 경계를 초월하여 소요하는 것을 동경하였다. 王爾敏, 『中國近代思想史論』을 참조. p.45, 臺北, 1977. 1902년 이후 옌푸(嚴復)가 존 스튜어트 밀(John Stuart Mill)의 『군기권계론(群己權界論 ; *On Liberty*)』을 번역하자, '자유' 에 대한 이와 같은 서양의 관념은 점차 명확해지기 시작했다. 周昌龍, 「五四時期知識分子對個人主義的詮釋」을 참조. 周昌龍의 『新思潮與傳統』에 실려 있다. 時報出版公司, 臺北, 1995.

15 레븐슨(Joseph R. Levenson) 『儒教中國及其現代命運』(*Confucian China and its Modern Fate*) 제4장, 鄭大華 等 中譯本, 338쪽. 中國社會科學出版社, 2000. 그는 「마치는 말」에서 이러한 전통의 파편이 보존되어 내려가는 것은, "그들이 현대인의 기호를 만족시켜주기 때문이지 그들이 비교할 수도 없는 전통의 정수를 포함하고 있기 때문이 아니다"라고 말했다. 371쪽.

16 『張大春集』, 132 · 136 · 152쪽. 前衛出版社, 臺北, 1993.

제8장 무엇이 사상사의 자료가 될 수 있는가

1920-30년대 역사 자료의 변화

사상사는 자료의 범위에 아무런 변화가 없는가?

최근의 고고학적 발견의 자극

사상사의 자료로 만들기(1) : 역서曆書

사상사의 자료로 만들기(2) : 칙례則例와 여복지輿服志 등

사상사의 자료로 만들기(3) : 당안檔案

사상사의 자료로 만들기(4) : 유서類書 · 동몽서童蒙書 · 수첩手冊

사상사의 자료로 만들기(5) : 소설 · 화본話本 · 창사唱詞

과거의 사상사는 왜 이러한 자료들을 사용하지 못했는가?

사상사는 마땅히 어떻게 써야 하며 무엇을 써야 하는가를 새로이 검토한다.

무엇이 사상사의 자료가 될 수 있는가

1920-30년대 역사 자료의 변화

역사 자료를 사용하는 범위나 방법의 문제는 이미 '사료학'만의 과제가 아니다. 심지어 역사학의 전체적인 변화도 어떤 역사 자료를 사용하는가와 어떻게 역사 자료를 사용하는가에 의하여 일어날 수 있다. 1997년에 타이베이의 왕판썬王汎森은 「무엇이 역사의 증거가 될 수 있는가?」라는 글을 발표했는데, 그 안에서 20년대 푸쓰녠傅斯年·구제강顧頡剛·후스胡適·리지李濟와 같은 세대의 역사학자들이 사료 개척에서 보여준 노력을 언급하였다. 그리고 구체적으로 명청明清의 당안檔案과 은허殷墟의 발굴 등을 설명하며, "'신사학新史學' 이라는 관념의 영향 하에 학문 연구治學의 자료를 얻는 방법에 변화가 생겨서, 전통적 독서인의 학문 연구 방식은 더 이상 지배적인 지위를 차지하지 못하게 되었다"고 지적하였다. 그는 푸쓰녠傅斯年의 명언인 "위로는 하늘로부터 아래로는 황천까지, 열심히 움직여서 자료를 찾는다"(1)는 말을 인용하면서, 그 시대의 역사학은 이미 변화했음을 지적하였다.[1]

1920-30년대 사이에 중국에서 역사학은 확실히 상당한 변화를 겪었다.[2] 청대의 역사 고증학과 1920-30년대 역사학가의 연구 영역 · 논증 방식 · 자료 범위의 차이를 비교해보면, 사람들은 1920-30년대에 무엇이 역사 자료가 될 수 있는가에 대한 관념에 이미 커다란 변화가 있었음을 알 수 있을 것이다.[3] 소위 '20세기의 사대四大 발견', 즉 갑골 복사 · 돈황 문서 · 명청 당안檔案 · 진한 간독簡牘 외에, 중국 밖에 있는 문헌들 · 민간 창본唱本 · 소설 · 희곡 등이 모두 역사 연구 안으로 들어왔다. 이러한 방법은 주류적 역사학계에 들어와 수준 높은 서양 역사 이론의 지지를 얻었고 새로운 역사학 일파로부터 인정받았으며, 매우 명망 높은 학자들 역시 이에 호응하였다. 량치차오梁啓超도 『중국역사 연구법』에서 당안檔案과 서신(函牘)을 언급했을 뿐 아니라, 심지어 일반 백성들의 금전 출납부와 동인당同仁堂〈2〉 · 왕마자王麻子〈3〉 · 도일처都一處〈4〉 등 상점의 장

〈1〉 "上窮碧落下黃泉, 動手動脚找材料"

〈2〉 동인당(同仁堂) : 북경(北京)에 위치한 동인당은 전 중국의 중의약 분야에서 전통 있는 저명한 가게다. 1669년(淸 康熙 8년)에 창건하여 옹정(雍正) 원년(元年)인 1723년에 왕실의 약을 공봉(供奉)하기 시작한 이래 8대 황제를 거치며 188년간 그 일을 맡았다. 동인당에서 제조한 약의 효능이 인정받아 우황청심환(牛黃淸心丸) · 재조환(再造丸) · 활락단(活絡丹) 등 저명한 제품이 지금도 세계적으로 알려져 있다.

〈3〉 왕마자(王麻子) : 옛날 북경의 왕마자 가위가게는 본래 부싯돌이나 가위, 칼 등을 파는 잡화점이었다. 청대 순치(順治) 8년인 1651년에 문을 연 이 가게 주인의 성은 왕(王)씨였고, 얼굴에 곰보자국이 있어서 사람들이 '왕마자'라고 부르게 되었다고 한다. 그는 가위를 만드는 것이 아니라 친히 민간의 가위들을 선별, 매입하여 품질을 보장했다고 한다. 가경(嘉慶) 21년인 1816년에 왕마자의 후손이 잡화점을 이어받아 "삼대왕마자(三代王麻子)"라는 이름을 내걸고 정식으로 가위가게 경영을 시작하여 지금까지도 가위제조업계에서 가장 유명하다.

부가 사회사에 가지는 의미 등을 이야기하고 있다.[4] 분명히 이는 과거 청대의 학인들이 주로 의거했던 유가의 경서나 제자서, 정사正史나 통감, 그리고 중요한 문집에 최대한 더해봐야 필기류나 야사를 더했던 것과는 다르다. 왜냐하면 '무엇이 역사인가'에 대한 관념이 달라졌고 역사 연구의 영역이 확대되었기 때문이다.

사상사는 자료의 범위에 아무런 변화가 없는가?

그러나 우리는 사상사 혹은 철학사의 영역에서 이러한 변화는 그다지 분명하게 나타나지 않았다는 것을 의식하게 된다. 20세기 전체를 통하여 셰우량謝无量 · 후스胡適 · 펑유란馮友蘭 · 허우와이루侯外廬에서 런지위任繼愈에 이르기까지 철학사 혹은 사상사의 저서가 한 권씩 나왔지만, 역사 자료의 사용 범위에서는 근본적인 변화를 찾아볼 수가 없다. 단지 평가의 척도나 정치적 입장의 변화로 인하여 역사에 들어갈 수 있는 더 많은 문집과 저작이 발견될 뿐이었다. 예컨대 왕충王充 · 범진范縝 · 부혁傅奕 · 여재呂才 · 이지李贄 · 비밀費密 등의 인물과 그들의 문집 · 저작들이 그것이다. 그러나 그밖에 더 주변적이고 간접적인 자료가 사용되었던 경우

⟨4⟩ 도일처(都一處) : 익반죽한 얇은 밀가루 피에 돼지고기와 야채를 혼합한 속을 싸서 찐 음식을 샤오마이(燒賣 혹은 燒麥)라고 하는데 도일처는 샤오마이를 파는 음식점으로 유명하다. 청 건륭 3년(1738년)에 가게를 시작한 사람은 산서(山西) 사람으로 이(李)씨였으며 처음엔 조그마한 술집으로 시작했다가 돈을 번 후에 1742년 그럴듯한 건물을 지었으며 1752년에는 건륭황제가 도일처라는 이름을 내렸고 또 '호두(虎頭)'라는 편액을 하사하여 유명해졌다. 동치 연간(同治年間 : 1862-1874)에 샤오마이를 팔기 시작했는데 피가 얇고 속이 꽉 찼을 뿐 아니라 맛이 좋아 유명해졌으며 지금까지도 하루에 수천 명의 손님이 오가는 유명한 음식점이다.

는 매우 드물다.[5] 새로운 역사학 관념의 영향 하에 20세기 역사학의 사료 사용 방법에 커다란 변화가 생겼다면, 사상사의 연구에서도 마땅히 관념상의 변화가 생겨야 하며, 또 자료의 범위도 역시 변해야 하지 않겠는가?

1

최근의 고고학적 발견의 자극

최근 사상사 영역에서는 자료가 부족하다고 느끼기 시작하였고, 자료의 범위라는 것이 연구자들의 중요한 문제 의식과 토론의 주제가 되었다. 처음에는 대개 1970년대 이래의 고고학적 발견과 관련된 것이었다. 1970년대로부터 1990년대에 이르기까지 일련의 고고학적 발견이 일찍이 수많은 사상사 연구자들을 놀라게 하였다. 최초의 반응은 모두 같았으니, 그것은 바로 고고학적 발견이 수많은 자료를 첨가하도록 해주어서 참 좋다는 것이었다. 예를 들어 마왕퇴 백서 중의 『황제서黃帝書』『노자』『주역』『오행』, 은작산銀雀山의 『손빈孫臏』, 정현定縣의 『문자文子』 등과 같은 고적이 출현했던 것에 이어, 점차 기존의 오류를 밝혀주는 일군의 '위서僞書' 들이 모두 사상사의 자료가 될 수 있었다.[6] 그러나 점차 이용이 커지면서 이러한 새로운 자료만으로는 여전히 부족하다고 여기게 되었는데, 그 이유는 더 많은 고고 자료들이 사상사로 진입할 수가 없었기 때문이었다. 위에서 말한 고적이나 위서들 외에도 술수·방기·병서 및 문자가 아닌 기물·도상 등이 고고학적 발견으로 인하여 알려졌는데, 전통적인 사상사나 철학사에 의하면 이런 것은 '사상' 이나 '철학' 이 되기엔 부족한 것들이었다. 그리하여 그저 그런 것들이 있다는 사실을 바라볼 뿐이었다. 왜냐하면 너무나 오랫동안 사상사는 철학사와 마찬가지로 엘리트의 사상이나 경전들만을 토론해왔을 뿐이고 그러한 새로운 자료에 대하여 해석할 방법이 없었기 때문에, 위와 같은 자료들을 사상사 안으로 끌어들일 수가 없었던 것이다. 그렇다면 사상사는 변화할 수가 있겠는가? 어떻게 해야 본래의 사상사가 가졌던 모습을 변화시킬 수 있겠는가? 이것이야말로 1990년대부터 중국학자들이 가져왔던 생각이자 동시에 근심이었다.

사상사는 당연히 주로 엘리트와 경전적인 문헌들을 자료로 삼는다. 예컨대 유가의 경전과 주석 · 제자들의 해설 · 문집 · 어록 · 정사 · 전기 등과 같은 권위 있는 자료들이 그것이다. 중국의 고적은 흔히 '한해무애瀚海無涯' '한우충동汗牛充棟' 이란 말처럼 정말로 무수히 많다. 사상사는 아직 이런 자료들도 채 다 사용하지 못했으니 어찌 다른 자료에 한눈을 팔 수가 있겠느냐고 말할 수도 있다. 그러나 사상사와 철학사의 방법이라는 점에서 보자면 이러한 자료들은 사실 희한한 것이 아니고, 사상사와 철학사가 '이삼류 인물들' — 문학사 연구자는 이백과 두보에 관한 논문을 지나치게 많이 중복하여 쓰다 보니 할 수 없이 이삼류 작가를 돌아볼 수밖에 없게 된 것처럼 — 에게 한 번 눈을 돌리기만 하면 그들 역시 '역사' 의 시야 속으로 들어갈 수가 있는 것이다. 단지 시기적으로 얼마나 빨리 들어가는지, 양적으로 얼마나 많이 들어가는지의 문제일 따름이다. 그 밖에도 '이름 없고' '주인 없는' 것들은 전통적인 관념에 따르면 영영 사상사나 철학사의 범위 안에 들어갈 자격이 없는 것처럼 보인다. 사실 전해지는 문헌과 고고 자료들 중에도 사상사 저술에 들어가지 못한 것이 너무나 많다. 아래에서 생각나는 대로 몇 가지 예를 들어보자.[7]

사상사의 자료로 만들기(1) : 역서曆書

첫째는 역서曆書로서, 바로 통서通書・황력皇曆 혹은 시헌서時憲書다. 고대에 '삼가 민시를 내려주는 것敬授民時'은 관방이 관리하는 매우 중요한 일이었다. 따라서 고고 발견 가운데 『일서日書』〈5〉는 매우 많고, 최초의 판방 조판雕版 인쇄품 역시 역서다. 예로부터 지금에 이르기까지 인쇄 수량이 가장 많은 것이 무엇이겠는가? 역시 역서다. 그러나 과거 오로지 엘리트와 경전에만 주목했던 사상사 저작에서 이런 것은 그리 중요하지 않았다. 그것은 무슨 사상도 아니고 더욱이 '새로운' 사상이라 할 만한 것도 아니었다. 그러나 우리가 시각을 바꾸어 이런 자료들을 볼 수는 없을까? 예를 들자면, 타이완 역사언어 연구소史語所의 푸무저우蒲慕洲는 진간秦簡 『일서』를 중심 자료로 삼았다. 즉, 수호지睡虎地 진간 『일서』를 통하여 고대인들의 생사 관념과 일상 생활을 다시 구성한 것이다. 그 이유는 언제 외출할 수 있는지, 언제 땅을 파도 되는지, 언제기

〈5〉 일서(日書)란, 고대의 일자(日者)들이 날짜를 선택하고 길흉을 점치던 실용적인 수첩 같은 것으로, 홍콩이나 타이완에서 지금도 유행하는 통시나 황력과 유사하다.

결혼하기에 적합한지, 언제 무슨 금기가 있는지 등 고대 수많은 민중의 모든 일상 생활이 이러한 역서의 지시에 따라 이루어졌기 때문이다.[8] 사실 이치는 아주 간단하다. '시간' 이 중국사상에 미치는 영향력은 이처럼 지대한 것이었고, 민중의 생활 뿐 아니라 정치적인 합법성 역시 '정삭正朔을 고치고' '연호를 고침' 으로써 지지되어야 했다. 이전에도 송대 사상 연구는 참으로 많았지만 왜 북송의 소옹邵雍이 그렇게 많은 정력을 쏟아 『황극경세皇極經世』를 만들어 정치적인 시간의 분배와 변천을 다시 배열하고자 했는지, 또 남송의 장식張栻은 왜 소옹을 이어 『경세기년經世紀年』을 엮고자 했는지에 대해서는 아무도 생각하지 않았다. 사실 여기에는 매우 깊은 의미가 있다. 명청 시기에 발생했던 시간과 역법에 관한 변화는 매우 의미가 깊다. 이는 동서양의 지식 · 사상 · 문화의 충돌에까지 연관이 된다. 타이완 청화대학의 황이눙黃一農 교수는 명청 시대의 『시헌통서時憲通書』와 역법의 변화에 대하여 매우 훌륭한 연구를 한 바 있다. 이 연구에서 그가 논의한 것은 서양의 역법 지식이 중국에 들어온 이후 중국의 시간 관념에 어떠한 영향을 미쳤는가 하는 것이다.[9] 나는 「『시헌통서』의 의미」 라는 문장에서 신新 · 구舊 지식이 교체하는 시기에 역서의 지식도 변화하고, 이는 보편적인 생활 세계에서 지식의 변화를 야기한다는 것을 몇 가지 예를 가지고 설명하였다.[10] 이렇게 역서 혹은 통서 안에 기록된 내용이 생활을 이끌어주는 관념이며 보편적으로 받들어 시행되는 것이라면, 역서나 통서가 왜 사상사의 자료에 포함되지 못하는가? 이는 그저 '황력' 일 뿐이고, 그래서 정말 역사 연구에서 '시대에

뒤처진 것' 으로 낡은 신발짝 버리듯 해야 하는 것인가?

사상사의 자료로 만들기(2) : 칙례則例와 여복지輿服志 등

둘째는 『영조법식營造法式』[6] 『장작칙례匠作則例』[7]와 같은 것이다. 이들은 단지 과학사나 지식사만의 독점 영역이 아니며, 이 안에는 의미 있는 사상사의 내용이 많이 있다. 천자의 행차 행렬 방법에는 황가와 민간을 구별하는 많은 규정들이 있다. 송대에 관방은 민간에서 진짜 병기를 가지거나, 천자의 행차 행렬에서 사용하는 각종 의장을 만들지 못하도록 규제하고 있었다. 고대 중국의 예의禮儀 제도는 사실 일련의 질서의 상징이다. 그것은 사회의 상하 · 내외 · 자타 등을 구별하고 암시한다. 또한 이러한 의례에서 사용하는 도구는 매우 깊은 함의를 가지고 있다. 예전에 나는 원대元代 휴경신睢景臣의 모음곡(套曲)인 『초편 · 고조환향(哨遍 · 高祖還鄕)』을 보았는데 매우 흥미로웠다. 왜냐하면 거기에 나타난 황제의 권위를 상징하는 것들이 보편적인 상식으로 공유되지 않는다

〈6〉『영조법식(營造法式)』: 북송 관방에서 반포한 건축 설계 및 시공의 규범서로서 중국 고적 가운데 가장 완전한 건축 기술에 관한 전문 서적이다. 이 책은 북송(北宋)의 희녕 연간(熙寧年間 : 1068-1077)에 궁실 건축을 담당하는 장작감(將作監)이 칙령을 받고 편수(編修)하기 시작하여 1091년(元祐 6)에 완성했다. 1097년(紹聖 4)에 장작감의 소감(少監)으로 임명된 이계(李誡 : ?-1110)가책임 감수를 맡아 다시금 개정 편찬하여 1100년(元符 3)에 마무리 하여, 1103(崇寧 2년)에 간행되었다.

〈7〉『장작칙례(匠作則例)』: 칙(則)이란 법칙이나 규칙이고, 례(例)란 성례(成例)나 실례(實例)로서, 본래 칙례는 일종의 법률 문헌이었다. 대체로 북송 초기에 생기기 시작하여 명대를 거치면서 계속 발전하였으며 청대에는 특히 대량으로 증가되었다. 청대의 칙례는 크게 예의(禮儀) 및 행정 법칙의 제도에 관한 것과 다양한 흠정 공정(工程) 기술 및 수공업 제조에 관한 것으로 나뉘는데, 이 가운데 후자에 관한 내용을 모은 것이 청대의 『장작칙례』다.

면 그것은 아무런 의미가 없었을 것이었기 때문이다. 만약 사람들이 "깃발 한 편에는 커다란 흰 구슬(둥근 달을 말함)이 흰 토끼를 연결하고 있고, 다른 한 편에는 붉은 원이 필월조를 감싸고 있으며, 또 다른 쪽에는 닭이 춤추는 것을 배우고 있고, 다른 곳에는 개에 양 날개가 달렸으며, 또 다른 쪽에는 뱀이 호리병박을 휘감고 있는"(8) 이런 문양이 오직 황제의 전용이라는 것을 안다면, 여기에서 황권의 신성함 · 장엄함 · 권위 · 위대함 등이 전달될 것이다. 나는 류이정柳詒徵의 『청 덕종의 대혼례淸德宗的大婚』를 보았는데, 그러한 장엄한 장면 역시 사람들에게 커다란 의미를 느끼게 한다. 이런 세속과 민간을 초월한 과장이나 설정에서 황권의 의미가 전달되는 것이 아니던가? 이는 황제의 상장례가 민간의 일반적 의례

〈8〉 "一面旗白胡闌套住個迎霜兎, 一面旗紅曲連打着個畢月鳥, 一面旗鷄學舞, 一面旗狗生　翅, 一面旗蛇纏葫蘆." 이는 『고조환향』에 나오는 대목으로, 한 농민이 황제의 의장(儀狀) 행렬대에서 들고 있는 깃발을 묘사하고 있는 장면을 그리고 있다. 시골의 농민들은 이 깃발의 문양이 무엇을 상징하는지 전혀 알지 못하고 있기 때문에 웃음을 자아내는 것이다. 처음의 '백호란(白胡闌)' 은 월기(月旗)로 달 안에 흰 토끼가 있는 모습이고 '홍곡련(紅曲連)' 은 일기(日旗)를 말하며, 필월조는 28수중의 필성(畢星)을 말하지만 여기서는 태양 안의 삼족오(三足烏)를 그린 것이다. '호란(胡闌, 중국어 발음은 후란)' 은 '環(환, 중국어 발음 역시 환)' 이고 '곡련(曲連, 중국어 발음은 취리엔)' 은 '권(圈, 중국어 발음은 취엔)' 으로 모두 해음(諧音 : 한자의 음을 비슷하게 맞춘 것)이다. 세 번째 '닭이 춤추는 것을 배운다(鷄學舞)' 고 한 것은 주작기(朱雀旗)로서 남방의 칠수를 상징하며, '개에 양 날개가 달렸다(狗生雙翅)' 고 한 것은 호랑이가 나는 모습을 그린 백호기(白虎旗)를 가리키는 것으로 남방의 칠수를 상징한다. '호리병박(葫蘆)' 은 사실 현갑(玄甲)의 그림으로 하도(河圖)의 일종을 상징한다. 이 모든 것은 황제의 의장에서만 사용하는 황제의 상징임에도 불구하고 시골의 농민들은 이러한 상징을 알아보지도 못하고 무엇을 의미하지는도 전혀 알지 못하기 때문에 자신들에게 익숙한 문양으로 이해하는 모습을 이같이 묘사한 것이다.

를 확대시킨 것이지만, 천양지차의 격리감을 전달하는 것과 같은 이치다.[11] 버크Peter Burke는 『루이 14세 만들기』라는 책의 서두에서부터 한 폭의 그림을 사용하였고, 쌔커레이William Thackerray의 말을 인용하면서 "국왕의 권위는 가발 · 굽 높은 구두 · 망토 등으로 이루어진 것이다. …… 우리가 숭배하는 여러 신들은 사실 이발사와 구두장이가 만들어낸 것"[12]이라고 하였다. 나는 누군가가 황가皇家의 의장儀仗 제작 방식과 규제의 변화를 자료로 하여 명청 시기 황권의 관념 문제를 연구하기를 기대해왔다. 그러나 과거에 사상사는 이러한 것을 거의 토론하지 않았다. 사상사 연구는 관념사 연구와는 다르다.[13] 관념사는 하나 혹은 몇 개의 관념을 중심으로 역사의 정리를 진행하며 도처에서 이 관념을 나타내는 자료를 발굴할 수 있고, 매우 주변적이고 매우 일반적인 도상 · 의식 · 광경 · 습관 등도 다룰 수가 있다. 그러나 사상사, 특히 사상가를 단위로 하는 사상사의 저술 방법은 이러한 것을 고려할 수가 없다. 사람들은 다음과 같이 물을 것이다. 그것은 어떤 사상가에 속하는 것인가? 그것은 어떤 경전적 저작 안에 있는 것인가?

사상사의 자료로 만들기(3) : 당안檔案

셋째는 각종 당안檔案으로, 1920-30년대에 많은 학자들은 이미 역사학이 마땅히 당안에 주목해야 한다고 호소하였다. 천위안陳垣은 1929년 북경대학 학생들에게 했던 강연에서 많은 시간을 할애하며 당안을 정리하는 8가지 방법(分類 · 分年 · 分部 · 分省 · 分人 · 分事 · 摘由 · 編目)에 대하여 설명하였다.[14] 당연히 그 당시부터 당안은 기타 역사 영역 안에서 이미 수없이 사용되었지만 사상사 영역 안에서는 줄곧 거의 사용되지 않았다. 당안의 분석과 정리는 다르다. 당안 분석은 그 자체로 매우 복잡하고 성가신 일이다. 왜냐하면 많은 당안이 매우 구체적이고도 번쇄하기 때문이다. 그러나 그중 일부는 상층 엘리트의 이론적 표현과는 사뭇 대조적이다. 예를 들어 부자자효父慈子孝와 종일이종(從一而終 : 한 평생 한 남편을 섬김), 가족 등급 등은 민중 사이에서도 유효하게 실행되었는가 하는 문제에 대해 실마리를 제공해 준다.[15] 타이베이 역사언어 연구소의 류정윈劉錚云은 일찍이 『고금논형古今論衡』에 매우 흥미로운 논문을 한 편 발표했다. 그는 몇 개의 당안을 분석하면서 사회 생활에서의 많은 실제적 사상이 경전에 기재된 원칙이나 관념과는 상당히 거리가 있다는 것을 발견하였으며, 이러한 당안은 실로 풍부한 사회 생활의 상세한 면을 제공할 수 있을 것이라고 하였다.[16] 상당히 봉건적인 '칠출七出'의 조항도〈9〉 실제 사회 생활 안에서는 근대 '이혼'의 자유와도 같은 이유를 제공해주었음을 발견한 사람도 있었다. 또 어떤 사람들은 현존하는 소송 당안 가운데에서 농촌 부자 관계의 실제 상황은 『예기』 이래 엘리트 사상가들의 텍스트와는 다르다는 것을 발견하기도 하였다. 과거 우리들은 모두 선입견에 의하여 종법 제도하의 중국 농촌은 부자 관계가 주축을 이루는 것이라 여겼고, 이전에 쉬랑광許烺光이 쓴 『재조음하在祖蔭下』〈10〉

〈9〉 본서에는 "만약 생활의 현실에서 본다면 상당히 봉건적인 '칠출(七出)'의 조항도 ……"라고 되어 있는데 저자에게 확인한 결과 앞에 있는 '만약 생활의 현실에서 본다면'이라는 말은 삭제해야 한다고 답변해주셨다.

도 바로 이렇게 말하고 있지만, 이는 모든 공간에 해당되는 이야기가 아니었다. 화북華北 일대나 화남華南의 일부 지방에서 재산을 나누어 따로 거처하는 경우, 부자 관계는 상당히 나빴으며 심지어 관부에 고소하는 일까지 발생했다. 더욱이 어떤 이들은 남은 문물 가운데에서 실제 고대 중국 사회의 생활 세계 안에서는 아내가 남편으로부터 압박을 받기만 한 것이 아니라, 때로는 어떤 특수한 원인으로 인하여 남편이 아내로부터 압박을 받기도 했음을 발견했다.[17] 그러므로 이런 자료는 역사 연구에서 기술적으로 잘 사용할 수가 있는 것이다. 이런 점은 서구 역사학계에서는 이미 아무런 문제가 되지 않을 정도로 일반화되었다. 프랑스 아날 학파의 위대한 사학자 엠마뉴엘 르 로아 라뒤리(Le Roy Ladurie, Emmanuel)의 명저인 『몽타이유』에서는 이교도를 심문했던 구두 자료를 사용하였다. 이런 구두 자료의 기초 위에서 그는 몽타이유 지방의 수 세

〈10〉 쉬랑광(Francis L.K. Hsu : 1909-1999)은 미국 국적을 가진 중국인 인류학자로서, 본문에는 許琅光이라고도 되어 있으나, 許烺光이 맞다. 심리 인류학(心理人類學)을 처음 시작한 학자 중 한 사람으로, 2001년에는 북경대학에 '쉬랑광 연구회(許烺光研究會)'가 조직되기도 했으며, 타이완에서는 그의 『쉬랑광 저작집(許烺光著作集)』(10권)이 출간될 예정이라 한다. 『재조음하(在祖蔭下)』라는 책은 *Under the ancestors' shadow : kinship, personality, and social mobility in China*(Stanford, Calif.,: Stanford University Press, 1971)라는 책이라고 생각된다. 다만 이 책은 1948년에 부제는 다르지만 같은 제목으로 출간된 바 있다(*Under the ancestors' shadow : Chinese culture and personality*(London : Routledge & K. Paul, 1948). 『재조음하(在祖蔭下)』라는 서명의 중역본(中譯本)이 있는지는 확인할 수 없었고, 다만 타이완에서 후자의 책이 『조음하 : 중국 향촌의 친속 · 인격과 사회 변동(祖蔭下 : 中國鄉村的親屬, 人格與社會流動)』(王芃, 徐隆德譯, 臺北, 南天書局, 2001)이라는 제목으로 번역, 출간된 바가 있음은 확인할 수 있었다.

기 이전의 생활과 신앙의 역사를 재구성하였던 것이다.[18] 또, 이탈리아의 역사학자이자 『치즈와 구더기』라는 명저의 저자인 카를로 긴즈부르그Carlo Ginzburg도 『실마리 · 신화와 역사적 방법*Clues, Myths, and Historical method*』(Baltimore, The Johns Hopkins University Press, 1989, 1992)에서 천주교가 남긴 구두 자료들을 충분히 이용하여 당시 사람들의 사상사를 고찰하였다.[19]

사상사의 자료로 만들기(4) : 유서類書 · 동몽서童蒙書 · 수첩手册

넷째는 유서類書 · 동몽서童蒙書 · 수첩手册 · 독본讀本 등으로 이는 또 하나의 커다란 줄기를 이룬다. 사실 유서類書는 우리가 통상적으로 이해하는 백과전서처럼, 그저 간혹 사람들이 들춰 보는 것이 아니었다. 이는 일종의 비문서備問書⟨11⟩나 지식 수첩知識手册 등과 같은 것으로서 매우 유행했었다. 예컨대 당대唐代의 경우 돈황에서 발견된 『수신보隨身寶』 『경사문답經史問答』 『공자비문서孔子備問書』 등이 그것이다. 아무도 기억력이 완벽하지 않으므로 많은 이들이 이런 서적을 가지고 있었으며, 문제에 답할 때 기본적 지식의 저장고 역할을 했을 것이다.[20] 마찬가지로 아동용 학습서인 몽서蒙書도 매우 중요하다. 『유학경림幼學瓊林』 『용문편영龍文鞭影』과 같은 것은 일찍이 모든 문화인들이 아동기에 경험했던 것이며, 모든 고명한 사상의 지식적 기반이다. 그 어떤 고명한 진사進士나 거인擧人이라 해도 어려서 이런 것을 보고 읽지 않았겠는가? 하물며 보통

⟨11⟩ '비문(備問)'이란 언제든 질문에 응하기 위하여 준비한다는 뜻이며, 『공자비문서』는 돈황에서 발견된 唐代에 유행하던 소책자이다.

사람들은 어떠했겠는가? 이로부터 우리들은 민중의 가장 중요한 일반 상식은 바로 이러한 것임을 알 수 있다. 몽서는 무엇이 좋고 나쁜지, 무엇이 먼저고 나중인지, 무엇이 선이고 악인지, 하늘은 무잇이고 땅은 무엇인지, 사람은 어떻게 살고 죽는지, 죽은 후에는 어떠한지 등의 지식을 많은 이들에게 제공한다. 가장 보편적인 이런 지식들은 아이들이 장차 성장하여 그들 나름의 사상을 형성하는 데에 기초가 된다. 고대의 사상사와 문화사 뿐만 아니라 소위 '현대 문명' 의 기원에 관하여도 도대체 무엇이 '문명' 이며 '문명' 이 가리키는 것은 구체적으로 무엇인지, 또 '문명' 은 근세 중국과 일본의 역사에서 어떻게 변화했는지 등의 기본적인 문제는 역시 각종 교재 · 독본 · 수첩 등으로부터 설명할 수 있다. 와타나베 히로시渡邊浩가 「사상 문제로서의 '개국'」이라는 글에서 말했듯이 개국 시기의 일본은 '문명' 에 대하여 일종의 번뇌를 가지고 있었다. 그 글에서는 널리 통행되었던 선전용 책자를 인용하여 당시 사람들의 '문명' 에 대한 초조함의 증거로 삼고 있다.[21]

천뤄수이陳弱水는 '공덕公德' 의 역사를 토론하는 한 논문에서 당시 일본 사회의 문명과 윤리에 대한 제창과 강조를 언급하며 후쿠자와 유키치福澤諭吉가 번역한 『동몽교초童蒙教草』를 사용하였고, 메이지 5년(1872)에 반포했던 『동경위식조례東京違式條例』와 메이지 15년(1882) 문부성에서 반포했던 『소학교 수신서 편찬방대의小學校修身書編纂方大意』 등을 기본 자료로 삼았다. 그는 바로 이러한 평범한 것들이 민중으로 하여금 후에 소위 '문명' 이라는 관념과 행위를 형성하게 했던 것이라고 한다. 예컨대 세계 지식의 파악, 천부 인권의 승인, 개인 자유의 존중, 상호 교류에서 평등한 예의에 대한 중시, 남녀 관계, 청결한 생활 습관, 새로운 종교 신앙 관념, 새로운 심미 관념 등등이 그것이다.[22] 존 저지Joan Judge는 『국가의 개조 : 만청의 교과서와 국민 독본改造國家 : 晩淸的教科書與國民讀本』에서 중국 근대의 도덕 교육 문제를 토론하였는데, 그 가운데에서 몇몇 교과서와 교재는 명백히 '국민國民'이라는 제목을 쓰고 있었다. 예컨대 일본 오오쿠마 시게노부大隈重信의 1905년 『국민필독國民必讀』을 모방한 천바오취안陳寶泉 · 가오부잉高步瀛의 『국민필독國民必讀』과 같은 것이다. 일부는 전적으로 여성에게 읽도록 한 것으로서, 이는 분명히 문명 사회의 공민이 될 수 없던 여성을 대상으로 한 것이었다. 이렇게 "한편으로는 고전적 문화 이상을 새로운 텍스트의 형식 속에 주입하면서, 다른 한편으로는 당시의 사회와 정치적 신념 간의 긴장감을 드러냈다"[23]는 것이다.

사상사의 자료로 만들기(5) : 소설 · 화본話本 · 창사唱詞

다섯 번째는 남아 전해지는 소설 · 화본話本 · 창사唱詞등을 이용하여 사상사의 몇몇 중요한 문제, 특히 관념의 세속화 과정을 토론하는 일은 정말 효과적인 연구 방법이다. 송대 사상사를 예로 들어보자. 첫번째 예는 양가장楊家將으로, 양가장 이야기의 형성과 유전을 통해서 근대 중국 민족 · 국가 관념이 돌출되었던 과정을 투시할 수가 있다. 위자시余嘉錫는 『양가장 이야기 고신록楊家將故事考信錄』에서 이미 이 이야기에 주목하여 매우 상세한 고증을 했다. 그러나 사상사의 관점에서 더 나아가 물어보자. 이런 이야기가 왜 송대라는 지극히 약한 왕조[(12)]에 형성되었는가? 이것과 송대 석개石介의 「중국론中國論」이 생긴 것, 송대의 이족과 이국에 대한 놀라움, 그리고 수많은 북사 문인北使文人의 고국에 대한 사념[(13)] 등의 현상은 어떤 관계가 있는가? 신기질辛棄疾의 「만강홍滿江紅」(권객신풍倦客新豐)에는 "영웅은 강남에서 늙어버렸구나. 영웅을 중용하면 천하로 하여금 중국을 존중하게 할 수 있으리"[(14)]라는 구절이 있다. 사詞는 본래 『존전집尊前集』이나 『화간집花間集』에 실린 대부분의 사詞처럼 개인적인 정서를 노래하는 것인데,[(15)] 송대에는 왜 '중국'을 토론하고 '이민족'에 대한 울분을 토로하는 것이 사詞의 주류를 이루는가? 이러한 시각에서 고찰하면 이는 상당히 중요한 사상사의 문제가 된다.[24] 두 번째 예는 바로 '포공包公'이다. 쉬중밍徐忠明은 『포공 이야기 : 중국 법률 문화를 고찰하는 하나의 시각包公故事 : 一個考察中國法律文化的視角』에서 폴 코엔Paul A. Cohen이 『역사의 세 가지 양상*History in Three Keys*』[(16)]에서 제기했던 방법을 사

⟨12⟩ '지극히 약한 왕조'라고 번역한 곳의 중국어는 積弱으로, 저자의 설명에 따르면 약함이 누적되었다는 뜻인데 한국어로는 좀 어색하여 위와 같이 번역하였다.

⟨13⟩ 북쪽에 있던 요(遼) 나라로 파견되었던 수많은 송대의 문인들이 고국을 그리워했던 내용을 기술한 것을 말한다.

⟨14⟩ "不念英雄江左老, 用之可以尊中國"

⟨15⟩ 이 대목이 중국어는 '존전화간(尊前花間)의 것인데'라고 되어 있지만 위에서는 문맥에 따라 번역하였다. 참고로 『존전집(尊前集)』은 중국 후오대(後五代)의 사(詞)를 모은 선집(選集)으로, 후오대의 사인(詞人) 38가(家) 290수를 수록하였고, 『화간집(花間集)』은 940년 중국 오대(五代) 후촉(後蜀)의 조숭조(趙崇祚)가 편집한 사집(詞集)이다.

⟨16⟩ 이 책은 중국어로 번역이 되었고, 그 번역서의 제목은 『歷史三調』이므로 원서에는 중국어 제목으로 되어 있으나, 영문 본래 제목의 의미를 살려 제목을 바꾸었

용하여 포공 이야기에 대한 세 종류의 서술을 철저히 분석하였다. 그 안에서 법률 조문과 실제 안건 판결 사이의 관계, 관원의 품질과 성문화된 제도 사이의 관계 등, 중국의 법률·문화·사상과 관련된 많은 문제들을 지적해 낼 수 있었다. 이리하여 풍부한 내용을 가진 포공 이야기는 사상사의 재료가 된 것이다.[25] 세 번째 예는 삼국 시대에 관한 이야기로 이는 송대에 대량으로 형성되었는데, 그 까닭은 단지 송대에 도시가 있고 기루妓樓가 있으며 『동경몽화록東京夢華錄』에서 말하는 "곽사구霍四究나 설삼분說三分"〈17〉이 있어서는 아닐 것이다. 사실 구양수歐陽脩·장망지章望之·소식蘇軾·사마광司馬光이 정통正統의 문제를 토론한 이래, '정윤正閏' 이라는 화제 배후에는 송대 문인의 국가 정당성에 대한 우려가 숨어 있었다. 왜 촉한蜀漢이며 조위曹魏가 아닌가 하는 문제의 배후에는 왜 대송大宋이며 요하遼夏가 아닌가 하는 문제가 있는 것이다. 당연히 이 화제는 동진東晋의 습착치習鑿齒·당대唐代의 황보식皇甫湜 이래 지속적으로 토론되어왔던 것이다. 그러나 송대, 특히 남송이

다. 폴 코엔의 책에서 제기했던 방법이란, 간단히 말하자면 우리가 역사를 볼 때, 사람들이 직접 경험한 역사·역사가의 서술에 의해 만들어진 사건으로서의 역사·점차 신화화된 역사라는 세 가지가 어떠한 상호 관계를 이루고 있는지 고찰해야 한다는 것이다. 이 책에서 폴 코엔은 의화단(義和團)운동의 예를 가지고 이 문제를 해석하고 있다.

〈17〉 송원(宋元)시대에는 '설화(說話)' 가 크게 성행하였다. '설화' 의 사가(四家) 중에서 가장 발달한 것이 '소설(小說)' 과 '강사(講史)' 이다. 맹원로(孟元老)는 『동경몽화록(東京夢華錄)』에서 북송(北宋)시대에 '설삼분(說三分)' 의 이야기꾼 곽사구(霍四究)와 오대사(五代史)를 이야기하는 이야기꾼 윤상매(尹常賣) 등이 있었다고 기록하고 있다.

되자 상당히 많은 사람들이 이 문제를 논하면서, 거의 모두가 촉한에 황제의 정통성을 부여하고 조위曹魏가 제위를 찬탈했다는帝蜀寇魏 견해에 일치하게 되었다. 여기에 몇 가지 생각해 볼 문제가 생기는 것이다.[26] 송대인들이 다시 강력하게 촉한의 역사적 정통성을 긍정하고 유비 · 제갈량 · 관우의 긍정적인 이미지를 확립하며 칠출기산七出祁山〈18〉이라는 말로 중원 진격의 합법성을 강조한 이후, 금에서 원대에 이르기까지 계속 이런 관념이 우위를 차지했으며, 후대의 위魏 · 촉蜀 · 오吳 삼국에 관한 모든 소설과 희곡 및 강서講書의 감정적 배경을 좌우했다. 이는 사상사에서 '국가'와 '역사'에 관한 어떤 관념의 변화를 나타내고 있는 것이 아닐까? 물론 그저 소설이나 희곡의 주제일 뿐이고 단지 사상사의 한 측면을 볼 수 있을 뿐이지만, 만약 당시 유행하는 이야기의 주제 및 그것이 언급하는 관념, 예컨대 앞에서 말한 민족 · 국가 · 법률 제도의 제어와 실제 사회 생활 습속 등을 종합해보면, 우리는 송대 사회의 감수感受 · 우려 · 긴장 · 정서를 알 수 있을 것이다. 그리고 이러한 감수 · 우려 · 긴장 · 정서가 드러내는 일반 사상 세계가 바로 엘리트와 경전 사상의 한 배경과 무대를 이룰 것이며 그들 사고의 합리성과 긴박감을 증명해줄 것이다.[27]

〈18〉 칠출기산(七出祁山)을 말 그대로 해석하면 일곱 번 기산으로 나아갔다는 뜻이지만, 일반적으로는 제갈량이 중원으로 나아가기 위하여 여섯 차례 북벌을 한 것을 가리켜 육출기산(六出祁山)이라고들 한다. 이 역시 실제로는 다섯 차례였거나 혹은 네 차례였다는 식의 말이 있다. 칠출기산이라는 말은 육출기산은 고사하고 칠출기산인들 어렵겠는가 하는 식의 반문에 종종 등장하는 말로서, 정말 제갈량이 일곱 차례 기산으로 나아갔다는 의미는 아니다.

2

과거의 사상사는 왜 이러한 자료들을 사용하지 못했는가?

최근에 나는 보머Franklin L. Baumer의 『유럽 근현대 지성사』〈19〉를 읽었는데 이 책은 근대 유럽의 관념사에 대한 아주 뛰어난 저작이었다. 그는 근대 유럽의 엄숙하고 깊이 있는 관념을 논술할 때 종종 소설·회화·조각 등을 사용하였다. 예를 들면, 19세기와 20세기 관념 중의 변화를 이야기할 때 그는 거틀러Mark Gertler의 1916년의 명화인 「회전목마The Merry-go-Round」를 이용했다. 그 작품에서 제복을 입은 남녀들은 마치 기계 인간처럼 전쟁에 의하여 압박받으며 아무런 의미도 목적도 없이 계속 이리저리 선회하는데, 이는 당시 사람들의 세계 대전에 대한 공포와 의혹을 드러내준다고 말한다. 또, 에른스트Max Ernst의 「야만인Barbarians」, 특히 「비온 후의 유럽Europe After the Rain」에 그린 변형되고 황량한 대륙의 조감도는 문명이 이미 원시적 상태로 돌아갔음을 말해준다고 한다. 20세기 '인간'의 문제를 토론할 때는, 스위스 조각가인 자코메티Alberto Giacometti의 작품, 예컨대 「도시의 광장」「목을 벤 여인」「허공을 움켜쥔 두 손」 등을 가지고 20세기 '인간의 무관심, 고독과 두려움'을 설명한다. 자코메티의 작품 중 많은 것들은 확실히 겁에 질린 자아상을 표현해주고 있으며, "그 형상은 허공을 두려워하며, 신체의 크기나 기동력에 있어서 상당히 위축되어 있다"〈20〉고 그는 말

〈19〉 본래는 『서구 근대 사상사(西方近代思想史)』라고 되어 있었으나 한국어 번역본의 서명에 따라 『유럽 근현대 지성사』(조호연 역, 현대지성사, 1999)라고 하였다.

한다.[28] 그밖에 역사에서 시간적으로 상당한 거리가 있는 유물들 속에서도 문화적으로 유사한 요소를 발견한다고 어떤 이들은 지적한다. 예를 들자면, 이탈리아의 예술가 비토레 피자노Vitore Pisano가 동로마의 군주인 팔라이오로고스John Palaiologhos를 위하여 주조한 구리로 메달과 삐에로 델라 프란체스카Piero della Francesca가 아레초Arezzo에서 그린 성 프란치스코 교회당의 벽화에 있는 같은 사람의 그림에는 머리에 모두 이집트의 이중 왕관Egyptian Double Crown이 있다. 이는 본래 기원전 3100년 나르메르Narmer가 이집트를 통일할 때의 왕관과 국휘國徽인데 왜 사천 년이 넘은 이후에 다시 출현하게 되는 것인가? 역사학자는 이것이 동로마 제왕의 야심을 암시하고 있는 것이라고 생각할 것이다.[29] 그러나 기존의 중국 사상사 혹은 관념사는 과연 중국 고대의 유물들을 논의해본 일이 있는가?

과거의 한 역사학자는 일찍이 이렇게 주변적 자료같아 보이는 것에 주목했다. 천위셴陳毓賢은 『홍예전洪業傳』을 쓰면서 다음과 같이 말했다. 당시에 "홍예가 미래의 역사학자를 훈련시키는 가장 중요한 도구는 역사 연구 방법에 대한 수업이었다. 그는 도서관의 말단 직원에게 매주 일요일 시장에 가서 폐지를 사오도록 하였는데, 이러한 폐지 안에는 일력日曆·약방藥方·황색 서적(음란 시

〈20〉 이 대목의 번역은 프랭클린 보머, 조호연 역, 『유럽 근현대 지성사』(현대지성사, 1999)의 604쪽을 참조하였다.

적)·부주符咒 등이 있었다". 홍예는 이렇게 주목 받지 못했던 주변적 자료를 사용하여, 학생들로 하여금 아무 것도 없어 보이는 곳에서 뭔가 의미 있는 것을 찾아내는 역사적 민감성과 자료를 찾는 실력을 배양하게 했던 것이다.[30] 사실 중국 고대의 유물들 안에는 여전히 운용할 수 있는 자료들이 아주 많다. 예를 들면, 지방지地方志·족보·가보 등을 사상사에서는 거의 사용하지 않고 있다. 보통 사람들의 일기도 사상사의 자료가 되는 법이 거의 없다. 도시나 능묘, 그리고 가옥의 공간 설계는 과거에 오직 풍수 이론적 해석이 가해졌을 뿐이며, 사상가들은 거의 관심을 가지지 않았다. 중의中醫의 의안醫案같은 것 안에도 매우 중요한 신체와 생명에 대한 생각이 담겨 있지만 사상사 안으로 들어오지 못했다. 기존의 사상사는 오직 엘리트와 경전의 사상사였고, 사상가를 가지고 장절을 삼았으며, 또한 진화론적이었다. 이러한 사상사 안에는 위와 같은 것이 들어갈 틈이 없다.

그렇다고 무엇이든 모두 다 사상사 안에 써야 한다는 것은 아니다. 그러나 반드시 지적해야 할 것은 무엇보다도 사상사는 역사라는 사실이다. 역사의 장면·어경語境·심정 같은 것은 사상을 이해하는 데 매우 중요한 배경이 된다. 벤저민 슈월츠Benjamin Schwartz가 말했듯이 "사상사의 중심적 과제는 바로 인간이 스스로 처한 환경situation에 대한 의식적인 반응conscious responses"이며[31], 또 이사이아 버린Isaiah Berlin이 말했듯이 "사상사는 사람들의 관념과 느낌의 역사"다.[32] 여기에서 말하는 '환경'과 '느낌'은 엘리트와 경전적 문헌에 의거하여 묘사할 수 있는 것이 아니다. 엘리트와 경전적 문헌은 역사 안의 사상을 묘사할 수 있을지는 모르지만 사상 배후의 역사를 묘사할 수 있다고는 말할 수 없고, 사람들의 '관념'을 드러낼 수 있을지는 모르지만 사람들의 '느낌'을 표현해 낼 수 있다고는 하기 어렵다. 나는 몇 해 전에 와타나베 히로시渡邊浩가 일본의 도쿠가와(德川) 시대의 주자학에 관하여 쓴 저작과 논문을 읽어보았는데, 그 안에 있던 분석이 나로 하여금 많은 것을 느끼게 해주었다. 비록 그가 논한 것은 유학가의 사상이었지만 그는 일본 도쿠가와 사상사에 나타난 논쟁들이 '(중국으로부터 온) 유학의 신조와 (일본학자) 주변의 환경'의 모순으로 인하여 일어났던 것임을 특별히 지적하였다. 그가 말하는 유학의 신조와 다른 '환경'이란 과연 무엇인가? 그는 막부 제도 외에도 "무사의 일기나 회상록·치카마츠 몬자에몬近松門左衛門〈21〉이 썼던 희곡 대본·이하라 사이카쿠井原西鶴의 소설, 혹은 그 어떤 도쿠가와 시대 초기의 학자가 아닌 일반 사람들이 쓴 작품 가운데 반영된 일본인과 일본 사회를 참고했다"고 말한다. 왜냐하면 이러한 것들은 "성인의 도와는 너무도 괴리되어 차마 눈뜨고 볼 수 없는" 당시 일본의 상황을 반영하고 있기 때문에, 이런 자료들을 통하여 비로소 왜 유학이 당시 그와 같은 움직임을 보였는지를 이해할 수 있다고 한다.[33] 일찍이 마루야마 마사오丸山眞男가 주자학을 중심으로 도

〈21〉 치카마츠 몬자에몬(近松門左衛門, 1653-1725.) 일본의 인형극·가부끼를 문학적 가치가 있는 희곡으로 만들었던 것으로 유명하다.

쿠가와 시대의 사상사를 서술하였고, 일본의 수많은 학자들에게 영향을 미쳤던『일본 근대 정치사상사 연구日本近代政治思想史研究』라는 책을 썼다. 그러나 와타나베 히로시의 논저는 그의 스승인 마루야마 마사오의 이러한 권위적인 주장을 와해시켜버렸다. 와타나베는 그의 스승이 당시 상황에서의 주자학의 비중을 지나치게 확대하였다고 지적했으며, 그 자신은 새롭게 당시 사상적 환경을 서술할 자료들을 사용하였다. 즉, 엘리트 문헌과 경전적 문헌 외의 것으로서, 사상의 '역사'를 재구성할 중요한 자료인 일기·회고록·희곡 대본·소설 등을 사용했던 것이다.[34] 사상사가 이러한 자료를 사용할 수 있는 것인가의 여부는 사실 사상사에 대한 관념의 문제일 뿐이다. 사상사가 '사상'을 연구하는 것이라고 한다면, 그것은 학안 혹은 정사正史의 목록에 기록된 엘리트와 경전에만 있는 것인가? 사상사와 관계있는 사회와 생활 '배경'은 도대체 무엇인가? 사상사의 중심 '내용'은 문자로부터 말미암은 것이거나 '논저'가 나타내는 것이어야만 하는가? 간단히 말하자면, 사상사란 마땅히 무엇을 써야 하는 것인가, 또 어떻게 써야 하는 것인가의 문제다. 나는 2년 전 이러한 '쓰기 방법'을 강조하여 역사를 작가화作家化한다는 비판을 받았다. 내가 사상사 연구를 문학 창작으로 바꾸어 놓았다는 것이다. 그러나 사실 그런 것이 아니다. 비평자는 '쓰기 방법'의 중요한 의미를 이해하지 못했다.

사상사는 마땅히 어떻게 써야 하며

사상사는 무엇을 써야 하고, 또 어떻게 써야 하는가? 이 문제는 1990년대 이후 약간의 변화가 있었다. 이 변화의 원인은 무엇인가? 첫째로 아날 학파의 영향을 받았다는 사실을 지적해야만 한다. 비록 현재 아날 학파는 이미 땅굴로부터 누각으로 올라가 '사람' 과 '정신' 의 문제에 관심을 기울이기 시작했지만, 우리들에게 영향력이 가장 컸던 것은 여전히 애초에 그들이 '누각' 에서 '땅굴' 로 내려갔다는 사실이다.〈22〉 두 번째는 미셸 푸코와 같은 사상가의 영향이다. 그는 감옥 · 성 · 정신병원 등의 연구에 관심을 기울이면서 전통적인 일련의 관념들을 전복시킴으로써 우리로 하여금 다른 각도로부터 다시금 사상사를 이해하고 해석하게 하였다. 중국학계의 사상사 연구 · 문화사 연구는 이 두 가지 자극을 받아 1990년대 이후 상당히 중요한(비록 그다지 커다란 변화는 아니지만) 변화와 전향을 겪게 되었다. 마땅히 지적해야 할 것은 1990년대의 학술적 전향의 배후에는 여전히 많은 사상사와 사회 정치사적인 배경이 있다는 것이다. 사상사 연구를 가지고 말하자면, 과거의 사상사에 반항하거나 저항하고 교육 체제 안에서 새로이 사상사의 체계를 세우며, 현대 사상의 합리성과 합법성의 문제를 새로이 이해하고자 하는 배경이 있었다. 그 가운데 사상사 쓰기 방법과 자료 사용 범위에 직접 영향을 주는 것으로는 아래에서 제기하는 몇 가지 관념들을 지적할 수 있다.[35]

무엇을 써야 하는가를 새로이 검토한다.

〈22〉 여기에서 '땅굴(地窖)' 은 역사상의 경제와 일상 생활을 중시한다는 것을 의미하며 '누각(閣樓)' 은 역사상 정신과 심성(망딸리테)을 중시한다는 것을 의미한다. 프랑스의 아날 학파의 연구 중심이 1960년대 후부터 이러한 변화를 보였다. (저자의 설명을 참조하여 역자주를 달았다.)

3

첫째, 사상사가 만약 장기지속에 대한 이해 및 일반적인 지식·사상과 신앙 세계에 대한 관심을 부각하여 드러낸다면, 과거의 주변적이고 단편적인 수많은 자료를 새로이 사상사 안에 들여와 고려하게 될 것이다. 그러나 이는 '소전통'이라고는 할 수 없으며, '평균치' 혹은 '엘리트 사상의 배경이나 토양'이라고 해야 할 것이다. 실제로 이는 사회사의 일부이며, 사상과 사회의 관계는 매우 깊다. 만약 우리가 이런 배경에 주목한다면, 유서類書·교과서·역서曆書·희곡·소설·평범한 물건들·상식적인 지식 등이 모두 사상사 안으로 들어올 수 있을 것이다. 일본이나 미국 등지의 경우 이미 이러한 경험이 있다. 예를 들면, 문화사 연구의 영향을 받은 일본의 츠다 소기치津田左右吉는 사상사의 명저인 『문학에 나타난 일본 국민 사상의 연구文學に現はれたる我が國民思想の硏究』에서 대다수의 유학자나 불교학자의 교의敎義 철학을 실제 생활세계와는 거의 무관한 순수 지식이나 또는 종이 위의 사변 정도로 보았다. 그리고 과거에 그다지 주목하지 않았던 모노가타리物語·센류川柳·희가戲歌〈23〉 등에 주의를 기울여, 이들 자료의 단편들로부터 시대의 사조를 다시 구성해냈다.[36] 또 다른 예를 들자면, 근년에 중국어로 번역된 피터 볼Peter Bol의 『사문*This Culture of*

〈23〉 희가(戲歌)라는 말은 저자가 중국어로 번역한 말로서, 일본에서 보통 연극 중에 부르는 노래를 말한다고 한다. 일본어 사전에서 희가(戲歌)는 찾아볼 수 없었다.

Ours』〈24〉은 문학사, 특히 문학 비평사의 자료를 가지고 사상사를 쓴 것이다. 이러한 사고 방식에 편향된 바가 있긴 하지만 분명히 새로운 길을 열었으며, '사상'의 함의와 그것이 미치는 범위는 과거에 우리가 이해하고 있던 것보다 훨씬 너 넓다는 것을 인식하게 해준다.[37]

둘째, 지식사와 사상사는 새로이 연결될 필요가 있다는 것이다. 소위 '도道'와 '기器' 사이에는 그다지 큰 분열이 있는 게 아니다. 그러나 철학사의 영향으로 뒤덮힌 상황 하에서의 사상사 쓰기는 늘 형이상학적인 것에만 관심을 기울이고 형이하학적인 것에 관하여는 관심을 두지 않았다. 그런데 출토된 유물들은 대개는 형이하학적이고 구체적이며 조작할 수 있는 지식에 관한 것이다. 이런 방면에서 과학 기술사·의학사·생활사·술수 방기사術數方技史를 연구하는 사람들은 매우 큰 공헌을 하였다. 그들은 이러한 사물이 고명한 사상들과 깊은 관계가 있으며, 심지어 사회 생활에서 사상을 직접적으로 지지하는 합리적인 지식 배경이기도 하다는 것을 밝혀냈다. 그러므로 술수·방기·병법 등, 『한서』「예문지」의 후반부에 있는 세 가지 부류에 관한 것은 사상사의 중요한 자료가 되었다.[38]

〈24〉 이 책은 『사문(斯文)』이라는 제목으로 중역(中譯)되었으며, 중역본의 제목을 그대로 썼다.

셋째, 점차 관심이 집중되는 것과 관심 밖으로 사라지는 것을 모두 중시해야 한다. 전통적인 사상사가 주의를 기울였던 것은 층층이 쌓인 엘리트와 경전, 그리고 고명한 사상이었다. 사실 그 배후에는 '진화'와 '상승'이라는 관념이 뒷받침되어 있었으며, '이성理性'—'공리는 승리한다公理戰勝'—이라는 역사 목적론이 뒷받침되어 있었다. 마치 이성은 부단히 낡은 것을 밀쳐내고 새로운 것을 생산해내는 것 같았고, 역사는 줄곧 '현대'를 향하여 전진하며 사상도 부단히 '문명'으로 나아가는 것으로 여겨졌다. 그러나 이런 방면에 대하여 미셸 푸코가 『광기와 문명』에서 사용한 방법은 매우 계발성이 있다. 우리가 비록 과거로부터 현재까지의 역사는 확실히 점점 현대적이고 이성적이며 문명적으로 되어 왔다고 인정하지만, 사상사의 관점에서 보면 점점 '현대' '이성' '문명'적인 것에 의하여 틈새로 빠져나가버리는 것들을 새로이 발견해야만 하며, 왜 그들이 사라지게 되었는가를 생각해보아야 한다. 예컨대 사람을 귀신에게 바치어 제사 지내는 것, 종교적인 자학, 성性의 공개화 등이 그것이다. 나는 본서에서 특별히 「사상사 연구 중의 더하기와 빼기」라는 절(=제6절)을 썼는데, 이는 연구자들로 하여금 단지 더해나가는 방법만 사용하여 과거 역사학자들의 서술 습관을 따라 '진보'에 다시 '진보'를 더하고 '영향'에 '영향'을 중첩시켜 옛 것, 새로운 것, 더욱 새로운 것, 최신의 것과 같은 '발전사'의 방식으로 사상사를 보지 않도록 하기 위한 것이었다. 이렇게 한다면 그 결과는 '쌓여 누적되는 것積澱'이며, 이것이 바로 리쩌허우(李澤厚, 1930~)가 말한 그 유명한 주장이다.〈25〉 우리는 빼기도 사용해야 한다. 본래 있었던 것, 소실되어버린 것, 또 다시 소실된 것과 같은 방식을 가지고 점차 주변화, 비밀화되고 심지어 완전히 제거되어버린 문명의 역사를 읽어내야 한다. 그러면 우리의 사상사는 점차 풍부해지고 더 많은 사라져버린 자료들을 발굴해낼 수 있을 뿐 아니라, 심지어 과거에 이미 무시되어 더 이상 손대지 않는 자료들 가운데에서 사라져버린 사상의 '역사'를 다시 해석해낼 수 있을 것이다.[39]

4

사상사 연구에서 관념의 변화는 이미 과거에는 사용하지 않았던 수많은 것들을 모두 자신의 자료로 삼도록 변화시켰다. 그러나 여기에는 의심할 바 없이 곤란함이 뒤따른다. 지금 나조차도 곤혹스러운 문제는 사상사가 어떻게 자기의 경계선을 확립하여, 한편으로는 다른 역사의 영역을 침범하지 않고 또 한편으로는 자기의

〈25〉 리쩌허우가 주장한 그 유명한 이론이란 보통 적전설(積澱說)(한국에서는 침적설(沈積說)이라는 말로도 사용함)이라고 하는데 적전(積澱)이란 누적(累積)과 침전(沈澱)의 한 글자씩을 따서 만든 그의 신조어이다. '적전론'이란 칸트가 해결할 수 없었던 주체 형성의 역사적 근원을 묘사하기 위해 동원한 이론으로, 사회적인 것 · 이성적인 것 · 역사적인 것이 누적되고 침전되어 일종의 개체적 · 감성적 · 직관적이 되는 것을 가리킨다. 리쩌허우는 오래 된 고전 작품들이 여전히 감동을 주는 것은 바로 그 속에 체현된 구조와 심리구조가 상응하기 때문이며 그것은 오랜 세월 '적전'되어 형성된 것이라고 말한다.

영역을 지키는가 하는 것이다. 사상사는 줄곧 경계선이 불분명한 영역이었는데, 그 범위는 과연 어디까지여야 하는가? 콜링우드R.G. Collingwood가 말한 것과 같이 역사가 바로 사상사인가?[40] 아니면 러브조이Arther Lovejoy처럼 관념을 역사 연구의 대상으로 삼을 것인가? 분명히 이러한 사상사는 너무 방대하고 복잡하여 더 이상 사상사 답지 않다고 비평하는 사람이 있을 것이다. 나는 이런 의견에 동의하지 않는다. 왜냐하면 아무도 사상사란 무엇이며 어떤 범위여야 한다고 규정할 수 없기 때문이다. 사상사는 종횡무진할 수 있다고 말하는 사람도 있을 것이다. 그러나 이 역시 매우 곤란하다. 왜냐하면 무한정 자신을 확장하는 것은 곧 자신을 녹여 없애는 결과를 가져오기 때문이다.

주 | 註 |

1 왕판썬(王汎森), 「무엇이 역사학의 증거가 될 수 있는가?(什麽可以成爲歷史的證據)」, 『新史學』에 실려 있다. 제8권 제2기, 1997. 후에 왕판썬의 『중국 근대 사상과 학술의 계보(中國近代思想與學術的系譜)』에 수록되었다, 聯經出版社, 臺北, 2003.

2 이 점에 관하여는 「『신사학』 이후 – 1929년의 중국역사학계(『新史學』之后 – 1929年的中國歷史學界)」 안에서 상세하게 토론하였다. 2003년 제1기.

3 왕판썬(王汎森)의 앞 논문에서 제기한 후스(胡適)·푸쓰녠(傅斯年)·구제강(顧頡剛)에 대한 비평은 상당히 중요하다. 그는 후스가 1923년에 발표한 「국학계간 발간 선언(國學季刊發刊宣言)」을 인용하면서 후스는 청대인들이 "유서 일존(儒書一尊)의 선입견에서 벗어나지 못하였으므로 온 힘을 기울여 경학을 연구했고, 그 여력으로 다른 책들을 공부했다"고 했고, "삼백년 중국 학술의 최대 성과는 두 대작 『황청경해(皇淸經解)』(아마도 『황청경해』와 그 속편을 말하는 듯 하다.)일 뿐"이라 여겼다고 지적하였다. 또, 푸쓰녠의 「역사언어 연구소 연구 작업 취지(史語所工作旨趣)」를 인용하여, "푸쓰녠 역시 지방사서(地方史書)·개인의 일기·고고학적 발굴, 심지어 '어떤 외국인 상사(洋行)의 무역 수첩' 등을 광범위하게 이용해야 한다"는 의견을 제기했다고 하였다. 이어 구제강은 중산(中山)대학 도서관의 작업을 계획할 때 당안(檔案)·방지(方志)·장부(賬簿)·교재(教材)·도상(圖像) 등을 포함한 16개 종류의 자료를 수집했다고 하였다.

4 『中國歷史研究法』, 제4장, 「說史料」, 河北教育出版社重印本, 56쪽, 2001.

5 여기에서 말하는 '주변'과 '간접'이란 사실 부득이하게 잠시 억지로 사용하는 용어이다. 왜냐하면 '중심'과 '주변', '직접'과 '간접'이란 모두 상대적인 것이다. 사상사가 계속히여 전통적 관념 하에서 쓰인다면, 이러한 자료들은 시종일관 주변적이고 간접적인 위치에 놓일 것이고, 만약 이런 관념에 변화가 생긴다면 사람들의 관심의 중심이 되고 사상사를 기술하는 직접적 자료가 될 것이다.

6 새로 발견된 일적(佚籍) 외에, 『육도(六韜)』·『위료자(尉繚子)』·『안자(晏子)』·『할관자(鶡冠子)』·『문자(文子)』·『귀장(歸藏)』 등의 고적(古籍)이 새로운 인식을 얻게 되었고, 『치의(緇衣)』·『노척(盜跖)』·『대언부(大言賦)』 등의 고적의 시간대에 대하

여 새로운 관점을 얻게 되었다. 이러한 면에 대하여, 리쉐친(李學勤)의 『간백 일서와 학술사(簡帛佚書與學術史)』(時報出版公司, 臺北, 1996)를 참고할 수 있다. 그리고 본서의 제9절 「사상사 시야 중의 고고와 문물」을 참고하라.

7 이 외에도 고고학적인 발견과 전해지는 문물 · 각종 도상이 어떻게 사상사의 자료가 될 것인가 하는 문제에 관하여는 다음의 두 절(제9 · 10절)의 토론을 참조하라.

8 蒲慕洲, 「睡虎地秦簡日書的世界」, 『歷史語言硏究所集刊』, 第62本 4分, 臺北, 1993. 그밖에 『墓葬與生死 中國古代宗教之省思』, 聯經 出版事業公司, 臺北, 1003.

9 黃一農, 「通書 : 中國傳統天文與社會的交融」, 『漢學硏究』 제14권 2기, 臺北, 1996년 12월. 「耶蘇會士對中國傳統星占數術的態度」, 『九州學刊』, 香港, 1991.

10 葛兆光, 「時憲通書的意味」, 『讀書』, 1997년 제1기.

11 로스키(Evelyn S. Rawski), 『황제의 장례 : 명청 황제와 사망 의례(皇帝的葬禮 : 明淸皇帝與死亡儀禮)』에서 다음과 같이 지적하고 있다. "제국의 장례 의식은 중국 우주관에서 천자가 유일하게 숭고하다는 것과 기본적 가족 관계의 가치의 합리성을 확립하기 위한 것이다. 그리고 천자가 모범이 된다는 작용을 승인하고, …… 장례 의식을 통하여 국가 종교 중의 왕권 개념을 강화한다". 왓슨(James L. Watson)과 로스키(Evelyn S. Rawski)編 , 『만청 제국과 현대 중국의 상장 의례(晩淸帝國和現代中國的喪葬儀禮)』(*Death Ritual in Late Imperial and Modern China*), 일본어 역, 『中國の死の儀禮』, 276쪽, 西脅常記等 譯, 平凡社, 東京, 1994.

12 피터 버크(Peter Burke), 『루이 14세 만들기(*The Fabrication of Louis XIV*)』, 許綬南 中譯本, 卷首 挿圖, 麥田出版, 臺北, 1997.

13 사상사(intellectual history 혹은 history of thought)와 관념사(history of ideas)의 구별은 서구 학계에서 이미 토론된 바가 있는 문제다. 일반적으로 관념사의 典範은 러브조이(Arther Lovejoy)의 『존재의 대연쇄(*The Great Chain of Being : A Study of An Idea*)』이고, 그 표준적 방법은 그가 『관념사 저술법(Historiography to History of Ideas)』안에서 드러낸 저술 방법이다. 리훙치(李弘祺),「試論思想史的歷史硏究」을 참조하라. 이 논문은 웨이정퉁(韋政通) 編, 『中國思想史方法論文選集』, 241-281쪽에 실려 있다. 大林出版社, 臺北, 1981.

14 陳垣 講, 翁獨健 記錄, 「中國史料的整理」, 『史學年報』 1권 1기, 148쪽에 실려 있다. 燕京大學歷史學會, 1929년.

15 劉錚云, 「舊檔案, 新材料-中硏院史語所所藏內閣大庫檔案現況」, 『新史學』 9권 3기,

135-160쪽, 1998.

16 劉錚云, 「口供中的故事」, 『古今論衡』, 33-42쪽, 臺北, 1999.

17 주목할 만한 하나의 예가 있는데, 황평춘(黃風春)이 「호북 기춘에서 출토된 명대 주서문자 상의 한 점(湖北蘄春出土一件明代朱書文字上衣)」에서 이 옷에는 사인(士人)이었던 한 관원이 첩이 아내를 속인 것과 일찍이 죽은 것에 대하여 상당히 불만이 있었지만 어쩔 수가 없어 단지 그 옷에 적어 저주를 하였다는 것을 언급하고 있다. 이는 고대의 가정 관계가 일반적인 상상과 그렇게 일치하는 것이 아니었음을 말해준다. 『文物』, 1999년 8기.

18 엠마뉴엘 르 로아 라뒤리(Emmanuel Le Roy Ladurie), 『蒙塔尤 : 1294-1324年 奧克西坦尼的一個山村(몽타이유 : 프랑스 한 마을의 카타리파와 카톨릭, 1294-1324)』[*Montaillou : Cathars and Catholics in a French Village, 1294-1324*], 許明龍, 馬勝利 譯, 商務印書館, 1997.

19 왕판썬(王汎森)의 서평을 참조하라. 『新史學』 6권 3기, 217-228쪽에 실려 있다. 1995.

20 최근 우후이팡(吳蕙芳), 「만보전서 : 명청 시기의 민간 생활 실록(萬寶全書 : 明淸時期的民間生活實錄)」이라는 논문은 일상적으로 사용하는 유서(類書)와 일상 생활의 관계에 대하여 좋은 연구를 보여준다. 政治大學 歷史系, 臺北, 2001.

21 渡邊浩, 「思想問題としての開國-日本の場合」, 朴忠錫, 渡邊浩, 『國家理念と對外認識 : 17-19世紀』 제9장, 慶應義塾大學出版社, 東京, 2001.

22 陳弱水, 「日本近代思潮與教育中的社會倫理問題」, 『新史學』, 제11권 제4기, 臺北, 2000.

23 Joan Judge, 「改造國家-晚淸的教科書與國民讀本」, 「新史學」, 제12권 제2기, 37쪽, 臺北, 2001.

24 余嘉錫, 「楊家將故事考信錄」, 『余嘉錫論學雜著』 下册, 417-490쪽, 中華書局, 1977.

25 徐忠明, 『包公故事 : 一個考察中國法律文化的視角』, 中國政法大學出版社, 2002.

26 장구성(張九成)이 정여기(鄭如幾)가 쓴 『위춘추(魏春秋)』의 "위나라가 한나라의 적통을 이어받았다(魏紹漢統)"는 관점을 비평하였고(『吳興掌故集』 권3 「游寓類」 鄭如幾 條 · 陳霆 『兩山墨談』 권18), 장식(張栻)은 『황극기년(皇極紀年)』을 지어 "다만 선내의 주상(=유비)이 헌제를 이어 한나라를 세웠다(直以先主上繼獻帝爲漢)"라고 하였다.(『直齋書錄解題』 권4). 황도(黃度)의 『통사편년(通史編年)』 제4권

에서는 『통감(通鑑)』의 "삼국 가운데 위나라를 세우고 촉나라를 물리친다(于三國進魏黜蜀)"라는 관점에서 쓴 것을 바꾸었다.(『絜齋集』 권13「龍圖學士通奉大夫尙書黃公行狀」). 주불(朱黻)은 『기통론(紀統論)』을 지어 "여무(呂武) · 왕망(王莽) · 조비(曹丕) · 주온(朱溫)을 기술하고, 모두 그 해를 삭제함으로써 정통에 따른다(皆削其紀年以從正統)"(『문헌통고(文獻通考)』 제193권에서 섭수심(葉水心)의 말을 인용하였다.)고 하였다. 소상(蕭常)은 『속후한서(續後漢書)』 42권을 저술하고, 개희 연간(開禧年間, 1205-1207)의 이기(李紀)는 『삼국지』를 고쳐 쓰면서 "소열 후주께서 한의 정통을 이으셨고, 위나라와 오나라가 각각 그 다음이 되었다(尊昭烈後主爲漢紀, 魏吳次之)"(『玉海』 권47, 歐陽守道 『巽齋文集』 권2「代人上李守書」)라 하였다. 특히 대학자 주희(朱熹)는 저명한 『통감강목(通鑑綱目)』에서 정중하게 다음과 같이 썼다. "한중왕이 황제위에 즉위하였다(漢中王卽皇帝位)"(『주자어류(朱子語類)』 권105, "『강목』의 뜻을 묻자 말하기를, 군주는 정통에 있다. 어찌하여 군주는 정통에 있습니까? 하자 말하기를, 삼국은 마땅히 촉한을 정통으로 삼는다. 온공(溫公, 즉 사마광)은 "모년 모월 제갈량이 침입했다(入寇)"고 하였는데, 이는 갓과 신을 거꾸로 놓은 셈이니 이로써 무슨 교훈을 보여주려는 것인가? 이로 인하여 나는 뜻을 일으켜 책을 만들고자 함이다.") 라고 썼던 것은 모두 우리에게 익숙한 예들이다.

27 정통론의 문제에 관하여, 라오쭝이(饒宗頤), 『중국사학에서의 정통론(中國史學上之正統論)』은 이미 상당히 깊이 있고 전면적인 연구를 하였으므로 참고할 만하다. 그러나 송대 정통론은 여전히 많은 자료가 있고 아주 복잡한 역사적 배경이 있다. 라오쭝이의 원서는 1976년에 출판되었는데, 여기서는 신판을 사용하였다. 上海遠東出版社, 1996.

28 『西方近代思想史』(*Modern European Thought : Continuity and Change in Ideas, 1600-1950*), 李日章 譯, 479, 512쪽, 聯經出版事業公司, 臺北, 1988.

29 장즈위안(張致遠), 「역사가의 영감(史家的靈感)」, 沈剛伯 等著, 『토인비와 역사(湯因比與歷史)』, 80쪽, 牧童出版社, 臺北, 1976.

30 천위셴(陳毓賢), 『洪業傳』, 176쪽, 聯經出版事業公司, 臺北, 1992.

31 벤저민 슈월츠, 「중국사상에 대한 초보적 고찰(關于中國思想史的若干初步考察)」, 張永堂 譯, 『中國思想與制度論集』, 3쪽에 실려 있다. 聯經出版事業公司, 臺北, 1977.

32 이란의 라민 야하베글루(Ramin Jahanbegloo)가 쓴 「철학과 인생 : 이사야 벌린 방담록(哲學與人生 : 以賽亞 · 伯林訪談錄)」라는 문장을 참고할 것. 楊孝明 譯, 『萬象譯事』, 228쪽, 遼寧教育出版社, 1998.

33 渡邊浩, 「日本德川時代初期朱子學的脫變」, 『史學評論』제5기, 205쪽에 실려 있다, 臺北, 1983. 또 渡邊浩의 『近世日本社會と宋學』을 참고하라, 東京大學出版會, 1985, 1996.

34 사실, 자료의 문헌 그 자체가 되는 것은 문 · 사 · 철의 구분이 없다. 후대에 말하는 소위 '문학' 사료는 중국과 외국의 학자들이 역사를 논할 때 종종 사용되곤 한다. 몇 개의 예를 들어보자. 하버마스는 『공공 영역의 구조 변형(公共領域的結構轉形)』 안에서 공공성과 개인성의 틀 안에서 18세기 유럽 시민 계급이 서신을 읽는 경험을 토론한 바 있다. 서신은 역사의 자료가 되었다. 曹衛東 等 譯, 學林出版社, 1999. 미국학자 피터 볼(Peter K. Bol)의 This Culture of Ours (『斯文 : 唐宋思想的轉形』)는 바로 문학 비평사의 자료를 가지고 쓴 사상사이다. 劉寧中 譯本, 江蘇人民出版社, 2001. 중국학자 가운데 응당 먼저 지적해야 할 학자는 천인커(陳寅恪)로, 그의 『동성노부전(東城老父傳)』은 창조적으로 문학적 문헌 연구 역사의 방법을 운용하기 시작하였다. 또 차이훙성(蔡鴻生)의 「소설로부터 발전한 역사 – 앵앵전을 읽는 시야와 사고 방식(從小說發展歷史 – 讀鶯鶯傳的眼界和思路)」을 참고하라. 『中華文史論叢』제62집. 上海古籍出版社, 2000. 천뤄수이(陳弱水)는 「『당훤』으로부터 본 당대 사족생활과 마음가짐의 몇 가지 측면(從『唐咺』看唐代士族生活與心態的幾個方面)」에서 『태평광기(太平廣記)』 제332권에 실린 한 편의 소설을 통하여 당시 농서(隴西) 지역의 사족 · 혼인 · 지명기(紙冥器) · 부녀 등의 문제를 토론하였으며, "만약 실증성이 비교적 명확한 자료와 자세히 대조해볼 수 있다면, 상상으로 인한 묘사는 종종 잃어버려진 역사의 작은 마디마디를 능히 채워줄 수 있는 화신(化身)이다."라고 하였다. 『新史學』 10권 2기에 실려 있다. 2쪽, 臺北, 1999. 그러나 주의해야 할 것은 이러한 문학 자료의 사용은 일정한 한도가 있어야 한다는 것이다. 예를 들자면, 일본의 간다 기이치로(神田喜一郞), 『천교잡고(祆教雜考)』와 이시다 미키노스케(石田幹之助)의 『간다 학사의 『천교잡고』를 읽고(神田學士の『祆教雜考』を讀みて)』에서 일찍이 원대의 희곡 자료를 가지고 원대 한족 지역(漢地) 에 여전히 천교(祆教)가 유행되고 있었는지를 토론하였는데, 린우슈(林悟殊)는 이런 방법은 부정확하다고 지적하였다. 천위안(陳垣)의 「화천교입중국고(火祆教

入中國考)」 역시 이러한 자료에 대하여 상당히 신중한 태도를 유지했다. 린우슈(林悟殊)의 「페르시아 조로아스터교와 중국 고대의 천교 숭배(波斯瑣羅亞斯德教與中國古代的祆教崇拜)」, 『歐亞學刊』 제1집에 실려 있다. 여기에서는 푸제(傅杰)가 편집한 『이십세기 중국 문사 고거문록(二十世紀中國文史考據文錄)』 下册, 1892-1893쪽, 雲南人民出版社, 2001.

35 아래에서 제기하는 사고의 내용은 모두 본서 각절의 토론에 이미 나타난다.

36 『文學に現はれたる我が國民思想の研究』, 岩波書店, 東京, 1977年 重印本. 『丸山眞男全集』제12권 「『日本政治思想史研究』 英語版への著者序文」중의 소개를 참고하라, 84쪽, 岩波書店, 1996.

37 피터 볼(Peter Bol), *This Culture of Ours : Intellectual Transitions in T'ang and Sung China* (『斯文 : 唐宋思想的轉形』), Stanford University Press, 1992. 그 자신이 "문학을 핵심적 토론의 시각으로 삼았으며, 수많은 중요한 사상가를 우선은 문학가로 취급했다"고 인정했다. 6쪽, 劉寧中 譯本, 江蘇人民出版社, 2001.

38 본서의 제2절을 참조하라. 이 점에 관하여 리쉐친(李學勤)과 리링(李零)의 연구는 상당히 계발해주는 바가 많다. 李學勤, 『簡帛佚籍與學術史』, 時報出版社, 臺北, 1996. 『走出疑古時代』, 遼寧大學出版社, 沈陽, 1998. 李零, 『中國方術考(修訂本)』, 『中國方術續考』, 東方出版社, 2000.

39 본서 제6절, 「사상사 연구 중의 더하기와 빼기」를 참조하라.

40 콜링우드는 *The Idea of History* (『歷史的觀念』)에서 "사상 이외에 어떤 것도 역사를 가질 수 없다"고 했다. 何兆武 等 中譯本, 417쪽, 商務印書館, 1997.

제9장 사상사 연구의 시야에서 보는 고고考古와 문물文物

갑골문, 돈황 문서, 유사 추간流沙墜簡으로부터 최근의 고고 발견을 논함

고고 발견의 의의 : 고서의 재발견 · 의고적 사조의 덮개로부터 벗어남 등

사상사 저술 방법의 변화는 사상사에서 고고 발견의 지위를 확대시켰다.

지식 배경의 발굴과 일반 사상사 서술에 치중함

비각碑刻 · 서화書畵 · 서찰 · 일기 · 공문 · 서적 등에 대해서도 텍스트 분석을 할 수 있으며 사상사의 시야에 들어갈 수 있다.

도형의 고고와 문물 자료는 어떻게 사상사의 연구 시야에 들어가는가?

사상사 자료로서의 지도를 예로 들어서

경계가 정해지지 않은 사상사 : 기타 역사와의 관계

사상사 연구의 시야에서 보는 고고考古와 문물文物

갑골문 · 돈황 문서 · 유사 추간流沙墜簡으로부터 최근의 고고 발견을 논함

고고考古〈1〉가 더 이상 현지 발굴에 그치지 않고, 문물文物이 더 이상 금석金石 완상의 차원이 아닌 20세기에, 고고와 문물은 역사 연구의 다양한 영역의 시야 안으로 부단히 진입하고 있다. 그뿐 아니라 근대 학술사에서 보자면 거의 매번의 새로운 발견이 학술 연구에 커다란 영향을 미쳤다. 예컨대 20세기 초의 갑골문 · 돈황 문서 · 유사 추간流沙墜簡의 발견과 연구는 새로운 학술의 영역을 개척하였고 역사 연구 방법의 변화를 야기하였다. 그 이후 지하의 고고 자료와 문헌 대증對證의 방법을 취한다거나, 국외의 문헌과 전통적인 문헌의 비교 방법을 사용하거나, 또 인류학의 답사 자료와 역사 문헌 연구의 결과를 대조하는 방식을 이용하는 것은 이미

〈1〉 고고(考古)란 고고학(archaeology)이라는 의미도 있지만 유물 · 유적에 의하여 옛일을 연구한다는 동사의 의미도 있고 이 동사의 명사형, 즉 고고(考古)하는 것이라는 의미도 있다. 일상 용어로는 '고고하다' 라는 동사를 잘 쓰지 않지만 본서에서는 매번 풀어 쓸 수가 없으므로 고고(考古)라는 용어를 그냥 사용했다.

역사 연구자의 공통적인 상식이 되었다. 그 가운데 1970년대 이래 출토된 간백簡帛 문헌은 전통적인 역사학, 더욱이 사상사 · 문화사 · 학술사 연구에 점차 더 많은 충격을 주었다. 임기 은작산臨沂銀雀山의 한간漢簡(1972), 마왕퇴 백서(1973), 정현 팔각랑定縣八角廊의 한간(1973), 수호지睡虎地 진간(1975), 부양 쌍고퇴阜陽双古堆 한간(1977), 장가산張家山 한간(1983), 윤만尹灣 한간(1993) 및 형문 곽점荊門郭店 1호 초묘楚墓의 전국 시대 죽간 및 상해박물관이 수매하여 최근 계속적으로 공개, 발표하고 있는 전국 시대의 죽간[1] 등은 더욱이 상고사 전체, 특히 사상사와 문화사의 관점을 거의 바꾸어 버렸다. 장사 주마루長沙走馬樓에서 발견된 오나라 죽간吳簡은 비록 아직 정리 · 공개는 되지 않았지만, 이것이 가화 연간(嘉禾年間 : 232-238년)에 집중된 장사군長沙郡의 자료로서, 호적부 · 명자名刺 · 경제 문서 · 사법 문서 등을 포괄하고 있음은 이미 분명한 사실이다.[2] 따라서 이는 21세기 초 역사 연구의 새로운 사고 방식 가운데 지역사 · 도시사 · 제도사 · 생활사 연구에 중대한 영향을 일으킬 것이고, 간접적으로는 사상사에까지 영향을 미칠 것이다. 왜냐하면 사상사도 그 시대의 사회 환경과 지식 배경을 새로이 재구성함으로써 사상의 맥락을 이해하고 판단할 수 있기 때문이다.

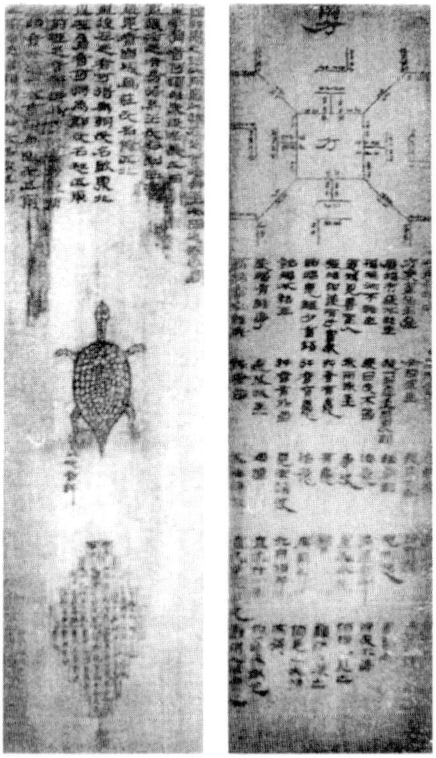

윤만 한간 목독(신귀점복법神龜占卜法) 정면과 뒷면

고고 발견의 의의 : 고서의 재발견 · 의고적 사조의 덮개로부터 벗어남 등

의심할 바 없이 사상사에서 20세기 고고 발견의 가장 직접적인 영향력은 고서의 재발견과 의고疑古 사조의 덮개로부터 벗어난 사실에 있다고 해야 할 것이다. 70년대 이래의 이러한 고고 발견은 사상사를 연구하는 사람에게는 분명 상당히 자극적인 자원이었다. 예를 들면 첫째, 공자의 칠십 제자와 유가의 역사에 관한 새로운 자료를 발견하게 되어, 공자로부터 순자 · 맹자의 사이에 이르는 공백을 메울 수 있었다. 둘째, 많은 고대 유자들의 언론이 발견되어, 매우 후기에 속하는 사상이라고 생각해왔던 것이 그보다 훨씬 더 이른 시기의 것임을 알게 되었다. 셋째, 옛 도가의 전체적인 면모도 『황제서黃帝書』(『노자을본』의 뒤에 있는 고일서(老子乙本後附古佚書)를 말함) 및 『태일생수太一生水』『항선恒先』 등의 문헌을 발견함으로써 본래의 모습을 되찾을 수 있게 되었다. 넷째, 『할관자鶡冠子』『위료자尉繚子』『문자文子』와 같은 고서가 후대의 위서가 아니라 선진 시대의 저작임이 다시금 확인되자 선진 사상의 풍경은 점차 풍부해지기 시작하였다.[3] 이러한 발견의 계도 하에 현존하는 고서들을 새로이 배열하여, 고대 지식의 시간적인 계보를 다시 세우게 되었다고 지적하는 연구자도 있다.[4] 또 어떤 연구자는 고대 문헌의 저작 습관에는 초본抄本 · 개편改編 · 정선精選 등이 있기 때문에 쉽사리 어떤 책을 한 시기 한 사람의 저작으로 단정할 수 없으므로, 고대 사상사 문헌의 연대는 융통성을 갖게 되고 이리하여 사상사가 문헌을 사용하는데 일정한 자유로운 공간을 주었다고 지적한다. 또한 그것은 우리로 하여금 상고 시대의 중국 역사와 사상의 연속적인 의미를 새로이 이해하도록 촉구하고 있다. 야스퍼스(Karl

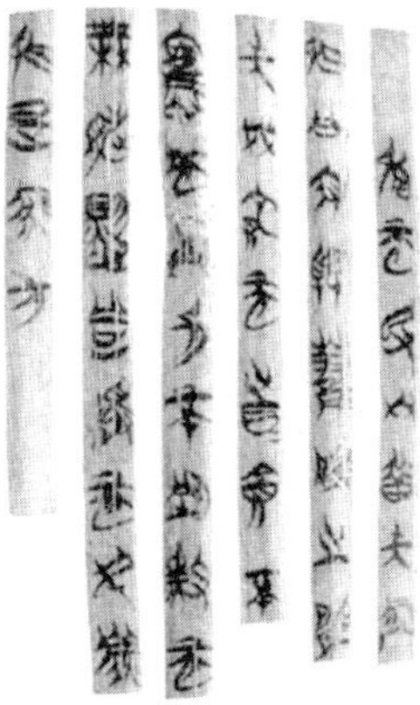

상해박물관 소장 초간楚簡「용성씨容成氏」

이야 진간里耶秦簡(목독)

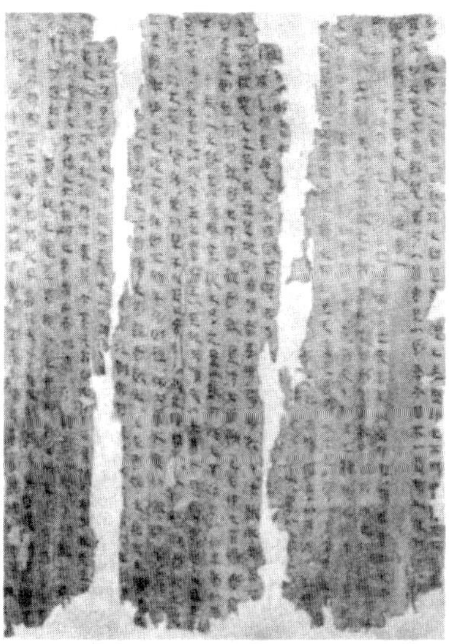

백서「노자老子」을본乙本

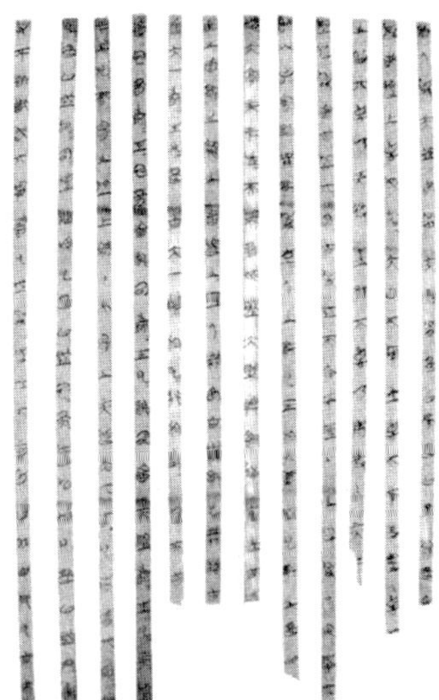

곽점 초간『태일생수太一生水』

Jaspers, 1883-1969)의 '축심 이론'[(2)]은 서구 사상사가 일찍이 중요한 '변모'를 거쳤다는 점을 지적했고, 푸코의 '지식의 고고학' 역시 역사에서의 '단절'을 강조했다. 그러나 중국학자들은 이러한 발견에 근거하여 중국의 고대와 중세, 근세 지식의 연속성이 우리가 상상했던 것보다 훨씬 더 강하며, 이것이야말로 중국사상사가 가지는 하나의 특징일 수 있다는 사실을 지적한다. 고고考古로 인하여 발견된 문헌은 고대 중국의 지식 계보가 실제 하나의 연속적이

〈2〉 야스퍼스는 '축심 이론'을 말한 적이 없다. 여기에서 말하는 것은 『역사의 기원과 목표』라는 야스퍼스의 저서에서 그가 세계사의 시대구분을 하면서 기원전 800년과 200년 사이, 특히 기원전 5-6세기에 이루어진 정신적 과정 속에 세계사의 축이 존재한다고 하며 이 시기를 '축의 시대'라고 하였다. "이 시기에는 비상한 것들이 응축되어 나타났다. 중국에서는 공자와 노자가 생존했고, 여러 가지 방향의 중국철학이 등장하였으며 묵자 · 장자 · 열자 그리고 수많은 다른 이들이 철학을 하였는가 하면, 인도에서는 우파니샤드가 이루어졌고 불타가 생존하였고 모든 철학적 가능성이 회의주의와 유물론으로, 심지어는 변증론과 중국에서와 같은 허무주의로 발전하게 되었다. 이란에서는 짜라투스트라가 등장하여 선악의 투쟁이라는 세계상을 가르쳤고 팔레스타인에서는 엘리아에서 이사야, 예레미아를 거쳐 제2 이사야에 이르기까지의 많은 예언자들이 나타났다. 희랍에서도 시인 호머를 들 수 있고, 철학자로서는 파르메니데스 · 헤라클레이토스 · 플라톤 등을 들 수 있고 비극론자로서 투키디데트 · 아르키메디스를 들 수 있다. 이와 같은 유명한 이름들이 분명히 암시하고 있는 것은 이 몇 세기 동안에 서로가 전혀 알지 못한 채, 중국 · 인도 그리고 서양에서 동시에 그 모든 것이 대두했다는 사실이다." (『역사의 기원과 목표』, 백승균 역, 이화여자대학교 출판부, 1986. 21-22쪽) 야스퍼스가 이 시대를 '축의 시대'라고 하였던 것을 가리켜 저자는 축심 이론이라고 말한 것 같다. 한 가지 덧붙이자면, 역사적으로 이 시기에 위와 같은 사실이 있었다는 것에 대한 언급은 라소(Lassaulx)가 『역사 철학의 새로운 시도』란 책에서 "페르시아에 짜라투스트라가, 인도에 싯달타가, 중국에 공자가, 많은 유대인 중에 예언자들이, 로마에 누마왕이, 희랍에 이오니아 · 도리아 · 엘리아 사람들로서 최초의 철학자들이 민중종교의 개혁자들로 등장했다는 사실은 우연이라고만은 할 수 없을 것이다"라고 발언한 적이 있다. 야스퍼스는 이 시대를 '축의 시대'라고 명명하며 인류 역사에서 이 시기가 가지는 의의를 부각시켰던 것이다.

고 자생적인 과정이었으며, 어쩌면 많은 사상이 공통적인 지식의 원류와 자료상의 원류를 가졌으리라는 것을 말해준다. 다만 오랜 과정을 통하여 과거에 독점적이던 많은 신비한 지식이 전파되어 공개적인 '진리'가 되었고, 과거 전문적인 지식을 독점하던 자가 후대의 '사士'가 되었으며, 또한 과거에 그렇게 존중받던 원칙은 옛날 이야기가 되어갔을 것이다. 또한 국가와 문명의 거대한 권력은 나날이 이러한 지식과 사상을 중심적 지위에 오르게 했고 이와 다른 일부의 지식과 사상을 주변화시켰으며, 그리하여 현재 우리가 목도하는 사상의 '역사'를 이루었을 것이다.

1

물론 사상사가 전통적인 관념이나 저술 방법을 고수한다고 해도 『주역』 『노자』 『문자文子』 『손빈병법孫臏兵法』 등 이미 많이 사용되고 주목되어왔던 출토된 간백들은 여전히 사용되고 주목받을 것이며, 이로 인해 사상사의 연구도 크게 진전될 것이다. 예를 들어 도가에 관하여 말하자면, 『노자』에서 '절성기지絶聖棄智'·'절인기의絶仁棄義' 등의 핵심적인 내용은 정말로 도가 사상 중 사회 질서와 도덕적 이상에 대한 급진주의적인 태도인가? 아니면 곽점 초간 『노자』에서와 마찬가지로 단지 지智(知)·변卞(辯)·위憍(僞)·려慮(詐)와 같은 행위에 대한 혐오에 불과한 것인가?[5] 또 다른 예로, 최근 곽점 초간본의 몇 가지 유가 서저에 대한 토론은 다음과 같은 사실을 설명해준다. 즉, 전통적인 사상사 분류의 계보와 장절 분배에 비추어 보면, 이런 출토 문헌들은 심오한 사상사의 문제를 연구할 수 있게 해주며, 많은 부분에 대하여 풍부한 역사의 세부 항목을 보충할 수 있게 해준다. 계속 뒤엉켜 불분명했던 유가 사맹思孟학파는 마왕퇴 백서 『오행五行』편의 발견으로 많은 진전을 보았고,[6] 곽점 초간 중의 『오행』은 다시 한 번 이 연구의 신뢰도를 확증시켜 주었다.[7] 곽점 초간 중의 이러한 유가 서적들은 『자사자子思子』의 일적佚籍으로 추정되었고, 그리하여 사맹학파의 역사가 점차 명확해졌을 뿐 아니라 과거에 줄곧 토론해왔던 유가 성명지학性命之學의 기원과 변화〈3〉에 대하여 깊이 연구해 들어갈 수 있는 토대가 생겼다.[8]

사상사 저술 방법의 변화는 사상사에서 고고 발견의 사용을 확대시켰다.

최근 사상사의 저술 방법은 점차 변화하기 시작했으며, 이러한 변화로 인하여 고고 발견이 사상사에서 사용되는 범위가 확대되었다. 사상사 연구는 이미 '중심'에서 '주변'으로, '경전'에서 '일반'으로, '천재들의 사상'에서 '생활 관념'으로 그 관심을 옮겨갔다. 이런 변화의 원인은 두 가지로 말할 수 있을 것이다. 하나는 바로 고고로 발견된 문헌 자료의 자극에 힘입은 것이다. 고고 발견 가운데 수술과 방기에 관한 대량의 문헌은 고대 중국의 일반

〈3〉 공자는 성(性)·명(命)을 중요한 논제로 삼지 않았는데, 『맹자』에 이르면 성과 명에 대한 논의가 당시 활발하게 이루어졌음을 알 수 있다. 출토된 유가 계열의 간백에서 이 사이의 공백을 메워주는 자료들이 발견되어 이 문제에 대한 기존 사상사의 기술에 중요한 변화가 생기게 된 것을 말한다.

적 지식과 사상 세계에 대한 인식을 촉진시켰고, 사상사가 주목하는 초점을 변화시켰다. 알다시피 『한서』「예문지」는 모든 지식을 여섯 가지로 분류하였고,〈4〉 그것은 그 시대의 지식 · 사상 · 신앙 세계의 실제 상황이었다. 그러나 이제껏 일반적으로 사상사는 앞의 세 종류에만 주의를 기울이고 뒤의 세 종류는 경시해왔다. 그러나 출토 문헌의 상당 부분은 바로 '병서' '수술' '방기'에 관한 것이다. 그리고 천상天象과 성점星占, 택일擇日과 귀복龜卜, 의방醫方과 양생養生, 병가兵家와 음양陰陽 등의 지식이 고대 수장 문헌 중에서 차지하는 수량으로 볼 때, 그것이 실제적으로 생활 세계 안에서 상당한 비중을 차지했으며, 고대 사상의 지식 배경을 이루고 있었음을 알려준다. 예를 들어, 점복을 할 때 근거가 되는 음양오행의 기술적인 조작 방법은 고대 중국인의 대우주와 소우주에 대한 관념과 관계가 있으며, 의약학 중의 수많은 지식은 고대 중국인의 감각적 체험과 관계가 있다. 또한 천상天象 · 지리地理의 학문은 고대 중국 사상이 가지는 합리성의 기본적 토대다. 고대 중국인의 사상 · 종교 · 생활 · 문학에 보이는 수많은 관념들은 이러한

〈4〉『한서』「예문지」의 도서 목록은 크게 육예략(六藝略) · 제자략(諸子略) · 시부략(詩賦略) · 병서략(兵書略) · 수술략(數術略) · 방기략(方技略)의 육략(六略)으로 분류되어 있고, 그 하부의 분류 방식은 각각 다르나. 저자는 이를 모든 지식의 분류라고 하였으나 보다 정확히 말하자면, 황실 도서관에 보존되어 있던 도서의 분류라고 하는 것이 옳을 것이다. 뒤에 이어지는 문장에서 기존의 일반적인 사상사에서 중시해왔다고 한 앞의 세 종류란 육예략(六藝略) · 제자략(諸子略) · 시부략(詩賦略)에 속한 문헌들을 가리키고, 경시해왔다고 한 뒤의 세 종류란 병서략(兵書略) · 수술략(數術略) · 방기략(方技略)에 속한 문헌들을 가리킨다.

지식에서 말미암아 '은유' '상징' '전의轉義'를 거쳐 생겨나거나 조금씩 변화되어 왔다. 우리가 고고 발견 가운데에서 이러한 '형이하학적인' 지식을 취하여 해석하지 않는다면 진정한 경전 원문상의 '형이상학적인' 사상을 제대로 이해할 수 없을 것이다.

또 다른 면으로 보자면, 사상사의 이러한 변화는 사상사 이론의 시야가 바뀌었음에 기인한다. 아날 학파의 몇몇 관념, 예컨대 '장기지속'의 역사 기술에 주목한다거나 사회 생활사에서 현장의 재구성을 중시하는 것, 또 푸코가 말하는 지식 계보의 고고학적 방법 및 의료 · 가옥 · 정신 병원 · 성性이라는 각각의 사안에 대한 연구가 지식사를 통찰했던 점 등은 모두 사상사의 시각과 저술 방법에 변화를 가져왔다. 이러한 근본적인 변화가 아니었으면 고고학의 중요한 발굴 자료는 활용될 기회를 놓치게 되었을지도 모른다. 또 이런 자료의 의미에 주의를 기울였다고 해도 적절하게 역사 서술 안으로 들어가기는 어려웠을 것이다. 말하자면 천재와 경전의 사상사 가운데 경전도 아니고 직접 사상을 드러내는 지식도 아닌 것이 어떻게 사상사 서술 안으로 들어갈 수 있었겠는가? 만약 사상사의 이론적 시야가 바뀌지 않았다면 이것은 정말로 어려운 일이다.

지식 배경의 발굴과 일반 사상사 서술에 치중함

만일 사상사의 저술 방법을 바꾸어 사상사가 지식 배경을 파헤치는 일과 일반 사상의 서술에 더욱 더 주목한다면, 자탄고子彈庫와 같은 초나라 백서와 마왕퇴 백서 중의 『합음양合陰陽』 · 『도인도導引圖』 등 양생 · 방중 · 의기醫方에 관한 지식, 그리고 수호지睡虎地 『일서日書』 등의 금기에 관한 지식과 곽점 초간 『어총語叢』과 같은 총초叢鈔의 실용적 성격 및 장가산張家山 『맥서脈書』와 『인서引書』 중의 인간 신체에 관한 지식 등으로부터 모두 풍부한 사상사적 내용을 해석해낼 수 있다. 왜냐하면 이러한 고고 발굴 자료가 지하에서 파내어져 누각으로 올라오고, 순수한 의미로서의 고고考古로부터 사상사 서술의 새로운 자원이 되며, 사상사의 시야 밖으로부터 사상사의 시야 안으로 진입하기 위해서는 사상사가에 의하여 완성되는 수집과 해석의 과정이 필요하다. 소위 '수집의 과정'이란 사상사에 의하여 사용되는 것을 가리키는 것이 아니라, 그것이 어떻게 사상사에서 사용되는 자료로 성립하는가 하는 것이다. 소위 '해석의 과정'이라는 것은 그 글자의 의미를 상고하여 풀어내고考釋 판정하고 서술하는 것이 아니라, 그것이 어떻게 사상사에서 하나의 마디를 이루고, 사상사의 컨텍스트 안에서 어떻게 그것의 역사적 의미를 해석해내는가 하는 것이다. 그러므로 사상사는 인식과 관찰의 새로운 각도를 갖출 때 비로소 과거 일찍이 주목하지 않았던 사상 현상을 자기의 시야 안으로 수용하여 자기의 서술 안으로 들여와 엮어낼 수 있다. 이러한 새로운 인식과 관찰, 그리고 새로운 저술이야말로 바로 사상사의 진정한 변화이며, 이렇게 될 때 비로소 우리는 사상사를 새로이 구상reconceptualizing하고 새로이 서술rewriting하는 것이라고 말할 수 있다.

2

비각碑刻 · 서화書畵 · 서찰 · 일기 · 공문 · 서적 등에 대해서도 텍스트 분석을 할 수 있으며 사상사의 시야에 들어갈 수 있다.

그러나 사상사가 단지 이러한 간백簡帛 문헌에만 주의를 기울이는 것으로는 여전히 충분하지 않다. 간백 문헌의 경우, 그것이 천재들의 경전이든 일반 상식의 기록이든 모두 고대 중국의 자료일 따름이다. 사람들은 '고고考古'라는 말을 들으면 아무래도 습관적으로 '오래된' 역사 유물로 여기며, 사람들이 광범위하게 주의를 기울이는 간백은 확실히 대다수가 한대 이전의 것으로, 지금으로부터 이천년 정도의 거리가 있다. 그 시대의 문헌은 희귀하기 때문에 자료의 부족으로 곤란을 겪는 고대 사상사 연구자들은 대체로 이들을 거절하지 못하며, 그들은 거의 사상사 범위 안으로 도입된다. 그러나 고고와 문물이란 지하에서 발굴된 것이거나 이천년 전의 것에만 국한되는 것은 아니다. 『문물文物』 『문물천지文物天地』 『중국문물보中國文物報』 등의 잡지에서 보는 바와 같이[9] 고고와 문물의 성과 중에는 연대가 그리 오래지 않았지만, 예컨대 비석 · 서화 · 서찰 · 일기 · 공문 · 서적 등과 같이 문물의 자격으로 여러 박물관이나 도서관에 보관되어 있는 것들도 포함된다. 그렇다면 이러한 것을 분석의 텍스트로 삼아 사상사의 시야 안으로 들어가게 할 수는 없는 것인가?

답안은 의심할 바 없이 긍정적이다. 그러나 문제는 사상사가가 어떻게 이러한 텍스트를 수용하여 해석하는가 하는 것과 어떻게 습관적인 서술 방식을 고치는가 하는 것에 있다. 모든 사상사가들이 그의 저술을 완전히 처음부터 시작하는 것은 아니다. 과거의 저술 형식, 앞선 연구자들의 역사 서술, 학문의 범위 설정 등으로 인하여 사상사가들은 많은 고민을 더는 셈이다. 전통적인 저술 방식을 바꾸고 싶지 않은 사람들은 사실 편안하게 앞선 연구자들의 방법과 수단을 그대로 사용할 수 있고, 사용하는 문헌 역시 일정한 범위로 제한할 수 있다. 그러나 사상사가 과거 전통적인 저술 방법을 바꾸어보고자 일반적인 지식 · 사상 · 신앙 세계에 보다 주의를 기울일 때, 골치 아픈 기술적인 문제가 출현하게 된다. 즉 저술자는 문헌 범위의 확장이 불가피하다는 사실을 발견하게 될 것이다. 어찌되었든 과거의 사상사는 주로 천재들과 경전의 사상사였고, 학안學案에 사전史傳을 더한 체례로 이어져 내려왔던 이러한 철학사나 사상사는 익숙하고 수월할 수 있다. 그저 사상가의 전기와 논저만 한 번 읽으면 되는 것이다. 그러나 이렇게 우리가 습관적으로 안심하며 사용해온 문헌들이 정말 사상사 본래의 흐름을 구성해왔던 것인가?

바로 이렇게 모든 이들이 관심을 갖는 문헌들에는 사실상 수많은 의문이 있다. 왜냐하면 우리의 서술 안으로 들어오기 이전에 그 문헌들은 이미 선택 · 편집 · 저술 · 평가의 역사를 통하여 '이데올로기' (정치적인 가치관념)화의 과정을 겪었으며, 엘리트 의식(전통적으로 엘리트에 대한 역사 자료에 관심을 집중했다) · 도덕적 원칙(예를 들어 왜 문명이고 왜 야만인가에 대한 판단) · 역사학적인 서술(관찰 · 재단 · 수식) 등 몇 가지의 거름망을 통과하였으므로 이미 그다지 신뢰할 만한 것이 아니기 때문이다. 고고 발견의 결과물들과 문물文物이 된 문자 자료들, 예컨대 유명하거나 이름 없는 비각碑刻, 예술성이 있는 서화의 제발문題跋, 가정의 일상 생활이나 예의상의 인사말 등을 대량 기록하고 있는 서신, 민간에서 유행하는 각종 통속적 읽을 거리들은 오히려 이러한 의식적인 거름망을 거치지 않은 것이기 때문에 사상의 진실된 역사적 컨텍스트를 재건하거나 드러내는데 도움이 될 수 있다. 만약 저술자가 기존의 저술 방식에 더 이상 만족할 수 없어서 다른 종류의 자료들 가운데에서 과거에 다루지 않았던 지식 · 사상 · 신앙을 발굴하고자 한다면, 전통적으로 사용했던 경전적 문헌들을 정리해야할 뿐 아니라, 과거에 자료로 삼지 않았던 것이나 일반적인 상식과 사상을 반영하고 있는 고고 발견과 문물 자료를 어떻게 자신이 서술하는 질서 안으로 도입하여 배치할 것인가를 생각해야 한다. 만일 저술자가 전통적인 방식에 따르고 싶지 않아서 사람을 가지고 장절의 단원을 삼는 형식을 변화시키고자 한다면, 이러한 방대한 문헌 가운데 상호 관련된 내용을 찾아서 사상사의 서술 체계를 재건하지 않을 수 없다. 저술자가 정말 사상사의 배경 서술을 바꾸고 사상사에 대하여 사상의 사회적 컨텍스트와 지식의 배경을 새로 구성하고자 한다면, 그는 고통스럽게도 의지할 만한 것이 거의 없다는 사실을 발견하게 될 것이다. 왜냐하면 과거 사상사나 철학사가 묘사하는 사회적 컨텍스트와 지식의 배경은 상당히 부족하고 빈약하기 때문이다. 그것들은 단지 다른 분야의 역사학자들이 쓴 기존의 해설을 차용하거나 끌어왔을 뿐이어서, 볼품없는 사진관의 조야한 배경을 방불케 한다.

그러므로 그는 광범한 자료, 특히 고고 발견과 물문 자료 가운데에서 다시금 사상이 생겨나게 된 배경을 묘사하는 데 많은 힘을 기울이지 않으면 안 된다.

사상사가 정말 자기의 서술 각도와 관찰의 범위를 바꾸어, 천재적이거나 고전적이지 않은 텍스트들까지도 사상사의 컨텍스트를 구축하는 자원으로 삼게 된다면, 과거 그다지 중시되지 않던 서신 · 세화年畵〈5〉 · 달력 · 일기 · 공문 · 광고 및 기타 다양한 자료들도 사상사의 시야로 들어가게 될 것이다. 사실 이는 서양의 사상사가가 일찍이 부딪쳤던 문제였다. 푸코는 『지식의 고고학』에서 "사상사는 각종의 문학적 부산품 · 달력 · 연감 · 신문 · 평론, 그리고 일시적으로 나타났다가 곧 사라지는 성공적인 작품 및 무명의 작품 등을 분석한다. …… 사상사는 주로 사람들이 익숙하게 알지 못하는 모든 사상들과 너와 나 사이에서 묵묵히 상호 작용하는 모든 재현의 행위에 주의를 기울인다"[10]고 하였다. 분명 우리의 사상사 연구는 자료의 범위를 새로이 고려해야만 한다. 고고考古 발견으로부터 현존하는 문헌의 진위를 증명하고, 발견된 새로운 문헌을 이용하여 사상사의 내용을 증가시키는 것은 모두 고고와 문물의 부분적인 의의다. 고고와 문물이 사상사에 대하여 가지는 또 다른 의의는 그 사상사를 배태했던 사회 생활의 배경 장면을 바꾸는 것이다. 왜냐하면 현재의 연구 가운데 사회 생활의 배경 장

〈5〉 세화(歲畵) : 세시행사의 하나로 정월에 주고받던 벽사(辟邪)의 뜻을 가진 그림

면은 점차 더 사상사 해석의 배경 자원으로 사용되고 있으며, 사회 생활의 배경 장면을 재건하려면 상당히 많은 문물을 참고해야 하므로, 이제껏 사용했던 문헌만으로는 턱없이 부족하기 때문이다. 사상사 연구자들은 실제로 존재하는 문물을 빌어 '현장감'을 증폭시키고 고고와 문물 자료를 운용함으로써, 전통적 문헌에서 기록하고 있는 내용이 증명되거나 부정될 수 있을 뿐 아니라, 어떤 의미에서는 한층 증가되고 구체화되었다. 또 직접 만질 수 있는 자료들을 통해서 이미 소실된 시대의 분위기와 심정을 새로이 재구성할 수 있다. 그리하여 현대의 역사학자들은 '그 시대의 상황을 직접 체험할 수 있게' 되는 것이다.

선진 · 양한 이후, 즉 당 · 송 · 원 · 명 · 청의 고고 발견과 문물 연구 가운데 문자 자료가 절대 수량에 있어서 선진 · 양한의 발견보다 적은 것은 아니다. 그러나 현존하는 자료가 이미 너무나 풍부한 양한 이후의 사상사 연구자들에게 이러한 자료의 발견은 양의 보충일 뿐, 질의 변화라는 의미는 별로 없는 것 같다. 예컨대 위진 남북조와 수당의 비각이나 돈황 · 투르판의 문서 중 불경이나 도경道經이 아닌 문자를 모두 합해도, 『삼국지三國志』에서 『구당서舊唐書』 및 『신당서新唐書』『전상고삼대진한육조문全上古三代秦漢六朝文』에서 『전당문全唐文』에 이르는 주류 문헌과 비교해본다면, 사상사의 주류에 근본적인 변화를 발생시키지는 않는 것 같다. 그리고 후대의 19 · 20세기 사상사의 경우 지금도 부단히 만청 · 민국 시대의 당안이 발표되지만, 아편전쟁 · 양무운동 · 무술변법 등에 관한 사상사의 서술 맥락이 동요되는 것은 아니다. 이 때문에 많은 사상사 연구자들이 초기의 사상사 연구자처럼 그렇게 고고考古로 발견된 새로운 문헌이나 자료에 관심을 갖지 않게 된다. 아마도 이는 전통적인 사상사 연구 관념과 방법을 고수하거나 여전히 고전적 문헌에 의거하며, 정치적 서술이나 철학 사상을 사상사의 중심에 놓고서 사상과 지식을 분리시키기 때문일 것이다. 그러나 최근 사상사 연구의 변화에 의하면, 연구자는 고전 이외에 고대로부터 현대에 이르는 각종 일반적인 읽을거리나 보편적으로 유행하는 읽을거리에도 주의를 기울일 필요가 있다. 중고 시대의 종교적 조각이나 제명題名은 이미 주목을 받은 바가 있고, 당대唐代의 비각碑刻도 대규모의 수집과 정리가 이루어진 바 있다. 또한 명청 시대의 대내당안大內檔案〈6〉도 사람들이 익히 알고 있는 사료가 되었고, 명청의 보권寶卷〈7〉도 이미 연구자들에게 더할 나위 없이 중요한 문헌이 되었다. 그러나 존재하는 문물 가운데 아직도 충분히 중시되지 않은 것들이 많이 있으며, 그들은 여전히 우리들의 시야 밖으로 빗겨나 있다.[11]

〈6〉 '대내당안(大內檔案)' 이란 청대 내각대고 안에 보존해둔 조령(詔令) · 주장(奏章) · 주유(朱諭) · 칙례(則例) · 외국의 표장(表章) · 과시(科試)나 전시(殿試)를 거친 답안지나 기타 문건을 말한다. 내내당안이라고 하는 것은 청 정부가 강희 9년부터 자금성 안의 내각 대창고 위에 보관한 당안이므로 그렇게 부르는 것이다.

〈7〉 보권(寶卷) : 중국 원나라 말기부터 불교 고사(古事)를 중심으로 도교나 신흥 종교에서 사용된, 통속적이고 창도적인 문학의 한 양식. 당나라 때의 변문(變文)의 계통을 이은 것으로, 교리, 수행담, 성불(成佛) 따위를 주제로 한 것이 많으며, 후대에 와서는 소설이나 연극으로 민간에 널리 유포되던 이야기가 이 속에 유입되기도 하였다.

바로 앞 절에서 나는 『몽타이유』라는 책에 대하여 언급하였다. 1975년, 프랑스 학자 엠마뉴엘 르 로아 라뒤리Le Roy Ladurie, Emmanuel는 일찍이 프랑스에서 비소설류에서 선두 몇 위에 올랐던 역사 저작 『몽타이유』를 썼다. 그것은 그가 14세기 순정파Cathar 이단이 지방 주교에게 심문받은 등기부를 기본 자료로 썼던 것이다.[12] 손으로 직접 쓴 이 당안은 아주 일찍부터 시작되었는데, 도서관 안에 감추어져 있었다. 사실 그런 자료들은 연구자들이 '고고 발굴'을 해줄 필요가 있었고, 그래야 비로소 그들의 의의가 드러나는 것이었다. 이러한 사례를 통해서 광의의 고고 발견은 우리가 상상하는 것보다 훨씬 더 광범위하며, 고고考古라고 할 때의 '고古'는 상고로부터 명·청에 이르는 모든 시기를 포괄해야하는 것임을 알 수 있을 것이다. 또 현대 역사학의 시야는 우리의 전통적인 시야보다 훨씬 더 넓으며, 여기에서 말하는 '사史'는 천재와 경전만의 사상사가 아니라는 사실도 분명해졌을 것이다.

3

도형의 고고와 문물 자료는 어떻게 사상사의 연구 시야에 들어가는가?

현존하는 고서와 새로 발견된 간백을 대조하여 경전적 사상의 내용을 새로이 인식하고 해설하거나, 오래도록 일실되었던 고서를 다시 사상사의 시야에 들여놓음으로써 사상사를 풍부하게 하거나, 또 방기·술수 등 일반 사상사의 자료를 사상사의 범위 내에 도입하여 사상사의 지식 배경을 돌출시키고, 최근까지의 각종 문물 자료를 사상사가 주목하는 범위 안으로 수용한다고 해도, 고고와 문물에 대하여 나는 여전히 암암리에 불만족스러운 점이 있다. 그 까닭은 고고와 문물이 본래 문자와 책으로 이루어진 간백 고적에 국한되는 것이 아님에도 불구하고 고고 발견과 사상사의 관계에 주목하는 사람들은 여전히 자신의 초점을 문자 자료에 집중하고 있으며, 문자가 없는 기타 자료들은 여전히 사상사에서 놀라운 의의를 생산해내지 못했기 때문이다. 그러므로 해결해야 할 문제가 하나 남아있다. 그것은 고고 발견의 문물 가운데 문자가 있는 것은 소수에 불과한데, 문자 없이 도형만 있는 수많은 고고의 성취와 문물 자료는 어떻게 사상사 연구의 시야 안으로 진입할 수 있는가 하는 것이다.

무문자의 문물이 무의미한 문물임을 뜻하는 것은 아니다. 인공의 과정을 거친 어떠한 문물도 사람의 사고 방식을 반영하고 있으므로, 무문자의 고고 자료와 문물 자료로부터 사상적 언어를 재건하는 것은 사상사가의 책임이다. 카시러Ernst Cassirer는 일찍이 역사가의 중요한 임무는 바로 역사적 담론의 재건이라고 하며 다음과 같이 말했다. "역사학자는 모름지기 문서들과 기념물을 과거의 죽은 유물로서만 아니라 과거로부터 전해져 온 살아있는 메시지, 즉 우리에게 그들 자신의 언어로 호소하는 메시지로 읽고 해석할 줄 알아야만 한다. 그러나 이 메시지들의 내용은 즉각적으로 관찰할 수 있는 것이 아니다. 이들로 하여금 말하게 하고 또 그 언어를 이해하는 것이 언어학자 · 문헌학자 및 역사학자가 하는 일이다. …… 역사는 과거의 모든 흩어진 파편들을 한데 융합시키고, 또 이들을 종합하여 새로운 형상을 가지게 하려는 시도다".[13] 이는 본래 모든 역사학자들의 임무다. 사실상 이미 일부 학자들은 점점 더 사상사에서 무문자 자료들을 사용하는 것에 주목하고 있고,[14] 또 많은 훌륭한 연구 사례들이 있다. 예를 들면, 장광즈張光直의 옥종玉琮〈8〉과 청동기 동물 문양에 대한 연구에서는 그러한 유물 가운데 천지를 두루 통하는 고대의 지식과 통치 권력을 비호하는 사상이 있음을 지적하였다.[15] 부장된 정隨葬鼎의 숫자 변화에 대한 위웨이차오兪偉超의 연구는 춘추·전국 시대에 '예악이 붕괴되어가는' 역사를 드러내주었다. 그 외에도 최근 복양濮陽 봉퇴용호蜂堆龍虎, 함산 능가탄含山凌家灘의 옥편玉片, 채후을묘蔡侯乙墓의 칠상성도漆箱星圖, 자탄고子彈庫 백서帛書의 십이신수상十二神獸像 및 한대漢代의 동경 양식銅鏡式樣, 화상석(전)畫像石(磚), 남북조 불교의 조상造像, 도교의 투간投簡과 부도符圖, 당송 묘실墓室의 회화, 송원 희곡 무대의 유적, 민간 달력의 연구 등에 대해서는 이미 많은 해석이 이루어졌고, 이러한 해석은 이미 단순한 도상의 의미를 넘어서 관념과 사상의 영역으로까지 진입하였다.[16]

주지하다시피 공간의 문제는 시간의 문제로 바꾸어 사고할 수 있고, 공간의 구조는 언제나 사상의 틀을 지배한다. 은주 시대 고

〈8〉 옥종(玉琮)이란 내부는 둥글고 외부는 방형으로 된 간단한 형태의 옥기(玉器)로 중국 고대의 중요한 예기(禮器)의 하나다. 신석기 시대 후기에 이르러 옥종은 절강(浙江) 일대의 양저(良渚) 문화, 광동(廣東)의 석협(石峽) 문화, 산서(山西)의 도사(陶寺) 문화 지역에서 대량으로 출현하였다. 그 가운데 특히 양저 문화권의 옥종이 가장 발달하였고, 출토된 것과 전해지는 수량이 가장 많다.

묘장古墓葬의 구조로부터 한당漢唐의 황궁과 장안長安의 유적에 이르기까지, 그리고 명청 시대에서 심지어 현재의 중앙 도시 건축에 이르기까지 아亞자 형태로부터 변화하여 남북을 중심축으로 양 날개를 평행으로 펼치듯 배열이 잘 정돈되어 있는 구조는 고대 중국의 천지 형상에 대한 시각적 인상의 영향이 아닐까? 또 이러한 시각적 인상은 '봉천승운奉天承運' 이라는 관념으로 인하여 고대 중국의 많은 정치적 관념의 의거가 되어가지 않았을까? 마찬가지로 시각상의 문제는 대개는 관념적인 문제이므로, 도상의 구조나 색깔 배치, 그리고 도상의 주제에는 심미적인 취향과 생활상의 취미뿐 아니라 사상사의 내용도 담겨있다. 이미 누군가 지적했던 것처럼 당대 이후 대형의 산수화 가운데에는 수많은 사상사의 자료가 있다. 중국 산수화에서 인물은 작고 산수는 두드러지게 묘사되었고, 화려한 채색화보다는 수묵화가 성행했었는데, 이러한 현상의 배후에는 관념적인 요인이 있다. 송대에는 묘실墓室 벽화 안에 일상 생활의 장면이 현저히 증가했는데, 이는 생활 세계의 무게 중심이 변화했고 도시와 문명이 확장했음을 반영한다. 당송唐宋의 인물화권人物畫卷에서는 지위에 따라 인물의 대소 비례와 위치가 달라지고, 정치성이나 종족성을 드러내는 명청 시대의 인물화는 정면단좌正面端坐의 대칭 구조를 이루고 있는데, 이는 화가 자신이 각종 계급의 인물에 대하여 가지고 있던 가치 판단과 외경의 심리를 보여주고 있다. 덧붙이자면, 레븐슨Levenson은 일찍이 회화를 예로 들어 명청 시대 문인의 여가에 대한 관념을 토론한 적이 있었다. 당시 문인들은 굉장한 관심을 가지고 회화에 열중했었는데,

이것이 바로 '상업' '법률' '과학' '실용' 등의 정신과 상대되는 여가의 정신이라고 그는 말한다. 비록 그의 연구 자료로는 도상적인 회화가 아니라 회화사에 관한 문헌 자료가 많이 사용되었지만, 이는 실제로 매우 중요한 사상사의 문제와 연결된다.[17]

사상사 자료로서의 지도를 예로 들어서

나는 여기에서 고대 중국의 세계 지도를 사상사의 자료로 삼은 예를 더 들고자 한다. 과거 사상사 연구 가운데 지도에 관심을 갖는 사람은 거의 없었지만, 어떤 이들은 고대 중국의 '천하' '구주九州' '중국' '세계' '열국列國' 등의 개념에 관심을 기울였다. 그들은 전해지는 문헌들, 예컨대『시경』『사기』에서『해국도지海國圖志』에 이르는 문헌으로부터 고대의 추연鄒衍에서 위원魏源 등에 이르기까지의 세계, 또는 중국에 대한 다양한 관념을 찾아서 분석함으로써 고대 중국의 세계에 대한 관념의 변화를 묘사하였다. 그러나 가장 직접적으로 중국인의 공간 정치적 관념을 반영한 지도는 거의 아무도 사용하지 않았다.[18] 일찍이 '해내海內' '화이' '조공' '우공' '만국' '세계' 등으로 불렸던 각종 지도의 명칭 변화와 고대 중국인이 생각했던 '천하'의 범위를 나타내고 있는 각종 현존하는 지도의 크고 작은 변화, 위치 이동과 방위 변화로부터 우리는 중국인의 사고 속에서 '세계'가 어떻게 한 구석에서 점점 확대되었고, '중국'은 어떻게 천하를 뒤덮는 것으로부터 만국 중의 한 나라로 축소되었는지 알 수 있다. 또 자신이 살고 있는 지역의 위치가 어떻게 중심으로부터 주변으로 이동하였는지, 그리고 '사이四夷'가 어떻게 중국의 옷자락에 붙어 있다가 네 주변의 국가에 웅거하게 되었는지 하는 것도 읽어낼 수 있다.[19] 지도라는 화제에 관하여는 아주 많은 것을 이야기할 수 있는데, 예컨대 다음과 같은 문제들을 생각해 볼 수 있을 것이다. 고대의 상남하북上南下北이 왜 상북하남上北下南으로 변화했는가? 마테오 리치의 세계 지도는 왜 대명제국을 중심에 놓았는가? 그리고 당시의 황실로부터 문인에 이르기까지 어찌하여 중국을 그렇게 작게 그린 것에 대하여 분노하지 않았는가? 명대 중후기의 해방도海防圖는 왜 육지를 아래에 그리고 해양을 위에 그렸는가?[20] 명대 지방지方志 중의 각종 주州·현縣·역域·진鎭의 지도는 왜 관부官府·서해署廨·학교·묘관廟觀·성황城隍·창름倉廪에만 주의를 기울였는가? 왜 이러한 지도 안에는 일반 민중들의 주거 지역이나 주요 활동 지역인 시장·주관酒館·구란勾欄⟨9⟩등은 나타나지 않았나?[21] 누군가 '모든 인류 공동체는 서로 다른 세계를 가지고 있다' 고 말했듯이, 사실 매 시대는 서로 다른 세계를 가지고 있다. '세계 지도' 그 자체에 민족·국가·세계 및 지식과 권력에 관한 풍부한 사상사의 내용이 담겨 있다.[22] 왜냐하면 공간적인 지도가 그려져 나온 과정에는 이미 그림 그리는 자의 시각과 정서 및 역사 관념이 융화되어 있고, 역사상 각종 지도의 변화는 관념의 변화를 이루고 있기 때문이다.

⟨9⟩ 구란(勾欄)은 勾蘭 혹은 構欄이라고도 쓰며, 글자의 본래 의미는 난간(欄干)이다. 구란은 송원(宋元) 희곡(戲曲)이 도시 안에서 공연되는 장소였으나 이미 당대(唐代)로부터 가무(歌舞)와 관련이 있었으며, 고대의 기원(妓院)은 가무가 공연되는 곳이었고, 가기(歌妓)와 무기(舞妓) 등의 예기(藝妓)들은 반드시 성적 향응을 제공하는 것은 아니었다. 명대 이후에는 기원(妓院)을 구란이라고 부르기도 했다.

지도를 그리는 방식이 일단 고정된 제도가 되면 그 합리성은 상식이 되어 사람들의 습관을 지배하게 된다. 사람들은 지도상에 설정된 공간을 통하여 자신의 '국가'와 '역사'에 대한 인식을 확립하고 '중심'과 '주변'이라는 등급을 구분한다.[23] 그리하여 지도가 사상사의 중요한 재료가 된다면, 여러 문물 보관소에 보관되어 있는 각종 지도는 단순히 수장된 '문물'만이 아니며, 그 '가치'는 그 연대에 의해서만 결정되는 게 아닐 것이다.[24]

4

경계가 정해지지 않은 사상사 : 기타 역사와의 관계

앞 절에서 나는 무엇이 사상사의 자료가 될 수 있는가 하는 것을 논의했다. 그리고 다음 절에서 나는 사상사 연구에서 도대체 어떻게 도상 자료를 사용할 것인가를 구체적으로 논할 것이다. 본 절의 마지막 대목에서 나는 사상사가는 마땅히 고고와 문물 자료를 충분히 사용해야 하는 것이 아닌가 하는 이야기를 조금 더 하고자 한다.

사상사는 의심할 바 없이 경계가 정해지지 않은 연구 영역이고, 사회사 · 정치사 · 경제사 · 문화사 · 종교사 등을 사상사 서술의 배경으로 삼을 필요가 있다. 또한 연구자는 문자의 유무에 관계 없이 다양한 실물 자료 · 문헌 · 유적 등에서 여러 사상들이 존재했던 역사적 맥락을 세심하게 체험할 필요가 있다. 사상사가 각종의 역사를 모두 포괄할 수는 없겠지만 보다 많은 자료를 수용해야 한다는 것은 분명하다. 이전에도 사상사 저술 가운데 고고 발견과 문물 자료가 사용되었으나 정말로 충분하지 못했다. 그 주된 원인은 사상사의 저술 방법에 그다지 큰 변화가 없었기 때문이다. 전통적인 사상사 저작 속에 전해 내려오는 문헌들에 담긴 천재들의 사상과 경전은 이미 충분하다. 따라서 혹자는 다음과 같이 생각할 수도 있다. 사상사가 이미 많은 현란한 문헌들을 전해주고 있는데, 왜 또 그밖에 새로운 고고와 문물을 취급해야 하는가? 고고와 문물이 사상사의 주된 맥락을 바꾸거나 사상사의 근본적인 변화를 가져올 수 있는가? 이러한 자료를 끌어들이는 것이 사상사로 하여금 아무런 경계도 없게 만들어버리는 것은 아닌가? 그러나 현재의 사상사 저술 방법이 제기하는 새로운 문제들은 사상사가로 하여금 기존에 전해져 내려오는 문헌만으로는 불충분하다는 사실을 깨닫게 할 것이다. 오랜 시대를 거치면서 여러 차례 복제와 인쇄를 거친 텍스트들은 연구자로 하여금 현장 체험하듯이 당시의 심정과 컨텍스트를 재구성하게 할 수가 없으며, 사회 생활의 배후에 감추어진 더 깊은 차원이 일반적인 지식 · 사상 · 신앙 세계를 발견하게 해 줄 수 없다는 것 또한 인식하게 해 줄 것이다. 그렇다면 이제 문제는 사상사가들이 어떻게 이러한 고고와 문물을 충분히 이용하여 사상사의 서사 안으로 적합하게 수용하고 안치하는가 하는 것이다.

주 | 註 |

1 상해박물관이 수장하고 있는 이 죽간들에 관하여는 계속 출판되는 『上博楚竹書』 제 1·2·3冊을 참조하라. 上海古籍出版社, 2002-2004. 『치의(緇衣)』 『역경(易經)』 『공자한거(孔子閑居)』 등을 제외하고도, 이 죽간에는 『공자시론(孔子詩論)』 『부자답사주문(夫子答史籀問)』 『팽조(彭祖)』 『항선(恒先)』 『사제이왕(四帝二王)』 등 80여종의 유실되었던 고적이 있는데, 이는 사상사에 대하여 중요한 의미를 가지고 있다. 그밖에 최근 계속 발견되는 돈황 현천치 한간(敦煌縣泉置漢簡)·호남 이야 진간(湖南里耶秦簡) 등도 역시 사상사 연구나 문화사 연구에 상당히 커다란 도움이 될 것이다.

2 「長沙出土大批三國吳紀年簡牘」을 참조하라. 『中國文物報』에 실려 있다. 1997년 1월 5일 : 胡平生·宋少華 「新發現的長沙走馬樓簡牘的重大意義」,『光明日報』 1997년 1월 14일.

3 리쉐친(李學勤), 「對古書的反思」, 『中國傳統文化的再估計』에 실려 있다. 上海人民出版社, 1987. 李學勤의 『簡帛佚籍與學術史』를 참조하라. 時報文化出版公司, 1994. 葛兆光, 「古代中國還有多少奧秘 : 評李學勤『簡帛佚籍與學術史』」, 『讀書』, 1995년 11기에 실려 있다. 北京.

4 리링(李零), 「出土發現與古書年代的再認識」, 『李零自選集』, 廣西師範大學出版社, 1998.

5 荊門市博物館, 『郭店楚墓竹簡』의 「老子(甲本)釋文注釋」, 111쪽, 文物出版社, 1998. 어떤 이는 '㒞'를 '爲'로, '慮'를 '作'으로 이해하기도 한다. 팡푸(龐朴), 「古墓新知」를 참조하라. 『讀書』 1998년 9기, 5쪽. 또 어떤 이는 '㒞'를 '義'로, '慮'를 '仁'으로, 백서본과 같다고 이해하기도 한다. 刑文·李縉云, 「郭店老子國際硏討會綜述」에서는 가오밍(高明)의 말을 인용하고 있다. 『文物』, 1998년 9기, 93쪽.

6 예를 들어 팡푸(龐朴)는 마왕퇴 백서 『오행(五行)』의 연구에서, 과거에 계속 정확히 해석하지 못했던 사실을 지적해냈다. 그것은 바로 『순자』에서 자사(子思)와 맹가(孟軻)가 '옛 일을 생각하고서 스스로 학설을 조작해내어 그것을 오행이라고 한다(案往造舊說, 謂之五行)' 고 했던 비평의 참된 의미이다. 「思孟五行新考」, 『文史』 제7輯, 中華書局 : 『帛書五行篇硏究』, 齊魯書社, 1980.

7 싱원(刑文), 「楚簡五行試論」, 『文物』, 1998년 10기.

8 리쉐친(李學勤), 「荊門郭店楚簡中的『子思子』」, 『文物天地』, 1998년 2기. 陳來 「郭店楚簡之『性自命出』篇初探」, 『孔子硏究』, 1998년 3기. 郭沂, 「從郭店竹簡看先秦哲學發展脈絡」, 『光明日報』, 1999년 4월 23일.

9 위웨이차오(兪偉超)는 『문물(文物)』 잡지의 영문 명칭을 *Cultural Relics*라고 한 것은 '文物' 이라는 말의 개념이 antiquity라고 했을 때보다 훨씬 그 의미가 광범위하게 이해된다고 지적하였다. 「文物硏究旣要硏究物, 也要硏究文」, 『考古學是什么』에 실려 있다. 133쪽, 中國社會科學出版社, 1996.

10 『知識考掘學』, 王德威 譯本, 麥田出版, 1993, 1997.

11 구체적인 예증은 바로 앞 절의 「무엇이 사상사의 자료가 될 수 있는가?」를 참조하라.

12 『蒙塔尤 : 1294-1324年 奧克西坦尼的一個山村』(몽타이유 : 프랑스 한 마을의 카타리파와 카톨릭, 1294-1324) [*Montaillou : Cathars and Catholics in a French Village, 1294-1324*] 엠마뉴엘 르 로아 라뒤리(Emmanuel Le Roy Ladurie), 許明龍 等 中譯本, 商務印書館, 1997. 그런데 그 당시의 심문은 오크어(중세기 불어의 한 방언)로 답한 것이지만 기록은 라틴어로 되어 있다. 그러므로 어떤 사람은 그 기록의 신뢰도에 의심이 간다고 말하기도 한다. 『프랑스 역사학의 혁명 : 아날 학파 1929-1989』를 참조할 것. 피터 버크(Peter Burke), 江政寬 譯, 臺北, 麥田出版, 1997.

13 『人論』 제10장 「歷史」, 甘陽 中譯本, 上海譯文出版社, 1986. [한국어 번역본으로는 최명관 역, 『인간이란 무엇인가?』 pp.255-6.]

14 위웨이차오(兪偉超)는 이미 '고고학 연구나 문물 연구의 목적을 물질 문화사 연구의 관점에서 보는 것은 1950년대 이래 중국의 문물 고고학계에서 한 차례 지배적인 지위를 차지하였다' 라고 지적하였다. 따라서 그는 고고학 연구 가운데에서도 마땅히 정신적 영역의 문제에 주의를 기울일 것을 반복하여 강조하는데 이는 사상사에 매우 근접하다. 앞에서도 한 번 인용한 「文物硏究旣要硏究物, 也要硏究文」 및 「考古學硏究中 探索精神領域活動的問題」 등을 참조할 것. 『考古學是什么』, 137-142쪽.

15 장광즈(張光直), 「商周青銅器上的動物紋樣」을 보라. 『中國青銅時代』, 313-342쪽에 실려 있다. 三聯書店, 1983. 「談琮及其在中國古史上的意義」 「中國古代藝術與政治」, 『中國青銅時代二集』, 67-81쪽과 102-114쪽에 실려 있다. 三聯書店, 1990. 또 『考古學專題六講』, 95-97쪽, 文物出版社, 1986 · 1992.

16 사실, 사상사의 시야를 보다 넓은 범위까지 확대할 때, '상징 · 부호 · 건축 · 기구 및 가요나 주문(咒語) · 도편(圖片) 등의 반(半) 문헌적인 재료 역시 과거의 사회를 연구하는 중요한 사료가 될 것이다.' 예를 들면 청말의 점석재화보(點石齋畫報)에 관하여는, 헤이볼드 콘(Havold Kohn, 중국어로는 캉우웨이(康無爲)라는 이름으로 표기함), 「畫中有話 : 點石齋畫報與大衆文化形成之前的歷史」(Drawing Conclusions : Illustration and the Prehistory of Mass Culture), 『讀史偶得 : 學術演講三篇』, 臺北, 中央研究院近代史研究所, 1993.

17 레븐슨(Joseph R. Levenson) 『儒教中國及其現代命運』, 鄭大華 等 中譯本, 13-38쪽. 中國社會科學出版社, 2000.

18 그러나 지도를 연구하는 학자들도 사상사에서의 지도 사용에 거의 관심을 두지 않았다. 예를 들면 장다오장(姜道章)의 「20世紀歐美學者對中國地圖學史研究的回顧」라는 문장은 상당히 자세한 논의를 하면서도 중국 고지도의 사상사적 연구에 대하여는 전혀 언급하지 않았다. 『漢學研究通訊』 제17권 2기, 臺北, 1998. 일본학자의 중국 고지도 연구 가운데, 이 문제를 논의한 것이 있긴 하다. 織田武雄, 『地圖の歷史 : 世界篇』, 203쪽, 講談社, 1974. 1994. 海野一隆, 「明清におけるマテオ・リッチ系世界圖 : 主として新史料の檢討」, 『新發現中國科學史資料の研究(論考篇)』, 京都大學人文科學研究所, 1985. 그러나 모두 심도 있는 연구를 하지는 않았다. 오히려 일본 역사와 관련성 있는 일을 다룰 때 사상사에 속한다고 할 수 있는 일련의 문제들을 토론하였다. 船越昭生, 「坤與萬國全圖と鎖國日本」, 『東方學報』, 41册, 京都, 1970.

19 흥미로운 것은 중국에서 최초로 중국을 중심으로 하지 않는 의식을 반영할 수 있었던 지도 가운데 불교의 지도는 아마 가장 대표적인 것이다. 『불조통기(佛祖通紀)』 가운데, 불교도인 지반(志磐)이 그려 제작한 「동진단지리도(東震旦地理圖)」 · 「한서역제국도(漢西域諸國圖)」 · 「서토오인지도(西土五印之圖)」 등 세 폭의 지도는 세 개의 중심으로 조합된 세계를 구성하고 있다. 그러나 이러한 지도의 구성은 매우 오랜 시간동안 주류적 지도 제작자들에 의하여 받아들여지지 않았다. 이 배후에서 중국 내에서의 이역(異域) 문명의 운명을 엿볼 수 있지 않을까?

20 예를 들어, 가정 35년(1556)의 『주해도편(籌海圖編)』과 만력 19년(1591)의 『전해도주(全海圖注)』 및 그보다 조금 후 사걸(謝杰)의 『건대왜찬(虔臺倭纂)』 중의 『만리해도(萬里海圖)』는 관습적인 북상남하(北上南下 : 북쪽을 위로 하고 남쪽을 아래로

하는 구도)에 따르지 않고 중국 내지를 아래에 그리고 침략의 가능성이 있는 일본 및 대해(大海)를 위에 그렸다. 정약증(鄭若曾)의 뜻에 따르면 이는 '내상외하(內上外下 : 중국을 높이고 중국이 아닌 외부를 낮추는 것)는 만고불변의 큰 구분이다. 반드시 나를 중국에 세우고 이민족(外裔)을 다스려나가야 할 것이다. 만약 바다를 아래에 둔다면 우선 바다 가운데 서서 자신을 이민족의 위치에 배치하는 것이 될 것이다. 중국을 거꾸로 보면 되겠는가?' 라고 하였다. 『정개양잡저(鄭開陽雜著)』 권8. 『文淵閣四庫全書』本, 8쪽, A-B.

21 거자오광(葛兆光), 「고지도와 사상사(古地圖與思想史)」를 참조하라. 『21世紀』 2000년 10월호, 總61期에 실려 있다. 또 「고여도별해(古輿圖別解)」는 『中國典籍與文化』, 2004년 3기.

22 더 나아가 말하자면, 만약 푸코의 사고 방식을 사용하자면, '영토' '구역' '이동'은 지리학적 개념일 뿐 아니라 법률 · 경제 · 정치적 개념이기도 하다. 그는 말하기를 '영토' '구역' '이동' 등 지리학에서 처리하는 개념 하에서 '내가 추구하는 것, 즉 권력과 지식 사이의 관계를 찾아낼 수 있다' 고 하였다. 『權力的眼睛』, 中譯本 205쪽, 上海人民出版社, 1997.

23 예를 들어, 도시와 향촌 · 수도(首都)에 사는 사람과 지방의 성(省)에 사는 사람(外省人) · 중원과 변방 · 연해와 내지 · 시내 중심가와 중심가로부터 떨어진 곳 · 강남과 강북 등등, 이러한 지리적 개념은 표면상으로는 단지 방위를 표시하는 것 같지만 실제로는 문명 · 경제 · 정치상의 개치 등급의 구분을 암암리에 내포하고 있다. 따라서 현재 지리학 연구도 변화가 생겼다. 지리학의 세 가지 차원은 역사 · 공간 · 사회이다.

24 사실 이러한 사고 방식은 반은 문물 수장으로부터 계도된 것이다. 한번은 청화대학 도서관에 수장된 고지도를 참관했는데, 그 거대한 지도의 앞에서 나는 그것의 문물적 가치를 생각한 것이 아니라 사상사에 대한 또 다른 의의를 생각했다.

제10장 사상사 연구의 시야에서 보는 도상圖像

좌도우서左圖右書의 전통
도상 중의 '상투적인 틀格套'은 사상사의 '상징'이 된다.
도상 자료와 문자 문헌의 차이 : 구도 · 변형 · 위치 · 색의 배치設色
도교의 단장壇場과 막幕 : 종교 의식의 공간 배치와 도상 걸기

사상사 연구의 시야에서 보는 도상圖像

좌도우서左圖右書의 전통

'그림圖' 과 '책書' 은 이미 도서圖書라는 하나의 단어로 결합되어 있다. '좌도우사左圖右史' 라는 말은 일찍이 고대 중국의 역사 기재에 관한 말로 전해져 왔지만[1] '그림' 에 대한 연구는 언제나 '책' 의 연구만큼 활발하지 못했다. 특히 중국사상사 연구 영역에서는 더욱 그러했다. 사상사 연구자들은 어쩌면 '말은 마음의 소리言爲心聲' 라는 습관에 얽매여서 문자로 된 문헌만이 진실하고 정확하게 사상을 표현하는 것이고, 도상 분석에는 뭔가 천착의 혐의가 있다고 여겼는지도 모른다. 혹은 문자 문헌이 이미 사상사 연구자들의 주변에 충분히 수집되어 있어서 도상 문헌에는 별 관심이 없는지도 모른다. 따라서 도상 문헌을 가지고 사상사를 연구한

---

(1) 좌도우사(左圖右史)란 집안에 책이 가득하다는 뜻으로, 『신당서(新唐書)』「양관전(楊綰傳)」에 "홀로 방 안에 앉아 있으니 온통 주위에 모두 책 뿐이다(獨處一室, 左圖右史)" 라는 말이 있다.

예는 아직까지도 매우 드물다. 마치 그런 것들은 사상을 직접 표현하지 않는 자료는 아니므로 사상사 연구의 시야 바깥에 있어도 괜찮다고 여기는 듯하다.

물론 어떤 영역에서는 연구자들이 이미 도상에 주의를 기울이고 있다. 그러나 문자로 된 문헌이 결핍되어 부득불 고고 발굴이나 전해지는 문물에 의지해야 하는 이른 시기의 역사 연구를 제외하고는, 도상들은 단지 '삽화' 정도의 역할을 할 뿐이다. 각종 '도해 설명圖說'의 역사와 문화에 대한 지작의 경우, 정전둬鄭振鐸의 『삽도본 중국문학사插圖本中國文學史』와 『중국역사 참고도집中國歷史參考圖集』이 출판된 이래, 도상을 사용하는 예가 적지 않지만 도상은 여전히 문자 서술에 대하여 종속적인 역할을 할 뿐이며, 저서에 존재하는 도상은 단지 문자로 된 문헌의 방증 역할을 하는 듯하다.[1] 어떤 도상은 지나치게 문자로 환원되어 연구자들은 그 서술의 내용에만 주의를 기울이고 도상의 형식적 의미에 대하여는 주목하지 않는다. 도상을 문헌으로 환원한 것으로는 근래 각국 학자들의 『점석재화보點石齋畵報』에〈2〉 관한 일련의 뛰어난 연구가

〈2〉 1884年 5月 8日, 『점석재화보(点石齋畵報)』가 상해에서 창간되었는데, 이는 중국 근대 최조의 시사화보 중 하나였다. 이는 본래 영국의 상인 메이저(Ernest Major)의 점석재 석인국(點石齋石印局)에서 열흘에 한 번 간행되는 석인(石印)으로 『신보(申報)』에 첨부하여 보내주는 것이었으나 나중에 단독으로 발행되었다. 만청의 저명한 화가였던 우유루(吳友如)는 원래 소주성(蘇州省) 도화오(桃花塢)에서 설맞이 그림(歲畵)을 그리는 화공이었다고 한다. 1884년 상해(上海)로 초청 받아

있는데, 이 내용은 서양의 풍토가 중국에 전래되고 수용되었던 상황이나 사회 풍속 등, 주로 사회사를 서술하는 자료로만 사용되고 있다.[2] 물론 우홍巫鴻의 무량사武梁祠 한대漢代 화상석畵像石〈3〉에 대한 연구는 상당한 수준이고, 그 가운데 화상석이 위치하고 있는 사당祠堂의 공간이 우주를 상징한다는 등의 많은 논술은 이미 심층적인 관념의 세계까지 다루고 있다. 문제는 한대 화상석이 오랜 기간에 걸쳐 줄곧 예술사의 전문 영역에서만 다루어져 왔다는 것이다. 그러므로 이러한 논술은 사람들로 하여금 기타 여러 도상들이 내포하는 사상사적 내용을 중시하도록 하지는 못했다.[3]

도상 중의 '상투적인 틀格套〈4〉'은 사상사의 '상징'이 된다.

최근 두정성杜正勝의 「번사채풍도番社采風圖」〈5〉에 관한 연구도

「점석재화보」에 그림을 넣어 편집하는 일을 담당하고, 그림과 글이 어우러진 형식으로 당시의 생활상을 묘사했는데, 사실 묘사에 역점을 둔 데다 통속적이고 이해하기 쉬워 널리 읽혔다.

〈3〉 화상석(畵像石)이란 석조의 분묘(墳墓)나 사당(祠堂)의 평평한 내벽(內壁) · 석주(石柱) · 석관(石棺) 등의 표면, 또는 전(塼) · 축묘(築墓)의 석문(石門) 등에 새겨진 장식화상(裝飾畵像)이다. 전한에서 육조 시대에 걸쳐 성행했으며, 산동성(山東省)을 중심으로 중국 각지에서 발굴된 것에 의하면, 석조의 분묘나 건조물이 급격하게 발달했던 후한 시대에 특별히 유행했던 것으로 여겨진다. 표현 형식은 음각에 의한 선묘(線描)를 기본으로 하고, 부조적(浮彫的)인 것도 있으며, 또 채색(彩色)한 것도 있다. 그려진 것은 사람 · 거마(車馬) · 조수(鳥獸) · 건조물 등 다채로우며, 미술적으로 뛰어날 뿐만 아니라, 당시의 풍속과 문화를 알 수 있는 귀중한 자료이다.

〈4〉 '상투적인 틀'이라고 번역한 격투(格套)라는 말은 재래식 방법, 판에 박힌 방식, 혹은 스테레오타입(stereotype)이라는 의미를 가진 단어로, 이 책에서 여러 차례 쓰이는데, 문맥에 따라 조금씩 다르게 번역하였다.

〈5〉 「번사채풍도(番社采風圖)」는 타이완의 중앙연구원 역사언어연구소(中央硏究院

매우 뛰어나다. 그는 특히 "풍속화는 쉽사리 그대로 베껴져서 '상투적인 틀格套'을 이룰 수 있다. 그러나 진정한 '상투적인 틀' 역시 생활 만상의 축소판이며 본보기라는 의미를 가지고 있다"고 지적하였는데, 이러한 '상투적인 틀'이야말로 바로 '나날이 사용하면서도 그것을 의식하지 못하는日用而不知' 전통적 관념을 드러내준다.

도상 자료와 문자 문헌의 차이 : 구도 · 변형 · 위치 · 색의 배치設色

그러나 아쉬운 것은 모든 도상들 안에서 가장 쉽게 '상투화'되어 사상사의 '상징'을 이루는 구도 · 변형 · 위치 · 색의 배치 등에 대해서는 더 이상의 논의를 전개하지 않는다는 점이다.[4] 도상학圖像學 연구의 관점에서 보면 구도 · 변형 · 위치 · 색의 배치 등은 바로 도상과 문자 문헌의 차이를 나타내는 부분이다.[5] 사상사 연구의 관점에서 보면, 이런 방면의 도상학 연구야말로 문헌 자료를 보충해줄 수 있는 중요한 자료다. 역사 속의 구체적인 사람들이 도상을 창조한 것이라면 그것은 필연적으로 어떤 의도적인 선택 · 설계와 구상을 내포하고 있으며, 그 의도적인 선택 · 설계와 구상 안에는 역사와 전통이 누적되어 있기 때문이다. 어떤 주제에 대한 편애 · 채색의 선택 · 형상에 대한 상상 · 도안 설계나 비례에 따른 배치 뿐 아니라, 특히 도상을 묘사할 때 의식적으로 변형시

歷史語言研究所)에 소장되어 있으며, 표구의 겉면 원 제목은 '대번도설(臺番圖說)'이라고 되어 있다. 타이완을 순시하던 감찰어사 67인이 타이완에 사신으로 나갔던 기간(1744-1747년)에 화공들에게 원주민의 풍속을 그리게 한 그림이다.

키거나 상상력을 투사한 것, 그리고 무의식적으로 아무렇게나 상상한 것처럼 보이는 것의 배후에 바로 역사 · 가치와 관념 등이 숨겨져 있다. 따라서 여기에 사상사가 필요로 하는 연구의 내용이 있는 것이다.

송대의 정초鄭樵는 일찍이 "그림은 날실이고 책은 씨실이다. 날실과 씨실이 서로 교착하여 무늬를 이룬다〈6〉"라고 하였고, 이어서 "옛날의 학자들은 공부하는데 요령이 있었다. 그림을 왼쪽에 두고 책을 오른쪽에 두었다. 그림에서 이미지象를 찾았으며, 책에서 이치理를 찾았다〈7〉"[6]고 말했다. 만약 정말로 고대인들이 이해한 바와 같이 이미지象 안에 이치理가 온축되어 있고 이치는 이미지로 드러나는 것이라면, 우리는 문자로 된 문헌 안에서 사상사를 읽어내듯이 도상 자료 안에서도 사상사를 읽어낼 수 있을 것이다. 서양의 경우 도상학iconography은 19세기부터 이미 고고학에서 분리되어 나와 종교 예술에서의 도안 · 상징 · 부호의 의미를 연구하게 되었고, 그 후 점차 민족 · 종교 · 관념 · 이데올로기에 관한 연구 영역으로 나아가게 되었다. 그러나 이 영역은 중국 연구에서는 아직도 충분한 발굴이 이루어지지 않았다. 사실 중국 고대 문헌 가운데 도상은 상당히 풍부하며, 또 실로 풍부한 사상사의 내용을 가지고 있다. 단지 사상사 연구에서 도상 연구는 아직도 방법상의

〈6〉 "圖, 經也. 書, 緯也. 一經一緯, 相錯而成文."
〈7〉 "古之學者爲學有要, 置圖於左, 置書於右, 索象於圖, 索理於書."

모색을 필요로 하고 있다. 아래에서 몇 가지 구체적인 예를 들어 보자.[7]

1

도교의 단장壇場과 막幕 : 종교 의식의 공간 배치와 도상 걸기

고대 중국의 사당祠堂 제사 혹은 종교적 의식儀式에서는 항상 걸어 늘어뜨리는 도상들을 사용했다. 이 도상의 공간적 배치는 늘 일정하게 고정되어 있다. 만약 회화의 예술성을 고려한다면 마땅히 배치상의 변화와 새로움을 추구할 것이다. 그러나 이러한 의식에서 사용하는 도상들은 의노적으로 대대로 변함없이 사방이 중심을 향하여 대칭적으로 배열되는 정해진 틀格套을 준수하고 있다. 마치 이 틀을 변화시키면 의미가 상실되기라도 하듯이 말이다. 이렇게 반복하여 드러나는 판에 박힌 틀은 오히려 하나의 상징이 되었으며, 이는 오랜 동안 의식하지 못한 채 지녀온 어떤 관념으로부터 유래된 것이다. 왜냐하면 이러한 공간 배치의 배후에는 심원한 역사와 전통이 있기 때문이다. 간단히 말하자면 판에 박힌 이 고정된 틀을 반복하는 것 자체가 뿌리 깊은 관념을 상징하고 있다.

예를 들면, 고대 중국의 불교와 도교에서는 의식儀式을 거행할 때 신들의 세계를 상상하도록 하는 그림을 길게 걸어 늘어뜨리는데, 그 도상은 대규모의 종교 의식에서 사용하는 것이다. 일반적으로 도상은 종교 건물의 세 벽면에 안치한다. 중앙의 정면에는

최고의 주신主神이 있고 양측에는 각양각색의 보조적인 신선 혹은 보살이 있으며, 이들은 그 종교가 설정하는 '성역聖域'을 상징하고 있다. 종교의 이상적 경지인 이 성역은 신자들의 숭배·지향·모방을 불러일으킨다. 따라서 이러한 도상을 사상사의 문헌으로 삼을 때는 항상 이 도상을 종교적 의식儀式의 컨텍스트 안에 두고 그 상징적 의미를 고찰해야 한다. 20세기 초에 프랑스의 뻴리오Paul Pelliot가 파리Paris로 가지고 갔던 것 중에 명대 경태景泰 5년(1454)이라 쓰인 「수륙재도水陸齋圖」가 있는데, 이는 불교의 수륙대회水陸大會〈8〉에서 사용되던 것이다. 이 그림은 신자들에게 천계의 상황을 말해줄 뿐 아니라, 프랑스 학자들의 연구에 의하면 피라미드 형식을 닮은 공간 구조는 '중심을 향하여 뭇별들이 북두성을 받들며 용솟음치듯 움직이는' 의미가 있다고 한다. 이는 그 자체로서 '중국인의 세계관과 자연관 및 만물에 대한 관념'을 드러내고 있다는 것이다.[8] 또, 현재 보스턴 박물관에 있는 남송의 「도교삼관도道教三官圖」는 아마도 도교의 재초齋醮〈9〉의식에서 사용되었던

보스턴 박물관 소장
천지수삼관도天地水三官圖

〈8〉 수륙대회(水陸大會)란 수륙법회를 하는 도장(道場)을 말한다. 수륙법회란 수륙회 혹은 수륙재(水陸齋)라고도 하며 불가(佛家)에서 바다와 육지에 있는 고혼(孤魂)과 아귀(餓鬼)를 위하여 올리는 재(齋)를 말한다.

〈9〉 재초(齋醮) : 도교(道教)에서 제단을 설치하여 제사지내고 재앙을 없애는 기도 의식으로, 흉사(凶事)의 경우에 지내는 재(齋)와 길사(吉事)의 경우에 지내는 초(醮)를 구별하기도 하지만, 뚜렷이 구별되지는 않는다.

막幕이었을 것이다. 송대 사람의 저작인 『영보영교제도금서靈寶領敎濟度金書』 제1권의 말에 따르면, 실내에서 거행하는 재의齋儀에서는 북 · 동 · 남 세 벽면에 모두 도상을 걸고 재단齋壇의 앞에는 막을 설치하며, 평상시의 재齋를 위해서는 동 · 서 양쪽에 막을 세운다. 만일 비중 있는 황록재黃籙齋와 같은 경우라면 '좌측으로 현사玄師, 다음에 천사天師, 그 다음에 감단대법사監壇大法師를, 우측으로 오제五帝, 다음에 삼관三官, 그 다음에 삼사三師', 이렇게 동 · 서로 총 여섯 개의 막을 세운다고 한다.[9] 현대 학자들의 연구에 의하면 이러한 제단의 막에 그려진 신들의 도상은 신자들이 신들의 세계를 상상하는 근거가 되며, 그 공간 배치와 종교 의식의 배합은 심오한 의미가 있는 것이라고 한다.[10] 이런 회화 자체의 내용과 그것을 거는 공간적 위치는 그 의식이 진행되는 현장에 있는 신도들이 몸소 겪는 상황 그 자체를 구성하며, 더욱이 정면에 있는 주신의 그림이나 패위 혹은 소상塑像, 그리고 삼 면의 신기한 그림과 머리 위로 밤하늘에 별이 뜬 모습 등은 상상 속의 성역 혹은 천계를 구성한다. 이것은 역사 전통의 유물, 신기하고도 거짓 같은 이야기들, 일반적으로는 도저히 생각할 수 없는 내용과 화려하고 현란한 색채 등에 의하여 그 자체로 상상의 세계를 구성해낸다. 이러한 다차원적 공간은 마치 현대 입체 영상의 사실적인 광경과 유사하고, 게다가 종교 음악까지 곁들여져 경건한 신도들을 미리 의도된 종교적 경지로 이끌어준다.

'주정상물鑄鼎像物', 즉 도상으로 구성된 허구적 세계를 가지고 진실된 세계를 비유해온 역사는 매우 오래 되었다. 사람들은 일찍부터 도상이 종교적 상상을 계도해줄 수 있음을 인식하였으며, 또한 이러한 공간 설계의 상징성을 이해하였다. 『초사楚辭』「천문天問」에 관한 가장 오랜 주해 중의 하나인 왕일王逸의 『초사장구楚辭章句』에는 굴원이 추방된 이후 "초나라 선왕의 묘와 공경公卿의 사당을 가보았는데 거기에는 천지 산천과 조령의 진기하고 불가사의한 자태와 옛 성현의 괴이한 일들이 그려져 있었다. (굴원이) 두루 돌아다니다가 피곤하여 그 아래에서 휴식하면서 그 그림들을 올려다보게 되었다. 그리하여 그 벽에 싯구를 써서 그 그림에 대하여 물으며 울분을 토해냈다"[11]라는 대목이 있다. 또 『산해경』은 옛 말에 의하면 네 면에 걸어 사방을 상징함으로써 지리 강설을 하던 도서圖書였다고 한다. 그리하여 주희朱熹도 그것은 "한나라의 궁실에서 그린 것으로, 남향 · 북향을 말하는 것으로 보아 본래 그림책畵本이었음을 알 수 있다"고 하였다.[12] 진한 시대 이래 궁실이나 묘실의 네 담장을 이용하거나 혹은 사면에 그림을 선별하여 걸어둠으로써 사방을 상징하거나 우주 천지를 모방하고, 이로써 사람들에게 완전히 새로운 세계를 상상하도록 해왔던 전통은 뿌리 깊다.[13] 따라서 도교는 처음부터 이런 오랜 방식을 이용하여 그들 자신이 설정했던 이상적 세계를 상징하였다. 『태평경』 안에는 「승운가룡도乘雲駕龍圖」「동벽도東壁圖」와 「서벽도西壁圖」에 관한 설명이 있다.[14] 왕밍王明 선생은 『태평경』을 정리하여 『태평경합교太平經合校』를 쓰고 나서, 중국과학원 고고 연구소의 루스쉰陸式熏에게 이 세 그림을 만들어 달라고 청하여 『태평경합교太平經合校』의 뒤

에 실었다.[15]

후대의 이러한 화막畫幕 · 화축畫軸 · 벽화 등은 모두 조기 도교 도상 회화 전통의 연속선상에 있다. 후대 도교의 재齋 · 초醮 의식에서는 마치 「구가九歌」와 같은 신비스러운 분위기와 상상적인 세계를 구성하려 했는데, 이는 초기 도교의 소박한 정실靜室과는 다르다.[16] 후대의 도교적 실천 중에는 장엄하고 경건한 기도송경祈禱誦經, 미묘하게 감동을 주는 보허음악步虛音樂,⟨10⟩ 허황되고 신기한 보강답두步罡踏斗⟨11⟩ 외에, 사람들로 하여금 선계仙界를 상상할 수 있게 만들기에 충분한 도상도 있어야만 했다. 분향을 할 때에는 "늘 향로를 두고 왼쪽에는 금동金童이, 오른쪽에서는 옥녀玉女가 향로를 모신다"⟨12⟩고 하였으며, 시문을 암송해 바치고 명상을 할 때에는呈章朝眞 "오방의 기운 및 관아의 관리 · 사자 · 이병들이 좌우로 나누어 자리잡고, 빽빽이 늘어서서 마치 서로 전후좌우로 마주하고 있는 것처럼 상상한다"⟨13⟩고 전해진다. 도교는 사람들에게

⟨10⟩ 제6절의 역자주 ⟨10⟩을 참조할 것.

⟨11⟩ 보강답두(步罡踏斗)는 재초(齋醮)의식을 거행할 때나 부적을 그리고 도법을 행하며 신령과 통교하고자 할 때 반드시 배워야 하는 법술이다. 강(罡)이란 북두성을 가리키는 것이고 두(斗) 역시 북두성을 말한다. 보강답두는 땅에다 북두칠성의 분포도를 그려놓고 일정한 규칙과 순서에 따라 그 위를 돌아다니는 것으로 이렇게 하여 신령들과 통교하게 된다고 한다.

⟨12⟩ "常存爐, 左金童, 右玉女, 侍香爐也." 『운급칠첨(雲笈七籤)』 제45권. 『正統道藏』(臺北, 藝文印書館本), 제37책, 29616쪽, 하단. 참고로, 저자는 북경 문물출판사(北京文物出版社) · 상해서점(上海書店) · 천진 고적출판사(天津古籍出版社)가 1988년에 공동으로 영인한 16開 精裝本, 세칭 삼가본(三家本) 『道藏』을 사용하였으므로, 저자주의 권수와 쪽수는 역자주와 다르다.

⟨13⟩ "存五方氣及功曹 · 使者 · 吏兵, 左右分位, 森然如相臨待對左右前後." 上同.

경계하여 말하기를 신들을 상상할 때 "눈으로는 마치 어떤 형상을 보듯이 해야 하며, 아무 것도 없이 텅 빈 채로 고요하여 아무 소리도 없이 나아갔다가 물러나서는 안 된다⟨14⟩" 고 하였다.[17] 신앙이 단지 마음의 상상만으로 이러한 경지에 도달하지 못할 때, 음악과 도상의 계발과 인도에 의지하는 수밖에 없다. 『재계록齋戒籙』⟨15⟩은 재과齋科에 대해 서술하면서 "땅에는 비단으로 자리를 깔고 앞에는 커다란 병풍을 세우라" ⟨16⟩고 하였고, 커다란 병풍에는 "좌우로 용호장군과 그를 따르는 시종관장, 병사 이천 여 명이 양쪽으로 늘어서 마치 보위하고 있는 듯하다. 또 금갑 대장군 스물여섯 명과 신인 열 명이 용호 이군의 밖으로 나란히 정렬하고 있는 모습이 자못 엄숙하다" ⟨17⟩고 하였다.[18] 인성茵城 영락궁永樂宮 삼

산서山西 인성茵城 영락궁永樂宮 벽화

⟨14⟩ "皆目想髣髴若見形儀, 不可以空靜寥然無音響趨拜而退也." 上同.

⟨15⟩ 『요수과의계율초(要修科儀戒律鈔)』 제17권에 있다고 되어 있으나 이 책은 16권으로 이루어진 책이며, 이 책의 뒤에 『재계록(齋戒籙)』이라는 책이 있는데, 저자가 인용한 ⟨16⟩, ⟨17⟩의 내용은 모두 여기에 나온다. 다만, 저자주 18번에서 말한 바와 같이 같은 내용이 『운급칠첨(雲笈七籤)』 제25권에도 기재되어 있다.

⟨16⟩ "地鋪錦席, 前立巨屛." 『재계록(齋戒籙)』, 『正統道藏』(臺北, 藝文印書館本), 제11책, 8999쪽, 하단.

⟨17⟩ "左右龍虎將軍 · 侍從官將 · 兵二千許人立兩面, 若有備衛焉, 復有金甲大將軍二十六人, 神人十人, 次龍虎二君之外, 班列肅如也." 上同.

청전三清殿에서 각 면의 담벽에 있는 제천諸天과 여러 신선들이 두 손을 공손히 마주 잡고 삼청을 보위하고 있거나 중심에 있는 삼청에게 무리를 지어 나아가는 모습을 그린 도상을 본다면, 삼청의 숭고함이 돋보여 삼청의 경지에 대한 신도들의 동경을 유발시킬 수 있지 않겠는가?[19]

종교사 연구에서 도상과 의식儀式 사이의 상호 배합 관계에 대한 이해는 매우 중요하다. 그러나 사상사 연구에서 더 탐구해나가야 할 것은, 신자가 도상 없이도 정실에서 스스로 고요히 명상하면서 신을 떠올릴存想思神 수 있는 상태로부터 도상의 도움으로 신들의 세계에 대한 환상을 불러일으켜야 하는 상태로 변해 갔던 그 배후에 신앙 세계의 어떤 변화가 숨어 있는가 하는 문제다. 또 우리가 마땅히 한 걸음 더 나아가 탐구해야 하는 것은, 사방을 둘러싸고 중앙을 수호하는 공간 배치로 이미 정해진 격식을 이룬 종교회화를 통하여, 그것이 상징하는 '성역' '천계' 혹은 '삼청경三清境'의 사상적 의미를 어떻게 이해해야 하는가의 문제다. 고대에는 원구圜丘 · 영대靈臺 · 명당明堂으로, 또 '옥종玉琮' '창벽蒼璧' '식式'으로 천지 우주를 모사하고 그로써 통천通天이라는 의미를 획득했다. 도교 및 후대의 불교는 의식의 장소를 배치할 때 방위 · 길이 · 색채 · 설치나 물품의 배치를 왜 모두 고대 중국인이 이해하던 우주 · 천지 · 사방 · 성상星像과 상호 대응시키고자 했는가?[20] 거기에는 분명히 이유가 있을 것이다. '성역'에 대한 종교회화에서 왜 고대인들의 관념 세계 속의 우주 공간을 모사하려 하

정통도장正統道藏에 수록된 『도인경度人經』 앞에 실린 그림

는가? 또 왜 신의 세계 역시 중심·사방·오행·상하가 상호 대응하고 중앙과 동서 양측·사방이 대칭과 조화의 관계를 형성할 필요가 있는가?[21] 『도인경度人經』 첫 권의 「삼청도三清圖」는 전체 『도장』의 제일 앞에 놓여 있으니, 그 상징적 의미는 당연히 매우 중요하다. 그것은 모종의 등급 차서에 따라 위치를 배열하고 있으며, 원시천존元始天尊·이십팔수二十八宿·오방두수五方斗宿·사천四天·삼십이천三十二天·태음太陰·태양太陽 등의 공간적 위치는 이러한 우주에 관한 공간적 관계·위치의 등급 질서에 따라 배열하고 있다.[22] 도교의 신선 그림을 자세히 보면 이러한 회화의 공간적 설계는 천편일률적이고 매우 판에 박힌 듯하다는 것을 느끼게 되는데, 그렇게 반복적으로 나타나는 것으로 볼 때 이러한 묘사의 배후에는 일종의 뿌리 깊은 습관과 관념이 있음을 알 수 있다. 신의 세계를 묘사하는 듯한 이러한 그림을 통하여 우리는 고대 중국인이 '중심'과 '사방'이라는 공간의 짜임새와 중심의 지위가 네 주변보다 높다는 가치 관념을 어떻게 도상으로 해석하는지, 어떻게 도상을 가지고 고대 중국 전통의 '일一'의 관념과 '오행' 관념을 연역하는지

를 이해할 수 있다. 그리하여 고대 중국의 '천원지방' 이라는 공간 감각이 어떻게 종교적인 상상의 세계를 구성했으며, 또 종교 도상 안으로 침투해 갔는지를 알 수 있는 것이다.

2

도상은 모방simulation으로써 추구하는 바取向를 표현해내고 있을 뿐 아니라 위치position로써 가치 평가를 말하고, 비례proportion로써 관념을 암시하며, 다양한 변화를 통하여 상상을 드러내준다. 고대 도상 안에서 의도적으로 위치를 안배하는 것이나 대소 크기를 변화시키는 것은 매우 보편적인 현상이다. 예를 들면, 가족 사당의 인물도는 소목昭穆의 차서로 배열하고 모두 정면으로 단정하게 앉은 모습으로 그리는데, 이는 질서의 상징 체계이다. 산수화 안의 인물이 매우 작게 표현되는 현상 역시 이미 예술사가들이 지적했듯이 자연 속으로의 융화 혹은 고요함에 대한 추구取向를 은연중에 보여준다. 고대 제왕이 그림에서는 제왕의 신체를 이상하리만큼 크게 그리고 시자侍者들을 상대적으로 아주 적게 그리는데, 이는 지위와 권력에 대한 우러름을 표현한다. 명청 시기의 판화에서 이상적인 여성을 좁은 어깨의 연약한 모습으로 그리는 것은 그 시기의 남성 중심적인 강력한 지위와 자신감이 결여된 여성의 성별 의식을 반영한다. 특히 나는 고대 중국의 지도 제작에서 중심과 주변, 대소, 상하로써 민족이나 국가와 문명에 대한 당시의 관념을 표현하고 있으며, 모종의 염려와 불안도 나타내고 있다는 사실에 주목했다.[23] 「직공도職貢圖」「왕회도王會圖」 혹은 「조공도朝貢圖」는 다른 나라의 사람들은 "우리 종족과는 종류가 다르다"는 것을 나타내고 있을 뿐 아니라, 그들의 모습을 다소 변형시킴으로써 중국이야말로 하늘이 내린 왕조이자 위대한 나라天朝大國라는 자의식을 표현하기 위한 것이다.

사상사 연구자들이 이미 지적하였듯이 고대 중국사상이 근대 중국사상으로 변화하는 중요한 계기는 바로 중국이 하늘이 내린 왕조天朝라는 상상으로부터 만국 중의 하나로 진입해 들어간 것이고, 그로부터 스스로에 대한 이해가 '천하天下' 로부터 '중국中國'[24]으로 바뀐 것이었다. 그러나 자신의 문명이 주변 민족들보다 우월하다는 고대 중국의 우월감이 일단 상실되자, 전통적인 지식·사상과 신앙 세계는 결렬되었고 심지어 붕괴의 조짐을 드러내게 되었다. 사상사의 이런 논단을 증명할 수 있는 문헌은 아주 많다. 그러나 가장 직접적이고도 분명하게 드러나는 표현은 위에서 언급했던 두 종류의 도상이다. 하나는 「여지도輿地圖」「우적도禹跡圖」「광역도廣域圖」 등, 고대 중국인들이 그린 '세계 지도' 다. 이 지도에서 한족이 거주하는 공간을 중앙에 놓고 '천하' 의 대부분을 차지하게 하는 반면, 이역異域을 작은 크기로 사방에 배치한 것을 보면 우리는 이 지도들이 고대 중국의 천조天朝와 사이四夷에 대한 사고를 드러내고 있음을 알게 된다. 그런데 사람들이 근대 서구에서 제작된 세계 지도를 받아들여야만 했을 때, 전통적인 천하의 관념은 이미 붕괴되었음을 알 수 있다.[25] 다른 하나는 「직공도職貢圖」 등의 도상으로서 이 역시 세계에 대한 일종의 이해를 보여준다. 양 원제梁元帝가 「직공도」를 그렸던 이래 『사고전서四庫全書』에 들어간 「황청직공도皇淸職貢圖」에 이르기까지 역대의 궁정은 모두 이역에서 조공을 하러 온다는 것을 주제로 이러한 도상을 그렸다. 아주 오랜 동안 본래 하늘이 내린 위대한 나라인 중국에서는 "호족과 월족이 일가를 이루고 먼 곳의 사람들이 모두 이곳에 와서 뿌리를 내리고 살면서 왕의 신하가 되었다".〈18〉 또 이족異族들은 "그 외모가 각기 다르지만 모두 야만스럽고 기괴하며, 못생겼고 추하여 중국인과 같은 기상이 없다"〈19〉는 듯이 묘사했던 도상들은[26] 줄곧 '만국萬國' '이족異族' '번귀番鬼' 심지어 '양인洋人' 도상의 모델로 간주되었다. 사실적이든 상상에 의한 것이든, 그것은 모두 '이역에 관한 상상'에 충당되었던 것이다.[27]

직공도職貢圖 국부局部

이런 상상의 도상에서 중국은 유일한 문명 대국의 시선으로 반은 무시하고 반은 동정하면서 사이四夷를 굽어보았나. 남송의 유

〈18〉 "胡越一家, 要荒種落, 共來王之職"

〈19〉 "其狀貌各不同, 然皆野怪寢陋, 無華人氣韻"

남송 황상黃裳이 그린 지리도地理圖

극장劉克莊은 이백시李伯時가 그린 「십국도十國圖」를 묘사하면서, 어떤 외방은 만리 밖에 떨어져 있다 해도 그가 그린 것은 "환상 속의 허황된 것"이 아니라고 하였고, 적어도 일본 · 일남日南〈20〉 및 페르시아波斯는 여전히 실제를 기록한 것이라고 하였다. 그렇다고 해도 그는 다른 종족을 야만인으로 상상했고, "그 왕은 혹은 머리를 풀어헤치고 땅바닥에 앉거나蓬首席地, 혹은 오랑캐의 옷을 입고 웅크리고 앉거나戎服踞坐, 머리를 자르고 정강이를 드러내거나剪髮露骭, 옆머리를 틀어 올리고 맨발로 걷거나髻丫跣行, 눈이 흐리멍텅하도록 술을 마시고 취하거나瞑目酣醉 하는 식으로 무식하고 야만스러운 상태를 남김없이 묘사했다".[28] 당시 문명적인 한족 국가가 야만인 여진과 그 후에 도래한 몽고의 압박을 받아 반 토막의 강산만 남았으나, 문화적인 우월감은 끝내 사라지지 않았고, 오히려 강적에게 둘러싸인 가운데에서 더욱 돌출되어 나타났다. 주지하다시피 이는 단지 고대 중국만의 상황은 아니다. 서구의 일부 도상 자료 중에서도 최초로 상호 접촉하던 시대에 서구인이 중국에 대하여 가지고

〈20〉 저자의 설명에 따르면, 여기에서의 일남(日南)은 고대 국가로서, 오늘날의 월남을 말한다.

있었던 몇 가지 상상이 나타난다. 일반적으로 사람들은 도상으로 사물과 현상을 전달하는 것이 문자로 전달하는 것보다 더 정확하다고 여긴다.[29] 왜냐하면 문자는 그것을 읽고 이해할 때 매우 쉽게 단어의 뜻의 틈새로부터 상상을 뒤섞어버리며, 작자의 붓을 통해서 독자에게 전달되는 문자적 묘사는 직접적인 듯 하지만 사실은 꼭 그렇지 않기 때문이다. 예로부터 쓰였던 "영서연설郢書燕說〈21〉" 이라는 말은 바로 문자의 '오독'을 뜻하는 것이다. 그러나 사실과 같아 보이는 도상 역시 상상과 편견의 침투를 피할 수는 없다.

한 가지 예를 들어보자. 그림을 잘 그리는 서양인이 그들의 투시화법을 이용하여 중국의 건축·풍경·인물을 그린 것은 대체로 정확했다. 1665년에 그린 요한Johan Nieuhof의 풍경화는 파리에서 원래의 소묘 밑그림이 발견되었는데, 그 저본底本은 실제의 사생 작품이었다. 그러나 발견된 소묘의 저본은 이것이 사실화였음을 말해주는 동시에 사생에서 회화로 바뀔 때 섞여드는 상상을 설명해준다. 왜냐하면 후에 인쇄된 그림 가운데 야자수나 성루城樓 위의 초목 등은 오히려 후대 서양의 관습대로 상상되어 보대어

요한Johan Nieuhof이 그린 중국 풍경

〈21〉 이치에 맞지 않는 말을 억지로 끌어다 붙여 그럴 듯하게 말하거나 견강부회한다는 뜻이다.

서양인이 그린 순치황제상順治皇帝像

진 것이었기 때문이다. 따라서 이 그림은 반은 사실이고 반은 거짓이다. 문화 교류와 상호 이해의 역사 안에는 항상 이러한 것이 발생한다. '오독'은 '상상'을 동반하고 '추측'은 '관찰'에 이어진다. 순치 황제의 도상이라고 하는 왼쪽의 그림은 어떻게 보아도 서양인이 서양의 궁전 안에 있는 것같이 보인다. 섬세한 금속 조각과 화려한 꽃무늬, 다채로운 벽걸이 장식용 융단이 벽에 가득한 궁전은 중국의 황궁 같지가 않고 서양 귀족의 호화 저택과 더 비슷하다. 옆에 그려진 작은 개 역시 상상으로 덧붙인 것으로서, 중국의 황제는 목양견을 기를 리가 없다.[30] 그리고 서양인이 그린 건륭 시대의 궁정 연회도 역시 많은 서양의 관습적인 상상이 그 안에 섞여 들어가 있다.[31] 또 다른 청초淸初의 궁정을 그린 그림에서도 우리는 청나라 황제가 지구의에 손을 짚고 있고, 계단 위에는 군중들이 칼과 창을 들고 사방을 호위하고 있으며, 계단 아래에는 네 사람의 죄인이 있는데 그 중에 한 사람은 목에 칼을 쓰고 땅에 엎어져 있는 것을 발견할 수 있다. 이러한 장면은 전부 서양화의 구도로서, 궁정과 제왕을 심문 장면을 함께 배치한 것은 단지 서양식의 상상일 뿐이다.[32] 옆의 놀라운 그림에 보이는 저 손에는 긴 창을 들고 등에는 활을 매고 있으며 다른 손으로는

서양인이 그린 초기의 타이완 사람 그림

사람의 머리를 들고 있는 사람이 어떤 사람인지 알아낼 수 있는 이가 과연 있을지 잘 모르겠다. 아마도 인디언이나 아프리카 사람인 듯한데, 중국인이라면 아무도 당시 타이완 사람의 형상을 그렇게 생각하지 않았을 것이다.[33] 만약 18세기 상반기의 「번사채풍도番社采風圖」의 기재와 비교해본다면 「번사채풍도」의 작자에게 비쳤던 화기애애한 풍경은 서방인의 눈에서는 이렇게 살벌한 정경이었고, 아마도 한 지역의 실제적인 생활 장면은 아니었던 것 같다. 당연히 이는 1671년에 출판된 회회이고, 「번사채풍도」에 비하면 시기적으로 조금 이르다. 그러나 그로부터 십여 년을 더 거슬러 올라간다고 해도, 그 당시의 타이완 사람은 사람의 머리를 베어가지고 다니며 사냥할 정도로 야만적이 아니었고 복식 또한 이와 같았을 리는 없다. 타이완 사람이 그 시대에 목에 이러한 목걸이를 주렁주렁 걸고 있었고, 머리에는 이러한 깃털로 만든 관을 쓰고 있었을까? 그렇다면 이는 실제의 정경이었겠는가? 아니면 자기와는 다른 종류에 속한다고 여겼던 사람에 대한 상상이었겠는가?

고대 중국인은 사방의 오랑캐에 대한 멸시로 가득했었던 것 같고, 심지어 주변 민족들에 대하여 묘사하는 문자와 도상에는 모두 천조대국天朝大國의 오만함과 야만인들에 대한 연민이 포함되어 있다. 그리하여 상상이나 환상에 의해서 이역인異域人들을 "혼스럽고 괴상하고 못 생겼으며 중국인과 같은 기상이라고는 전혀 없는"[34] 것으로 묘사하였다. 그러나 13-15 세기, 즉 상호 교류의 초기에 서구는 동방에 대한 호기심으로 충만했던 것 같다. 동방을 직접 거쳤거나 동방을 상상하여 쓴 수많은 책 가운데에는 진실 반, 거짓 반의 문자들이 있을 뿐 아니라 환상과 추측으로 이루어진 도상이 섞여 들어가 있다. 1478년에 출판된 아우스부르그Augsburg의 『자연의 책自然之書Buch der Natur』과 1609년에 중국에서

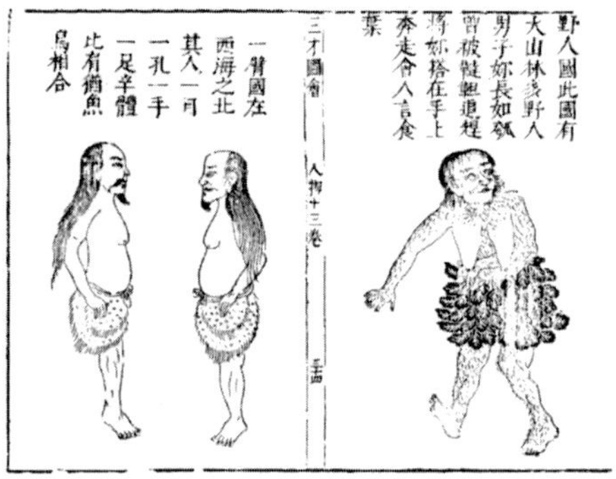

『삼재도회三才圖會』에 실린 이역인異域人 상상도 1

『자연의 책Buch der Natur』에 실린 이역異域 인물人物

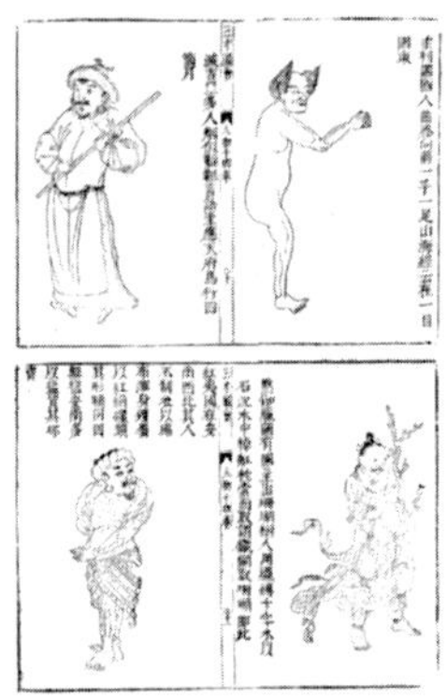

『삼재도회三才圖會』에 실린 이역인異域人 상상도 2

각인刻印되었던 『삼재도회三才圖會』에 들어간 두 폭의 이역인 그림을 보자. 서로 다른 도상이지만 비슷한 심정을 담은 이 두 종류의 그림은 무엇보다도 도상에 반영된 '이방에 대한 상상'을 보여준다. 당시 서양인의 동방, 특히 중국에 대한 상상은 고대 중국의 「직공도職貢圖」「왕회도王會圖」 혹은 「조공도朝貢圖」에 나타난 외국인에 대한 상상과 나란히 짝을 이룬다. 바로 이러한 도상들을 통하여 우리는 '다른 문명'에 대한 상상적 선입견이 그들 자신의 '타자 형상'에 대한 묘사에 어떻게 영향을 미치는지를 꿰뚫어 볼 수가 있다.

3

상상으로 그린 도상에는 당연히 편견이 개입된 상상으로 인하여 변형이 생기고, 도상을 서로 모사하고 복제하거나 필사하는 도중에도 어떤 차이가 생길 수 있다. 여기에는 기술상의 원인 외에도 다른 원인들, 예컨대 전통적으로 내려오는 관습·상상 심지어 편견 등이 섞여 들어갈 수 있다. 그리하여 사상사는 도상의 번각飜刻·모사·필사·표절 등으로 인하여 발생하는 차이를 하나의 시간적인 추이 과정으로 바라볼 수 있다. 이것으로부터 저것으로의 변화로 인하여 관념 세계의 내용이 섞여 들어가고, 그로 인하여 서로 달라진 도상들 사이에는 사상사에서 연구해야할 문제가 있는 것이다.

이는 매우 흥미로운 일이다. 나는 벨기에 루뱅의 역사박물관을 참관했을 때 한 폭의 15세기 유화를 보았다. 화폭에는 하나의 인체 골격이 삽을 짚고 있었고 배후에는 이를 돋보이도록 하는 일련의 풍경들이 그려져 있었다. 당시 사람들은 풍경과 인체·기계를 함께 그리곤 했었다. 이는 마치 당시 지도의 빈 곳에 기괴한 금수들이 그려져 있었던 것과 마찬가지다. 이 그림은 후에 네덜란드

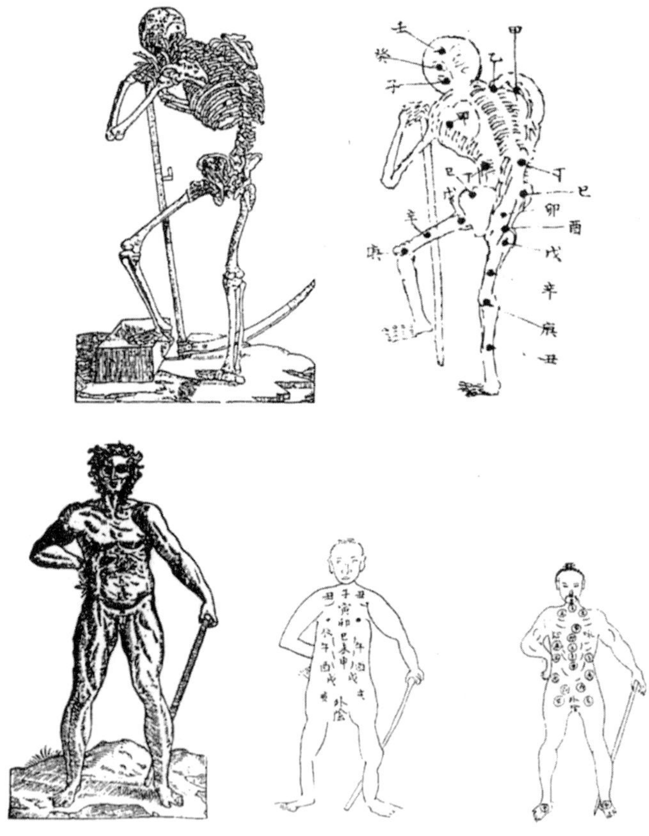

『인신도설人身圖說』 삽화

에서 출판된 인체 구조를 묘사하는 서적 안에서 인체의 뼈대 구조Skeleton을 묘사하는데 사용되었다. 그리고 이 책을 선교사 야곱(Jacobus Rho, 羅雅谷 : 1592-1638) 등이 중국으로 번역해 와서 『인신도설人身圖說』이라고 제목을 붙였다. 이 그림 역시 번각되었고, 「주신정면골도周身正面骨圖」라고 불렸다. 벨기에의 니콜라스(Nicolas Standaert, 鍾鳴旦) 교수가 나에게 알려준 바에 의하면 이 책은 북경대학 도서관에 보관되어 있다고 하며, 그는 이 책을 자세히 본 적이 있는데 번각한 도화圖畵는 이것만이 아니라고 한다. 예를 들면, 이 정면도 외에도 뒷면의 골격도인 「주신배면골도周身背面骨圖」와 인체를 묘사한 그림Human Body 역시 중국판 『인신도설人身圖說』에 그려져 들어갔고 「정면전신지도正面全身之圖」라 불린다. 다만 이런 그림 위에 자 · 축 · 인 · 묘 등 중국의 방위를 표시하는 문자들이 덧붙여졌다. 당연히 도상의 번각은 늘 있는 일이고, 비록 그리 정확하지는 않다고 하더라도 대체로 차이가 크지 않다. 몇몇 글자가 더 들어갔다고 해도 그저 '격의格義' 일 뿐이다. 중국인이 오장五臟을 오행에 배당하는 것은 오랜 습관이고, 오행과 천간天干 · 지지地支를 배합하는 것 역시 매우 오랜 방식이니, 번각할 때 사족을 덧붙인 것을 탓할 수도 없다. 흥미로운 것은 니콜라스Nicolas Standaert 교수가 청대의 뤄핀羅聘이 그린 「귀취도鬼趣圖」를 발견했는데,

뤄핀羅聘의 『귀취도鬼趣圖』

그 안에 그린 귀신은 바로 서양인이 그린 해골의 도상을 그대로 가져다가 사용했다는 사실이다. 이는 매우 재미있는 변통의 사례로서, 과학적인 삽화가 예술적인 회화로 변하면서 독자와 감상자의 문화적인 상상을 뒤섞고 있다. 바로 이렇게 전혀 생각지도 못했던 변화 안에 상세히 음미해볼 만한 의미가 들어있다.[35]

이와 유사한 상황이 적지 않다. 중국 천주泉州와 일본 나가사키長崎에서는 관음觀音을 성모 마리아聖母로 상상하거나 혹은 의도적으로 성모를 관음처럼 그리곤 했다. 종교적 박해를 피하고자 했던 의도 외에, 관음과 성모를 관련시킨 사실에서 종교적 신앙에 대한 이해와 해석의 의미를 분석해볼 수 있는 것은 아닐까? 명대 채여현蔡汝賢의 『동이도상東夷圖像』안에 있는 「천축도天竺圖」는 천축(실제는 인도 고아 지역) 사람들이 당시에 천주교의 성모를 신앙하는 것도 관음을 참배하는 모습으로 상상하고 그렸는데, 다만 관음은 어린 아기를 품에 안고 있는 모습이었다.[36] 이러한 상상을 통한 변이에는 과연 어떤 의미가 있을까? 또, 도교 자료 중에도 의미 있는 변이가 보이는데 그 대표적인 사례는 『도장』 중의 『오악진형도五嶽眞形圖』와 같은 것이다. 조셉 니덤의 분석에 의하면, 이 육조 시기의 도교 문헌은 마땅히 중국 최초의 지도 중 하나다. 왜냐하면 현존하는 소위 『고본진형도古本眞形圖』의 서문에 "오악진형五嶽眞形이란 산수의 형상이다. 빙빙 감아 돌며 회전하는 구릉의 형세는 높낮이가 서로 다르고 길고 짧게 접혀졌다 펼쳐졌다 한다〈22〉"는 말이 있기 때문이다. 또한 『오악진형도』에는 위가 남쪽이고 아래

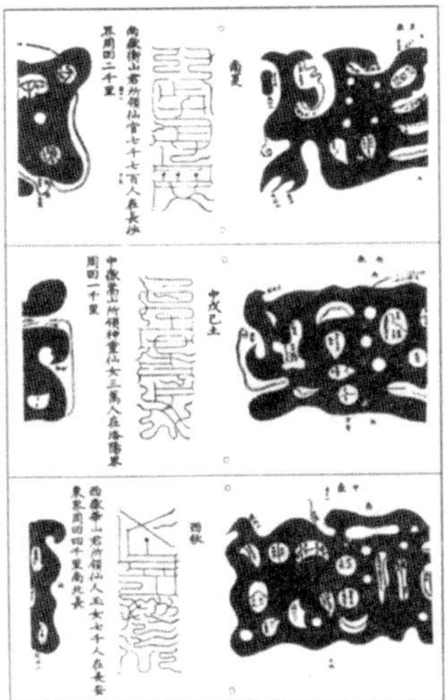

『도장道藏』에 수록된 고본古本
『오악진형도五岳眞形圖』

『도장道藏』의
『현람인조산경도玄覽人鳥山經圖』

가 북쪽이라고 표시되어 있으며 '여기서부터 위로從此上' 라는 표지가 여러 군데 덧붙여져 있는 것으로 보아, 최초에는 약을 채취하거나 신선을 찾기 위한 지도였다는 것을 충분히 알 수 있다. 따라서 어디에 '자석지紫石芝' 나 '선초仙草' 등이 있고, 어디로부터 어디까지 이르는데 '약 천리' '약 천 장丈' 등의 설명이 있는 것이다. 이는 바로 "검은 것은 산이고 붉은 것은 수원이며 노란 점을

〈22〉 "五嶽眞形者, 山水之像也. 盤曲迴轉, 陵阜形勢, 高下參差, 長短卷舒." 『(동현영보오악고본진형도(洞玄靈寶五嶽古本眞形圖)』, 『正統道藏』(臺北, 藝文印書館本), 제11책, 8593쪽, 상단. 참고로, 저자는 삼가본(三家本) 『道藏』을 사용하였으므로, 저자주의 권수와 쪽수는 역자주와 다르다.

찍은 것은 동굴 입구이다. 작게 그린 것은 조그마한 구릉이고 크게 그린 것은 웅장한 산봉우리니, 갈홍葛洪이 말한 바와 같이 높고 낮음은 형태에 따른 것이고 길고 짧음은 형상을 취한 것이다〈23〉" 라는 내용[37]과 부합된다. 문제는 본래 지형과 지모地貌를 묘사한 지도가 후대에 도교적 문맥에서의 필사와 해석을 거치면서 점차 도교의 부도符圖로 바뀌어갔다는 것이다. 도교의 지도에서 산수를 모사했던 것은 신비한 의미로 바뀌어버렸다. 그리하여 본래 입산하는 자들에게 길을 알려준다는 지식적인 의미는 점차 사라지고 오히려 신령의 도우심이라는 종교적 의미가 두드러지게 되었다. 특히 주의해야 할 것은 이러한 전환의 과정에서 '문자' 라는 거름망을 거쳤다는 사실이다. 그림 안에 "굽이져 흐르는 것은 마치 붓이 성난 듯하고 날카로운 끄트머리는 산등성이와 같으며, 구름 걸린 숲과 천지의 모습은 마치 글자의 형상과 같다〈24〉" 고 적혀 있는데, 이러한 부도符圖는 오랜 기간에 걸친 신비적인 심리 작용을 통하여 점차 모종의 신비스러운 문자로 보이게 되었다. "따라서 천진도군天眞道君이 아래로 그 모습을 굽어보고 다양한 모습을 모방했으니, 이는 마치 글자의 소리와 글자의 형태를 따라 명산을 그린 것과 같다"〈25〉고 한 것에서도 이같은 사정을 알 수 있다. 지도는 문자로 변형되었고 문자는 신성한 부호로 변형되었다. 그 가운

〈23〉 "黑者山形, 赤者水源, 黃點者洞穴口也. 晝小則丘陵微, 晝大則隴岫壯, 葛洪謂高下隨形, 長短取像" 『正統道藏』(臺北, 藝文印書館本), 제11책, 8593쪽, 상단.

〈24〉 "波流似于奮筆, 鋒芒暢乎嶺鍔, 雲林玄黃, 有如書字之狀."

〈25〉 "是以天眞道君, 下觀規矩, 擬縱趣向, 因如字之韻而隨形而名山焉." 上同.

데 내포되어 있는 사상사적 의미는 무엇인가? 나는 다음과 같은 것을 줄곧 생각하였다. 즉, 한자의 시각적 인상, 연상과 상징적 의미가 사상의 부호로 바뀔 때, 분명히 고대 중국사상의 방향 선택에 특수한 영향을 미침으로써 고대 중국인의 말과 사물, 언어의 질서와 우주의 질서에 대한 이해를 서구나 인도와는 다르게 만들었을 것이다. 그리고 단지 한족뿐 아니라 한자를 사용했던 동아시아의 각 민족들에게도 상당한 영향을 미쳤으리라는 것이다. 『오악진형도』에서 지리 도상을 식별할 수 없는 문자로 변형시키고, 또 알아볼 수 없는 문자를 도군道君이 주는 신비한 부적으로 상상하였으며 나아가 그것을 '용전龍篆[26]'이라고 부르게 된 변이 과정에 사상사 연구자들이 흥미를 가질 만한 점이 있는 것은 아닐까?

4

고대의 중국사상사에 대한 연구는 근래 매우 새로운 진전을 보이고 있다. 예를 들면, 고고학적인 발견에 의한 새로운 자료는 사상사의 연속성에 대하여 새롭게 이해하도록 하였고, 서구의 담론들과 중국사상 간의 차이에 대한 새로운 탐구는 사상의 역사를 더욱 적합하게 서술할 수 있도록 해주었다. 또 일반적인 사상 세계

〈26〉 저자의 설명에 의하면, 용전(龍篆)은 고대 도교에서 자신의 부(符)를 부르는 일종의 호칭으로 그것이 매우 신비하다는 것을 나타낸다고 한다.

에 주목하게 됨으로써 사상사는 더욱 광활한 공간을 가지게 되었으며, 사상의 지식사적인 배경에 대한 탐구는 수많은 사상에 대한 새로운 해석을 가능케 했다.

그러나 나는 도상에 대한 연구 역시 사상사에 새로운 시야를 더해줄 수 있으리라 생각한다. 왜냐하면 고대 중국의 남은 자료 가운데 도상 문헌은 꽤 많으며, 또 이미 수많은 도상 자료가 우리들에게 사상사의 새로운 문제들을 제기하기 시작했기 때문이다. 예를 들어 자탄고子彈庫 초나라 백서楚帛書에서 12신상의 상징성은 무엇인가? 지도는 왜 상남하북(上南下北 : 남쪽을 위에, 북쪽을 아래에 배치하는 구도)에서 하남상북(下南上北 : 남쪽을 아래에, 북쪽을 위에 배치하는 구도)으로 변화하였는가? 전통적 초상화의 격식은 왜 모두가 정면으로 단좌한 모습이며, 수많은 인물은 왜 소목남녀昭穆男女의 대칭으로 되어 있는가? 인간의 운명을 추산推算하는 추명推命 분야의 전통적인 그림은 왜 모두 원형으로 그려져 있는가? 그것과 역법 및 오행 구궁九宮의 관계는 어떤 관념을 표명하고 있는가? 이러한 예는 매우 많다. 여기에서도 고대 중국의 보편적이고도 감추어진 수많은 사상을 해석할 수 있을 것이다. 주의해야 할 것은 도상의 사상사 연구에서 어떻게 과도한 해석을 배제하고 그 해석의 범위를 제한할 것인가 하는 문제로서, 이에 대하여는 진지한 토론을 계속 해나가야 하며, 늘 신중한 태도를 가져야만 할 것이다.

주 | 註 |

1 이러한 형식의 도서(圖書)는 이미 상당히 유행하고 있다. 정전둬(鄭振鐸)의 책 외에도, 근래 중국에서 적지 않은 출판물들이 있다. 여기에서는 나의 장서 가운데 눈에 띄는 것만 예를 들어 보겠다. 吳方 撰文, 齊吉祥 配圖의 『中國文化史圖鑑』, 山西教育出版社, 1992. 楊義・中井政喜・張中良 等編, 『中國新文學圖志』, 人民文學出版社, 1997. 陳平原・夏曉虹 主編, 『觸摸歷史 : 五四人物與現代中國』, 廣州出版社, 1999.

2 헤이볼드 콘(Havold Kohn, 康無爲), 「그림 속에 말이 있다: 점석재 화보와 대중문화 형성 이전의 역사(畵中有話 : 点石齋畵報與大衆文化形成之前的歷史, Drawing Conclusions : Illustration and the Prehistory of Mass Culture)」, 『讀史偶得 : 學術演講三篇』에 실려 있다. 臺北, 中央研究院近代史研究所, 1993. 武田雅哉, 『清朝繪師吳友如の事件』, 作品社, 東京, 1998. 陳平原, 「晚清人眼中的西學東漸」, 그가 편집한 『点石齋畵報選』의 「導言」으로 실려 있다. 1-76쪽, 貴州教育出版社, 2000.

3 巫鴻(Wu Hung), 『武梁祠 : 古代中國圖像藝術的意識形態』(*The Wu Liang Shrine : The Ideology of Early Chinese Pictorical Art*), Stanford University Press, 1989. 邢義田, 「武氏祠研究的一些問題」, 『新史學』 8권 4기, 187-216쪽, 臺北, 1997.

4 杜正勝, 「番社采風圖題解 以臺灣歷史初期平埔族之社會文化爲中心」, 『景印解說番社采風圖』에 실려 있다. 歷史語言研究所, 臺北, 1998. 詹素娟, 「文化符號與歷史圖像 再看番社采風圖」, 『古今論衡』 第2輯, 歷史語言研究所, 臺北, 1999.

5 중국 고대의 화론(畵論) 가운데 가장 유명한 것이 사혁(謝赫)의 '그림에는 여섯 가지 방법이 있다(畵有六法)'는 것인데 그 가운데 '기운생동(氣韻生動)' '골법용필(骨法用筆)'은 정신과 기교를 각각 말하는 것이고, 그 외에 '응물상형(應物相形)' '수상부채(隨類賦彩)' '경영위치(經營位置)' '전모이사(傳模移寫)'는 마로 우리가 여기에서 말하는 구도・변형・위치・색이 배치 등이다. 이것이야말로 도상과 문사의 차이점이다.

6 『通志・圖譜略』, 王樹民 點校, 『通志二十略』 下册, 1825쪽에 실려 있다. 中華書局, 1995. 도상의 의미에 관한 고대인들의 설명 가운데 명대 주공교(周孔教)의 『三才圖會』의 「서(序)」에 다음과 같은 말이 실려 있다, "군자는 많이 아는 것을 귀히 여긴다.

하나도 알지 못하는 것을 장자는 금수나 다 해진 주머니(裞肉撮囊)와 같이 여겼으며 유자들도 치지는 격물에 있다고 하지 않았던가. 그림에 따라 사색하여 살펴보면, 천지고금에 모든 것이 매우 분명하니(列眉指掌), 이 역시 격물의 일단으로 그림이 주는 유익함의 첫 번째이다. 만물은 조물주가 주조하는 것으로, 형형색색이니 문자로 이루 다 표현할 수가 없다. 장량(留侯)의 용모가 마치 여자처럼 예뻤다는 것은 그림이 아니었다면 알려지지 않았을 것이고, 체격이 몹시 큰 남자라고 여겼을 것이다. 게를 먹은 사람이 만일 책만 믿고서, 채옹의 「권학편」의 말 때문에 죽을 뻔 했다고 한다.(이 이야기는 『世說新語』「紕漏篇」에 실려 있다) 이 그림을 얻어 본다면 책을 많이 읽지 않아도 눈앞에서 바로 보고 배울 것이 있으니 조금이라도 오류가 없을 것이다. 이것이 그림이 주는 유익함의 두 번째이다. 그러나 종과 북을 울려 연주해주는 것은 원거(爰居)라는 새를 대접하는 방법이 아니고(『莊子』「至樂」), 갓과 면류관은 옷을 입지 않고 사는 사람들의 나라에는 적합하지 않다. 지금 그림을 가지고 선비들을 시험하여 점수를 매기지 않으니 선비들이 어찌 그림으로 (공부를) 하겠는가? 이는 원거에게 있어서 종고로 연주하는 음악이요, 벌거벗고 사는 사람들에게 있어 갓과 면류관과 같은 것이니, 이것이 그림의 고충 가운데 하나이다. 붓놀림이 정밀하고 신묘한 지경에 이르기 위하여 우리 도공(圖工)들은 수많은 세월을 힘겹게 노력한다. 그런데 사람들은 이를 천박하다 여기고 사소한 기술일 뿐이라고 하며 더구나 단청을 칠하는 일에 대하여는 어린 아이들의 장난처럼 여기니 누가 이를 옛 사람들이 좌도우사(左圖右史)라고 하여 존중하고 믿듯이 하겠는가? 이것이 그림의 두 번째 고충이다." 『三才圖會』 卷首, 2-3쪽, 上海古籍出版社影印本, 1988.

7 적극적으로 말하자면, 본 절에서 열거한 도상들이 관련되어 있는 사상사의 문제는 고대 중국의 우주 공간 관념 · 민족주의 전통 및 서로 다른 사유 방식(=한족과 서구 혹은 기타 민족의 사유 방식과의 차이)과 관련이 있다고 할 수 있다.

8 Gyss-Vermande, Caroline, 明神詳日 譯, 「明景泰五年在銘『水陸齋圖』をめぐる圖像學的硏究」를 참고하라. 『佛教藝術』, 215號, 119-120쪽, 東京, 1994.

9 『靈寶領教濟度金書』 卷一, 『道藏』 影印本, 제7책, 28쪽. 더 이른 시기의 도교 조상(造像)에 관한 문헌은 육수정(陸修靜)이 쓴 『洞玄靈寶三洞奉道科戒營始』 卷二, 『造像品』, 『道藏』 影印本, 제24책, 747쪽을 참고하라. 文物出版社, 上海書店, 天津古籍出版社, 1988.

10 Huang Shih-shan, *Summoning the Gods from Heaven, Earth and Water : Paintings*

of the "Three Officials of Heaven, Earth and Water" in the Boston Museum of Fine Arts and their Association With Daoist Ritual Performance in the 12th Century, 이는 저자가 '종교와 중국사회(宗教與中國社會)' 국제학술토론회 논문으로 제출한 것이다. 홍콩, 2000. 또 다른 신상의 배치로부터 사상과 신앙을 탐색한 것으로는 펑밍후이(彭明輝)의「신명 배치도로부터 본 타이완의 민간 신앙(由神明配置圖看臺灣民間信仰)」이라는 글을 참고할 만하다.『新史學』6권 4기에 실려 있다. 臺北, 1995. 리펑마오(李豐楙)·셰쭝룽(謝宗榮)이「도교문화와 문물도상(道教文化與文物圖像)」안에서도 역시 이미 도교 문물에 관한 이해는 반드시 본래 상황의 맥락, 즉 의식(儀式)을 상정해야 하며, 도교 의식 안에서 표현된 것은 바로 우주 도식의 현현이라고 지적하며 "그것은 자연계 질서의 모방이다."라고 하였다.『道教文物』, 11-12쪽, 歷史博物館, 臺北, 1999.

11『楚辭補注』권3, 85쪽. 中華書局, 1983.

12『朱子語類』권138, 3278쪽. 중화서국, 1988.

13 丁晏,『楚辭天問箋』에서 말하기를, "벽에 도서(圖畫)가 있는 것은 한대(漢代)에도 여전히 그러했다. 한(漢)의 노전석벽(魯殿石壁) 및 문옹예전도(文翁禮殿圖)에는 모두 선현의 화상(畵像)이 있고, 무량사당(武梁祠堂)에는 복희씨가 하(夏)의 걸 임금과 여러 사람들을 축송하는 상(像)이 있다.『한서』「성제기(成帝紀)」에는 갑관의 화당(甲觀 畵堂)에 구자모(九子母)를 그렸다고 하는 말이 있다.「곽광전(霍光傳)」에는「주공부성왕도(周公負成王圖: 주공이 성왕을 업고 있는 그림)」가 나오고,「서전(敍傳)」에는「주취거달기도(紂醉踞妲己圖 : 주 임금이 취하여 달기에게 기댄 그림)」가 나온다.『후한서』「송굉전(宋宏傳)」에는「전풍화열여도(展風畵列女圖)」가 나오고,「왕경전(王景傳)」에는「산해경우공도(山海經禹貢圖)」가 나온다."『天問纂義』7-8쪽으로부터 재인용, 中華書局, 1982.

14 현재의 텍스트에는 문자가 없어진 부분이 있지만 나는 이것이 분명히 초기 도교의 제사 장소에 대한 도상(圖像)의 기록이라고 생각한다. 초기의 도교도 대칭적 공간감각을 구성하는데 매우 주의를 기울였다. 바로 이런 면에서, 이런 그림은 "모두 천법(天法)을 모방하였으며 인사(人事)에 따르지 않았다"고 주장할 뿐 아니라, 신의(神衣)는 "오행의 색을 따르고", 육중(六重)은 "육방의 색채를 섞는다"고 하는 것이다. 王明,『太平經合校』권 102「神人自序出書圖服色訣 제165」, 460쪽, 中華書局, 1960, 1997.

15 그러나 이 세 그림은 분명히 문제가 있다. 예를 들어, 그 중의 서벽도(西壁圖)의 시살격두(厮殺格斗)는 도교의 신선화 같지가 않고 오히려 『수호(水滸)』의 삽화 같다. 그리고 동벽화(東壁圖) 중의 전당옥우(殿堂屋宇)는 조기 회화의 풍격 같지가 않고 오히려 후대 계화(界畵 : 동양화에서 자(尺)나 정규(定規) 같은 보조기구를 써서 궁궐 · 전각 · 누대 · 사찰 · 정자 등의 건물을 정밀하게 그린 그림)의 기법과 비슷하다. 명백히 이 그림들은 직접 조기 도교의 도상(圖像)을 이어 받은 것이 아니라 송대 권축화(卷軸畵)인 『무종원조원선장도(武宗元朝元仙杖圖)』 『일명팔십칠신선권(佚名八十七神仙卷)』 원대 인성(芮城) 영락궁(永樂宮) 벽화인 『제신조삼청(諸神朝三淸)』 등과 같은 도교 회화 작품에서 보이는 후대에 갖추어진 상상을 그대로 따르고 있다.

16 요시카와 타다오(吉川忠夫)의 「정실고(靜室考)」에서는 조기 도교의 '정실(靜室 혹은 靖室)' 은 매우 소박했었고, 명산(名山)이나 대택(大澤) 등의 사람 없는 들판에 지어졌을 뿐 아니라 향로(香爐) · 향등(香燈) · 장안(章案) · 서도(書刀) 등만이 있을 뿐이었으며 수행자들이 고요히 앉아 잘못을 생각하고 신과 접하고 통교하도록 했던 것이라고 지적하였다. 『日本學者硏究中國史論著選譯』 제7권, 446-477쪽, 許洋 主譯, 中華書局, 1993.

17 『雲笈七籤』 권45, 齊魯書社影印本, 257쪽, 1988.

18 『要修科儀戒律鈔』 권17, 『道藏』 影印本, 제6책, 1006쪽. [본절의 역자주 〈15〉를 참조할 것] 이 문장은 『운급칠첨(雲笈七籤)』 권37, 209쪽에도 실려 있다. 또 『운급칠첨』 권25에는 '북극칠원자정비결(北極七元紫庭秘訣)' 을 기재하면서 필요한 물품을 설명하고 있는데 그 안에는 '칠원도(七元圖)' 가 있고, "너비 두 폭 길이 아홉 척의 청색 비단에다 그린다(圖用靑絹兩幅長九尺畵之)." 라고 되어 있다, 147쪽. 현대 학자들의 조사에 따르면, 복건(福建) · 절강(浙江) 남부 일대의 도교 의식에서도 각종의 도상을 걸어놓곤 한다. 예를 들면, 복건 남정(南靖) 금산향(金山鄕)의 영응단(靈應壇)에는 십왕도(十王圖)를 걸어야 하고, 대전(大田) 도사가 초재를 할 때는 삼청(三淸) 및 천부거부도(天府地府圖)를 걸어야 한다. 절강 창남(蒼南) 도사의 단장(壇場)은 동쪽에는 일궁(日宮) · 마원수(馬元帥) · 온원수(溫元帥)의 도상을, 서쪽에는 월궁(月宮) · 조원수(趙元帥) · 강원수(康元帥)의 도상을 걸어야만 한다. 라거웨이(John Lagerway)의 「복건성 남부의 현존하는 도교에 대한 초보적 탐구(福建省南部現存道敎初探)」 및 라거웨이 · 뤼추이콴(呂鍾寬), 「절강성 창남 지역의 도교

문화(浙江省蒼南地區的道教文化)」, 『東方宗教硏究』 新3期, 藝術學院傳統藝術硏究中心, 臺北, 1993.

19 山西文物管理工作委員會, 『永樂宮』을 참조하라. 人民美術出版社, 1964. 傅熹年, 「永樂宮壁畵」, 『文物參考資料』, 1957.

20 도교의 대형 재의(齋儀)의 재단(齋壇)의 방위 · 각 층의 고도(高度) · 안찬(安纂)의 매수 · 기둥의 색채 · 문의 조각 · 문 위에 쓰는 패액의 문자와 그 바탕색 · 등(燈)을 어디에 둘 것인가 등은 모두 우주 천지 사방 성수(星宿)와 상당히 정확한 대응을 이루고 있다. 『靈寶領教濟度金書』 권 1, 「壇幕制度品」, 『道藏』 영인본, 제7책, 20-21쪽. [역자주 : 안찬(安纂)의 찬(纂)이란 대나무로 만든 것으로 위에 끈을 매어서 단장(壇場)의 울타리로 삼는 것이라고 한다. 『도교대사전』 등에도 나와 있지 않아 저자에게 문의하여 저자의 설명을 참고하였다.]

21 이러한 공간 관념의 영향은 상당히 뿌리 깊다. 소설에서조차 예외가 없다. 조기의 도교는 '십주삼도(十洲三島)'에 관한 전설과 상상은 이런 공간적 배치와 분배에 의한 것이다. 『운급칠첨』 권 26, 155쪽 이하를 참조하라. 후대의 소설, 예를 들어 청대 여웅(呂熊)의 『여선외사(女仙外史)』 제 1회에서는 "천상은 각각 경지를 이루고 있다"는 말을 묘사하면서, "동천(東天)은 도조(道祖) 삼청 및 여러 신선들이 사는 곳이고, 서천(西天)은 여래불 및 제 보살 · 아라한들이 머무는 곳이며, 북천(北天)은 현무대제(玄武大帝) 및 중신장(衆神將)이 다스리는 곳이다. 호천상제의 궁궐은 중앙에 있으며 남천을 통괄한다"라고 나누어 말하고 있다.

22 도상과 같은 것에 관하여는, 라오쭝이(饒宗頤)가 「吳縣玄妙觀石础畵迹」에서 토론하고 있다. 『歷史語言硏究所集刊』 45本 제2分, 265-283쪽, 臺北, 1974.

23 명대의 정약증(鄭若曾)은 『도식변(圖式辯)』중의 한 단락에서 상당히 의미깊은 말을 했다. "화가에는 원래 두 부류가 있다. 위에 바다를 그리고 아래에 땅을 그리는 자(海上而地下者)가 있고, 위에 땅을 그리고 아래에 바다를 그리는 자(地上而海下者)가 있다. 그 시비는 논할 것이 없다. 약증은 의(義)를 가지고 판단한다. 중국은 내부에 있으니 가깝고, 사예(四裔)는 외부에 있으니 멀다. 고금의 화법은 모두 원경을 위에 그리고 근경을 아래 그리며, 외경(外境)을 위에 그리고 내경(內景)을 아래에 그린다. 내부를 위에 두고 외부를 아래 두는 것(內上外下)은 만고불변의 큰 구분법이다. 마땅히 내 몸을 중국에 세우고 이민족을 경략(經略)해야만 가할 것이다. 만약 바다를 아래에 놓는다면 바다를 먼저 세우고 자신을 외예에 누는 셈이 될

것이다. 이는 중국을 거꾸로 본 것이니 어찌 가능할 것인가?" 『鄭開陽雜著』 권8. 文淵閣四庫全書 本. 8쪽, A-B.

24 죠셉 레븐슨(Joseph R. Levenson)은 『儒教中國及其現代命運(*Confucian China and its Modern Fate*)』에서 "근대 중국 사상사의 대부분의 시기는 '천하'를 '국가'로 만들어가는 과정이었다."라고 지적하였다. 鄭大華 中譯本, 87쪽, 中國社會科學出版社, 2000.

25 이런 점에 대하여 나는 이미 앞의 한 절에서 간략하게나마 언급한 바 있다. 『중국사상사』 안에서도 고대 중국의 세계지도를 예로 삼아 논한 적이 있다. 『中國思想史』 제2권 제3編 제2절 「天崩地裂(下) : 古代中國所繪世界地圖 中的 '天下' · '中國' · '四夷'」를 참고하라. 최근에 Walter D. Mignolo가 저술한 *The Darker Side of the Renaissance : Literacy, Territoriality, and Colonization*의 제5장 가운데에서도 역시 이와 유사한 연구를 볼 수 있다. Michigan University press. 1995.

26 「덕우재화품(德隅齋畵品)」은 양 원제(梁元帝)의 「번객입조도(番客入朝圖)」(아마도 바로 「직공도(職貢圖)」를 말하는 것 같다)에 있는 말을 기록하고 있다. 이를 천촨시(陳傳席)가 편집한 『육조화가사료(六朝畵家史料)』로부터 재인용하였다. 285쪽, 文物出版社, 1990.

27 「직공도(職貢圖)」에 관해서는, 에노키 카즈오(榎一雄)의 논문 「직공도의 기원(職貢圖の起源)」을 참조하라. 『東方學會創立四十周年東方學論集』에 실려 있다. 동경, 1987. 타이베이 고궁박물관에 있는 양 원제(梁元帝) 소역(蕭繹)의 「직공도」는 남당(南唐) 고덕겸(顧德謙)의 모본이다. 남당 이전의 이역(異域)이나 이족(異族)에 관한 도상은 현재까지는 아직 발견되지 않았다. 돈황 제158번 굴(窟)의 중당시대에 그린 「열반경변(涅槃經變) · 각국왕자거애(各國王子擧哀)」 등과 같은 것도 참고할 수 있다.

28 劉克莊, 『后村先生大全集』 권102. 「跋林竹溪書畵. 李伯時畵十國圖」, 陳高華 編, 『宋遼金畵家史料』, 512쪽에서 재인용, 文物出版社, 1984.

29 도상이 형상을 정확하게 한쪽에서 다른 한쪽으로, 한 사람의 시각적 감각으로부터 다른 사람에게로 전달할 수 있는가? 아마도 가능한 것 같다. 현대의 사진기술과 전달기술은 거의 한 치의 차이도 없이 마치 텔레비전에 나타나는 장면처럼 사람들에게 사실적인 느낌을 준다. 그리고 신문과 잡지에서 뉴스를 더하여 싣는 사진도 늘 증거를 돕는 작용을 한다. "눈으로 본 것을 사실이다"라는 것은 사람들을 안심시키

며 다시는 의심을 불러일으키지 않는다. 그림에 의존하던 시대라고 해도 이와 마찬가지이다. 예를 들면 알레니(艾儒略)가 복건(福建)에서 판각한 천주교 관련 서적 안의 어떤 도상은 바로 서구에서 출판된 종교서적 중에서 번각(飜刻)한 것이었고 「성모단면거제신성지상(聖母端冕居諸神聖之上)」이라는 그림은 바로 1596년 벨기에 안트웹(Antwerp)에서 출판된 *Adnotationes et Meditationes in Ewangelia* 안에서 번각한 것이었다. 서양 문자를 한문으로 바꾸고, 원래 나뉜 그림의 무늬를 하나로 합해놓은 것을 빼고는 대체로 원래의 그대로다. 1785년 프랑스 파리에서 출판된 중국에 관한 한 권의 책 역시 Grosier Jean-Baptiste의 *Atlas general de la Chine* 가운데, 중국의 『천공개물(天工開物)』중의 직조기 등의 그림을 그대로 번인(飜印)했던 것으로, 대체로 보아 하나도 차이가 나질 않았다.

30 Athanasii Kircheri(영역본으로는 Athanasius Kircher), 『中國圖說』(*China Monumentis*), Amstelodami, 1667 : Charles Van Tuyl, 영역본, *China Illustrata with Sacred and Secular Monument, Various Spectacles of Nature and Art and Other Memorabilia*, pp.103, Indiana, 1987.

31 Friedrich Perzynski, *Von Chinas Gottern, Reisen in China*, Tafel 17, Kurt Wolff Verlag, Munchen and Leipzig, 1920.

32 Joan Nieuhof, *Tartarischem Cham, Keizer von China*, 卷首, 1665. 이 책은 현재 벨기에 루벵대학 신학원 도서관에 있다.

33 이는 1671년 Amsterdam에서 출판된 한 책의 삽화로, *Ilha Formosa-Het Schne Eiland*, 51쪽에 보인다. 이러한 상상은 또 다른 명청 왕조의 혁신에 관한 책 안에도 있는데, *Reighi Sinensis* 제일 앞면에 있다. 그림 중 말 위에 있는 청나라 장군은 오른 손에 칼을 들고 있고 왼손에는 사람의 머리를 들고 있다. Amsteladami, 1661.

34 유서(類書)인 『삼재도회(三才圖會)』를 포함하여, 『人物』12-14권 중의 각종 이역의 인물 도상과 문자 설명을 참조하라. 『三才圖會』, 817-872쪽. 上海古籍出版社影印本, 1988.

35 Nicolas Standaert, *A Chinese Translation of Ambroise Pare's Anatomy*, 『中西文化交流史雜誌(中國天主教史研究)』(Sino-Western Cultural Relations Journal, XXI, 1999), p.9-33.

36 시카고 자연사 박물관에 소장되어 있는 당인(唐寅)의 작품이라 전하는 『송자관음도(送子觀音圖)』와 서방 성모상과의 관련에 대하여는 Lauren Arnold의 저작

Princely Gifts and Papal Treasures-The Franciscom Mission to China and Its Influence : 1250-1350(Desiderata Press, San Francisco, 1999)를 참조하시오. 또 16세기 즉 명말 시기에 천주(泉州)에서는 일찍이 성모를 대체할 관음상을 만들어, 천주교를 배척, 억압하고 있던 일본으로 수출하여 일본 신도에게 "성모에 대한 숭배를 가려 은폐하도록" 사용되었다고 한다. 石泰安(R.A. Stein), 『관음, 남신에서 여신으로의 변화의 일례』, 耿升 譯, 『法國漢學』 第2輯, 87쪽, 清華大學出版社, 1997. 지금도 나가사키(長崎) 오우라(大浦) 천주당 안에는 아직도 마리아 관세음상이 있다. 『동이도상(東夷圖像)』 안의 「천축도(天竺圖)」 가운데 성모 참배의 도상에 관하여는, 湯開建, 「中國現存最早的歐洲人形象資料」라는 글에 소개가 있다. 『故宮博物院院刊』, 2001, 제1기, 22-28쪽.

37 『洞玄靈寶五嶽古本眞形圖』, 『道藏』 영인본 제6책, 735-743쪽. 유사한 것이 『玄覽人鳥山經圖』에도 있다. 『道藏』 영인본 제6책, 697쪽. 이 문제에 관하여 라거웨이(勞格文), 「중국의 문자와 신체(中國的文字和神體)」에 관련된 언급이 있다. 그러나 아쉽게도 시작하자마자 곧 끝이 났다. 施康强, 中譯本, 『法國漢學』 第2輯, 清華大學出版社, 1997.

제11장 "육경개사六經皆史"에서 "사개문야史皆文也"로 : 사상사 연구의 자원이 되는 포스트모더니즘 역사학

"육경개사六經皆史"에서 "사개문야史皆文也"로 : 사상사 연구의 자원이 되는 포스트모더니즘 역사학

『먼 곳에서 온 사람들을 맞이하다』를 둘러싼 논쟁과 1999년의 중국 역사학계

1997년에서 1998년에 이르는 사이, 홍콩의 잡지 『21세기』는 잇달아서 조셉 에셔릭Joseph W. Esherick · 벤저민 엘만Benjamin Elman · 테오도르 후터스Theodore Huters · 장룽시張隆溪 · 거젠슝葛劍雄 · 뤄즈톈羅志田 등의 문장을 실었고, 포스트모더니즘 역사학의 풍격을 충분히 갖춘 미국학자 제임스 헤비아James L. Hevia의 중국학 저작인 『먼 곳에서 온 사람들을 맞이하다(*Cherishing Men From Afar : Qing Guest Ritual and the Marcarlney Embassy of 1793*)』[1]에 대하여 토론하였는데, 쌍방의 논쟁이 매우 날카롭고도 격렬했다. 1999년에는 『독서』 제2기와 『역사연구』 제1기에 각각 양녠췬楊念群 · 뤄즈

---

[1] 본서에는 중국어 번역본의 제목인 『회유원인(懷柔遠人)』(덩창춘(鄧常春)역, 사회과학 문헌 출판사(社會科學文獻出版社), 2002년 10월)이라고 되어 있는데 역자는 위와 같이 번역하였다.

편의 논문이 발표되었는데, 이들은 중국 연구에 관한 헤비아Hevia의 방향성에 대해 대체로 긍정적인 평가를 내렸다. 20세기 말의 마지막 해인 1999년에 이런 토론이 발생했고, 토론한 두 편의 문장이 각기 지식계에서 가장 영향력 있는 잡지와 역사학계에서 가장 권위 있는 관방 잡지에 발표되었다는 사실은 매우 상징적인 의미를 갖는 것으로 보인다. 이는 바로 서양의 포스트모더니즘 역사학이 이미 당당하게 중국 대륙의 학술계에 진입했음을 상징하는 것이다.[1]

역사는 다만 이야기의 서술인가? : '육경개사六經皆史'에서 '사개문야史皆文也'로

키스 젠킨스(Keith Jenkins : 1943-)가 카아E.H.Carr의 『역사란 무엇인가』라는 저서를 평론한 견해에 따르자면, 포스트모더니즘 역사학에서 가장 중요한 관념은 역사를 '일종의 언어적 허구물이자 서사적 산문체의 담론'[2]으로 간주하는 것이다. 이는 바로 역사학이 문학이 되었음을 의미한다. 이것은 전복적인 관념의 표현이라 할 수 있으며, 우리들로 하여금 장쉐청章學誠을 떠올리게 한다. 그는 "육경六經은 모두 역사"라고 주장했다. 비록 장쉐청에게는 멀리 계승하는 바가 있었고 남들보다 앞서 홀로 그런 의견을 제기했던 것은 아니지만, 후대 평론가들의 입장에서 보자면 이는 사상사에서 여전히 파격적이며 경탄할 만한 문구다.[3] 이런 사고 방식은 각종 역사 텍스트 가운데 지존의 지위에 있던 '경經'을 와해시켰으며, 사람들로 하여금 의심할 수 없는 '경'이라는 관념에서 벗어나 고대의 전적에 대해 철저하고도 객관적인 역사 및 문헌 연구를 진행하도록 했다고들 평가한다. 따라서 이것은 획기적인 의미를 갖

는다. 이런 사고에 따라 추론해보자면 포스트모더니즘은 '역사'를 '문학'으로 변화시킨 것이다. 소위 '역사는 모두 문학'이라는 말은 역사학을 진실과 명확성을 추구하는 원칙으로부터 해방시켜 문학과 상상의 산물로 변화하게 하고, 그리하여 더 자유로운 구성과 조직 및 비평의 권력을 갖도록 하자는 뜻이 아닐까? 동양이든 서양이든 이른바 '경전'의 권위는 '진리'의 독점 위에 구축되고, 경전은 '진리'라는 권력에 의지하여 그 역사적 기록·철학적 사고·문학적 표현의 절대적 합리성을 확보해왔다. 그리고 이른바 '역사'는 그 권위를 '진실'에 대한 독점에서 확보하고, '진실'에 의거하여 독자가 그 서술의 합리성을 믿도록 요구했다. 그렇다면 역사가 모두 '문학' 혹은 '서술'로 변해 버리고 난 다음에는, 이런 종류의 권위가 단번에 모두 와해되는 것은 아닐까?

하나의 예를 들어 보겠다. '글자字'와 '단어詞'에 대한 인식 능력은 과거 전통 사회에서 경서를 공부하고 역사를 고증할 때에는 상당히 중요했다. 한대漢代에 허신許慎이 문자란 "앞사람이 뒷사람에게 전해주는 것이며, 이로써 뒷사람이 옛날을 인식하게 되는" 교량이라고 말한 것으로부터 청대에 대진戴震이 "문자로써 언어에 통하고, 언어로써 옛 성현의 마음에 통한다"[4]고 주장한 데에 이르기까지 2,000여 년간 경전은 언어를 빌어 고대의 진리를 전달해왔다. 또한 독자는 언어 문자가 진리를 회복시키고 해독해내며, 또 복제할 수 있다는 가능성에 의거하여 이해를 진행해왔다. 역사 또한 주로 문자 언어를 통해 기록했고 『이십오사二十五史』는 상이한 시대의 언어로 전통과 사실을 서술했으며, 독자들은 이런 문자 언어를 통해서 과거로 거슬러 올라간다. 만약 글자를 모르거나 문자 · 음운 · 훈고의 학문에 정통하지 못한 채 경전과 역사를 대면한다면, 이런 진리와 진실을 제대로 이해하고 회복시킬 수 없으며, 어쩌면 "항주杭州를 변주汴州로 착각"(2)할 수도 있다. 하지만 포스트모더니즘 역사학에서는 오히려 그것이 그렇게 중요하지 않은 듯하다. 뤄즈톈羅志田은 "일반적으로 모두가 인정하는 사료와 해석 사이의 관계를 동요시킨다"고 한 헤비아Hevia의 견해를 매우 칭찬한다. 그러나 '일반적으로 모두가 인정하는 관계'의 건립은 바로 정확히 글자를 알고 구절을 끊어 읽는 것을 기초로 삼으며, 적합한 시간과 공간의 배경 속에 확실하게 배치하는 것에 근거하므로, 이는 상상을 거절하며 환상은 더더욱 허락하지 않는다. 그러나 양녠췬楊念群은 오히려 이런 관점을 다음처럼 비판한다. "문자 이해에 대한 상식적 비판(3)은 모종의 권력 지배적인 의미를 가지고 있다.

〈2〉 이 구절은 송(宋) 임승(林升)의 「제임안저(題臨安邸)」의 마지막 구인 "直把杭州作汴州"를 인용한 말이다. 여기에서는 문자상의 사소한 착오를 의미한다.

〈3〉 중국어로 '常識性批判'이라고 되어 있는 이 말의 의미는 양녠췬(楊念群)의 글을 통하여 파악하자면 지나치게 상식에 입각하여 비판하는 것을 뜻한다. 그는 포스트모더니즘 역사학에 대한 비판을 위주로 설명한 대목을 보면 첫째, 주로 글을 제대로 모른다는 비판을 대표적인 상식적 비판으로 들고 있다. 주로 외국의 중국학자들의 글에 대하여 중국인들이 그들은 제대로 글을 읽을 줄 모른다고 섣불리 비판하는 것을 말한다. 둘째는 중국은 아직 근대화도 제대로 이루지 못했는데 포스트모더니즘을 언급하는 것은 적절하지 못하다는 태도를 상식적 비판의 두 번째 예로 들고 있다. 이를 통하여 짐작해보면, 그가 말하는 상식적 비판이란 비판자들이 지나치게 상식에 매몰되어 진지하게 가치중립적인 학술적 비판으로 나아가지 못하는 것을 지적하여 말하는 것이라 생각된다.

따라서 그것은 언어적 능력을 강조하는 것과 동시에, 풍부하고 창의적인 연구를 변호하고 신장시키는 관점의 권리를 막거나 봉쇄할 수 있다"[5]는 것이다. 그리하여 '문자를 아는 것'과 '의미를 해석하는 것' 사이가 나날이 느슨해지고 과거와 서술 사이에 점점 분열의 거리가 벌어지는 가운데, 포스트모더니즘 역사학은 진정으로 해석과 서술에서 상당한 자유 공간을 가지는 듯하다.

최근 백 년 동안 정말 상전벽해와도 같이 완전히 세상이 변하여 마치 윤회를 한 것과 같은 느낌이다. 100년 전인 1900년에 제1회 국제 역사학 대회가 열렸다. 그 다음 회의의 개막식 선언에서 프랑스의 모노Gabried Monod라는 역사학자는 다음과 같이 말했다. "우리들은 가설의 그럴싸한 추론 · 쓸모없는 체계 및 이론과 얽히고 싶지 않다. 그것들은 척 보기에는 대단해 보이지만, 사실상 겉만 그럴듯하고 내용은 없으며 기만적인 도덕 교훈일 뿐이다. 사실! 사실! 사실이 필요하다! 그 자체로 교육과 철리哲理를 함유하는 사실이! 진상眞相! 온전한 진상이 필요하다. 진상을 제외한 나머지는 모두 필요 없다".[6] 하지만 100년도 채 못 되어 역사학은 '사실'과 '진상'에서 '허구'와 '서술'로 바뀌었다. 본래 서술과 사실, 기록과 진상 사이를 연결하던 글자와 단어라는 고리는 결국 녹슬고 갈라져서, 사람들은 근본적으로 그것을 빌어 전자로부터 후자에 이를 수 있다고 믿지 않게 되었다. 그렇다면 이미 더 이상 '글자'나 '단어'에 의존해서 '진상'과 '사실'을 확인하거나, '진상'과 '진실'이라는 명칭으로 지식과 언어의 권력을 소유할 수 없게 되었을 때, 역사학은 무엇에 의거하여 역사 서술의 의미를 확립하겠는가?[7]

1

헤이든 화이트 Hayden White의 관점

장평長平의 전투에서 진秦의 장수 백기白起가 조趙나라 군졸 십만 명을 묻었고, 홍문鴻門의 잔치에서 항장項莊의 칼춤이 패공沛公을 겨누었으며, 당 현종 시대에는 마외馬嵬의 병란이 있었고 조광윤趙匡胤이 황포黃袍를 몸에 걸치고서 황제가 되었다고 말할 때, 사실 우리는 『사기』『한서』의 기록에 근거해서 역사상 이런 사건이 일찍이 발생했다고 말하는 것이고, 『당서唐書』『송사宋史』의 서술에 근거해서 이런 역사가 있음을 알 수 있는 것이다. 포스트모더니즘 역사학의 견해에 따르면, 이는 이야기꾼說書人〈4〉이 『삼국지』『수호지』를 빌어 연역해낸 각종 이야기, 대고서大鼓書〈5〉에서 「검각문령劍閣聞鈴」〈6〉을 부르고 「천리송경낭千里送京娘」〈7〉을 재창하는 것

〈4〉 설서(說書)란 송대 이래의 통속 문예의 하나로 옛날에는 '강사(講史)'라고도 했으며, 창과 대사를 사용하여 '삼국지연의', '수호전' 따위의 시대물, 역사물 등을 주로 이야기 했다. 이러한 이야기를 찻집 등지에서 재미있게 대중들에게 들려주는 일을 직업으로 하는 사람들을 설서인(說書人)이라고 한다.

〈5〉 대고서(大鼓書) : 곡예(曲藝)의 일종으로, 한 사람이 북과 널판지를 두드리고 한 사람 혹은 여러 사람이 삼현(三絃) 등의 악기로 반주를 한다. 노래의 가사는 대체로 민간에 유전해온 역사적인 이야기로, 운문으로 짜여 있다.

〈6〉 「검각문령(劍閣聞鈴)」은 아름다운 한 편의 서정시로서, 청대의 한소창(韓小窗, 약 1828-1890)이 지은 것이다. 당 현종이 안사(安史)의 난을 피하여 서쪽으로 가

과 실제로는 같은 것으로서, "글이 있으면 증거가 되는 것"과 다름없다. 물론 글이 있는 것으로 증거를 삼는 태도는 매우 중요하다. 보통 우리들은 역사 문헌의 도움으로 과거를 이해한다. 하지만 포스트모더니즘 역사학의 통찰은 다음과 같은 것을 지적해낸다. 즉, 우리들은 늘 우리와 '과거'의 사이를 연결시키는 '역사 서술'에는 소홀하면서, 마치 직접 역사 서술을 관통하여 '과거'와 관계를 맺을 수 있다고 여긴다는 것이다. 그리하여 사람들은 '역사 서술'이 마치 흠집 없는 유리와도 같이 실제 있었던 '과거'를 그대로 전달해주는 것처럼 여기면서 '역사 서술'의 성격을 염두에 두지 않고 소홀히 하며, 늘 직접 역사를 진술하면서 마치 자명한 '과거'인 것처럼 여긴다는 것이다. 헤이든 화이트(Hayden White, 1928-)는 이런 점에 착안하여, 우리들이 말하는 '역사'란 사실 "특별히 저술되어 나온 언어를 빌어서 이루어지는 것이며, '과거'와 모종의 관계가 있다"[8]라고 주장했다. 그런데 이 짧은 말 중에는 주

는 도중 검각(劍閣)에서 묵게 되었는데, 찬 비바람과 딩동 울리는 처마에 달린 종소리를 들으며 마외파(馬嵬坡)에서 비참하게 죽어갔던 양귀비를 그리워하며 밤새 잠을 이루지 못하다가 새벽을 맞는 광경을 묘사하고 있다.

〈7〉 판본이 하나만 있는 것은 아니지만, 대체적인 내용은 다음과 같다. 조광윤이 도굴에서 소녀 조경랑(趙京娘)을 구출해내어 집으로 돌려보내주는데 또 다시 어려움을 만날까봐 집까지 호송을 해준다. 그녀의 고향으로 가는 길에 조광윤은 그녀와 남매의 인연을 맺고서, 조경랑이 호감을 표해도 끝내 남매의 예로써 대한다. 조경랑의 집에 도착하자 가족들이 모두 기뻐했으며 그녀의 부친은 아무래도 오랜 시간을 둘이 같이 왔으므로 정을 통했을까 하여 결혼을 제안한다. 그러나 조광윤은 오히려 이를 모욕으로 여겨 분노하여 떠나버린다. 조경랑의 미몽은 순간 사라지고 그녀는 자진하고 만다. 조광윤이 황제에 등극한 후 이 소식을 듣고 애통해하며 그녀를 위해 사당을 세우게 한다.

의할 점이 적어도 세 가지가 있다. 첫째는 '역사'와 '과거'가 동일하지 않다는 점이고, 둘째는 역사가 '저술되어 나온 언어'라는 점이며, 셋째는 역사란 반드시 먼저 저술되어 나와야 읽히고, 또한 읽혀짐으로써 비로소 과거와 관계가 생겨난다는 점이다. 따라서 역사 편찬학, 즉 역사의 저술은 문학과 마찬가지로 문학 이론으로 해석될 수 있다. '문학적 허구로서의 역사 텍스트The Historical Text as Literary Artifact'라는 문구는 역사학자를 크게 놀라게 한 말로서, 헤이든 화이트의 3부작 중 하나인『담론의 의미 변화 : 문화 비평 논집』중 한 절의 제목이기도 하다.[9] 이 한 구절은 기존 역사학의 관념과 방법을 철저히 무너뜨렸으며, 아울러 이른바 '포스트모더니즘 역사학'이라는 사유 방식을 이끌어낼 수 있었다.[10]

'서술'이라는 말에서 역사와 문학의 경계선이 소실됨

'서술' narrative이라는 말의 함의와 지칭 아래, 역사와 문학의 경계는 사라지기 시작했다. 저명한『사기』속에서 우리는 어려움 없이 '문학적 허구'의 예를 들 수 있다.「항우본기」에 있는 '해하垓下의 전쟁'과 같은 이야기는 이미 후대의 문학 예술 가운데 '패왕별희霸王別姬'나 '오강자문烏江自刎'의 원형이 되기도 했지만, 사람들은 그 이야기 자체에 이미 상상의 요소가 다분하다는 것을 짐작한다. 또한「소진 · 장의 열전蘇秦張儀列傳」중 희곡성이 풍부한 '합종연횡合縱連橫'은 마왕퇴 백서『전국 종횡가서戰國縱橫家書』의 발견으로 인하여 그것이 역사 서술자의 허구일 수 있음이 지적되었다. 왜냐하면 장의와 소진 두 사람의 시대 차이가 그들이 거의 같은 무대에서 연출될 수 없음을 분명히 알려주기 때문이다.[11] 그리나 이렇듯 서술자 개인의 호기심으로부터 이야기를 엮어 만드는 분위기는 후대의 역사 저작에서는 점점 역사의 영역으로부터 밀려났던 것 같다. 역사학은 엄숙한 언어로써 과거를 저술하는데 익숙해지기 시작하였으며, 역사는 스스로를 '서술' 이 아니라 '사실을 기록하는 것紀實' 이라고 선포하는 듯 했다. 마치 역사학자들이 현무문玄武門의 변란[8]에 대한 『당서唐書』의 기록을 믿고자 하며, 또 진교병변陳橋兵變[9]에 대한 『송사宋史』의 서술을 믿지 않을 수 없는 것처럼, 후세에 당 태종을 영명한 군주라고 찬양한 것은 형제 살해 사건의 합리성을 강화했으며, 사건의 합리성은 또 서술의 합리성을 강화했다.[12] 후세에는 권위 있는 정사正史의 기록에 대해

⟨8⟩ 현무문(玄武門)의 변란은 당 고조 무덕(武德) 9(626)년에 발생했던 사건으로 당시 진왕(秦王)이었던 이세민(李世民)이 장안성(長安城) 궁성의 북문이었던 현무문에서 태자였던 이건성(李建成)과 제왕(齊王)이었던 이원길(李元吉)을 죽였다. 그리하여 이연(李淵)은 이세민을 황태자로 세우고 군대와 국가의 모든 대소사를 전부 황태자가 처리하도록 하였다. 얼마 후 이세민이 즉위하고 연호를 정관(貞觀)이라 하였다.

⟨9⟩ 진교병변(陳橋兵變) : 조광윤이 송조(宋朝)를 세울 때 일으켰던 정변(政變)이다. 960년 북한(北韓)과 요(遼)의 연합군이 남하하여 후주를 침공해 들어온다는 보고를 듣고, 후주(後周)의 부태후(符太后)와 재상 범질(范質), 왕부(王溥) 등은 사실 여부를 확인하지 않고 황급히 대장이었던 조광윤에게 대군을 거느리고 북상하여 적을 방어토록 하였다. 조광윤의 부대는 진교역(陳橋驛)(지금의 하남성 개봉시 동북 40리 지점)에 이르러 숙영을 하였는데, 그 다음날 새벽 진교역에서는 갑자기 사방에서 큰 함성 소리가 울려 퍼졌다. 술에서 막 깨어난 조광윤이 침실에서 나와 보니 조광의와 조보를 필두로 한 장수들이 한 손에 무기를 들고 대오를 지어 뜰 앞에 서서 "저희들에겐 주인이 없으니 점검(點檢 : 즉 조광윤)께서 천자가 되어 주십시오!" 라고 일제히 소리치는 것이었다. 조광윤이 아무 대답을 하지 않자 장수들은 미리 준비해 둔 황포를 그의 몸에 입힌 후에 일제히 절을 올리고 "만세" 를 소리 높여 외쳤다. 이 사건을 역사에서는 진교병변이라 일컫는다.

회의하게 하는 더 많은 사료를 찾을 방법이 없으므로, 비록 고아와 과부를 괴롭히는 부당함을 상기시킨다 하더라도 황제 즉위는 공들여 꾸민 정치 희극이 아니라 천리를 따르고 민심을 얻은 행동이라고 승인할 수밖에 없다. 하지만 바로 이렇게 엄숙하고 공정하다고 인정되는 서술 가운데 특정한 시각 · 관념 · 입장 · 언어를 통해서 알게 모르게 선택되고 수정되며 심지어 왜곡되기까지 하는 역사적 서술은, 오히려 이른바 '진실' 이라는 말로 그 '허구' 를 덮고,[10] '통찰' 이라는 말로 '보지 못하는 면' 을 덮어 수식한다.

본래 격동적인 문학은 매우 많은 기이한 사상을 갖고 있다. 하지만 문학은 늘 이런 기이한 사상으로 인해 많은 새로운 이론을 밝혀냄으로써 비교적 온건하고 신중한 학술 영역을 전염시킨다. 화이트의 사유 방식은 문학 이론의 계발, 예컨대 로만 야콥슨Roman Jakobson · 롤랑 바르트Roland Barthes · 노드롭 프라이Northrop Frye · 뽈 리꾀르Paul Ricoeur 등의 영향에서 나온 것이다. 그 중 그에게 적잖이 영향을 준 사람들은 확실히 언어나 철학, 혹은 문학 이론의 연구자들이었다. 그들의 이론적 시야에서 '서술' 이라는 용어가 뒤덮는 범위를 생각해볼 때, 역사학은 더 이상 면제권을 누리면서 도피할 수 없다. 그들 중 몇몇은 문학 연구자에 그치지 않

〈10〉 역사적 서술이 이른바 '진실' 이라는 말로 '허구' 를 덮는다는 대목을 조금 부연 설명하면 다음과 같다. 즉, 실은 역사적 서술에 허구적인 측면이 많이 있음에도 불구하고 마치 그것이 실제 일어났던 그대로의 '진실' 이라고 주장함으로써 허구적인 측면을 은폐해버린다는 것이다.

고 직접 역사학에 대해 의견을 발표했다. 1960년대에서 70년대에 이르기까지 공인된 가장 영향력 있는 사상가들 중의 한 사람인 롤랑 바르트의 경우를 살펴보자. 그는 『역사의 언어』에서 연표 · 편년사 · 자료 집성 등 비조직적인 나열로 표현되는 실재했던 '과거'는 역사적 의미가 없으며, 의미는 오직 "완벽하고 유동적인 담론을 조직하는 가운데" 존재한다고 주장했다. 오직 이런 '서술' 속에서만 역사는 비로소 의미를 드러내고, "심지어 사실에 대한 일종의 무질서한 묘사는 적어도 '혼란'이라는 의미를 전달하며, 또한 일종의 부정적인 특수한 역사 철학〈11〉을 암시한다". 따라서 역사학자는 사실을 수집한다기보다 '기표signifiants'를 수집한다고 말하는 게 더 낫다. 기표를 이런 저런 형식에 따라서 연합하거나 조직해 나가다보면, '역사'는 그러한 서술 가운데서 '고정固定'되며, '사실'을 초월하는 풍부함을 갖는다.[13] 롤랑 바르트는 서술의 텍스트에 확정적인 의미나 고정적인 취지는 없으며, 그 의미는 다원적이고 개방적이기 때문에 비평가 혹은 독자가 이런 부호를 어떻게 조직하느냐에 달려 있다고 믿는다. 그 자신이 발자크의 『사라진느*Sarrasine*』〈12〉를 분석했던 것과 마찬가지로, 바르트는 하나의

〈11〉 저자의 설명에 따르자면, 부정적인 특수한 역사 철학이란 여기에서는 역사 자체에 규율이나 질서가 있다는 것을 부정하는 역사 이론을 말한다.

〈12〉 저자주에는 『S/Z』라는 발자크의 저서가 나오는데, 이는 발자크의 중편 소설 『사라진느(Sarrasine)』에서 주인공 사라진느의 이니셜 S와 그가 사랑하는 거세된 가수 잠비넬라(Zambinella)의 이니셜 Z를 따 대립적 횡선을 넣어 상징적 모노그램 형태로 제목을 붙인 것이다.

텍스트를 일군의 언어적 조합으로 보고, 이를 서사narrative · 해석hermeneutic · 문화cultural · 부호semic · 상징symbolic이라는 다섯 가지의 원칙을 가지고 새로이 묘사하고 이해한다.[14] 역사의 텍스트도 위와 같이 처리된다면, 역사는 문학에 가까워지고 '과거'는 '서술'이 된다.[15]

"역사는 하나의 텍스트가 아니다". 하지만 돌이켜 생각해보면 우리는 "텍스트가 없이는 역사에 접근할 수 없다".[16] 앞에서 나는 우리가 '서술'을 '진실'로 간주할 때 '역사'는 마치 한 장의 흠집 없는 투명한 유리와 같아진다고 말했다. 그러나 이제 '서술'이 역사의 '텍스트'와 '지시'를 사람들의 눈앞에 드러낼 때, 과거에 그토록 투명하던 유리는 몽롱하고 모호해지기 시작한다. 바로 이런 몽롱함과 모호함으로 인하여 사람들은 '서술'에 유의하게 되었다. 그래서 일찍이 소홀히 여겨졌던 역사 서술을 이제는 자세히 살펴보아야 하며, 본래 독자에게 '진실'을 대표했던 서술의 텍스트는 이제 오히려 그 '진실'이 문제가 되었다. 우리는 다음과 같이 물어야 한다. 만일 우리가 믿었던 역사가 단지 서술되어 나온 텍스트이거나 혹은 부단히 중복적 서술을 거쳐온 텍스트에 불과하다면, 역사는 여전히 진실한 과거일 수 있을까? 서술은 무엇에 근거하여 독자들로 하여금 그것이 역사 그 자체라고 믿게 할 것인가? 화이트는 비록 역사 서술이 "개념적 도구의 내용을 텍스트 표면의 서술 안에 배치하는" 그런 역사 철학과는 다르지만, 역사학자의 이념을 "서술 안에 깊이 숨겨서, 은밀하고 암묵적인 조형 설계가 되게 하는 것"이라고 말한다. 그렇다면 이런 서술 가운데 설계상의 필요로 인해 의도적으로 행하는 은폐·왜곡·전도·부각 등이 출현할 수 있는 것은 아닐까?

돌출과 은폐 : 사상사 서술에서 왕통과 주돈이의 예

사실 사상사 역시 이런 문제를 갖는다. 생각나는대로 몇 개의 예를 들어 보자. 남종선南宗禪의 사상사에서 신회神會의 핵심적인 역사적 지위가 선종등사禪宗燈史에서 점점 사라졌는데, 1920-30년대 선종의 역사를 연구하는 연구자들의 연구 성과로 인해 그가 의외로 부각된 것이 하나의 명백한 사례다.[17] 또 다른 예로, 일반적으로 사상사에서 핵심적인 인물로 간주되는 왕통王通은 그가 생활하던 시대에는 거의 영향력이 없었고, 그의 형상은 후대에 점차 부각된 것이다. 먼저 온통 위기에 휩싸인 만당晩唐 시기에 피일휴皮日休·육구몽陸龜蒙·사공도司空圖가 그를 사상적, 정신적 자원으로 여겨 발굴해냈고, 이어서 국가의 권위와 사상적 질서를 중건하기를 희망하던 송초의 석개石介와 같은 사람에게 그는 공자·맹자·양웅과 한유를 잇는 대유大儒로 간주되어 사상사에서 없어서는 안 될 중요한 인물이 되었다. 또 사마광司馬光이 다시금 그를 찬양하여 실록을 방불케 하는 『자치통감』에 파격적으로 기록한 후, 그의 형상은 비로소 점차 사상사 속에서 부각되었다. 그리고 당대 초기의 훌륭한 위인들이 의외로 그의 사상적 계승자가 됨으로써 그가 진정으로 그 시대의 정신적 영수인 것처럼 인식되었다. 그리하여 위와 같은 상황에 이어 우리의 『사상사』가 그를 수당 교체기에 배치하여 서술하게 되자, 독자들은 그가 진정 수당 사상사에서 상당히 핵심적인 인물이라고 생각한다. 그러나 사실 당대 초기에 그는 단지 몇몇 후대 사람들 덕분에 비로소 문헌 속에 그의 이름을 크게 남기게 되었던 것이다. 사마광도 그에 대해 마치 이러한 내막을 드러내주듯이 "진정으로 공자를 계승할 만한 성인으로 여길 만하다"고 하였다.[18] 또 다른 유사한 사례를 들어보자. '송유宋儒의 영수'로 여겨지는 주돈이周敦頤는 당시에 비록 두 명의 훌륭한 학생을 거두어 들였지만, 그의 말에 주의를 기울이는 사람은 아무도 없었다. 다만 정호程顥와 정이程頤라는 훌륭한 두 학생 때문에 뒷날 그가 비로소 장식張栻과 주희朱熹의 표창 아래에서 드러나게 되었던 것이다. 이런 판단은 원나라 사람들에게 받아들여져서 보통 '원시 자료'로 인정되는 『송사』에 기록되었고, 그것이 다시 사상사 연구자에 의해 진실한 역사로 받아들여짐으로써 그들의 저작에 쓰이게 되었다. 따라서 북송의 이학理學은 반드시 그로부터 시작해야 하고, 「태극도太極圖」는 모든 송대 사상을 뒤덮는 발단을 이루는 중요한 화두가 된 듯하다.[19] 신회·왕통·주돈이와 같은 사례는 매우 많다. 사상사나 철학사를 서술할 때, 사람들은 사상과 학술의 횃불이 마치 끊어지지 않는 실처럼 성스러운 철인聖哲의 몸을 통해 계속 전달되며, 우매한 대중들 속에서 위대한 철인은 고심을 거듭하여 문명의 불씨를 조심스레 보호하는 것이라고 상상한다. 이런 상상의 이야기가 후대의 철학사 혹은 사상사에 의해 다시 한 번 새롭게 서술될 때, 수많은 오염이나 덧씌움을 거친 '텍스트'는 '과거'를 가려 버리고, '텍스트'를 '역사'로 간주하는 사람들은 '과거'의 사상사에서 위대한 철인이 실제로 그치럼 중요했었다고 믿게 되는 것이다.

그러나 '역사'의 진실성이 '서술'이라는 용어 하나에 의하여 무너지고 사람들이 '텍스트'의 저술 방법을 캐묻게 된 후, 역사 텍스트는 문학 텍스트와 동일한 지위로 강등되는 동시에 충분한 공간을 획득하게 되었다. 역사 텍스트는 더 이상 오만하게 높은 자리에서 아래를 내려다보며 이른바 진실성으로써 사람들의 이해와 해석을 제한할 수 없게 된 것이다. 사람들은 왕통이나 주돈이와 같은 사상가가 그 시대의 사상에 대해 도대체 어떤 의미를 갖는지를 새롭게 사색할 수 있게 되었다. 특히 역사를 읽는 사람들이 서술의 텍스트에 대해 경각심을 가지고 역사의 진실성의 기초에 대해 심각한 회의를 갖기 시작하자, 역사 텍스트를 보는 것은 마치 희곡을 보는 것과 같아지게 되었다. 비록 옛 사람들로 인하여 상심하고 낙담하는 때가 있을 테지만, 냉정한 방관자는 '단지 희곡의 각본에 의해 연출한 한바탕의 연극'이라고 설파한다. 따라서 고집스레 캐묻는 사람들은 일종의 속는 느낌에 빠질 수도 있다. 마치 송대의 주숙정朱淑貞이 「독사讀史」라는 시에서 "붓끝은 버리고 취함이 수천 수만 가지니, 후세인들을 제멋대로 속이는구나"〈13〉라고 했던 것처럼 말이다.[20]

〈13〉 "筆頭去取千萬端, 後世遭它恣意瞞" : 정확하게 의미를 풀이하자면, "붓끝에서 수천 수만의 실마리들을 버리고 또 취하니 후세 사람들은 이러한 기록에 의하여 기록한 자의 임의대로 기만을 당하게 된다."는 뜻이다. 이 구절은 역사가들은 결국 통치자 계급의 요구에 따라 기술함으로써 후세인들을 기만한다는 비판적인 의식이 반영되어 있다.

2

쓰기書寫와 서술敍述 가운데 진위를 구분하는 의미는 어디에 있는가? : 과거 중국 역사학 중의 한 원칙에 대하여 다시 생각함.

고대든 현대든 이데올로기의 압력, 가치관과 감정의 호오, 사유 방식과 특정 방법의 편애, 시세와 정치적 수요, 역사 자료의 일실逸失이나 잔존의 우연성 등은 모두 '과거'의 사실과는 아무런 관련이 없지만, 이런 사항들은 '역사'의 서술에 영향을 미친다. 현장에는 없던 그림자가 언제나 현장을 서술하는 저자를 뒤덮는 식이기 때문에, '과거'와 '역사'의 틈이 갈수록 커진다는 사실을 우리는 인정해야 한다.[21] 그런데 '역사'를 '텍스트'로 삼고 '과거'와 '역사'를 갈라놓기만 한다면, 본래 투명한 유리로 여겨지던 것을 드러내 주고 역사의 독자들로 하여금 '텍스트'의 존재를 의식하게 하며 '텍스트'의 진실성을 묻게는 하겠지만, 문제는 이것이 단지 역사 텍스트에 대한 의심을 불러일으킬 뿐이라는 사실이다. 그리고 이런 의심은 본래 역사 문헌에 대한 고증학 전통 속에 존재해왔다. 중국에서 『위서통고僞書通考』와 『속위서통고續僞書通考』는 이미 매우 많은 문헌의 진위를 밝혀 놓았으며, 송대와 청대 고증학자들의 회의 정신과 고증의 기술은 이미 많은 전적을 모두 심문대 위에 올려놓고 탐구하였다. 하지만 여기에는 해결할 수 없는 한 가지 문제가 있다. 만일 진실한 과거는 찾을 수 없고 단지 역사의 글쓰기와 서술만을 찾을 수 있는 것이라면, 글쓰기와 서술 가운데서 진위를 구분하는 것이 무슨 의미가 있단 말인가?

각종 진위 "서술" 배후의 지지 관념 체계 및 그 시간에 따른 변화

사실 포스트모더니즘 역사학은 이런 역사 서술이 '거짓된 역사僞史'에 들어간다는 사실에 별로 초조해하지 않는다. 왜냐하면 역사 서술에 진위가 있어야 한다는 사유 방식은 포스트모더니즘 학자들에게는 매우 '모던'하며⟨14⟩, 진위를 구분하는 기술과 원칙 자체는 매우 '이성'적이기 때문이다. 만일 모든 것이 다 역사에 대한 서술에 지나지 않는다면, 어떤 것이 참이고 어떤 것이 거짓이냐고 물을 수도 있다. 이 때문에 역사의 진실성에 대한 포스트모더니즘 역사학의 의심은 단순히 이제껏 말해왔던 '거짓을 제거하고 참을 보존한다去僞存眞'는 뜻이 아니며, '거짓 사료 중에 참된 역사가 있다僞史料中有眞歷史'는 뜻도 아니다. 우리는 '거짓 사료 중에 참된 역사가 있다'는 이 문구가 일찍이 상당한 공감과 인정을 받았고 찬사와 명예를 얻었다는 사실을 기억한다. 중국 역사학자가 이해하는 시각에서 보면, 이 말은 의도적으로 거짓되게 쓴 문헌이라 해도 그 시대와 작자를 고증하기만 하면 의심스런 '위서僞書'가 진정한 '사료'로 변할 수 있음을 주로 의미한다.[22] 하지만 여기에는 여전히 한 걸음 더 나아가 해명해야 할 부분이 있다. 첫째, 중국에서 말하는 '위서僞書'의 '위僞'는 대체로 그 시간이나 저자에 대하여 말하는 것이다. 늦게 출현한 것이 앞서 출현한 것을 사칭하는 것은 마치 작은 양조장에서 오래 묵은 좋은 술을 가짜로 만드는 것과도 같으며, 이름 없는 자가 유명한 자를 사칭하

⟨14⟩ '포스트모더니즘'에서 볼 때는 '모던'한 것이라는 의미인데, 중국어로는 전자를 '후현대'라고 했으므로 후자를 '현대'적인 것이라고 쓰고 있다.

는 것은 마치 현대의 도매시장에 떠도는 가짜 유명 상품과도 같다. 전통적으로 위서의 문제를 논할 때는 공인된 유명한 역사적 저작들은 다루지 않는데, 이들은 대개 '결코 바뀔 리가 없는 것'으로서 전통적 사학에서 볼 때 모두 참된 문헌에 속하며, 이미 영업 허가증을 받은 셈이 된다. 둘째, 일단 이런 '작위' 적인 문헌의 내력이 밝혀지고 저자를 찾고 나면 그것은 곧바로 진실된 역사 자료로서 계속 사용되는데, 이는 마치 세관에서 밀수품이나 위조품을 내걸고 파는 것과 마찬가지여서 결국은 폐품이 다시 이용되는 것과 같다. 이렇게 되면 그것은 바로 '장난삼아 한 것이 사실이 되는' 셈이다. 그러나 진짜든 가짜든 이런 것은 모두 사람이 만든 '서술' 에서 나온 것이 아닌가? 모든 '서술' 된 '역사' 가 알려진 저자의 것이라고 밝혀지기만 하면 곧바로 '진실된 과거' 를 드러내고 있다고 말할 수 있는가?

역사 쓰기 가운데 진행되는 지식과 사상의 고고학적 발굴

중국의 전통적 문자 분석에 따르면 '위僞' 는 '인위人爲' 에 불과하며, 위서僞書는 의도를 가지고 누군가가 지어낸 것이다. 그런데 '진실된 것眞' 도 사실은 '인위' 이며, 참된 역사眞史 또한 의도를 가지고 누군가가 지어낸 것이다. 양자 공히 '의도를 갖고 있다' 는 것은, 인위적인 서술은 모두 모종의 '의도적인 조직과 설계' 를 내상하고 있다는 뜻이다. 영원한 진리처럼 여겨지거나 의심의 여지없이 확실한 서술이 불변의 진리라는 평가에 도달할 수 있는 것은 단지 그들의 '의도적인 조직과 설계' 가 어떤 시대의 '공통적 인식共識' 에 부합하기 때문이다. 그래서 사람들은 그것을

'진실' 이라고 여기는 것이다. 하지만 푸코의 말을 빌어 표현하자면 이러한 '공통된 인식' 은 '사물에 대한 인식 · 묘사 · 기술 · 표현 · 분류 · 이해' 의 방식을 통해 지지되며, 또 일련의 '담론' 을 통해 구성된다. 이때 '지식' 은 '공통된 인식' 이라는 이름으로 합리성을 획득하고 아울러 '권력power' 이 된다. 그것은 그 시대의 시비와 진위의 표준을 확립하고, '공통된 인식' 안에서 살아가는 사람들이 '서술' 해낸 역사 속에 존재하며, 점차 후대 사람의 사상 속에서 '진실' 이 되어간다. 하지만 이런 '서술' 된 역사가 독자에 의해 '진실' 한 '과거' 로 여겨져 연속해서 내려갈 때, 역사의 장막은 과거를 가리게 된다.[23] 오늘날 우리가 읽는 '역사 서술' 은 푸코가 말한 것처럼 권력 관계 속에서 형성된 것일 수 있다. 따라서 사상사 교수였던 푸코는 우리가 현재 믿는 역사 및 지식과 이론이 "어떤 토대 위에서 가능하게 되었으며 어떤 지식 체계 속에서 구축되었는지, 결국 어떤 역사적 조건 아래에서 사상이 출현할 수 있고 과학이 확립될 수 있으며, 또 경험이 철학의 진행에 반영될 수 있고 이성이 형성될 수 있는지"[24] 발견하는 것을 자기 연구의 목표로 삼았다. 이것이 그의 지식 고고학일 것이다. 여기서 '고고' 라는 의미는 현재 우리가 영원한 진리라고 여기는 '지식' '사상' 과 '신앙' 이 층층이 퇴적된 지층을 발굴하여, 그것들이 어떻게 권력에 의해 역사적으로 구축되어 왔는지 살펴보는 것이다. 따라서 이른바 '진실' 한 역사 서술이 그 배후에 '의도적인 조직과 설계' 를 갖고 있다면, 그것은 소위 '위조' 된 역사 서술과 마찬가지로 모두 하나의 '관념' 혹은 '사상' 을 은연중에 내포하고 있는 셈이다. 그 서술된 '역사' 가 진정한 '과거' 인지를 추구하는 것이 아니라, 이런 역사의 배후에서 의도적인 조직과 설계를 가진 '서술' 이 어떻게 변화하는지를 추구할 때, 그것은 바로 관념사 혹은 사상사가 된다. 이른바 '거짓 사료 중에 참된 사실史實이 있다' 는 말의 뜻은 이런 사고 방식으로도 이해할 수 있을 것이다.

권력과 서술 : 저술 방법 중의 사상사

따라서 사상사가 반드시 '거짓을 제거하고 참을 보존' 해야 하는 것은 아닐 것이다. 역사 문헌의 진위를 분별하는 일은 겨우 첫발을 내딛었을 뿐이다. 더욱 중요한 것은 오히려 이런 서술의 배후를 지지하는 관념 체계를 발굴하는데 중점을 두는 일이다. 예를 들어, '정통론' 의 지지 하에서 이떤 경우에는 역사가 한漢에서 촉蜀으로, 진晋으로 이어지고 다시 동진東晋에서 남방을 따라 수·당으로 진입하게 되며, 어떤 경우에는 한漢에서 위魏로, 진晋으로 이어지고 다시 동진東晋에서 북방을 따라 수·당으로 진입하게 된다. 궁극적으로 어떤 것이 진실인지를 분별하기보다는 오히려 두 가지 서술 사이의 변천을 검토하는 것이 더 낫다. 푸코가 말한 대로 역사 서술 안에는 의도적인 설계와 개작이 가득하며, 이렇게 설계와 개작을 거친 '역사' 가 진실한 역사로 인정받거나 우리들이 받아들이는 '지식' 이 되는 것은 바로 '권력' 에서 기인한다. "권력은 지식을 생산하며, 권력과 지식은 직접적으로 서로를 지지하며 연관되어 있다. 일종의 지식 영역을 효과적으로 구축하지 않으면 권력 관계를 가질 수 없고, 권력 관계를 전제하거나 구축하지 않으면 어떤 지식도 가질 수 없다".[25] 그러므로 포스트모더니즘 역사학에서는 권력의 지지 하에서 지식이 구축되어온 역사나, 지식의 참여 하에서 권력이 형성되어온 역사를 연구하는 것이 상당히 매력적인 영역이 된다. 에드워드 사이드Edward W.Said의 연구는 하나의 좋은 사례다. 그의 『오리엔탈리즘』은 이른바 '동양'에 대한 지식 및 '동양학'이 어떻게 이른바 '동양' 역사의 진실성을 구축하는 과정에 참여했는지 심도 있게 밝혀냈다. 또한 서양에 근원하는 이런 권력과 지식의 골격이 동양의 역사를 어떻게 거짓으로 구성하고 그것을 '상식'으로 만들었는지 치밀하게 지적하였다.[26] 또 다른 좋은 사례로서 우리는 『소련 공산당사聯共(布)黨史』의 '5단계'론이 어떻게 중국 역사의 서술에 영향을 주었으며 소련식의 역사 담론·역사적 시간·역사적 관점으로 중국의 역사를 새롭게 구성했는지 하는 문제를 볼 수 있다. 이런 것 역시 서양에서 전래된 사회사의 틀로, 한편으로는 중국의 전통적 역사 서술인 '왕조' 체제를 와해하고 재조직했으며, 다른 한편으로는 서양 언어의 환경 하에서만 이해될 수 있는 역사 체계를 설계하고 구축하였다. 예컨대 '봉건 사회' '자본주의 맹아' 등등, 사상사에서는 철학 영역에서 빌린 '유물'과 '유심', 진화론에서 빌린 '진보'와 '낙후', 계급 이론에서 빌린 '노예주'와 '노예', '지주'와 '농민' 등이 서술의 틀과 용어를 구성하여, 그 틀에 맞게 중국의 사상사를 자르고 보태면서 선택하고 제거하였다. 하지만 이는 일종의 '권력'이 구성한 '지식'이며, 또한 '지식'에서 유래한 '권력'이 그 지식을 우리의 상식으로 바꾸어 버린 것이다. 매우 오랜 기간 동안 우리는 이렇게 '날마다 쓰면서도 알지 못하는' 상식 가운데에서 살아왔다. 그리하여 이런 틀과 개념이 아직 형성되기 이전으로 돌아가서 역사를 새롭게 서술하고자 할 때, '생산력' '생산관계' '계급' '자본주의' 등 지향이 명확한 용어를 사용하지 않는다면, 과연 어떤 '저술 방법'을 사용하여 의미 있는 중국사와 중국사상사를 분명하게 표현할지 이미 모르게 되어버렸음을 깨닫게 된다.[27]

그런데 바로 이 '저술 방법' 안에 사상의 역사가 존재한다. 이렇게 조직적으로 설계되고 구축되어온 역사 서술은 지금도 역사를 새롭게 서술하고 있다. 층층이 쌓인 위사僞史이든, 겹겹이 포장된 외각外殼이든 사람들이 조심스레 이런 층층이 포장된 역사 서술을 벗긴다면, 이런 위사와 외각이 이미 과거의 역사가 되어 있음을 발견하게 된다. 제1층의 기록은 아마 하나의 허구적 이야기일 것이나, 이야기를 꾸몄던 심정을 남긴다. 제2층의 기록은 하나의 번잡한 사건일 것이나, 사건을 선택했던 의도를 남긴다. 제3층의 기록은 인물의 행적일 것이나, 인물을 기재했던 표준을 남긴다. 제4층의 기록은 일련의 후대에 마련된 관념을 사용하여 포장해온 사상일 것이나, 남겨져 내려온 이런 층의 포장은 오히려 포장한 사람의 사유 방식을 솔직하게 드러낸다. 사상사는 이런 여러 층이 포장을 흥미진진하게 나열할 수 있고, 또한 포장 속에서 역사를 읽어낼 수 있다. 따라서 하나씩 벗겨내고 한층씩 발굴하고 한겹씩 설명하여, 이런 심정 · 의도 · 표준 · 개념 체계가 마치 고고학적 발굴에서의 지층 관계와 같이 이어지게 될 때, 이런 '연속'

이야말로 '과거'의 사상의 '역사', 즉 '사상사'다. 만일 사상사 연구를 지표면 상의 고고 발굴 혹은 시간 지도 위의 여행으로 비유한다면, 이런 사상의 흔적을 일일이 발굴하는 일은 사상사의 '고고'와 '역사 체험'을 실현하는 것이다. 그러므로 특별히 '사료'를 '참'과 '거짓'으로 볼 필요가 없으며, 더욱이 '참'과 '거짓'으로 가치의 높고 낮음을 나눌 필요가 없다. 진위와 상관없이 그것 모두가 사상의 역사를 담고 있다. 명대明代 풍방豐坊〈15〉의 위조는 이미 연구자들에 의해 그 위경僞經 중의 의미가 밝혀졌다. 『고문상서古文尙書』가 전부 위작이라 하더라도, 한대인들이 공자의 가택 벽에 남아 있었다던 위경僞經을 믿던 심정 속에서, 또 이렇게 의도적으로 조작하는 의도 속에서, 그리고 후대 사람이 진위를 판단하는 표준 속에서, 기존의 사상사가 소홀히 했던 매우 많은 내용을 볼 수 있는 것이 아닐까? 마르코 폴로의 『동방견문록』이 참인지 거짓인지에 관해서는 이미 수많은 논쟁이 있었다. 하지만 그 진위를 떠나, 서양에서 이런 서적이 출현한 일 자체가 바로 서양인이 그 당시에 가지고 있던 '동양'이라는 관념을 표출하는 것이 아닐까? 『빛의 도시光明之城』〈16〉가 위서僞書일 수도 있다. 하지만 이렇듯 현

〈15〉 풍방(豐坊, 1492-1563?) : 명청 시대의 저명한 장서가로 자(字)는 인숙(人叔) 혹은 존례(存禮)이며 후에 도생(道生)으로 이름을 바꾸었다. 그는 일찍이 '고문'을 위조하여 장서(藏書)의 역사에서 악명을 남겼다.

〈16〉『빛의 도시』: 1271년 8월 중국에 도착해 6개월간 머물렀던 이탈리아의 유대계 랍비이자 상인이었던 야콥 단코나가 지었다고 알려진 책이다. 야콥 단코나가 중국에서 생활했던 '빛의 도시'란 불빛이 꺼지지 않는 도시라는 뜻으로 13세기 중국의 국제 무역 도시 짜이툰, 즉 자동(刺桐)의 별칭이다. 이 이름은 당시 세계에

대에 조작된 이야기 속에도 어떤 서양 세계의 사상적 흔적이 있는 것 아닐까? 중국이 최초로 아메리카 대륙을 발견했다는 신화 역시 이와 같다. 그런데도 이런 신화를 반박하는 역사학자는 종래에 그것을 19세기에서 20세기에 이르는 중국 민족주의가 구성한 문헌이라고 여기지 않고, 논쟁이 아무런 결과를 낳을 수 없는 상황에서 그런 아메리카 대륙의 발견이 가능한지를 반복적으로 논쟁하였다. 사실 이것이 이른바 문제가 된 이래, 1897년 『경세보經世報』로부터 시작되어 100년 동안 지속된 논쟁, 즉 중국과 서양 중 누가 먼저 아메리카 대륙을 '발견' 했는지에 관한 논쟁에는 동방 민족의 자각적인 사조가 구현되어 있고, 또한 동양과 서양의 이른바 문명화된 민족이 아메리카 대륙의 토착민과 대면했을 때 똑같이 마음속 깊이 오만함과 우월감을 가지고 있었음이 표현되어 있다. 한 세기에 걸친 논쟁이 기복을 거듭했던 것은 바로 상이한 시대의 국가나 민족의 역사적 상황과 관련이 있는 것이 아닐까?

서 가장 번성했던 도시들 중의 하나인 이 무역항의 면모를 잘 설명하고 있다. '빛의 도시' 는 당시 동서 무역의 2대 교통로의 하나인 해상 실크로드의 종착지였다. 이 책의 원고는 그 동안 세상에 알려지지 않다가 700여 년만인 1991년 익명의 소장자가 영국 옥스퍼드 대학 교수와 미국 시카고 대학 영연방 특별 연구원 등을 역임한 데이비드 셀번에게 보여주고 번역 출간을 허락해 1997년 영역본으로 세상에 나오게 되었고, 출간되자마자 10여 개의 언어로 번역될 만큼 전 세계의 관심을 끌었지만 아직 원고가 베일에 가려져 있어 이 책의 진위 여부에 대한 논란은 계속되고 있다. 서방의 일부 학자들은 이 원고가 위작이라고 주장했는데, 그 주요한 논거는 남송 말기의 이 도시와 관련한 역사적 서술에 사실이 아닌 내용이 있다는 것이었다. 이에 천주(泉州) 당국과 지방 사학계를 중심으로 고증 작업이 진행되었고 그를 바탕으로 학술 토론회가 열리기도 했다. 한국어 번역본이 『빛의 도시』라는 제목으로 나와 있다.

3

역사 저술에서 '권력'에 대한 젠킨스의 논의 : 역사 서술 중의 보편적인 공통적 인식共識에 대한 질의

나는 일찍이 '저술 방법'을 강조해서 비난을 받은 적이 있다. 사실 비평자들은 전혀 '저술 방법'의 의의를 이해하지 못하는 듯하다. '역사'와 '과거'의 차이로 인하여 '역사'는 일종의 '서술'이 된다.〈17〉 따라서 '서술' 자체 및 이런 '서술'의 역사적 구성 과정이 하나의 중심 주제가 된다. 윌리엄 드레이William H. Dray는 "서술narrative은 단지 역사학자가 엄격한 의미에서의 역사 탐구 과정 중에 발견한 무언가를 '써내는' 하나의 경로라고 사람들은 공언한다"고 말했다. 여기에서 '저술 방법'은 '문제'가 된다. 그 이유는 첫째, 무엇을 쓰고 어떻게 쓰느냐 라고 하는 저술 방법의 배후에는 모두 권력의 지지가 있기 때문이다. 둘째, 저술 방법의 변화는 질서 · 관념 · 시각 · 시야의 변화를 의미하기 때문이다. 셋째, 저술 방법의 변화는 곧 사상사 자체의 변화로서, 혹자는 푸코의 이론 용어를 빌어 이를 '권력과 지식 사이의 관계 변화'라고 말한다.

존 케네스 갈브레이드John Kenneth Galbraith의 견해에 따르면, 권력의 원천은 세 가지로, 첫째는 인격, 둘째는 재산, 셋째는 조직이

〈17〉 '역사'와 '과거'의 차이라는 말에서 '과거'란 실제로 발생했었던 일들을 말하고 '역사'란 그에 관하여 기술된 것, 즉 '역사 서술'을 말한다. 본 장의 **3** 부분에서 말하는 '역사' '과거' '서술'에 대한 논의는 *Rethinking History*(『누구를 위한 역사인가』, 최용찬 역, 혜안, 1999 초판: 2002 재판)에서 전개되는 키스 젠킨스(Keith Jenkins)의 주장을 전면적으로 반영하고 있다.

다.[28] 고대 사회에서 담론 권력은 관부·관원·향신 및 종교적 인사人士에게서 발생했다. 현대 사회의 더 많은 담론 권력은 '조직'에 의해 농단되곤 한다. 광의의 '조직'에는 이데올로기적 합리성을 점유하고 있는 정부와 정당이나 현대 사회 속의 신문·잡지·텔레비전·방송 등의 미디어, 또 학교 등의 교육 체계가 포함된다. 그들은 '지식'을 '공통된 인식'으로, '공통된 인식'을 다시 '상식'으로 변화시키는 일을 담당하며, 아울러 이렇게 일상에서 쓰면서도 의식하지 못하는 상식을 통해서 통제적인 권력을 구축한다. 구체적으로 역사학에 대하여 말하자면, 역사학자가 비록 '서술'의 능력을 장악하고 있더라도 역사학자의 붓을 지배하는 많은 요소들이 존재한다. 바로 키스 젠킨스Keith Jenkins가 말한 바와 같이, 첫째는 역사학자들이 공동으로 인정하는 저술 모델이며, 이런 '저술 방법'의 배후에는 '공통된 인식'의 권력이 존재한다. 둘째는 학교의 훈련 규격이며, 이는 교육제도와도 관련이 된다. 셋째는 학술 집단의 압력으로서, 역사학자도 하나의 단체이며 단체 안에서의 인정과 배척은 상당한 위협, 특히 권위적 위협에 가깝게 된다. 넷째는 출판사와 간행물의 심사 제도로서, 그 배후는 '권력' 및 '이데올로기'와 관련되어 있다. 따라서 하나의 '과거'가 '역사'로 '서술'되면, 그것은 '지식'이 된다. 특히 이런 지식이 권력의 인가를 통해 '상식'이 되어, 시험을 치러야 하는 교과서에 쓰이거나 백과전서의 조목처럼 사전화辭典化 되면, 그것은 더 이상 따져 물어야 할 대상에서 제외될 수 있는 면책권을 누리는 듯하다. 하지만 현재 포스트모더니즘 역사학은 오히려 '지식의 고고학'을 이용하여 '지식의 합리화 과정'을 밝혀나가려 한다. 그것은 "어떻게 (지식이) 자신의 근거를 증명하는가? 혹은 더 보편적인 문제, 곧 누가 진리의 조건을 결정하는가 하는 문제에 답하려는 것이다".

포스트모더니즘 역사학의 사고에는 때로는 심오한 '통찰'이 있지만, 또한 그러한 심오함 때문에 생기는 '보지 못하는 바'가 간혹 있다는 점을 지적해야 한다. 사고의 자원이 되는 모든 것을 일일이 주워 담을 필요는 없다. 하지만 그것의 가장 심오한 부분은 보편적인 공통된 인식에 대한 질의, 곧 영원해 보이는 진리에 대하여 그 뿌리를 캐물어 들어가는 태도에 있다는 점을 인정할 수 있다. 중국사상사에도 물을 수 있는 문제가 매우 많다. 예컨대 오늘날 우리들이 말하는 '중국 윤리'가 진정 본래적으로 정당성을 갖고 있는가? 과거에 우리는 고대 중국의 윤리 도덕의 정당성은 유사 이래의 '공통된 인식'이며, 기록된 역사는 언제나 우리에게 탕湯의 현명함과 주紂의 악덕을 알려주고, 요·순·우·탕·문·무·주공·공자는 한결같이 이런 '공통된 인식'을 따랐다고 믿는 경향이 있었다. 그 '공통된 인식'이란 바로 개인의 겸양이나 가정의 화목, 사회의 질서를 유지, 보호한다는 것으로서, 이는 다름 아니라 고대 이래로 중국에 매우 문명적인 '전통'이 있었다는 것을 말한다. 하지만 오늘날 이런 '공통된 인식'을 새로이 살피고 그 유래를 묻게 되자, 실제 사정은 그렇지 않았음을 깨닫게 된 듯하다. 예를 들어 유가의 종교적 기원을 고증하고, '유儒'의 문명이 어떻게 점차 권력에 의해 부각되고 확인되었는지를 발견하면서 우리는 문명적인 "전통"이 시간과 권력에 의해 공동으로 구축된 것에 지나지 않음을 이해하게 되었다. 다른 예를 들어 말하자면, 7세기 이전 도교의 조직 형식 · 수도授度 의식儀式 · 기양祈禳 방식 등을 연구하면서, 이른바 문명이라는 시각에서는 매우 추악하게 여겨지는 것들이 과거 사람들의 생각 속에서는 그렇게 '추악'하지 않았고, 그것의 정당성이 '권력'의 압박 아래서 점차 소실되었음을 발견하게 되었다. 또 다른 예를 들자면, 근친상간이나 문란한 성, 힘으로 승리를 쟁취하는 협객과 같은 행위, 사람을 죽이고 귀신에게 제사지내는 풍속, 음사淫祀와 음사淫祠 등, 당송 시대의 관습이 어떻게 정당성을 잃어 사회 생활의 중심으로부터 주변화되었고, 이른바 '문명'이 도시에서 지방으로 확산되고 한족에서 이민족으로 퍼졌는지를 연구함으로써 다음과 같은 사실을 발견하였다. 즉, 소위 '화하문명華夏文明'과 '유가의 윤리'가 사실은 권력을 통해서 점차 합법성과 합리성을 확립했고, 권력을 통해 중국 전체로 확장, 전파되어 갔으며, 또한 시간이 흐르면서 점차 쌓여진 '역사'가 시간을 통해 물들여져서 '전통'이 되었음을 깨닫게 되었던 것이다.

사실상 고대 중국의 역사학은 이제껏 '권력'과 '지식'을 통해 관련되고 형성된 '저술 방법'인 소위 '춘추필법春秋筆法'과 '미자설美刺說'을 꺼리지 않았으며, '진실'을 그 궁극적인 추구점으로 삼은 적도 없다. 고대 중국의 역사학에서는 역사 쓰기를 일종의 장려와 징벌의 권력으로 여겼으며, 동시에 권력의 인정을 장려와 징벌의 근거로 삼았다. 모든 정사正史의 첫 부분에 있는 '하늘이 왕권을 주셨다天授王權' 는 전설적 이야기의 배후에는 황권皇權의 지지가 있으며, 그 목적은 모두 권력의 합법성을 옹호하는 것이다. 또 신성한 가족 계보의 전설을 엮는 것은 바로 '하늘의 뜻을 받들고 새로운 기운을 이어받아 황제가 된다奉天承運' 는 신화를 구성하기 위한 것이다. "진교병변 황포가신(陳橋兵變, 黃袍加身)〈18〉" 의 이야기는 "조광윤이 천리를 걸어 경낭京娘을 전송했다" 는 이야기와 마찬가지로 '공통된 인식' 속에 있는 도덕 윤리로써 조송趙宋 왕조의 합리성을 확보하기 위한 것이다. '유민遺民' 과 '이신貳臣' 을 처리하는 차이는 바로 옛 왕조와 새 왕조의 상이한 서술이 역사 속에서 과거 인물의 신분을 바꿀 수 있음을 증명한다. 역사 서술에서 사용하는 새로운 시간(역법 · 연호) · 새로운 상징(오행오색 등) · 새로운 명칭(관직 등)은 서술을 바꾸고, 비록 실제로는 '과거' 와 전혀 바뀐 것이 없다 할지라도 바뀐 서술은 역사를 바꾼다. 이 때문에 새로이 역사 서술을 고찰하면서 '서술' 자체를 층층이 쌓인 '역사' 로 간주한다면, '서술' 에 의해 은폐된 과거의 많은 부분을 발견할 수 있다. 그리하여 이 과정에서 '진眞' 과 '위僞' 를 드러

〈18〉 이 사건의 대강의 내용은 다음과 같다. 960년 조광윤은 거짓 군사정보를 흘리고 대군을 출동해 출격하는 척 한 후, 도읍지 개봉 부근의 진교역(陳橋驛)에 쳐들어갔다. 같이 갔던 조광윤의 동생과 친신들은 군영에서 군 반란을 선동하는 한편 병사들을 이끌고 황제가 입는 황포를 조광윤의 몸에 걸쳐주고 꿇어앉아 머리를 조아리면서 그를 황제로 추대하였다.

낼 수 있으니, 모든 것은 서술에 달린 것이다. 이것이 바로 푸코가 "전통적 형식의 역사는 겨우 과거의 각 유문遺文과 유물monuments을 '기억' 하여 이런 '문물' 을 '문헌' 으로 전화시킨다. …… 우리 시대 속에서 역사는 '문헌' 을 다시 '문물' 로 전화시키는 과정이다"[29]라고 말했던 까닭이다. 그의 사고 방식에 따르면, '지식 체계' 에 대한 이런 고고학적 연구는 지식 형성 과정에서 준수한 규칙 · 표준 · 순서를 발견할 수 있다. 또 이런 규칙 · 표준 · 순서에는 각 시대의 분류 · 신념 · 관습이 담겨 있다. 우리는 이런 지식 계보를 추구함으로써 역사가 중심에서 주변으로, 주변에서 중심으로 어떻게 이동하는지 발견할 수 있다.[30]

4

구제강顧頡剛과 고사변 : "층층이 누적된 위사僞史" 설

마지막으로 지난 일 한 가지를 말해보겠다. 내가 학생들과 위와 같은 문제를 토론할 때, 어떤 학생은 이것이 포스트모더니즘 역사학이 이미 있었던 이야기를 다시 제기한 것이 아니냐는 질문을 하였다. 왜냐하면 구제강顧頡剛 등은 1920년대에 이미 역사란 층층이 쌓인 위사僞史가 만든 것이라고 주장했기 때문이다. 확실히 구제강은 이런 견해를 갖고 있었다. 먼저 구제강의 몇 단락의 말을 아래에 적어 보겠다.

중국의 고대사 전체는 한편의 뒤범벅이 된 장부帳簿로서,

> 2,000년 동안 구전口傳에 따라 조작되었다. 그 중에 얼마나 누락이 있는지는 모르지만 그것이 위조되었다는 것은 알 수 있다. 다만 2,000여년을 경과한 조작은 하나의 계통을 형성할 수 있었다.
>
> 고사古史 발생의 순서와 배열의 계통은 완전히 서로 도치된 것과 같다.〈19〉
>
> 선양禪讓은 전국시대의 학자가 시세의 자극을 받아 상상 속에서 구성한 유토피아다.[31]

의고 사상 중의 근대성 : 포스트모더니즘 역사학적 사상과의 차이

언뜻 보기에 고사변古史辨 학파는 포스트모더니즘 역사학과 마찬가지로[32] 전통적 역사 체계를 와해시키고 그것이 구성한 지식 체계를 새롭게 찾아내어, '이런 고사古史의 관념이 언제 어디서, 혹은 무슨 일로 기인했으며, 무엇을 위해 요구되었는지' 를 밝히려 했던 것 같다. 하지만 자세히 연구하다 보면 우리는 오히려 양자의 본질적인 차이를 지적하게 된다. 첫째, '고사변' 은 본래 참된 역사가 있다고 믿으며, 그들에게 역사학의 목적은 층층이 포장된 '거짓 역사' 를 벗어 버리고 역사의 '진실' 을 드러내는 것이다. 또한 역사학도 '거짓을 제거하고 참됨을 보존' 할 수 있다고 여긴다.

〈19〉 본문은 '마치 하나의 反背와 같다' 고 되어 있는데 이는 등을 맞대듯 뒤집혀 있다는 뜻이다. 즉 역사적 사건의 실제적인 발생의 순서와 기록의 순서는 완전히 거꾸로 되어 있다는 것이다.

하지만 포스트모더니즘 역사학은 오히려 '역사'와 '과거'를 분리하여 과거의 진실을 한 쪽으로 치워두며, 역사학의 목적은 단지 '텍스트'와 '서술'을 묻는 일이라고 여긴다. 둘째, 바로 이런 차이 때문에 '고사변'의 중심은 단지 '거짓을 가리는 일辨僞'이고, 제거한 부분은 단지 '입을 따라 조작된' 폐기물일 뿐이다. 하지만 포스트모더니즘 역사학에서는 '위조된' 문헌 자체가 이미 역사 계보 중의 누적층이 되고, 또한 이런 문헌이 구축한 '거짓 역사'가 이미 반복될 수 없는 '과거'와는 서로 '뒤집힌反背' 모습을 띨 때, 이렇게 '뒤집힌' 역사 계보가 어떻게 구축되어 심오한 의미를 갖게 되는가를 처리하고 발굴해내는 것은 매우 뜻깊은 작업이다. 셋째, 고사변의 역사학 방법은 단지 '과거'에 대해서 존재할 뿐이다. 물론 고사변파는 낡은 사학을 철저히 와해시켰고, 당시 반전통反傳統의 급진주의와 서로 호응하며 신문화운동에도 참여했으며, 근대성modernity에 부합하는 일면을 표현하였다. 왕판썬王汎森이 말했듯이, 고사변의 역사학은 전통 사학을 헐겁게 만들었고 옛 자료 사이의 관계에 위치 이동을 발생시켰으며 역사를 새롭게 쓰는 일을 가능케 했던 것이 사실이다.[33] 하지만 그것은 여전히 "육경은 모두 역사六經皆史"라는 사유 방식의 연장선상에 있으며, 모든 역사 문헌이 싣고 있는 '진실'을 추구한다. 따라서 그것은 아직도 근대 역사학[(20)]의 범위 안에 있다. 그것이 일으킨 사상사의 진동, 예컨

〈20〉 즉, 포스트모더니즘 역사학의 이전 단계에 속한다는 의미이다.

대 유가 전설 위작의 논증과 위작에서 야기된 신성성의 와해, 전통적 경전의 권위 상실이 야기한 민족 공통 부호의 변화,〈21〉 역사를 다시 쓰고 활성화시키는 공통적 사상〈22〉의 재구성은 모두 사상가의 일련의 해석이 있어야만 비로소 사상사의 시야 속에 들어갈 수 있다. 그러나 포스트모더니즘 역사학은 오히려 현재에 대해 직접적인 관심을 갖는다. 그것은 하나의 역방향적인 소급이기 때문에, 역사가 그 진리성의 권력을 획득하는 유일한 근거인 '진실' 로부터 '역사' 를 분리해내고, '역사' 와 '과거' 의 차이를 인정하며, "육경은 모두 역사" 에서 한 발짝 더 나아가 "역사는 모두 문학" 이라는 구호로 나아간다. 그것은 현재 우리의 관습적인 '상식' 이 어떻게 구축되었으며, 현재의 역사 서술이 어떤 '권력' 의 틀 속에서 '상식' 이라는 지위를 확인받았는지 추구한다. 이런 이유 때문에 그것은 현재의 '지식 체계' 에 대해 의문을 제기한다. 포스트모더니즘 역사학이 이런 권력과 지식의 상호 관계를 추구할 때, 그것은 바로 현재의 지식과 사상의 '말하지 않아도 아는' 상태를 와해시키고, 이런 지식과 사상의 근대적 구축을 캐물으며, 또한 이런 구축 자체를 부단히 흐르는 역사 시간 속에서 이해하고자 한다.

〈21〉 민족 공통 부호라는 것은 한 민족이 공통적으로 이해하고 받아들이는 부호인데, 그것을 지지해주던 경전의 권위가 상실되자 이에 대한 공통적 인식 역시 흔들리게 된다는 뜻이다.

〈22〉 공통적 사상이라고 번역한 것의 중국어는 '同一性思想' 인데, 저자에 의하면 이는 민족, 국가 공동의 사상, 공통된 인식(共識)을 가리킨다. 본래 이런 공통된 인식을 이루던 고사(古史)에 대한 회의가 본래 공통으로 가지고 있던 사상에 대하여 완전히 새롭게 다시 이해하고 조직하게끔 한다는 뜻이다.

사실 나 자신은 포스트모더니즘 역사학이 '과거'와 '역사'를 나누고 '역사'를 '서술'로 강등시키는 사유 방식에는 동의하지 않는다. 비록 그것이 깊은 의미를 갖기는 하지만 또한 상당히 편파적인 부분이 있다. 내가 앞서 말했듯이, 거기엔 뛰어난 '통찰'이 있으나 동시에 '보지 못하는 바'가 존재한다. 아마 나는 '모더니즘'과 '포스트모더니즘'의 중간 지대에 더 기울어 있는 듯하다. 마치 어떤 이가 "약수(弱水 : 신선이 살던 곳에 있었다는 물 이름) 삼천이 있어도 단지 표주박 하나 정도의 물을 마실 뿐"이라고 했던 것처럼 말이다. 포스트모더니즘 역사학, 특히 오늘날 '포스트모더니즘적'이라고 불리는 연구자들이 역사학적인 기초 지식과 방법을 멀리하고 자신의 상상에 의지해서 '역사'를 서술하는 방식은, 단지 '포스트적 학문後學'이란 구호를 빌어 '거짓된 포스트모더니즘 역사학'을 쓰는 것이라고 나는 늘 생각했다. 이 때문에 내가 묻고자 하는 문제는 엄격한 역사학이 되기 위하여 포스트모더니즘 역사학은 최후의 경계와 한도를 확립할 수 있는가 하는 것이다.

포스트모더니즘 역사학은 최후의 한도를 확립할 수 있는가?

내가 생각하는 최후의 경계와 한도는 확실히 존재했던 하나의 '과거'가 있음을 인정하느냐 안 하느냐, 그리고 모든 역사학자들의 '서술' 및 '텍스트'가 모두 일찍이 존재했던 '과거'에 의해 제약당해야 함을 인정하는가의 여부다. 적어도 우리 시대에는 모든 역사 서술이 '진실에 가까워지기'를 무의식적으로 추구한다. 특히 역사적 사건과 인물 및 역사적 과정에 관한 서술에서 각종 고고 유적·문헌 공문서·구술 자료·회고 전기 및 기타 사료의 존

'사실을 지향함' : 역사 서술의 경계와 한도 유지

재 때문에 사람들은 '과거'와 '역사'를 철저히 나눈다. 문학 창작이 '무에서 유를 낳는' 것처럼 상상이나 환상으로 역사를 서술할 수는 없다. 이 때문에 단지 '역사의 재구성' 속에만 존재할 수 있는 서술 — '과거'가 이미 과거가 된 이후에는 재구성과 부각이 있어야만 비로소 '서술'에 들어갈 수 있다 — 의 대상인 역사는 '과거'의 무질서한 퇴적과 산란한 규합이 결코 아니며, 또한 실재하지 않았던 것을 텍스트로 남긴 것도 아니다. 따라서 실제 존재했고 이미 발생했던 '과거'와 각종 유적·문헌·기억 속에 남아 있는 '과거'를 완전히 소거할 수는 없다. 거대한 은허殷墟의 유적지를 보고서도 '은상殷商'과 '하夏'가 똑같이 존재하지 않았다고 말할 수 있겠는가? 『이십사사二十四史』의 기록을 보고서도 역사상의 왕조는 허구라고 말할 수 있는가? 이론상으로는 사람들이 모든 것을 서로 이해할 수 없기 때문에 하나의 국가를 해체하여 '상상의 공동체'로 구성할 수도 있다. 그렇다 하더라도 동일한 지역에 살고 동일한 말을 하고 동일한 풍속과 관습을 가진 사람들에게 그들의 '전통'과 '과거'가 일종의 상상적 허구라고 말할 수 있는 사람은 없다. 따라서 최후의 한계는 지켜야 한다. 잔존하는 유적·문헌과 역사 자료 때문에 역사 서술은 상당한 제약을 가지며 '진실의 지향'을 최후의 보루로 삼는다. 바로 '진실의 지향'을 필요로 하기 때문에 역사학에는 여전히 하나의 필수적이고 기초적인 것, 곧 글자나 단어字詞, 문헌에 관한 지식과 역사적 사건, 인물 및 제도에 관한 상식이 존재한다. 따라서 역사학은 소설처럼 마음대로 꾸며내거나 서술할 수는 없다.

포스트모더니즘 역사학의 몇몇 사유 방식은 분명 사고의 자원으로 삼아 사상사의 연구 영역에서 응용하기에 매우 적합하다. 왜냐하면 사상사란 어떤 의미에서는 '사회 · 인류 · 역사에 관한 지식과 관념'이 어떠한 배경 속에서 구성되어 왔는지를 밝히는 역사적 시간의 계보이기 때문이다. 사상사를 통해 토론되는 '사상'은 재현할 수 없는 '과거'일 뿐만 아니라, 이런 '과거' 속에서 생활하던 사람들의 반복 불가능한 견해이기도 하다. 이미 과거에 존재했던 왕조 · 인물 · 사건 · 제도 등과 비교해 본다면, 사상은 단지 체험 · 상상 · 기억을 통해서 계속 전해져올 수 있는 것에 가깝다. 체험을 통해서 뒷사람은 앞사람의 사상을 이해하고, 상상을 통해서 사상을 그 당시의 언어 환경 속으로 환원시켜서 그 의미를 추론하며, 기억을 통해서 사람들은 사상을 자원으로 삼는다. 바로 사상사가의 체험과 상상, 그리고 기억을 통해서 '사상'이 구축되고 또 재구축되며, 그리하여 새로운 사상이 형성된다. 새로이 형성된 사상은 예전에 이미 존재했던 사상을 연속시키며, '역사'를 구성해 간다. 이러한 '사상'의 '역사' 역시 바로 텍스트 서술을 매개로 하여 '전달' '재현' '전파'될 수 있을 뿐이다. 그러므로 이런 의미에서 "역사는 모두 문학"이라는 포스트모더니즘 역사학의 사유 방식은 확실히 한창 때의 "육경은 모두 역사"와 마찬가지로 심오하고 계발성이 풍부한 통찰을 지니고 있다. "모든 역사는 당대사"라는 크로체의 견해와 "모든 역사는 사상사"라는 콜링우드의 생각은 이런 맥락에서 비로소 모두 확실한 의의를 갖게 되는 것이다.

주 | 註 |

1 최근의 연구로는, 왕샤오자(王曉佳) · 가오웨이잉(高偉瀛), 『포스트모더니즘주의와 역사학: 중국과 서양의 비교(後現代與歷史學:中西比較)』, 특히 제3부 「포스트모더니즘과 중국 역사학(後現代主義與中國史學)」의 제7장 · 제8장을 참고하라. 巨流圖書公司, 臺北, 2000. 또, 德里克 「포스트모더니즘과 중국 역사(後現代主義與中國歷史)」을 볼 것. 『中國學術』 2001년 제1기, 總第5輯, 商務印書館, 北京.

2 젠킨스(Keith Jenkin)의 『『역사란 무엇인가』를 평함 : 카아와 엘튼에서 로티와 화이트로』(*On "What is History" : From Carr and Elton to Rorty and White*). London: Routledge, 1995. 여기에서는 장정콴(江政寬)의 서평을 참고하였다. 『新史學』 제10권 제1기, 臺北, 1999.

3 『文史通義』 제1권 「易敎上」의 제일 첫 마디가 바로 "육경은 모두 역사다(六經皆史也)" 인데, 이 구절은 매우 전복성을 띤 말이다. 葉瑛, 『文史通義校注』 1쪽, 中華書局, 1985.

4 『說文解字』 제15 「敍目」, 『說文解字義證』 제49권, 1320쪽. 齊魯書社影印本, 1987 : 대진(戴震), 「시중명과 학문을 논한 글(與是仲明論學書)」 가운데, "경에서 지극한 것은 도이다. 도를 밝히는 것은 사(詞)이고, 사(詞)를 이루는 것은 자(字)이다. 자(字)로 인해 사(詞)에 통하고, 사(詞)로 인해 그 도에 통하게 되는데, 여기에는 필시 점진적인 바가 있다(經之至者道也, 所以明道者其詞也, 所以成詞者字也, 由字以通其詞, 由詞以通其道, 必有漸)", 『東原文集』 제9권, 『戴震全書』 제6책, 370쪽, 黃山書社, 1995.

5 뤄즈톈(羅志田), 「포스트모더니즘과 중국 연구 : 『먼 곳에서 온 사람들을 맞이하다』의 사학적 계시(後現代主義與中國研究 : 『懷柔遠人』的史學啓示)」, 『歷史研究』 1999년 제1기, 117쪽. 양녠췬(楊念群), 「"상식적 비판" 과 중국 학술의 곤경("常識性批判" 與中國學術的困境)」, 『讀書』 잡지에 실려 있다. 1999년 제2기, 79쪽.

6 『역사의 진상(歷史的眞相)』으로부터 재인용했다. 中譯本, 60쪽, 中央編譯出版社, 1998.

7 역사학과 전체에 대한 포스트모더니즘 역사학의 영향은 내가 평론할 수 있는 것이 아니다. 여기에서는 다만 중국사상사의 시각에서 출발하여 자원으로 삼아 포스트모

더니즘 역사학의 사고 방식이 우리에게 무엇을 계시해줄 수 있는지를 살펴보고자 하는 것이다.

8 「지나간 시대의 성격을 묘사함: 문학 이론과 역사 쓰기(描繪逝去時代的性質：文學理論與歷史寫作)」, 랄프 코엔 編, *The Future of Literary Theory* (『文學理論的未來』), Edited by Ralph Cohen, 中譯本, 43쪽, 中國社會科學出版社, 1993.

9 헤이든 화이트(Hayden White)의 삼부작은 『메타 역사학 : 19세기 유럽의 역사적 상상력』(*Metahistory : The Historical Imagination in Nineteenth Century*, 1973.) · 『담론의 의미 변화 : 문화 비평 논집』(*Tropics of Discourse : Essays in Cultural Criticism*, 1978.) · 『형식의 내용 : 서사 이론과 역사적 재현』(*The Content of Form : Narrative Discourse and Historical Representation*, 1987.)

10 이 절은 이미 중국어로 번역된 것이 있다. 張景媛 主編, 『신역사주의와 문학 비평(新歷史主義與文學批評)』, 北京大學出版社, 1993. 이밖에, 사학과 문학에 등호를 긋는 것은 학과 체제에 익숙한 역사학자에게는 불편할 지도 모른다. 왜냐하면 분명함과 객관성을 부정하고 알게 모르게 역사학의 합리성과 과학성을 없애버리기 때문이다. 역사학이 문학을 오만하게 대할 수 있는 이유 중의 하나는 그것이 가지고 있는 도덕적 교훈과 경험의 총체가 아니라 서술하는 것이 일찍이 분명히 존재했던 것이고 역사학의 방법은 반드시 일찍이 존재했던 것을 정확하게 재현할 수 있다고 믿기 때문이다. 그러나 고대 중국의 역사학자로 말하자면, 그들의 역사학의 기억 가운데 일찍이 사마천이 홍문의 연회 · 해하(垓下)의 전쟁 · 장의와 소진 등이 정치나 외교적으로 수완을 부려 연합하고 분열시켰던 일에 대한 문학적 서술이 있었으므로 그다지 놀라운 일이 아닐 수도 있다. 그리하여 "문학과 사학은 같은 것이다(文史一家)"라는 주장도 역사학에 대한 불경으로 인한 분노를 다소 완화시킬 수도 있다.

11 『사기』는 역사와 문학이 아직 철저히 분화되기 이전의 시기에 속하는 작품이다. 『사기』의 강렬한 개인 의식(즉, 개인적 감성과 특성)은 완전히 소위 '진실'만을 추구하는 것이 아니라 서술의 역량을 더욱 중시하게끔 하였다.

12 이 시기의 역사에 관하여는, 송대 사람인 소박(邵博)의 『邵氏聞見後錄』 제7권, 49-53쪽을 참고할 수 있다. 中華書局, 1983.

13 中譯本, 李幼蒸 譯, 『現代西洋歷史哲學譯文集』 93쪽. 上海譯文出版社, 1984.

14 『S/Z』을 참조하라. 이글턴(Terry Eagleton), 『文學理論導讀』, 吳新發 中譯本, 173-

176쪽, 書林出版有限公司, 臺北, 1993.

15 천신(陳新)의 「20세기 서구 "역사 서술" 연구의 두 단계(20世紀西方 "歷史敍述" 硏究兩個階段)」라는 글은 이에 대하여 간략한 논의를 하고 있다. 『江海學刊』, 1999년 제1기, 南京.

16 Frederic Jameson(詹明信), 『정치적 무의식(政治無意識)』(*The Political Unconcious*, Cornell University Press, 1981.) 82쪽.

17 나의 『중국 선 사상사 : 6세기에서 9세기까지(中國禪思想史 : 從6世紀到9世紀)』의 연구를 참조하라. 北京大學出版社, 1995.

18 王冀民 · 王素, 「文中子辯」을 참조하라. 『文史』 20輯, 中華書局, 1983.

19 주돈이의 지위에 대하여 덩광밍(鄧廣銘)의 「주돈이의 사승과 전수에 관하여(關於周敦頤的師承和傳授)」라는 글을 참고할 수 있다. 『鄧廣銘治史叢稿』, 213쪽, 북경대학출판사, 1997. 그밖에 허우와이루(侯外廬), 『중국사상 통사(中國思想通史)』 · 리쩌허우(李澤厚), 「송명이학 편론(宋明理學片論)」은 모두 이런 점을 들어 주돈이의 사상사적인 지위는 역사의 실제와 일치하지 않는다고 하면서 "그의 높은 지위는 후대인들의 미루어 헤아린 것"이라고 지적하고 있다. 그러나 철학사와 사상사는 모두 여전히 그를 북송 이학의 전면에 내세우고 있어 마치 송대 사상사는 그로부터 시작된 것과 같다. 侯外廬, 『中國思想通史』 제4권 上册 502쪽, 人民出版社, 1959. 李澤厚, 『中國古代思想史論』, 536쪽, 人民出版社, 1985.

20 『朱淑眞集注』 前集 제10권, 117쪽, 浙江古籍出版社, 1985.

21 화이트(Hayden White)의 말에 따르면, 역사적 담론은 '형식 논증' '사건의 배치' '이데올로기의 암시' 라는 세 종류의 책략을 거쳐서 스스로를 해석하며 합리성을 취득하는 것이다. 盛寧, 『人文困惑與反思』, 166쪽을 참조하라. 三聯書店, 1997.

22 陳寅恪, 「梁譯大乘起信論僞智愷序中之眞史料」 『金明館稿二編』, 上海古籍出版社, 1980.

23 몇 해 전에 나는 푸코의 감옥 · 정신병원 및 성(性) 등의 문제에 대한 연구를 읽고, 그가 어느 정도 고의적으로 기이한 주장을 내세우기는 하지만, 그의 사고는 매우 사람을 뒤흔드는 힘이 있다고 느꼈다. 예를 들어, 그가 『광기와 문명』 안에서, 정신병원의 유래를 분석할 때, 일군의 자칭 '이성' 적인 사람들이 '권력' 을 이용하여 다른 일군의 사람들을 '병자' 라고 부르며, 담장을 가지고 그들은 감금하기 시작했던 것은, '이성' 이 이미 불변의 진리를 대신하는 말이 되었고, 이러한 진리는 이미 권

력이 되었기 때문이라고 하였다. 이는 나로 하여금 고대의 '광천(狂泉)' 이야기를 떠올리게 했는데, 그 이야기는 다음과 같다. 전국의 모든 이들이 광천의 물을 마시고는 미치광이의 상태가 되었는데 오직 국왕만이 이지의 청명함을 유지하고 있었다. 그리하여 온 나라의 광인들이 국왕에 대하여 연민을 가지고 그가 여전히 미쳐 있다고 여겼다. 그들은 이러한 '공통된 인식(共識)' 안에서 공통된 인식의 '권력'을 사용하여 국왕에게 광천의 물을 마시게 하여 그들과 마찬가지로 광인이 되게 하였다. 그리하여 세 번 만세를 부르고는 국왕의 새로운 탄생을 다 함께 경하하였다. 또, 푸코는 『감시와 처벌』에서 다음과 같이 말했다 : 소위 정의를 대표하는 감옥 · 형법 · 법률 등은 실제로는 시범 · 암시 · 상징 등을 통한 감시의 수단이며 권력이 승인하는 '지식' 은 '공통된 인식(共識)' 이 된다고 지적하였다. 최초의 피 냄새 나는 폭력적 징벌은 점차 엄숙한 연극의 의식에게 자리를 양보하였다. "대중들의 기억은 전해들은 소문의 형식으로 법률의 엄격한 담론을 복제하게 될 것이다." 그리하여 '공통된 인식(共識)' 의 지위를 획득한 이러한 감시와 처벌은 역사상의 불공정성을 은폐하며, 폭력은 곧 지식의 형식으로 그 권력의 배경을 은폐하게 된다.

24 『事物的秩序』(*The Order of things*), p.21-22. New York, Random House, 1970.

25 『規訓與懲罰』(*Discipline and Punish : The Birth of Prison*), 26쪽. 劉北成 等 中譯本, 桂冠圖書股份有限公司, 臺北, 1992.

26 에드워드 사이드(Edward W. Said) 『東方學』, 王宇根 中譯本, 三聯書店, 1999.

27 이러한 상황은 사실 포스트식민주의(postcolonialism) 역사학 이론의 시각에서 본 아프리카의 상황과 매우 비슷한 것으로서, David Schoenbrun · Patrick Harries · V.Y. Mudimbe · Pauline Hontoudji 등이 아프리카 대호구 지역 토착민들의 항쟁사 · 줄루(Zulu)족의 남아프리카에서의 전통과 현실 · 아프리카 대륙의 역사와 철학 등은 연구할 때 표명했던 것과 같다. 그들의 연구는 서구의 권력과 담론이 뒤덮고 있던 상황에서 아프리카의 역사가 은폐되어온 과정을 폭로한다. 서구 식민주의 권력의 장기 통제 하에서 서구인들은 이미 아프리카의 역사를 다시 쓰면서 서구 담론 속의 아프리카 역사로 서술하였다. 그러나 이는 서구의 시각에서 출발한 '형상의 추구' 로서, 그들이 아프리카로부터 찾았던 것은 사실상 서구인들이 아프리카에 채워 넣은 것일 뿐이었다. 서구인들은 이미 아프리카의 역사와 문화를 구축했던 것이다. 그러나 문화가 장기적으로 식민 지배를 받았기 때문에 아프리카인들이 독립하여 자신을 이해하는 역사를 갑자기 발견했을 때, 자기 역사를 근본적으로 구축할

수 없었고 이러한 역사에 대한 승인으로 민족의 문화의식을 동원할 수도 없었다. 그리하여 아프리카인들은 우선 이러한 서구인들이 구축해놓은 겹겹의 상처의 역사를 해체하고서야 비로소 새로이 과거를 발견할 수 있었다. 중국 역사학은 장기간 '무언(無言)'의 상태에 놓여 있었으니, 아마도 '생산력' '생산 관계' '계급' '자본주의' 등의 용어나 개념을 사용하지 않고는 중국 역사를 서술할 수가 없는 것이다.

28 John Kenneth Galbraith, 『權力的剖析(*The Anatomy of Power*)』, 劉北成, 中譯本, 9쪽.

29 M. Foucault, *The Archaeology of Knowledge*, 1972. 王德威 譯, 『知識的考掘』, 75쪽, 麥田出版, 臺北, 1993. 여기에서 말하는 '유문(遺文)과 유물(遺物)'을 직역하면 응당 '기념비'가 되어야 할 것이다. 아마 역자는 푸코가 말한 지식 고고학의 컨텍스트 때문에 이렇게 번역한 것 같다.

30 盛寧, 『人文困惑與反思』, 93쪽을 참조할 것.

31 「啓事三則」, 1923년 10월 20일, 『古史辨』 제1册, 187쪽. 「自序」, 『古史辨』 제1册, 52쪽 ; 「討論古史答劉胡二先生」, 『古史辨』 제1册, 138쪽.

32 타이완의 두정성(杜正勝) 역시 이 같은 생각을 가지고 있다. 「中國古代史研究: 臺灣觀點」, 『古今論衡』 第3輯, 86쪽, 臺北, 1999.

33 『고사변 운동의 흥기 : 하나의 사상사적 연구(古史辨運動的興起 : 一個思想史的研究)』, 時報出版公司, 臺北, 1993.

부 록 【몸에 맞지 않는 옷 입기】

- 중국철학과 유교 정의의 논쟁에 관하여 -

몸에 맞지 않는 옷 입기

- 중국철학과 유교 정의의 논쟁에 관하여 -

1

『독서』 2001년 제9기에서 「과학 언어권의 투쟁 및 책략」이라는 톈쑹田松의 문장을 읽었는데, 여기에서 말하는 것은 '과학' 이라는 단어의 정의 및 이와 연결되어 나오는 문제, 즉 중국 고대에 '과학' 이라는 것이 있었는지의 여부가 중국 학술계에 불러일으킨 곤혹감과 다양한 변론들에 관한 것이었다. '과학science' 외에도 '철학philosophy' '종교religion' '문학literature' 등의 수입어들이 한어漢語 학술계에 가져온 어려움은 문학사 · 철학사와 사상사 등과 같이 역사와 관련된 영역에서도 마찬가지로 나타난다. 본래 서양으로부터 온 이러한 단어들이 20세기의 오랜 시간에 걸쳐 학과와 지식을 분류하는 자명한 명칭이 되었을 때는 별 문제가 없었다. 그러나 사람들은 점차 이들 배후에 존재하는 언어 권력을 의식하기 시작했다. 그리하여 고유의 지식을 분할하고 분류하는 이러한

'명명' 을 벗어나려고 시도하자, 이미 이에 익숙해져서 자연스럽게 되어버린 학술계에는 보편적인 곤란함이 뒤따르게 되었다. 왜냐하면 그것은 많은 '거짓된 학술적 문제' 라는 번거로움을 만들었기 때문이다. 아래에서 토론할 '중국철학' 과 '유교' 의 정의에 대한 논쟁은 바로 이런 거짓된 문제이다.

중국에 철학이나 철학사가 있는가에 대한 논쟁은 1920-30년대에 이미 일어났다. 후스胡適 · 푸쓰녠傅斯年 등이 일찍이 이 문제를 제기하였고, 나는 『중국사상사』의 「도론」과 「후기」에서 이미 철학사에 대하여 어느 정도 논의하였다. 나는 '철학사' 라는 단어를 사용하기를 원하지 않는다. 나는 중국에서의 철학사의 존재와 의미를 절대 부정하지 않지만 나의 이런 논의는 쉽게 일련의 연상을 불러 일으켜, 사람들은 나에게 종종 "당신은 '중국철학사' 라는 학문 분과나 이 개념을 부정하는 것인가?" 하고 물어왔다. 마찬가지로 '유학' 이나 '유교' 의 문제 역시 한어漢語 학술계나 심지어 국제 중국 연구계에서 논의가 그치지 않았다. 사람들은 모두 런지위任繼愈 선생의 '유가는 종교' 라는 주장을 잘 알고 있고, 런지위 선생의 제자인 리션李申이 쓴 두터운 두 권의 『중국유교사』라는 저서도 있다. 또한 동서양을 막론하고 이와 유사한 토론이 있었다. 1998년 내가 일본 교토대학에서 객좌 교수를 맡고 있었을 때 중국철학을 전공하는 이케다 슈우조池田秀三 선생이 그의 새로운 저서 『자연 종교의 힘 : 유교를 중심으로(自然宗教の力 : 儒教を中心に)』라는 책을 주었는데 그 첫 부분에서 바로 이 문제를 논하고 있었다.[1]

사실 나는 이 논쟁에 끼어들고 싶지 않았다. 나는 스스로를 제한하는 '정의'에 관한 토론보다는 차라리 우선 '역사'를 연구하는 것이 더 낫다고 생각한다. 그러나 의외로 나는 이 논쟁으로부터 벗어나지 못하였다. 2000년 10월, 내가 벨기에의 루벵 대학에 도착한지 얼마 되지 않아 한학과漢學科의 '중국철학'에 대한 토론에 참가하게 되었다. 토론의 기본 자료는 캐린Carine Defroot 교수가 공항에 나를 마중 나와 전달해준 한 편의 논문이었는데, 그 제목은 「중국철학이라는 것이 과연 존재하는가? 암묵적인 논쟁에 대한 논증(Is there such as Chinese Philosophy? Arguments of an implicit debate)」이었다. 그녀는 유럽의 일부 대학 철학과에 중국철학이라는 강좌가 없으며 이를 한학과에서 담당하고 있다는 사실로부터 논의를 시작하여 중국철학의 처지에 상당한 관심을 보이고 있었다. 그 중에 중국학자의 염려에 대하여 말한 대목이 있었는데 그 대체적인 내용은 다음과 같았다.

> "……그들의 조상이 단지 길러진 어린아이와 같을 뿐이라는 것을 그들이 의식할 때, 심지어 한 세기가 지난 이후에도 서구의 철학자들이 여전히 그들이 하나의 큰 가정(보편적인 철학)에 속한다는 것을 인정하지 않을 때, 중국의 연구자들은 더욱 민감한 상황에서 그들 자신을 찾게 된다. 그들의 학술 연구 역시 그들 나름의 사회 구조 내부로부터 의미를 획득하는 것이다. 바로 이러한 원인으로 인하여 그들 중 몇몇 사람들은 철학에 의하여 '길러지는' 것을 거절하며 '철학'이라는 이 '명명'을 거절한다".

그런데 그녀가 이렇게 말하면서 나를 중국 학술계에서 이 명명을 '거절'하는 존재의 증거로 들었다. 서방 선교사들의 중국행에 관한 역사를 전문적으로 연구하는 니콜라스Nicolas Standaert 교수는 또 한학과 안에서 '교敎'와 '가家'에 관한 제1차 토론을 주최하였는데, 그 중심 주제도 바로 유가는 과연 '유가'인가 '유교'인가 하는 문제였고 나를 그 토론에 참가하도록 하였다. 이미 어떤 사람이 나의 책을 평론할 때 『중국사상사』 제1권 안에서 내가 선진 사상을 서술할 때 '가家'라는 말조차 아주 드물게 사용했으며 대개는 도자道者·유자儒者·묵자墨者 등을 사용하였음에 주목하고는, 내가 소위 육가六家니 십가十家니 하는 후대에 세워진 설을 믿지 않는다는 것을 간파하였으며, 당연히 내가 '유교'라는 설에 동의하지 않을 것이라고 추리했음을 나는 알고 있다.[2] 보아하니 이러한 '용어' 문제의 토론으로 되돌아가지 않으면 안 되게 생겼다. 왜냐하면 거짓된 문제 같아 보여도 그 배후에는 진정한 역사가 숨어 있기 때문이다.

2

'철학' '과학' '종교' 심지어 '봉건'과 같은 용어도 본래는 모두 서양인이 명확히 지시한 바와 어의의 범위가 있다. 명확히 지시한 바와 그 어의의 범위는 서양의 철학·종교·사회의 역사로부터 온 것이다. 이는 마치 우리가 '경학'이라고 하면 머릿속에 오경·사서와 그 한우충동이라고 할 만한 엄청난 양의 주석과 해설이 떠오르듯이 '경학'이라는 말의 배후에는 오랜 역사가 있는 것과 마찬가지이다.

그러나 약 100년 이전에 전통적인 중국의 학문, 즉 경經·사史·자子·집集이라는 뚜렷한 지식의 체계가 서구의 문文·사史·철哲·정政·경經·법法 등의 분류 방법으로 새로이 나뉘고, 낡은 술을 새로운 병에 담게 되자 의미는 아주 달라지게 되었다. 일본학자 이나미 료이치井波陵一는 일찍이 왕궈웨이王國維가 낡은 듯 하지만 실제는 새로운 면모가 있는 학자라고 지적하였는데, 사실 그의 학문 체계 안에는 경·사·자·집이 아니라 문·사·철이 있었기 때문이다. 이렇게 학문이나 지식이 일단 다른 배경을 가진 용어로 새로이 명명되면, 그 내용에도 갑자기 절대적인 변화가 일어나게 된다. 알레니(Aleni, 艾儒略)의 『서학범西學凡』에서 서양의 여러 학과를 소개한 이래[3], 곽숭도郭嵩燾·여서창黎庶昌·왕도王韜·장력신張力臣 등이 일본의 카이세이開成학교나 케임브리지 십학원十學院의 여러 학과를 소개하기까지,[4] 그리고 1905년 과거 시험이 폐지되는 등 전통이 제도적인 근거를 잃어버린 이래 대학이 너도 나도 구미와 일본의 학제를 채용하게 되기까지, 이러한 철학·종교 등의 분류를 의미하는 용어들은 이미 지식 세계와 교육 제도의 심층에까지 침투하였고, 지식의 질서를 새로이 건립하는 기초가 되었던 것이다. 이는 만청인들이 창파오長袍를 입다가 양복으로 갈아입은 것을 연상케 한다. "모두들 짧은 옷에 꽉 끼는 바지를 입고 머리엔

신사모를 쓰고 입에는 궐련을 물고, 시계줄을 가슴 앞에 늘어뜨리고 자기 모습을 돌아보며 스스로 멋있다고 여기지만, 아무래도 (서양인과) 닮지를 않은 것 같다".[1] 넓고 길다란 소매의 옷을 입는 것에 익숙했던 중국인들이 갑자기 짧은 윗도리에 바지를 입고 허리를 졸라매는 옷을 입으니 상당히 활기차 보였으며, 옷가게들은 서둘러 신식 복장 만드는 법을 배우게 되었다. 의상이 바뀜에 따라 사람들도 거대한 조류에 따라 '현대'로 진입하게 되었다.

알레니의 『서학범』은 서양의 여섯 학과를 문文·이理·의醫·법法·교教·도道라고 소개하고 있는데, 당시 중국인들은 자신만만하여 그다지 받아들일 가치가 없다고 여기고 금방 잊어버렸다. 그러나 서양이 선박과 화포를 배경으로 대거 진입해왔던 만청 시기에는 상황이 크게 달라졌다. 후에 왕궈웨이王國維는 회고하며 말하기를, "광서光緒 중엽에 신학문이 점차 성행하고 신해혁명을 거치면서 중국의 정치와 학술은 거의 전체적으로 신학문에 의하여 통일되었다"[5]고 하였다. 사실 변화는 이보다 좀 더 이른 시기부터라고 볼 수 있다. 설복성薛福成·여서창黎庶昌 등이 나타난 후 신학문의 체계를 학제로 실현시키고자 하였다. 예컨대 만청 사람인 야오시광姚錫光의 『동영학교 거개東瀛學校擧概』는 그가 일본의 학교를

⟨1⟩ "率多短衣窄綺, 頭戴小草帽, 口銜烟卷, 時辰表鏈, 特挂胸前, 顧影自憐, 唯恐不肖." 이 구절은 만청 시대의 문인이었던 장도(張燾)의 『진문잡기(津門雜記)』 하권(卷下)에 나오는 말이다

돌아본 후에 문文·법法·이理·공工·농農·의醫라는 학제를 언급했음을 기재하고 있으며, 뤄전위羅振玉의 「학제사의學制私議」 역시 야오시광姚錫光의 의견과 같았다. 차이위안페이蔡元培의 「학당교재론學堂教材論」은 과목을 개설할 때, 유형이학(有形理學 : 자연과학에 해당)과 무형이학(無形理學 : 사회과학에 해당)의 외에 '도학道學'을 따로 마련하였는데, 이 안에는 '철학' '종교학' '심리학'이 포함되어 있다.[6] 알레니와 요석광·뤄전위·차이위안페이가 말하는 '이理' 혹은 '도道'라는 과목은 대체로 현재의 '철학'을 포함하고 있다.[7]

20세기 초에 많은 사람들이 부지불식간에 '철학'이라는 용어를 사용하기 시작하였고, 얼마 되지 않아 셰우량謝無量이 지금 보면 별로 '철학사' 같지 않은 『중국철학사』를 재빨리 써냈다. 그 이후에 경사대학당京師大學堂의 '이학理學', 즉 사서오경을 통한 철리의 학습 과정도 점차 '철학'으로 바뀌었다. 후스胡適가 천한장陳漢章을 대신하여 이 과목을 가르치게 된 이후, 학원 안에는 새로운 '중국철학사' 과목이 점차 형태를 갖추어 나타나기 시작하였다. 이것의 표지가 되는 것이 바로 후스가 쓴 『중국철학사 대강』의 상권이다. '철학'이라는 서양 출신의 용어는 마치 양복과 마찬가지로 중국이라는 몸에 잘 맞는 것처럼 걸쳐졌다.

나는 고대 조趙나라 무령왕武靈王의 '호복기사胡服騎射' 이야기를 떠올리지 않을 수 없다.(2) 이는 마치 진보적인 역사의 도상을 향하고 있음을 상징하고 암시하는 듯하다. 고대 중국인들이 의상의 규범에 특별히 관심이 많았던 것과 같이, 사람들은 늘 어떤 옷을 입으면 그것이 어떤 의미를 상징한다고 여긴다. 마치 참최斬衰와 재최齋衰가 혈연의 원근을 나타내고 대례복이나 관 꼭대기에 단 주옥의 휘장이 등급의 높낮이를 상징하듯이, 옷을 바꾼다는 것은 단지 정신을 진작시킬 뿐 아니라 모종의 특별한 의미를 암시할 수 있다. 나는 여기에서 이 비유를 통해 과거 중국의 학과 설립과 역사 서술을 토론하려 한다. 경·사·자·집의 분류가 뚜렷했고 유학과 경전을 국가의 이데올로기와 지식의 기초로 삼았으며 불교와 도교는 다만 세속 권력 아래에 있을 뿐이었던 시대에, 사람들의 지식·사상·신앙의 분류와 명명과 이해는 중국인이 창파오와 마고자를 입는 것 같아 아주 기민하지는 못해도 몸에 맞았다. 문文·사史·철哲·정政·경經·법法의 학과 분류와 서양에서 온 '종교'의 정의는 넓은 소매와 긴 옷섶으로 가리는 것에 익숙한 몸을 단번에 서양식 복장으로 감싼 것과 마찬가지였다. 비록 조금 몸에 끼이지만 갑자기 활기차게 느껴지자, 옷을 입은 자는 마땅히 이래

〈2〉 전국 시기, 조나라는 흉노와 장기 대치하였는데 흉노의 기병은 강하고 민첩하여 중원 각국의 보병보다 훨씬 우세했다. 조나라 무령왕은 흉노의 기병과 전투를 한 후에 흉노 기병의 우세함은 바로 기동성과 민첩성에 있음을 알게 되었고, 그 근본적 원인은 칠국(七國)의 군대는 기병이라 해도 무거운 갑옷과 중장비로 인하여 흉노 기병의 간편한 복장과 가벼운 장비를 따라잡지 못하는 것에 있다고 여겼다. 그리하여 무령왕은 흉노 군대의 장비를 모방하여 조나라에서 군사 개혁을 감행하였고, 전국의 백성들에게 호복을 입고 말을 타며 활 쏘는 것을 배우도록 하였는데 이는 중국 군사사(軍事史)에 있어 일대 변혁이었다.

야 한다고 여기는 듯 했고, 마차에 오르내리거나 말에 오르내리면서도 기민하고 경쾌하여, 너도 나도 양복으로 갈아입었던 것이다.

3

여기에 작은 삽입곡이 하나 있다. '철학'과 '종교'라는 용어는 서양으로부터 번역된 것이지만 모두 한자로 쓰인 것이고 또 일본에서 만들어진 것으로 비록 친근하게 느껴지긴 해도, 실제로는 이미 다른 지역의 컨텍스트에서 여러 차례 붓의 터치가 가해진 것이었다. 알레니의 『서학범』 안에서는 철학을 '이학理學'이라 번역했고 이는 당연히 '격의格義'이다. 동해든 서해든 마음도 같고 이치도 같다더니, 일본도 나카에 조민中江兆民 이전까지는 일찍이 '철학'을 '이학'으로 번역했고, '이학'이라는 말로 '철학'을 가리키곤 했다. 그러나 일본학자의 연구에 의하면,[8] 대체로 메이지明治 10년(1877) 즈음 philosophy는 '철학'이라는 번역어로 확정되었다. 니시 아마네西周가 비록 '철학은 유럽의 유학'이라고 말했지만, 그는 '철학'이라고 번역한 이유를 '동방의 유학과는 구별하기 위해서'라고 분명히 말했다. 여기에서 '구별한다'라는 말은 깊은 의미를 가진다. 영국인 윌리엄 플레밍Wiliam Fleming이 1856년에 편집한 『철학사전哲學詞典』과 일본인 와다가키 켄죠和田垣謙三〈3〉·아리가 나가오有賀長雄 등의 저작에 사용된 용어, 중국의 『패문운부佩文韻府』 『연감류함淵鑑類函』과 불교 전적의 용어 등에 근거하여 이

노우에 테츠지로井上哲次郎가 개편한 『철학자휘哲學字彙』가 메이지 14년(1881)에 출간되었는데, 이 책들의 영향력은 지대했다. 그리하여 '철학' 이라는 용어는 이미 확정되었으며, 19-20세기 교체기에 점차 중국에 전해져 들어왔다. 옌푸嚴復가 『천연론天演論』의 System of Synthetic Philosophy를 '천인회통론天人會通論' 으로 변역하고, 『목륵명학穆勒名學』〈4〉중의 philosophers를 '지학가智學家' 라고 번역한 것과 같은 식이긴 했지만[9] 19세기 말의 중국은 매우 빠르게 변화하였다. 만약 그 근원을 탐구하지 않고 1903년만을 예로 든다면, 우리는 이 해에 일본어 자료로부터 눈을 돌려 량치차오梁啓超가 「근세 제일의 대철학자 칸트의 학설近世第一大哲康德之學說」을 썼으며, '철학' 이라는 말이 반복하여 나타나는 것을 볼 수 있다. 또 이 해에 쑹슈宋恕는 일본의 난죠분유南條文雄의 소개를 듣고 이노우에 손켄井上巽軒을 '전문 철학인' 이라 칭했고 아울러 그가 '철학 비평' 에 정통하다고 말하였다. 차이위안패이蔡元培는 독일인인 쾨베르(Raphael von Koeber, 科培爾: 1848-1923)가 일본에서 강연한 강연집 『철학요령哲學要領』을 일본어로부터 번역하였으니, 점차 많은 이들이 이 용어에 익숙하게 되었던 것이다.[10]

그러나 이러한 '격의' 식의 번역은 때로는 새로운 것과 낡은 것

〈3〉 본서에는 田垣謙三라고 되어 있으나 和田垣謙三가 맞는 이름이므로 역자가 고쳤다.
〈4〉 목륵(穆勒)이란 John Stuart Mill을 가리키며 명학(名學)이란 *A System of logic*이라는 책을 번역한 것이다.

을 뒤얽어 놓고 동과 서를 뒤섞어 놓는 식이다. 예컨대 『철학자휘』 중에서 'substance'를 번역하면서 처음엔 '본질本質'이라고 했다가 나중엔 '태극太極'이라고 했던 것처럼 말이다. 그러나 보아하니 이러한 새로운 용어들이 다른 지역에 처음 들어가면 그리 커다란 거부 반응을 불러일으키지 않는 것 같다. '중국철학'이라는 용어도 사용되고, '중국철학사' 역시 사용되었다. 후스胡適는 당시에 『중국철학사 대강』을 쓰면서 '철학'을 '근본적인 문제를 해결하는根本解決' 학문으로 확립시켰고, 그런 후에 우주론 · 지식론 · 윤리학 등 순수 영역과 교육철학 · 정치철학 · 종교철학 등 도덕 의식 · 사회 질서 · 인생의 귀결人生歸宿을 해결하는 영역으로 나누었다. 그러므로 차이위안페이蔡元培는 그 서문에서 반은 신화이며 반은 정치사인 고대 중국의 기록 가운데에서 '순수한 철학 사상을 뽑아내어 체계를 엮어 낸다'[11]고 말했다. 그리고 1929년에서 1933년 사이에 펑유란馮友蘭은 『중국철학사』를 썼는데, 철학사는 '중국 역사상의 각종 학문 중에서 서양철학이라고 이름할 만한 것을 선택해내서 서술하는 것'[12]이라고 더욱 분명히 밝혔다. '뽑아내어'와 '선택해내서'라는 말을 매우 강조하고 있는 것은, 달리 말하면 바로 서양 옷의 장단과 너비에 따라서 중국이라는 몸을 재단하고 해체했다가 다시 조합하여 서양철학사에 대응할 수 있는 하나의 역사를 엮어낸다는 뜻이다. 서양철학으로 이름할 수 없는 것에 대하여는 당연히 '뽑아내거나' '선택해내어' 철학사의 안으로 집어넣을 수 없는 것이다. 펑유란의 철학사 서술을 보면 대체로 서양철학으로 중국사상의 서술 배경을 삼고 있다. 그리고 중국의 근고近古시대에는 철학이 없다고 한 것은 서양 근대 철학에 거대한 변화가 있는 것과 대비되고 있기 때문이며, 따라서 중국의 근고近古 시대는 '아직 맹아 시기'[13]라고 한 것이다.

그러나 바로 이 시기에 후스는 문제의 소재를 의식하기 시작했던 것 같다. 왕판썬王汎森의 연구에 의하면, 이는 푸쓰넨傅斯年의 영향을 받은 것이었다고 한다. 푸쓰넨은 '철학'과 '과학'은 서로 가까운 것으로 '같은 방법'을 사용하며, 다만 고대 중국에는 '본래 소위 철학이라는 것은 없고' 오직 '방술'만 있을 뿐이라고 보았다. 그리고 그는 구제강顧頡剛에게 보낸 편지에서 우리(중국) 민족이 '이렇게도 건강한 습관'을 가지고 있음을 기뻐한다고 하였다. 이러한 생각이 후스에게 영향을 미쳤다. 후스는 1929년 6월 3일 일기에 "철학이라는 용어를 근본적으로 취소한다. 일반 사상의 한 부분으로 바꾼다"라고 썼다. 약 삼십년 후인 1958년에 그는 『중국철학사 대강』의 타이베이판 서문에서 당시의 상황을 기억하며, 그가 1929년 『중고사상사中古思想史』를 썼을 때 이미 『중국철학사 대강』 중권中卷 이라는 명칭을 사용하지 않기로 결정했다고 하였다.[14] 이는 하나의 중요한 결정이었다. 서명의 변화는 중국 학술계에서 '중국철학'이라는 용어를 반성하기 시작했음을 상징하는 것이었다. 그러나 본 세기에 막 건립된 대학의 아세아 지식의 분류는 여전히 서양의 언어 권력에 기대어 자신의 정당성을 유지하는 것 같다. 후스와 같은 인물이 스스로 반성하고 검토한다 해도 별반 도움이 되질 않았던 셈이다.

4

'유교'라는 용어도 본래는 무엇이라 부르듯 모두 부호일 뿐이지만, 불교가 전래되자 이미 어떤 사람들은 '유교'라는 말을 사용하게 되었다. 대체로 불교와 도교가 생기면서 '타자'가 확립되자 자신을 규정짓게 되었고, 별 생각 없던 사람들 역시 그저 입에서 나오는 대로 '유'를 '교'라고 말하게 되었던 것이다. 육조와 수당 시기에는 관방의 역사서든 아니면 돈황의 두루마리든, 모두 유儒·도道·불佛을 병칭하면서 종종 '유교'라는 용어를 사용하였다. 그러나 이때만 해도 '유가'와 '유교'를 구분한다는 의식은 없었고, 그저 입에서 나오는 대로 말할 뿐 이 용어에 대하여 그렇게 깊이 생각하지는 않았다. 천주교가 중국에 들어오면서 중국인들이 서구에는 여전히 이렇게 신권이 강력한 종교가 있음을 목도하게 되자, '격의'라는 사고 방식의 영향 하에서 중국의 유가도 종교와 비슷하다고 여기면서, 한편으로는 '공교孔敎'를 세우고 다른 한편으로는 유가를 '유교'로 만들었다. 이는 마치 맞은 편 언덕에 높은 제방을 쌓을 때 이쪽 언덕에도 역시 제방이 높아져야지 그렇지 않으면 홍수가 이쪽으로 몰려오는 것과 마찬가지이다. 거울을 통해서 본 영상은 거울을 비추어보는 자로 하여금 자신을 자세히 들여다보게 하고 자신을 디자인하고 꾸미게 하는 법이다. '종교'라는 용어가 매우 효과적으로 서양의 현상을 묘사하는 것 같이 보이자 중국인 역시 참지 못하고 이것을 몸에 걸쳐보게 되었다. 그리하여 유가의 몸에 이 종교라는 용어가 잘 맞는지 아닌지를 보게 된 것이다. 사실 서양인도 중국의 사정을 접하면서 곤혹감을 느끼게 된다. 앞에서 언급했던 벨기에 루뱅 대학 한학과에서의 토론 중에서 니콜라스Nicolas Standaert 교수는 중국적 상황에서의 유학은 15-16세기의 유럽에게 엄청난 곤혹감을 가져다 주었다고 말했다. 천주교 전통은 이렇게 효과적으로 정치 질서와 정신 영역을 지배하는 지식과 사상 체계를 도저히 해석할 수가 없었다. 왜냐하면 서구의 경험 안에는 신성한 영역과 세속적인 영역을 이렇게 잘 조화시킬 수 있고 아울러 이천년 동안 계속 신앙을 뒷받침해준 이런 '종교' 가 없었기 때문이었다.

그렇다고 해도 대다수의 서구 학자들은 유학과 역사를 상세히 분석하기 전에 이미 관습적으로 '종교' 라는 용어를 가지고 유가를 명명하였다.[15] Confucianism과 Taoism은 너무나 모호했다. 그라네Granet의 명저인 『중국 고대의 종교』 제3장에서는 '공적인 종교public religion' 라는 용어를 가지고 유가를 분석하면서 그 첫마디가 바로 '봉건 시대의 종교는 이미 행정적 성질을 갖춘 종교' 라는 것이었고, 이 종교의 성격상 특징은 특정 계층에 한정되지 않고 어떤 의미에서 말하자면 '국민의 종교' 라고 했다.[16] 이런 설은 일본에서도 보편적인 것이었다. 멀리는 생각할 것도 없이 히하라 투시쿠니日原利國가 엮은 『중국사상 사전中國思想辭典』(1984)에 나열되어 있는 항목을 보면 '유교' 와 '유가' 가 따로 있고, 토가와 요시오戶川芳郞 · 하치야 쿠니오蜂屋邦夫와 미조구치 유우조溝口雄三의 『유교사』(1987) 역시 명확하게 '유교' 라는 용어를 사용하고 있다. 무

엇보다도 영향력이 큰 것은 카지 노부유키加地伸行의 주장이다. 그가 썼던 세 권의 책, 즉 『공자 : 시간을 넘어 새롭게(孔子 : 時を越えて新しく)』(1984) 『유교란 무엇인가(儒教とはなにか)』(1990) 『침묵의 종교 : 유교(沈黙の宗教 : 儒教)』(1994)(이 중 세 번째 작품은 이미 중문 번역본이 있는 것 같다〈5〉)는 일본에서 상당히 유행했던 것 같고, 중국의 런지위任繼愈·리선李申, 그리고 타이베이의 황진싱黃進興 등과도 서로 호응했다. 물론 일부 유교에 대한 저작은 매우 훌륭하다. 런지위 선생이 심사숙고하여 「유교의 형성을 논함論儒教的形成」이라는 문장을 발표한 이후 근년에 리선이 저술한 2권으로 된 『중국유교사』는 상당한 공을 들인 저서다. 황진싱의 『우입성역優入聖域』〈6〉(1994) 『성현과 성도聖賢與聖徒』(2000)는 서구의 종교 현상을 배경으로 유儒의 '종교성'을 논하고 있는데, 특히 성인의 후예聖裔·공묘제孔廟制·종사제從祀制 라는 세 가지의 요소에 주의를 기울였으며, 논술의 사고 방식과 자료의 사용 모두 상당히 뛰어나다.[17]

그러나 여기에는 여전히 문제가 있는데 이는 바로 정의를 둘러싼 논쟁이다. 예를 들어 고대로부터 '유교'라는 용어가 어떻게 사용되었는지 하는 상황을 찾아서 '유교'라는 용어 사용의 합리성

〈5〉 『유교란 무엇인가(儒教とはなにか)』(1990), 『침묵의 종교 : 유교(沈黙の宗教 : 儒教)』(1994) 는 한국어 번역본이 있다.

〈6〉 '우입성역(優入聖域)' 이란 뛰어남이 보통 사람들을 넘어서 성인의 경지에 들어간다는 뜻으로 한유(韓愈)의 「진학해(進學解)」에서 맹자와 순자를 칭송한 말이다.

을 주장하는 증거로 삼는 경우가 많지만 이는 근본적으로 불필요한 것이다. 고문헌에서 일찍이 나타났던 예증을 찾아 그것으로 어떤 개념을 지지하는 "역사에 근거가 있다于史有據"는 주장은 예컨데 소설 같은 것 안에서 '어떤 시가 있음을 가지고 증거를 삼는有詩爲證' 것과 다를 바 없다. 결국 '종교'라는 용어 및 그 관련된 내용은 근대적인 것이며, 따라서 그것을 가지고 서술할 필요가 있는 것이다. 앞에서 언급했던 이케다 슈우죠池田秀三는 그의 책에서 일찍이 이에 대한 정·반을 변증하는 두 측의 관점을 개괄적으로 소개하였는데, 여기에서 이를 인용해보자. 그는 일반적으로 유儒를 교教라고 여기는 사람들은 모두 세 가지 이유를 든다고 했는데, 그것은 다음과 같다. 첫째, 유儒는 공자를 교조로 삼는다는 것으로 공묘에서 공자를 제사지낸다고 한다. 둘째, 유儒는 국가 종교라는 것으로, 국가 전체가 교단이고 인민 모두가 교도이며 천자는 교주라는 주장이다. 셋째, 유儒가 가지는 종교성의 핵심은 조상 숭배라는 점이다. 반면 유儒를 종교가 아니라고 여기는 이들 역시 세 가지 반박하는 견해가 있는데 그것은 다음과 같다. 첫째, 공자를 교조教祖라고 하느니 차라리 학조學祖라고 하는 것이 나으며 공묘제사는 단지 기념의 의미를 지닌다는 것이다. 둘째, 만일 유儒를 국가 종교라고 한다면 중국은 종교 국가가 될 테니 이는 말이 안 된다는 것이다. 셋째, 조상을 제사지내는 것과 같은 유가의 의식은 서구 종교에서 말하는 식으로 상징을 통하여 성聖과 속俗을 격리시키거나 소통시키는 데에 의미가 있는 것이 아니고 단지 일종의 기념과 위로에 있다는 것이다.

자세히 보면 정반 쌍방이 모두 하나의 전제를 가지고 있으니 이는 바로 서구의 '종교'를 '종교'로 삼는다는 것이다. 우선, 유儒를 종교라고 긍정하는 사람들은 유학 안에서 '종교'에 부합되는 특징을 찾고자 하고, 유를 종교가 아니라고 반대하는 사람들은 유학이 '종교'에는 부합되는 않는 특징을 찾으려고 한다. 그러나 '종교'란 플레하노프(Plekhanov, Georgi Valentinovich : 1856-1918)의 종교 정의든 뒤르껭의 종교 정의든, 시종일관 서구 종교학의 총결인 종교religions 개념을 가지고 중국 역사에다가 확대경을 사용하여 상세히 유가의 숭배 · 신앙 · 의식 · 조직을 찾아내는 것으로, 양쪽의 차이는 다만 한쪽은 '있다'고 하고 다른 한쪽은 '없다'고 할 뿐이다. 그 다음으로, 서구의 religions〈7〉라는 용어가 역사적 배경의 제한을 가진다고 해도 어떤 이들은 당연히 서구 종교 개념의 외연을 수정하고 유교를 그 안에 수용할 만큼 테두리가 넓어져야 한다고 주장한다. 그렇지 않다면 '종교'라는 용어는 세계성과 보편성을 갖지 못한다는 것이다. 그러나 어떤 이들은 이렇게 '종교' 개념의 '외연을 넓히는 것'에 반대한다. 왜냐하면 '종교'는 본래 서구의 용어이며 이미 그 내함과 외연이 모두 명확한 개념이기 때문이다. '유학과 종교는 서로 다른 유형의 문화이고 각자의 규정성을 가진다는 것이다.' 이러한 논쟁은 서로 조금의 양보도 허용하지 않고 각자 서로의 이치와 근거를 주장할 뿐이다. 그러므로 아

〈7〉 본문에는 'religious'라고 되어 있으나 저자에게 확인한 결과 'religions'가 맞다.

무런 결과도 없는 듯하다. 최근 이삼년 사이에 리션李申과 싱둥톈邢東田은 「최근 이십년간의 유교 연구」·「1999년의 유교 연구」라는 논문을 각각 발표했는데, 모두 이 논쟁의 상황에 대한 종합적인 서술이다. 다만 많은 사람들은 여전히 스스로 경계를 지워버리는 그런 정의 논쟁에서 벗어나지 못하고 있는 것 같다.[18]

5

본래 '중국철학'에 관한 것이든 '유교'에 관한 것이든, 이들 정의의 논쟁은 모두 참된 문제가 아니라 거짓된 문제이다. "철학이란 희랍어의 필로소피에 근본을 두고 있다. '필로'라는 것은 사랑이고 '소피'는 지혜이다. 합하여 말하자면 지혜를 사랑한다는 뜻이다." 그리고 철학은 "이 원리 및 일체의 운동 발현의 공례公例를 알고자 추구하는" "원리의 과학이다" 이 말은 『철학요령哲學要領』에 나오는 말로, 본래는 독일인인 퀘베르Raphael von Koeber가 일본에서 강연을 했던 기록인데, 시모다 지로오下田次郎가 번역하여 기록한 것을 거쳐 또 다시 중국의 차이위안페이蔡元培가 재번역한 것이다. 애초에 중국인들은 이미 철학이 서구 희랍의 지식으로부터 발생한 것임을 알았고 또한 체계적으로 원리나 규율을 탐색하는 과학임을 알았던 것이다. 그렇다면 이 정의는 어떻게 희랍과는 다르며, 또 어떻게 원리나 규율의 발견을 목표로 하지 않았던 고대 중국 사상을 개괄, 해석하고 서술할 것인가? 뒤르껭이 『종교적 생활의 기본 형식』[19]에서 주장했듯이 '종교' 란 '신성한 사물에 관한 신앙과 의궤儀軌가 구성하는 통일의 체계' 로서, 관념상으로 '성 · 속의 구분' '영혼과 신화' '신' 을, 의식상에서의 금기와 제사를, 또 '교회' 와 같은 도덕 공동체를 모두 포괄하는 것이라고 해보자. 그렇다면, 세속 정권과 하나로 융합되어 있고 생활 세계 안에서 성 · 속의 구별을 필요로 하지 않으며 세속 정권 밖에 신성한 권력이나 교회 조직을 독립시킬 필요가 없는 유가에 대해, 이런 종교 개념을 가지고 개괄, 해석하려 한다면 확실히 곤란함이 있을 것이다.

사실 철학사의 방법을 가지고 중국 고대 사상을 연구한다거나 종교학의 방법을 가지고 유가 학설을 연구하는 것은 문제가 되지 않는다. 철학사의 진로도 종교학의 방법도 모두 나름의 장점이 있다. 그러나 반드시 먼저 정의 문제를 논쟁할 필요는 없으며, 이것이 '철학' 이고 저것이 '종교' 라는 식으로 확정해야 비로소 철학사와 종교학의 방법을 이용할 수 있는 것도 아니다. 내가 보기에 황진싱黃進興이 말하는 바가 타당하다. 그는 이러한 정의 문제의 곤란함을 인식하고는 방향을 바꾸었다. 그리고는 "역사적 논술의 방식을 채택하여 본래 유교가 전통 사회에서 가졌던 의미를 환원시킬 수 있기를 기대한다"[20]고 하였다. 사람들이 정의 논쟁에 집착하여 이것이 무엇인지를 먼저 단정한 후에 보자는 식으로 생각하면 바로 곤란함이 발생한다. 절충이나 타협의 방식을 채택한다고 해도 마찬가지다. 예컨대 흔히 생각하듯이 본래적인 정의의 범위를 확장하여 중국 역사에서 나타나는 사상과 학설에 부합시키거나, 혹은 캐린Carine Defroot 교수가 말하듯 서구 철학이라는 대가정으로 하여금 대문을 열고 집 없는 고아를 수용하게 하여, 이 대가정이 명실상부한 '세계적 가정' 이 되도록 한다고 해도 곤란한 문제는 여전히 남는다. 그 문제란 본래 오랜 역사의 그림자를 드리우고 있어 언급하기만 하면 곧바로 사람들의 머릿속에 명확한 범위가 떠오르는 그런 개념이, 어떻게 피차 분별도 없이 단지 문을 확장하여 커다랗고 복잡한 가정으로 변화될 수 있겠는가 하는 것이다. 만일 각자 집의 담장을 무너뜨리고 하늘을 이불로, 땅을 마루로 삼는 식으로 모든 방법을 수용하고 테두리를 확대한다면, 오히려 집과 집의 경계를 모두 없애버려 사람들로 하여금 실제로는 집이 없게 만드는 식이 되지 않겠는가? 다시 말하면, 만일 '중국철학' 과 '유가' 의 몸이 말랐는지 뚱뚱한지, 키가 큰지 작은지를 보고서 몸의 치수를 재어 그에 합당한 옷을 만든다면, 중국에도 철학이 있고 유儒는 종교라는 것을 증명하기 위하여 '철학', '종교' 라는 용어를 중국에 적응시키는 것이 된다. 만일 먼저 '철학' 과 '종교' 라는 용어가 가진 본래 치수를 잡아 늘려 중국 사상 학설의 몸에 입히고서 잘 맞는다고 한다면 자기가 잧으려던 물건에 자기가 들어가는 것과 같은 이치가 아니겠는가? 앞에서의 비유를 사용하자면, 먼저 창파오와 마고자를 양복이라는 대가정 안에 있는 것이라고 한 후에 자기가 입은 것이 양복이라고 소리치는 셈이지만, 이미 양복에 습관이 된 사람이 보기에는 창파오와 마고자를 양복이라고 하는 것은 생각할 수도 없는 일이고 억지일 뿐이다. 그래서 나는 이러한 집착에 가까운 정의 논쟁이 다만 '거짓 문제' 에 불과하다고 생각한다.

6

여기까지 말하는 것으로만은 부족하다. 왜냐하면 거짓 문제의 배후에는 참된 역사가 있기 때문이다. 왜 우리는 20세기 이래 우리 자신의 전통 사상 학설에 대한 명명을 '철학'과 '종교'라고 하지 않으면 안 되었던가? 푸코의 말을 빌자면, 확실히 '담론'과 '권력'의 문제가 있는 것이다. 근대 이래 서방의 강세와 부강을 추구하는 현대의 이상은 중국의 지식계와 교육계로 하여금 '세계'(당연히 이 세계는 바로 근대 서구 세계다)로 섞여 들어가지 않으면 안 되게 하였고, '통행되는(통행된다는 말은 당연히 바로 서구 근대에 확립된 보편적인 규칙을 의미한다)' 학과 분류와 지식 분류를 가지고 다시금 자신의 전통을 구성함으로써 '국제적인 대가정'의 인가를 획득하기를 기대하였다. 이는 연합국과 WTO에의 가입을 쟁취하는 것과 마찬가지다. 이는 하나의 유행으로 마치 루쉰魯迅이 「문화편지론文化偏至論」[8]에서 말한 바, "근세의 인사들은 조금씩 조심스레 신학문의 말을 하면서도 역시 이를 인용하는 것을 부끄러워하기도 한다. 그러다가 갑작스레 생각이 변하여 서구의 이치와 같지 않은 말은 하

〈8〉 이 문장은 최초에 1908년 8월 『하남(河南)』이라는 월간잡지 제7호에 발표되었다.

지 않고 서구의 방법과 같지 않은 일은 하지 않는다"고 한 것과 흡사하다. 현대 유행하는 말로 하자면 '현대성의 침투'이다. 그러나 이러한 면만 보는 것으로는 부족하며 다른 일면을 보아야 하는 것이다. '철학'과 '종교'라는 개념을 빌어 중국 역사 중에 존재했던 현상을 기술하려 하면서 결국 민족적 전통을 돌출시키고 어떠한 문명에도 지지 않으려 한다면, 이는 송대의 "네가 이리의 이빨과 같이 단단한 무기가 있다면, 나는 두개골을 가지고 있다"〈9〉는 식의 아큐 정신이나 자기 조소와는 다르다. 그 의미는 바로 "너에게도 '애지愛智'의 전통이 있고 나에게도 '애지'의 전통이 있다. 너에게도 철학이 있고 나도 철학이 있다. 너에게도 종교가 있고 나에게도 종교가 있다"는 것이다. 중국철학사를 쓰거나 중국유교사를 저술하는 사람들에게 이러한 의식이나 의도는 가릴 수가 없을 정도로 노골적인 경우가 많다. 그리하여 중국 고대의 철학과 종교를 설명하면서 공·맹·노·장을 철학가라고 하고 유가를 종교라고 부르짖으니, 이는 단지 정의의 문제가 아니라 상당히 엄숙하면서도 신성한 일이 되어 버린다.

이러한 용어에 익숙해지고 이런 용어 배후의 분류와 구분에 익숙해져서, 근 백년 동안 우리는 이러한 어휘 안에서 생활해왔다.

〈9〉 남송 시기, 강력한 요(遼)나라의 무력 앞에 백성들은 저항할 힘도 없이 "你有狼牙棒, 我有天靈蓋", 즉 너에게 이리의 이빨과 같이 단단한 무기가 있다면 나에게는 내 두개골이 있다고 자조할 수밖에 없었다는 이야기가 전해온다고 한다.

때로는 정말 귀찮기도 하다. 왜냐하면 만일 이런 용어를 사용하지 않고는 도대체 말이라곤 할 수 없을 것 같이 되어 버렸으니, 요즘 유행하는 말로 하자면 소위 '실어증' 이다. 이 용어 역시 서방으로부터 온 것이라 한다. 장지동張之洞은 다른 사람들이 일본어나 서양어 등 외국어를 사용하지 않아야 한다고 비평하면서 그만 자기 자신이 외국어를 사용하여 이야기거리를 남긴 적이 있다고 한다. 이는 현대 중국이 시종 서방의 조류 하에 뒤덮여 있기 때문에 전등 · 전화로부터 경제 · 정치에 이르기까지 그러한 언어를 사용하지 않으면 생각을 전달할 수가 없기 때문이다. 그리하여 어떤 사람들은 매우 조심스럽게 다른 종류의 말을 사용함으로써 자신의 서술을 서방의 서술과 구별지으려 할 수도 있다. 예를 들어, 의식적으로 '철학' 이나 '종교' 라는 말로 중국의 지식 · 사상과 신앙을 명명하지 않는 식으로 말이다. 그러나 입으로는 발언하지 않아도 마음속으로는 분명히 그의 목적이 있다. 만약 '철학' 과 '종교' 라는 말을 사용하여 중국의 것을 취사선택함으로써 중국의 전통을 구축하는 식이라면, 그 기본적인 가설은 '일원론' 이다. 그렇다면 "너는 철학이 있는데 왜 나는 이학理學이 없어야 하는가? 너는 종교가 있으니 나도 나의 유학이 있다. 왜 내가 너의 용어와 너의 정의를 쓰지 않으면 안 되는가" 라고 하는 사고의 가설은 '다원론' 이다. 그러나 속속들이 말하자면, 일원이든 다원이든 심정적으로는 결국 마찬가지이며, 궁극적으로 양자의 의도와 방향성은 같다. 이렇게 의도적으로 달리 표현하려는 방식을 표방하는 이들도 그 배후에는 민족 학술의 자립을 추구하고자 하는 의도를 가지고 있다.

다만 그들은 하나가 되어가는 과정에서 '철학'과 '종교'라는 이름 하에 중국사상과 지식이 설 자리를 잃을까봐 두려워하는 것이다. 그리하여 다른 종류의 용어를 사용하여 서로 다른 수많은 음색 중에서 중국의 음색을 돌출시키고자 한다. 확실히 이것이 바로 캐린Carine Defroot 교수가 논문에서 구상했던 다음과 같은 입장이다. 즉, "완전한 철학으로부터 떠나서 그들이 일찍이 누렸던 사상 전통으로 돌아가 —극단적인 방식은 어떠한 외래 사상도 거절하는 것이다 — 소박한 이성을 위하여 노력하며, 역사적 시간의 축에서 이원적 대립을 초월하고자 한다"는 것이다. 이러한 입장은 부강한 측의 이상을 위하여 전통을 희생시킬 필요 없이, '집 없는 상태'로부터 벗어나 각자의 '집'으로 돌아가기를 바라는 것이라고 그녀는 생각했던 것이다. 정말 이런 것일지도 모르겠다. 그러므로 나는 '중국철학'과 '유교'의 정의 논쟁이 어떤 의미에서는 바로 이러한 진실된 역사와 참된 심정으로 충만한 '거짓 문제'라고 말하는 것이다.(10)

〈10〉 이 글 5의 마지막 대목에서도 저자는 집착에 가까운 '중국철학'과 '유교'의 정의 논쟁이 다만 '거짓 문제'에 불과하다고 말한 바 있다. 그러나 저자는 비록 '거짓 문제'라고 해도 언급할 가치가 없는 무의미한 문제라고 생각하는 것은 아니다. '거짓 문제'라는 용어를 역자 나름대로 해석해보면, 이는 진지한 고민과 문제의식 속에서 그 문제의 답을 찾고 해결해나가고자 하여 묻게 된 문제가 아니라는 것이다. 그럼에도 불구하고 수많은 뛰어난 학자들이 오래도록 이런 '거짓 문제'를 둘러싸고 논쟁을 진행해왔던 이유는 거기에 서구 문화와 학술의 강력한 영향력이라고 하는 실제적인 역사적 배경이 있었고, 아울러 어떤 식으로든 거기에 저항하거나 적응하고자 했던 중국인들의 진정한 민족의식 혹은 민족적 정서가 충만했었기 때문이라는 것이다.

주 | 註 |

1 李申, 『中國儒教史』 上 · 下券, 上海人民出版社, 1999-2000. 池田秀三, 『自然宗教の力 :儒教お中心に』, 岩波書店, 東京, 1998.

2 이 두 차례의 토론의 상황을 나는 『중국사상사』 제2권의 후기에 기록하였고 「남회인 선생의 고향에서 쓰다(寫在南懷仁的故鄕)」라는 다른 글에서도 약간의 기록을 남겼다. 이는 『상해 문학(上海文學)』, 2001년 제9기에 실려 있다.

3 艾儒略, 『西學凡』, 『天學初函』 제1책, 27쪽에 실려 있다. 學生書局影印本, 臺北, 1986.

4 『郭嵩燾日記』 제3권, 356쪽. 湖南人民出版社, 1980. 黎庶昌, 『西洋雜誌』卷3引, 67쪽. 貴州人民出版社, 1992.

5 孫敦恒, 『王國維年譜新編』, 17쪽을 참조하라. 中國文史出版社, 1991.

6 『中國近代教育史資料彙編 · 學制演變』, 112쪽, 115쪽으로부터 재인용. 上海教育出版社, 1991.

7 『蔡元培全集』 제1권, 182쪽, 高平叔 編, 中華書局, 1984.

8 미우라 쿠니오(三浦國雄), 「번역어와 중국사상 : 『철학자휘』를 읽다(飜譯語と中國思想 : 『哲學字彙』を讀む)」, 『人文研究 · 大阪市立大學文學部紀要』 제47권 제3分册, 1995.

9 『嚴復集』 제5책, 1400쪽. 中華書局, 1986. 『穆勒名學』, 嚴復 譯本, 417쪽. 商務印書館, 1981.

10 梁啓超, 『飮冰室合集 · 文集』13, 『近世第一大哲康德之學說』 : 宋恕, 『和南條文雄筆談紀錄』, 『宋恕集』上册, 359쪽. 中華書局, 1993. 蔡元培 譯, 『哲學要領』, 『蔡元培全集』제1권, 182쪽.

11 후스(胡適)의 『중국철학사 대강(中國哲學史大綱)』의 제일 앞에 실려 있으며, 『후스 문집(胡適文集)』 제6책, 156쪽에서 인용하였다. 北京大學出版社, 1998.

12 馮友蘭, 『中國哲學史』 제1권 제1장 「緖論」, 『中國哲學史』 上册, 1쪽. 中華書局重印本, 1984.

13 『中國哲學史』 下册, 492쪽.

14 『中國古代哲學史 · 臺北版自記』, 『胡適文集』제6책, 158쪽.

15 베버의 『중국의 종교 : 유교와 도교』는 비록 독일어 원본에는 '*Gesammelte Aufsatze zur Religionssoziologie*' (영문판은 '*The Religion of China*' 라는 서명을 사용했다)라고 했지만 책 안에서 종종 독자로 하여금 유교와 '종교' 는 다르다는 것을 일깨우고 있다. 예를 들어, 유교는 현세를 유지하려는 심리적 경향을 가지고 있고 피세와 구속(救贖)이 없으며, 은총의 등급을 분별하는 전통이 없다고 하였다. 심지어 유교의 본질은 '단지 일종의 윤리일 뿐' 이라고 하였다. 簡惠美의 中譯本, 207-235쪽. 遠流出版事業有限公司, 臺北, 1989. 이와 같은 이치로, 양칭(楊慶, C.K.Yang)은 *Religion in Chinese Society*에서 '종교' 라는 용어를 썼지만 부단히 서구의 독자에게 중국 종교와 서구의 종교는 다르다는 점을 특별히 강조하고 있다. 중국 종교는 산포형(散布型, diffuse)의 존재이고 중국 종교의 '교리 · 과의(科儀) · 조직은 세속의 체계 혹은 사회의 족군(族群) 각 계층의 관념 · 구조와 밀접하게 결합되어 있다' 고 하였다. (p.20. Berkeley and Los Angeles, University of California Press, 1961)

16 그라네(Marcel Granet), 『中國的宗教』, 日文譯本, 『中國人の宗教』, 栗本一男 譯, 120쪽, 平凡社, 1999.

17 李申, 『中國儒教史』 上 · 下册, 上海人民出版社, 1999-2000. 黃進興, 『優入聖域 : 權力, 信仰與正當性』, 允晨文化實業公司, 臺北, 1994. 『聖賢與聖徒 : 歷史與宗教論文集』, 允晨文化實業公司, 臺北, 2001.

18 李申, 「二十年來的儒教硏究」, 『世界宗教硏究』 1999년 제3기에 실려 있다. 邢東田, 「1999年的儒教硏究」, 『世界宗教硏究』 2000년 제4기에 실려 있다.

19 Emile Durkheim(涂爾干), 『종교적 생활의 기본 형식(宗教生活的基本形式)』, 渠東 · 汲喆 中譯本, 54쪽과 548쪽. 上海人民出版社, 1999. 버언(P. Byrne)의 「종교와 종교들(Religion and Religions)」라는 글을 참조할 것. 이 글은 *The World's Religions* (S. Sutherland ed. London : Routledge, 1988) 3-28쪽에 수록되어 있다.

20 黃進興, 『聖賢與聖徒』, 57쪽.

찾아보기
인명

ㅇ

찾아보기
서명

ㅇ

ㅈ

사상사를 어떻게 쓸 것인가

초판 인쇄 | 2008년 11월 20일
초판 발행 | 2008년 11월 30일

지 은 이 거자오광葛兆光
옮 긴 이 이연승
펴 낸 이 우동기
펴 낸 곳 영남대학교출판부
디 자 인 GukjeAD

출판등록 1975년 9월 5일 경산 제16-1호
주 소 경북 경산시 대동 214-1
전 화 053-810-1801~3
F A X 053-810-4722
홈페이지 book.yu.ac.kr

ISBN 978-89-7581-353-5 93150

• 값은 표시 뒷면에 있습니다.
• 잘못 만들어진 책은 바꾸어 드립니다.